103가지만 알면

성경이 확 보인다

초판1쇄 2010년 11월 15일
지은이 이경우

펴낸이 김명철
펴낸곳 도서출판 바울

주 소 인천시 부평구 십정동 409-27
영업부 (032)431-7792 (032)428-1928(팩스)
총무부 (032)427-1719
편집부 (032)423-9796

전자우편 cpcubook@hanmail.net
홈페이지 www.ubook.co.kr
I S B N 978-89-7286-846-0 03230

한국기독교출판공동체는 진리의 복음을 토대로 한 **도서출판 바울**과 그리스도의 향기를 담은 **도서출판 예향**, 하늘의 정원에 심겨진 사랑을 전하는 **하늘정원**의 책들로 문서선교의 통로로 복음을 전하는 출판사입니다.
독자 여러분들의 책에 관한 소중한 의견과 원고를 기다립니다.

성경이 확 보인다

이경우 지음

바울 도서출판

추천사

신앙생활은 이 세상에서 머무는 동안에 육신의 유익을 주는 윤리나 도덕, 그리고 수양의 차원이 아닙니다. 예수님으로부터 죄에서 구원을 받는 것이요 성령으로 영혼을 보증을 받는 것이요 그리고 성령으로 충만하여 성령의 인도를 받으며 사는 것입니다.

성령의 인도는 물론 모든 진리 가운데로 인도하시며

믿음의 결국은 영혼의 구원이라고 성경은 말씀하셨습니다.

이 시대에 신앙생활의 모습은 성경과 너무나 많이 떠나서 생활을 하는 것을 볼 수가 있습니다. 이 이유는 많겠지만

첫째, 성경을 잘 모르기 때문이요.

둘째, 잘못 배우고 있기 때문이요.

셋째, 기도하지 않아서 성령 충만하지 못한 결과입니다.

근 번에 「103가지만 알면 성경이 확 보인다」을 쓴 이경우 권사님은 하나님께 많은 은혜를 받은 하나님의 사람으로 하나님께서 이 시대에 필요한 말씀을 책으로 쓰게 하신 분입니다.

이 책을 통해서 많은 목사님들과 성도 분들께서 성경을 바르게 알게 될 것이며, 신앙 생활하는 방법에 큰 회개와 변화가 올 것입니다. 이 책을 읽는 모든 분들께 신령한 영적세계를 보는 영적인 눈이 열리게 되실 것입니다.

바라기는 이 책이 모든 목사님과 성도님들에게 큰 영적 변화와 유익이 되시기 바라는 마음으로 추천하는 바입니다.

큰빛감리교회

권오성 목사

추천사

존귀하신 하나님,

우리의 모든 것이 되시고 우리의 전부가 되신 성삼위 하나님을 믿습니다. 그러기에 인간이 누릴 수 있는 최고의 영광과 축복은 하나님을 섬기며 사는 삶입니다. 따라서 인간이 누릴 수 있는 최고의 권리 또한 성령 안에서 자유하게 주님을 만날 수 있는 것입니다.

저자께서는 저서를 통하여 하나님의 언약 안에서 인간이 누릴 수 있는 영광과 축복의 길을 제시해 주고 성경을 교리적으로 논리적으로 체계를 세우고 있으며 목회자, 성도로서 주님의 마음을 잘 알 수 있도록 그리고 신앙생활에 말씀을 적용할 수 있는 체계를 세워준 오늘날 보기 드문 영작이라 믿습니다.

이 모두가 저자 자신의 고백대로 성령님이 집필하시고 옮기는 자로 겸손하게 고백하고 있는 대로입니다. 하나님께서 일하셨음을 확실히 보여주고 있습니다. 이 시대는 극히 인본주의, 기복주의 사상으로 기독교가 죽은 종교로 전락하고 있는 때에 가장 영적인 신상생활의 맥을 잡아줄 수 있는 책이라 의심치 않습니다. 피의 복음을 전하고자 하는 시대적 사명을 지면을 통해서 우리를 일깨워 주는 책이고, 어디서 어떻게 하나님을 섬겨야 할지를 밝히고 있어서 더욱 소중한 저자의 영작이라 할 것입니다.

이 추천의 글을 쓰게 된 것을 하나님께 영광 돌리오며 저자에게 감사를 드립니다.

2010. 9.

인천양원교회

담임목사 최영근

서 문

지금 이 시대에 바울과 같은 사도는 없는 것일까? 나는 바울처럼 살 수 없을까? 성경인물 중에서 나는 바울의 신앙을 가장 존경합니다. “그래, 목회는 바울처럼 하는거야! 밤낮으로 일하여 천막을 만들어 팔아서 선교하고 몇사람 아니, 한 영혼을 건져내기 위하여 그들 무리 속에 들어가 함께 어울리고, 셋방에서 많은 사람들을 먹이고, 교회를 세우고, 그 수많은 고난과 고통 속에서 오직 복음을 전하기 위하여 목숨 걸고 싸워 나아가 로마제국의 복음화와 이방선교의 최고 선두 주자가 되었고 이 땅에서의 마지막은 목 베임을 당하여 죽기까지 하였는데, 과연 나 같은 부족한 신앙심을 가지고 죽기까지 하며 순교자의 길을 갈 수 있을까? 아서라 예수님 얼굴에 먹칠이나 하고 삯꾼 소리나 듣지!”

이것이 변명 아닌 병명이 되어 지금까지 신학의 문턱에서 주님의 눈치만 보며 기다리고 있었습니다. 그동안 수 차례에 걸친 죽음의 문턱에서 하나님의 역사하심으로 현재까지 살 수가 있었습니다. 나는 주님의 심렬과 주님의 음성을 들었고 주님에 의해 살아가고 있었습니다. 사사시대처럼 범죄와 악행이 범람하고 소돔과 고모라 시대처럼 성이 문란한 지금 이 시대에 살아가면서 쓰러져 가는 수많은 영혼들에게 희망과 예수님의 진정한 사랑을 전할 수 있을까? 하는 안타까운 마음에 하나님께 기도를 할때면 그동안 틈틈히 준비한 자료를 책으로 만들라는 마음을 자주 주셨습니다. 주님, 나는 목사도 아니고 학자와 박사도 연구가도 아닙니다. 책은 그런 사람들이 쓰는 것이 아닌가요?

주님께서는 “나는 사람들의 연구나 탐구의 대상이 아니다. 그동안 내가 너에게 보여 주었던 그 사랑이 바로 나, 너의 하나님을 아는 것”이라는 메시지를 받고 용기를 내어 “이 책을 읽고 천하보다도 귀한 한 영혼들을 살릴 수만 있다면 시작하겠습니다. 대신 집필은 주님이 하시고 저는 옮기는 이가 되겠습니다” 이렇게 하여 집필을 시작을 했습니다.

하나님께서 우리에게 주신 성경은 성도들을 위해 만들어졌으며 이 천지만물도 성도들을 위해 창조하셨기에 이 땅의 주인공은 바로 성도들인 것입니다. 그런데 왜 우리는 우리의 권리를 마귀에게 등기이전을 해주고 있는지! 이 땅에 복음이 들어온지 약 125년이 넘어가는데 영국과 유럽의 여러 나라와 미국의 절차를 밟아 그대로 답습하듯 타락으로 빠져 가고 있습니다. 우리는 그 이유를 알면서도 행함이 없고 당파싸움이나 밥그릇 챙기기에만 급급한 것이 현실임을 부인할 수 없습니다.

먼저 낮아지고 섬기고 죽기까지 본을 보인 예수님을 본받지 못하면서 강단에서는 예수님을 찾지만 높은 곳으로 올라가려는 설교들이 선포되고, 이런 일들을 방치하다보니 영들이 죽어가고 점점 기독교인들이 세상의 유혹에 마귀의 덫에 넘어지고 죽어가고 있습니다. 기독교는 수양하며 위로나 받는 종교가 아니고 세상과 피흘리며 싸워 승리하여 저 천국가는 것이 목표이지, 이 땅에서 복! 복! 복! 하다 죽는 종교가 아니라고 생각합니다. 세상은 점점 발전하는데 우리의 복음은 뒷걸음질치고 있어서는 '나도 죽고 남도 죽이는 것입니다.'

이제는 누구의 책임이 아니라 그동안 성경을 이해하지 못한 채 읽고 보는데만 집중하며 일독이니 100독이니 자랑만 했지. 그 말씀 속에 숨겨진 진주를 캐서 우리의 이웃에게 나눠줄주도 모르고 행함이 없이, 하나님 아버지의 성품도 모르면서 전도 하러 가서 이단들에게 당하고… 지금 이런 틈새를 마귀는 여유를 부리며 노리고 있습니다. 우리에게는 말씀이 생명이요, 무기입니다. 씨가 땅에 떨어져서 뿌리가 자라매 새움이 커서 나무가 되어 고목이 되고 많은 열매를 맺는 역사가 이 책을 만남으로써 주님의 진정한 사랑 안에서 많은 결실이 이루어질 줄 믿으며, 주님의 힘에 의지하여 쓰여진 이 책을 터전으로 성도님들께 조금이라도 도움이 되어 이 땅에 수많은 영혼들을 살리고 다시 한번 한국교회의 부흥의 불이 지펴지고 섬기는 교회와 가정과 사업장과 자녀들이 주님의 반석 위에 서서 주님의 크신 일에 가장 크게 쓰임 받길 기도하며 하나님께 모든 영광을 올려드립니다.

2010년 가을의 문턱에서

이경우

목차

제 8장 성경 속의 역사와 다양한 비교 — 255

제 9장 예수님과 제자 행적과 역사 — 275

부록 이경우 권사 간증 — 395

고대 근동의 지도

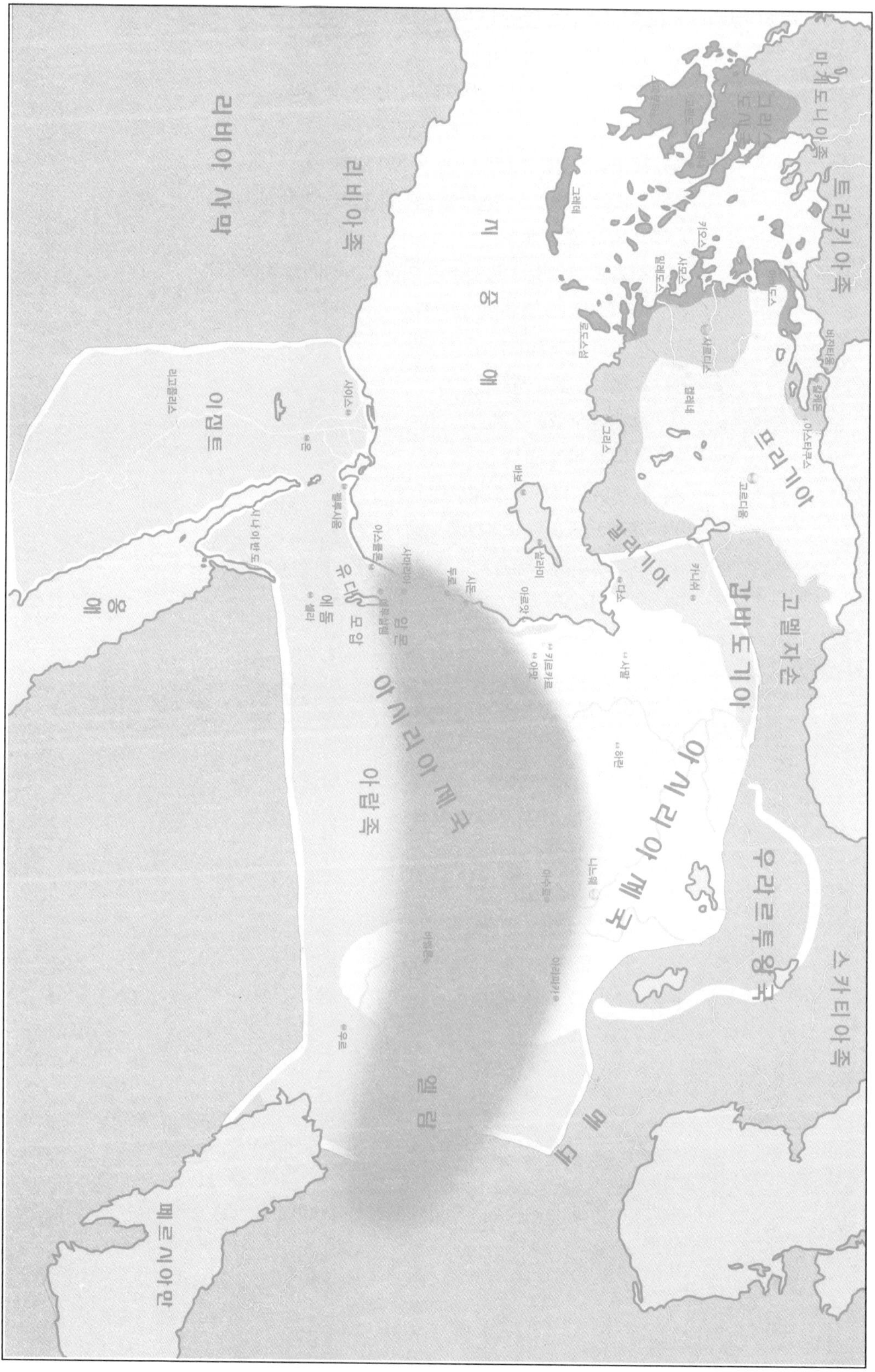
리비아 사막
리비아 족
지중해
이집트
홍해
유다
에돔
모압
아시리아 제국
아람 족
엘람
페르시아만
길리기아
프리기아
고멜 자손
갑바도기아
우라르투 왕국
스키티아 족
트라키아 족
마케도니아 족
그리스 도시국가

하나님의 사역과 인류와 이스라엘 역사

1

CHAPTER 01

성경

영문 "BIBLE"(바이블), "biblos"라는 헬라어에서 유래. 헬라어: 비블리아

성경이란

하나님의 뜻과 계획을 인간들에게 주신 계시의 기록이며, 말씀의 중심은 예수그리스도를 통한 구원이다. 성경은 약 1,600여년의(구약 1,500년 · 신약 100년) 기간에 걸쳐(애굽, 유다, 헬라, 로마, 페르시아, 바벨론) 약 40인의 저자에 의하여 기록된 66권의 말씀 책이다.

"오직 성령의 감동하심을 입은 사람들이 하나님께 받아 말한 것임이니라"(벧후 1:21).

성경구성

- 구약 39권
  - 율법서 5권
  - 역사서 12권
  - 시가 5권
  - 예언서 17권
    - 대선지서 5권
    - 소선지서 12권
- 신약 27권
  - 복음서 4권
  - 역사서 1권
  - 예언서 1권
  - 서신서 21권
    - 바울서신 14권 (히브리서 포함)
    - 일반서신 7권

구약
총 929장 23,214절
천지와 인간창조,
그리스도 약속과 인간구속을 계획

신약
총 260장 7,957절
예수님 탄생과 죽음, 부활, 재림,
심판, 인간구속 완성

· 가장 많은 절 : 시편 119편 1절~176절
· 가장 적은 절 : 시편 117편 1절~2절
· 가장 긴 장 : 시편 150장
· 가장 짧은 장 : 오바댜 1장

구약은 히브리어로 쓰여져 있었으나, 기원전 3세기 중엽 두루마리로 돌아다니던 히브리 성경을 당시 이스라엘을 지배하던 프톨레미 2세가 알렉산드리아(이집트북부)에서 살고 있는 유대인 랍비 12지파 대표 각 6명씩 72명에게 명령하여 헬라어로 번역된 성경이다. 그래서 70인 역 성경이라고 하였으며, 그 당시 이스라엘 주변 국가들은 헬라어와 헬레니즘 문화의

영향을 받았으므로 구약성경의 번역과 신약이 헬라어로 쓰여지게 됨. 성경은 하나님의 성품과 하나님의 목적과 하나님의 길에 대해서 기록하신 책이다. 그러므로 성경을 통하여 하나님은 어떤 분이시며 어떠한 일을 하셨고 또 무엇을 기뻐하시고 무엇을 싫어하시는지, 우리는 어떻게 하여야 저 천국백성이 될 수 있는지, 과거와 현재와 미래에 일어날 모든 일들을 기록한 하나님의 말씀 책이다.

구약과 신약의 관계

구약 성경이 주춧돌이라면 신약성경은 그 위에 세워진 건물과도 같다.

그 기초위에 건물이 세워지지 않는 한 아무런 가치가 없다.

건물은 분명 기초가 있어야 세워질 수 있는 법이다.

그러므로 구약과 신약은 불가분의 관계다.

신약은 구약 안에 포함되어 있고 숨겨져 있으며 구약의 모든 책들이 예수님을 예고하고 있다. 구약은 신약의 거울이며 신약의 그림자이다. 창세기 3장 15절 "내가 너로 여자와 원수가 되게 하고 너의 후손도 여자의 후손(예수님 예고)과 원수가 되게 하리니", 즉 구약의 창세기부터 예수님을 예고하고 있다. 또한 구약은 신약 안에 설명되어 있고 밝혀져 있다. 신약시대의 예수님과 제자들은 구약성경과 선지자의 글을 읽고, 가르치셨다. 예수님께서는 구약성경을 마태복음에 19번, 마가복음에 15번, 누가복음 25번, 요한복음 11번이나 인용하셨다.

예수님께서는 구약성경에 기록된 내용을 이루셨다.

예) • 기록되었으되(마 4:4~10).

• 그러나 이렇게 된 것은 다 선지자들의 글을 이루려 함이니라 하시더라(마 26:56).

• 선지자 이사야의 글을 드리거늘 책을 펴서 이렇게 기록한 데를 찾으시니(눅 4:17).

구약과 신약은 일치성을 이루어 과거의 근원과 미래의 과정과 발생을 연결시키는 거룩한 하나님의 말씀이다.

• 구약은 하나님으로 시작하여(창 1:1) 저주로 끝맺음(말 4:6)

• 신약은 예수 그리스도로 시작하여(마 1:1) 은혜로 끝맺음(계 22:21)

모든 성경은 하나님의 감동으로 된 것으로 교훈과 책망과 바르게 함과 의로 교육하기에 유익하니 이는 하나님의 사람으로 온전하게 하며 모든 선한 일을 행할 능력을 갖추게 하려 함이라 (딤후 3:16~17).

* 참고 : 아멘호텝 2세(B.C. 1450~1245)가 바로왕 때에 이스라엘 민족의 출애굽 년도를 B.C. 1446으로 기준에서 아담 창조 년도부터 시작하여 성경의 전체적인 년도가 계산됨(출애굽 년도에 따라 달라짐).

CHAPTER 02

하나님의 천지창조와 인간 창조의 역사

천지창조

날	첫째	둘째	셋째	넷째	다섯째	여섯째	일곱째
사 역	빛	물궁창 (하늘)	땅, 바다 풀 채소 과목	낮, 밤 해 달 별	물고기 새	육축 기는 생물 짐승 사람	안 식

아담이 모든 육축과 공중의 새와 들의 모든 짐승에게 이름을 주니라(창 2:20).

– 지금도 세계의 모든 동물의 이름은 통일되어 사용, 그러나 식물 이름은 지역과 나라마다 다르다.

인간창조

하나님이 가라사대 우리의 형상을 따라 우리의 모양대로 우리가 사람을 만들고, 하나님이 자기형상 곧 하나님의 형상대로 사람을 창조하시되, 남자와 여자를 창조하시고(창 1:26~27).

여호와 하나님이 흙으로 사람을 지으시고, 생기를 그 코에 불어넣으시니 사람이 생령이 된지라(창 2:7).

└, (아담)

여호와 하나님이 아담에게서 취하신 그 갈빗대로 여자를 만드시고 ~ 여자라 칭하리라 (창 2:22~23).

└, (하와)

하나님이 그 지으신 모든 것을 보시니 보시기에 심히 좋았더라(창 1:31).

아담 : 사람이라는 뜻. 남자 : (히 이쉬)

아담 = 흙 = (히 아다마)

하와 : 생명. 여자 : (히 이솨)

하와 = 이브(Eve) 영어발음

– 사람의 히브리 원어는 아담이다. 아담은 흙(히 : 아다마)과 동일한 어원을 갖고 있다.

• 에덴 : 기쁨이란 뜻

에덴 동산의 위치 : 티그리스(힛데겔)와 유프라테스 강의 이름이 언급 현재의 이라크 지방 추측(창 2:14).

하나님의 형상

하나님은 영이시다. 즉 우리는 육의 형상과 모양이 아니고, 영의 형상과 모양대로 지음을 받았다.

지 · 정 · 의 : 지성(知性), 감정(感情), 의지(意志)

인간의 영적, 도덕적 본성을 의미하며, 인간이 하나님을 인식하고 교제할 수 있도록 지으셨음을 의미한다. 하나님은 영원하시다. 고로 그 형상으로 지음 받은 우리의 영 역시 영원하지만 육의 형상이 아니기 때문에 우리 육은 죽고 흙으로 돌아간다.

너희의 온 영과 혼과 몸이 우리 주 예수 그리스도께서 강림하실 때에 흠 없게 보전되기를 원하노라(살전 5:23).

영(마음) ——————————→ 하나님과 교통

우리의 마음은 항상 주님과 교통하며 주님의 사랑과 은혜 안에 거하기 위하여 쉬지 않고 기도를 해야 한다. 마귀는 우리의 마음을 어둡게 하여 하나님과의 관계를 단절시키려고 우는 사자와 같이 우리를 끊임없이 공격한다.

: 하나님과 관계가 끊어지면 사망과 함께 영원히 죽지않는 지옥이다.

혼(정신) ——————————→ 하나님께 경외

우리의 정신은 항상 주님을 경외하는 자세를 잃지 않아야 한다. 마귀는 우리의 정신(혼)을 빼앗기 위하여 항상 도사리고 틈새를 지켜보고 있다.

: 마귀에게 정신을 빼앗기면 불행과 함께 구원을 받지 못하고 세상 사람이 된다.

육(몸) ——————————→ 하나님 말씀에 순종

우리의 몸은 주님 말씀에 순종하며 주님 일을 위하여 죽도록 충성하여야 한다. 마귀는 우리의 몸을 세상으로 끌고 가기 위하여 수많은 것으로 유혹하고 있다.

: 세상의 몸이 되면 마귀의 종이 되어 병과 고통이 수반되어 죽는다.

- 영(靈)의 구원 : "네가 만일 네 입으로 주로 시인하며 또 하나님께서 또 그들 죽은 자 가운데서 살리신 것을 네 마음에 믿으면 구원을 얻으리니"(롬 10:9~10).
- 혼(魂)의 구원 : 지(知) : 지성(知性) – 육신의 생각은 사망이요 영의 생각은 평안이니라
  └ 생각을 움직이는 힘이 혼이다.
  (롬 8:6).

정(情) : 감정(感情) – 슬픔, 기쁨, 눈물, 성품

의(意) : 의지(意志) – 자유의지가 있어 결단과 선택을 한다.

"인생의 혼은 위로 올라가고 짐승의 혼은 아래, 곧 땅으로 내려가는 줄을 누가 알랴"(전 3:20~21).

혼이란? 사람의 두뇌에 있는 정신작용. 즉, 수많은 내용을 기억하고 생각으로 작용하는 것을 총칭.

└→ 말씀하신 것을 기억하라(눅 24:6).

육(몸) : 흙으로 돌아간다. : 썩어질 육신 생각을 육신 일을 도모하면 죽는다(롬 8:1~17).

- 육이 썩어지면 혼은 영과 결합해서 남는다. : 영과 혼을 합쳐 = 영혼 – 최후는 천국과 지옥으로 갈라짐.
- 짐승은 영이 없고 혼과 육으로 구성 → 영이 없기 때문에 육이 썩으면 혼도 없어진다.

  └→ 생물(生物)들의 혼(魂)과 인생들의 영(靈)이 다 그의 손에 있느니라(욥 12:10).

창조비교(사람) → 몸(육) 구조 ↕ 지구(땅) 지구

	구성	
몸(육) 구조	물 70%, 무기질 30%	→ 몸 오장 육보 구성
지구(땅) 지구	물 70%, 육지 30%	→ 오대양 육대륙 구성

하늘과 땅 사이에는 내가 있다

하늘을 창조하신 이 그는 하나님이시니 그가 땅을 지으시고 그것을 만드셨으며 그것을 견고하게 하시되 혼돈하게 창조하지 아니하시고 사람이 거주하게 그것을 지으셨으니 나는 여호와라 나 외에 다른 이가 없느니라(사 45:18).

하나님말씀 ↕ 좋은 동물, 좋은 식물

마귀의 방해 ↕ 독이 되는 동물, 독이 되는 식물

하나님 : 3층천(天) 하나님의 보좌(고후 12:2)
천 사 : 2층천 하나님 말씀을 땅과 사람에게 전함(히 1:14)
마 귀 : 1층천(공중) 사탄과 타락한 천사(엡 2:2)
사 람 : 노출됨(자유의지가 있음)
동 물
식 물
흙

- 사람은 하나님의 말씀과 좋은 동 · 식물을 먹으며 산다.
  사람은 마귀의 말과 독이 있는 동 · 식물을 먹으면 죽는다.

Holy

사람은 세상에 노출되었기 때문에 마귀의 공격과 자연재해와 수많은 것으로부터 위협을 당하고 있다. 에덴동산에서 아담과 하와에게 가죽옷을 지어 입히듯이 지금도 주님께서는 우리를 눈동자같이 지키시고 보호하시고 양육하시고 계신다.

하나님께서는 지금도 사람을 들어서 끊임 없이 창조하고 계신다. 땅속에는 인간이 사용하도록 석유를 비롯한 수많은 광물이 숨겨져 있으며 지구상에 존재하는 식물의 총 약 30만종 중 우리나라에는 약 4,000여종이 서식하고 있다고 한다. 그러나 인류가 식물의 성분과 효능을 알고 있는 것은 불과 2% 수준에 이른다고 한다. 지금도 하나님께서는 사람에게 지혜를 주어 비행기와 기차와 각종 산업재료를 만들며, 각종 식물과 동물에서는 사람을 치료하는 수많은 약을 개발 중이다. 이처럼 우리 하나님은 사람이 거하는데 부족함이 없도록 모든 것을 창조하셨다. 그 창조물의 중심에 내가 있고 바로 당신이 존재하는 것이다.

저 태양도 저 태평양 바다 속에 있는 물고기도 바로 우리를 위하여 창조하셨고 지금도 하나님 아버지는 여러분의 가정과 직장과 사업장과 자녀들을 위하여 주무시지도 않으시고 쉬지도 않으시며 일하시고 계신다.

CHAPTER 03

인간 계보(系譜)와 그에 따른 수명(壽命)

아담(약 B.C. 4114년경 창조) 아담은 130세에 셋을 낳은 후 800년 동안 자식을 낳은 후 9대손 라멕 때 930세 죽음.

★( ) 수명나이

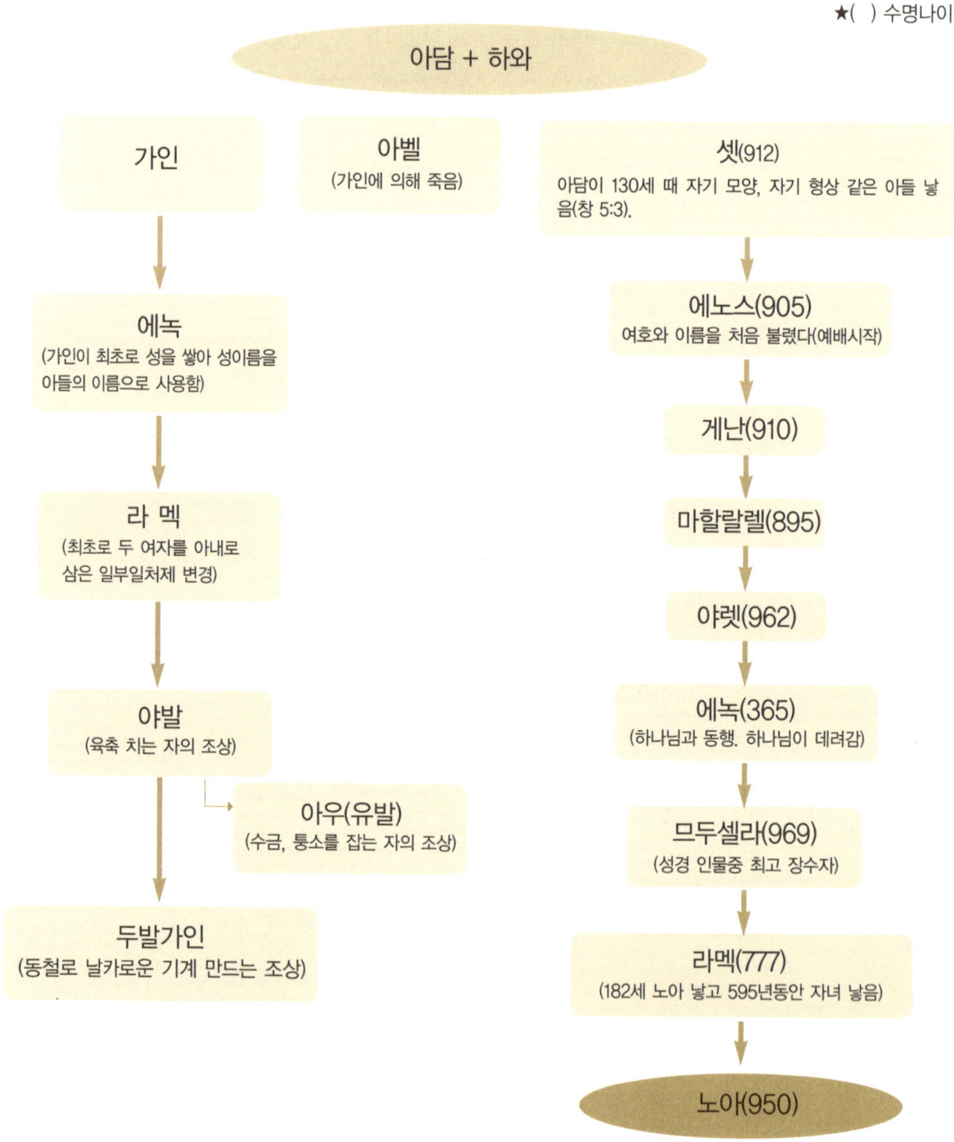

노아 홍수 심판

- 방주 크기 : 길이-약 135m, 높이-약 14m, 넓이-약 23m, 용적-약 14,000t, 층수 - 3층, 재료- 잣나무
- 방주 위치 : 아라랏산(터어키) 머뭄.
- 승선인원 : 노아가족 8명, 동물: 혈과 육이 있는 모든 생물 각기 암수 한 쌍씩
- 비가 내리는 날 수 : 40일 주야. 땅 : 150일 동안 물이 넘침
- 노아홍수 후: 인간에게 최초로 육식 허용(창 9:3).

CHAPTER 04

노아(새 인류조상)와 이스라엘 계보와 역사

500세, 셈, 함, 야벳 낳음 100년 후 노아홍수

- 1세대 차이가 가장 큰 세대는 노아와 셈 – 500년
- "그들은 사백년 동안 자손을 괴롭게 하리니 ~ 네 자손은 사대 만에 이 땅으로 돌아오리니"(창 15:13~16)
  - 아브라함과 이삭 100년의 나이 차이인 100년을 하나님은 1대로 기준.

셈(600세)

아르박삿(438세)

셀라(433세)

에벨(464세) → 히브리인으로 추정
모세는 여호와를 히브리인의 하나님으로 부르고 있다(출 5:3).

벨렉(239세)

르우(239세)

스룩(230세)

나홀(148세)

데라(205세) → 70세 아브라함 낳음. 갈대아 우르를 떠나 205세 하란에서 죽음.

아브라함(175세) → 75세에 아버지 집을 떠남. 100세에 이삭을 낳음. 믿음의 조상이 됨.

이삭(180세) → 40세에 리브가와 결혼. 60세에 에서와 야곱 낳음. 100배의 축복받음.

야곱(147세) → 가나안에서 77년 → 밧단아람(20) → 가나안(33) → 애굽(17년)
애굽에서 죽음.

요셉(110세) → 가나안에서 17년→ 애굽에서 30세 총리→ 애굽에서 110세 죽음

다윗(70세) → 30세에 왕 – 헤브론에서 7년 – 예루살렘 33년(40년 동안 왕)

예수(33세) → 30년 동안 세상에서 3년 공생애 A.D. 30년 십자가 죽음 후 부활.

- 노아홍수 전 : 므두셀라(969세 최장수)
- 노아홍수 전 : 첫아이 낳는 연령(65세~187세) 평균 117세(창 5장)
- 그들의 날은 120년이라 선포 후(창 6:3) 홍수 후 급속히 수명이 단축됨.
- 노아홍수 후 : 첫아기 낳는 연령이 29세~30세 기준으로 빨라짐(창 11장).
- "우리의 년 수가 칠십이요 강건하면 팔십이라"(시 90:10).

CHAPTER 05

노아(새로운 인류의 시작)

약 B.C. 3058년경 출생

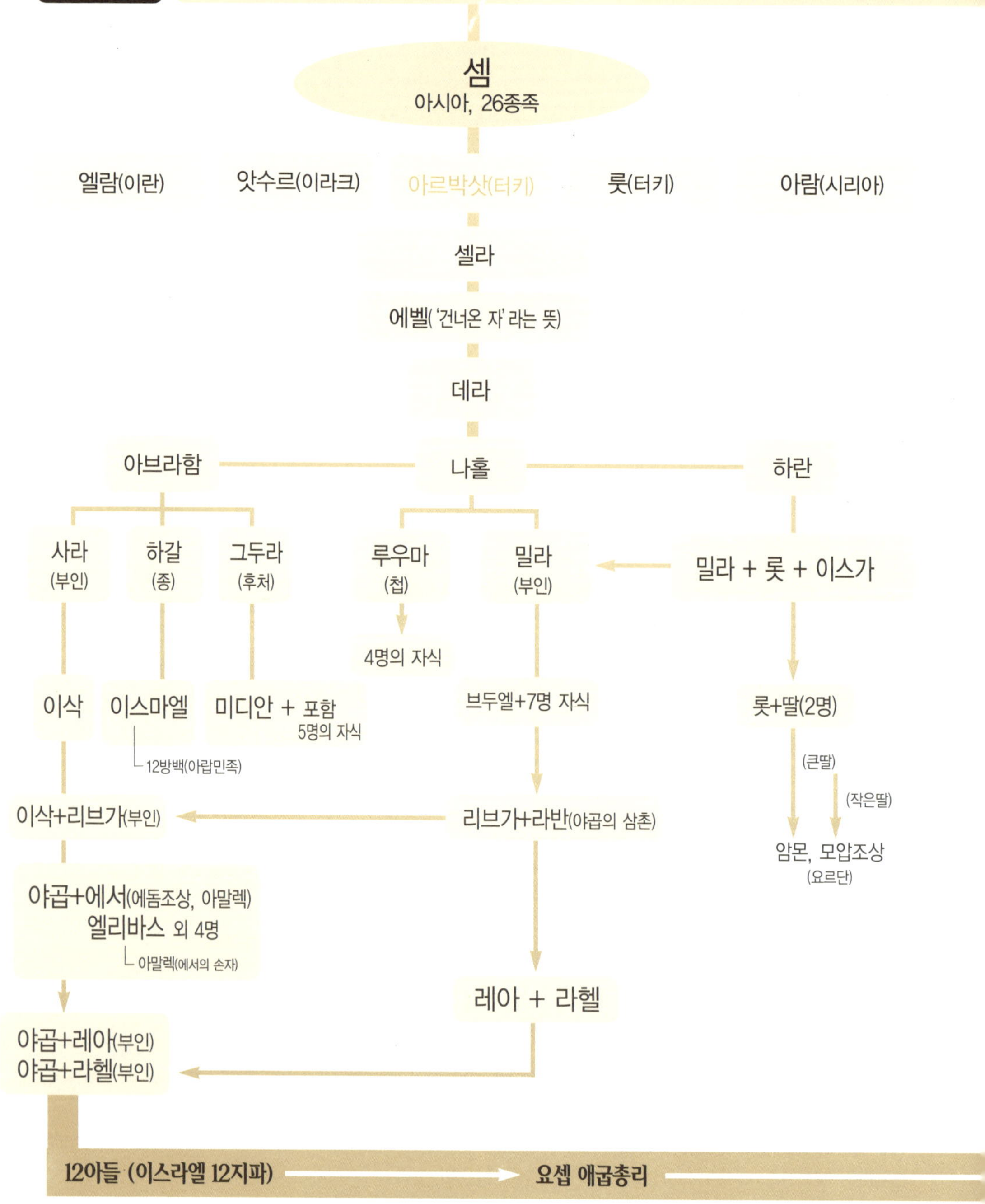

• 근친결혼 풍습이 있었음 • 족장 이름이 국가 명칭이 된 족장시대 • 이름 뜻:노아(안식, 위로), 셈(명성), 함(뜨거운, 짙은 색깔), 야벳(아름다운)

★ 족장 이름이 국가명, ( )현 국가명

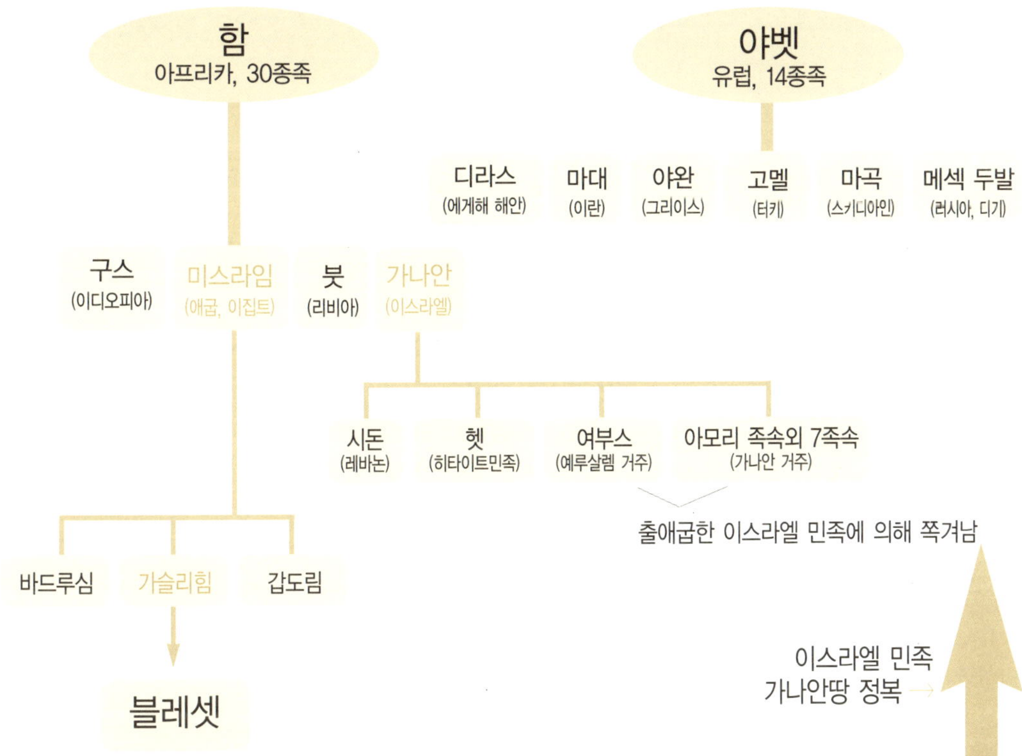

• 블레셋(현 팔레스타인 가자지구) 지금까지 이스라엘과 전쟁 중
• 블레셋(함의 손자)은 아말렉(에서의 손자)과 함께 끝까지 이스라엘 민족을 괴롭힘.
• 여호와께서 아말렉으로 더불어 대대로 싸우리라(출 17:16).
소돔과 고모라(함의 자손) **– 사해남동끝.**

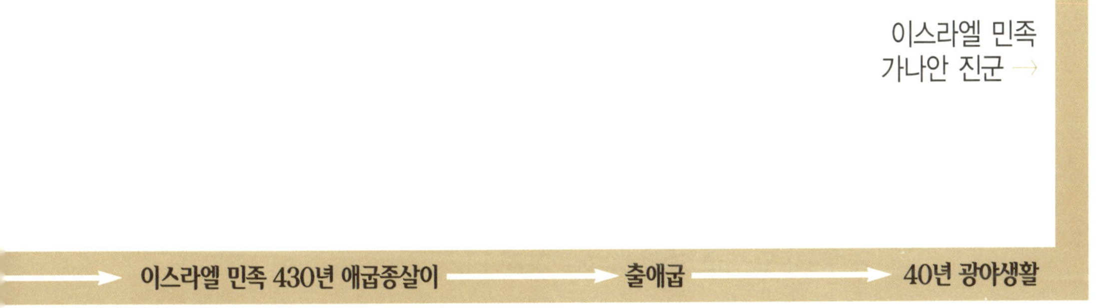

야곱(이스라엘 12지파)

1. 2 .... 낳은 순서

레아	실바(레아 몸종)	라헬	빌하(라헬 몸종)
1. 르우벤(장자) 2. 시므온 3. 레위(제사장직) 4. 유다(예수님계보) 9. 잇사갈 10. 스블론 디나(딸)	7. 갓 8. 아셀	11. 요셉(애굽총리) 12. 베냐민	5. 단 6. 납달리

이름 뜻 – 르우벤 : 보라 아들이다
시므온 : 들으심
레위 : 연합, 애착심
유다 : 찬송함
단 : 공평함
납달리 : 나의 경쟁
갓 : 복됨, 행운
아셀 : 기쁨, 행복
잇사갈 : 보상
스블론 : 거함
요셉 : 하나님이 가져가심(더하심)
베냐민 : 오른손의 아들
디나(딸) : 판단

요셉 17세에 애굽에 팔림(B.C. 1898)

- 30세에 애굽의 총리가 됨(힉소스, 바로왕 때)
- 므낫세, 에브라임의 두 아들을 낳음
- 아버지 야곱과 70인 가족이 애굽으로 이주함(B.C. 1876)
- 야곱이 147세에 애굽에서 죽음(B.C. 1859)
- 요셉이 애굽에서 110세에 죽음(B.C. 1805년)(창 50:26)

이스라엘 12지파 : 야곱의 아들 중 레위지파는 제사장과 제사직 책임으로
요셉에서 두 아들 므나셋과 에브라임이 12지파에 포함.

이스라엘 민족 430년 동안 애굽의 종살이 후 출애굽 → 이스라엘 민족의 대이동(출애굽) 200만여 명

B.C. 1446경	출애굽	• "Exodus" 엑소도스 : 출발, 탈출대략(B.C. 1446년 아멘호텝 2세 바로왕 때 430년 종살이 후 출애굽)
↓	모세	• 나이 80세에 부름 받음 • 출애굽 후, 40년 동안 이스라엘 민족 이끌고 광야 생활
B.C. 1406경	모세 죽음	• 십계명과 율례를 받음. 성막 완성. 120세에 모압광야에서 죽음
B.C. 1406경	여호수아	• 모세 후계자. 가나안땅 입성 • 여리고성, 아이성 정복. 모든 가나안 땅 정복
B.C. 1390경	여호수아 죽음	• 각 지파 땅 분배. 도피성 만듬. 110세에 에브라임 산지 장사
B.C. 1375경	사사시대	• 여호수아 후 사울 왕까지 약 350년간 사사시대 • 그 중 약 100년간 주변 나라에 압제 당함. • 하나님을 버리고 바알신과 우상숭배를 섬겼던 이스라엘. • 뜻 : 지도자, 여호수아 이후 왕정수립 사울 왕 전까지 이스라엘의 시노사

사사	특성	지은 죄	압제기간	평화(치리)기간
옷니엘	갈렙의 사위	바알신, 아세라 섬김	메소보나미왕 8년	40년
에훗	모압왕 죽임	부도덕, 우상숭배	모압왕 18년	80년
삼갈	소모는 막대기로 600명 죽임	블레셋에서 구출		
드보라	여선지자	하나님을 저버림	가나안 야빈왕 20년	40년
기드온	300용사의 리더	하나님을 저버림	미디안족 7년	40년
돌라		평화의 시대		23년
야일		평화의 시대		22년
입다	외동딸을 번제로 바침	우상숭배 극성	블레셋, 암몬 18년	6년
입산	아들과 딸 각 30명의 자식		7년	
엘론	평화의 시대			10년
압돈	평화의 시대, 40명의 아들을 둠			8년
삼손	나실인 출신 나귀턱으로 1,000명 죽임	하나님을 저버림	블레셋 40년	20년

B.C. 1017경(죽음)	사무엘	• 마지막 이스라엘의 사사 • 한나(어머니), 엘가나(아버지) • 선지자, 제사장, 왕의 직무를 동시에 감당 • 아들들이 뇌물을 취하고 판결을 굽게 함. • 하나님께서 그의 말은 하나도 땅에 떨어지지 않게 함. • 사울 왕에게 기름 부음 왕 임명
B.C. 1050 ~1010년경	사울 왕	• 베냐민 지파의 기스의 아들, 준수한 자 • 이스라엘 최초의 왕(40세, 40년 통치) • 다윗을 대적하여 죽이려함 • 하나님 말씀에 불순종하여 버림받음 • 암몬족, 아말렉, 블레셋과의 끊임없는 전투 • 블레셋과 전투에서 그외 세 아들과 길보아산에서 죽음
B.C. 1010 ~1970년경	다윗 왕	• 유다지파의 이새의 막내 여덟째 아들 • 블레셋 장수 골리앗을 물맷돌로 물리침 • 하나님이 선택한 왕(30세, 40년 통치) • 헤브론에서 7년 6개월, 예루살렘에서 33년간 치리 • 이스라엘 인구조사, 법궤 옮김 • 성전 건축 준비와 솔로몬에게 왕권 승계 • 시편에 수많은 기도와 찬양으로 하나님께 영광을 올림
B.C. 970 ~930년경	솔로몬 왕	• 40년 동안 통치, 일천번제와 성전건축과 봉헌 • 후궁 700명과 첩 300명, 우상숭배 • 하나님께 지혜를 구함, 절대의 권리와 부(富)와 명성을 얻음. • 우상숭배와 부패와 타락으로 인하여 왕국분열의 원인 • 잠언과 전도서의 저자
B.C. 931년경	왕국분열	

르호보암(남유다 왕)	여로보암(북 이스라엘 왕)
솔로몬 왕 아들	르밧 장군의 아들

남 유다 왕(유다지파, 베냐민지파) 행적

수도 : 예루살렘

아들계승 · 부인 · 〈선지자〉

연대	왕	통치	행적
B.C. 931	르호보암	17년 통치	솔로몬왕의 아들, 그리스도의 계보, 우상숭배.
	아비얌	3년 통치	하나님께 온전치 못함.
	아사	41년 통치	우상을 없앰. 종교 개혁.
	여호사밧	25년 통치	종교 부흥. 선한 왕. 〈오바댜〉
	여호람	8년 통치	아합과 이세벨 딸을 왕비(아달랴), 우상숭배 악행.
	아하시야	1년 통치	북이스라엘 예후에 의해 죽음.
	아달랴 여왕	6년 통치	여호람왕의 부인, 아하시야 왕 모친. 요아스를 제외한 다윗왕족을 다 죽임. (북이스라엘 아합과 이세벨 딸)
	요아스	40년 통치	7살때 왕 등급 정직한 왕, 왕자 중 혼자 살아남음. 〈요엘〉
	아마샤	29년 통치	순종 후 승리. 회개치 않고 죽음(우상숭배).
	아사랴, 웃시야	52년 통치	선한 왕. 문둥병 걸림(산당에 제사 실수). 〈이사야〉
	요담	16년 통치	경건한 왕. 〈이사야〉
	아하스	16년 통치	사악하고, 우상숭배. 〈이사야, 미가〉
	히스기야	29년 통치	하나님을 가장 의지, 종교개혁, 북이스라엘 멸망. 〈이사야, 미가〉
	므낫세	55년 통치	12세 때 왕, 우상숭배함, 가장 악행함, 이사야의 순교.
	아몬	2년 통치	우상숭배, 12세 때 왕.
	요시야	31년 통치	8살 때 왕, 성전수리, 율법책 찾음, 유월절 지킴 〈예레미야, 나훔, 스바냐〉
	여호아하스	3개월 통치	애굽으로 잡혀가서 죽음, 악행. 〈예레미야〉
	여호야김	11년 통치	악행, 1차포로 바벨론(다니엘과 왕족). 〈예레미야, 하박국〉
	여호야긴	3개월 통치	악행, 2차포로 바벨론(에스겔) 잡혀감. 〈예레미야〉
B.C. 586	시드기야	11년 통치	악행, 3차포로 바벨론 침공, 이스라엘 멸망. 〈예레미야〉

B.C. 586 예루살렘이 바벨론(이라크)에 멸망하기까지 20대에 걸쳐 345년 통치함.

- 포로기 이전 유다에 대해 예언한 선지자 : 요엘, 이사야, 미가, 예레미야, 하박국, 스바냐
- 에돔에 대한 예언 : 오바댜
- 니느웨에 대한 예언 : 나훔
- 바벨론 치하의 유대인에 대한 예언 : 다니엘, 에스겔
- 포로기 이후의 예언 : 학개, 스가랴, 말라기

유다의 멸망원인 : 열조부터 내려오는 악행과 우상숭배와 요시아왕의 철저한 종교개혁에도 불구하고 여전히 죄악을 행함. 예레미야와 여러 선지자의 말씀과 예언과 경고를 무시함.

북이스라엘 왕(이스라엘 10지파) 행적

수도 : 디르사 에서 사마리아(오므리 왕 때) 옮김

아들 계승 (반역)

연대	왕	통치	행적
B.C. 931	여로보암	22년 통치	벧엘에 금송아지 만듦. 레위지파 제사장 세우지 않음. 하나님 배반 우상숭배 이스라엘 멸망 원인제공.
	나 답	1년 통치	하나님 앞에 악행 바아사에 의해 죽음.
	바아사	24년 통치	하나님 보시기에 악행, 나답 왕 죽이고 왕 됨. (반역)
	엘 라	2년 통치	시므리에 의해 죽음.
	시므리	7일동안 왕	엘라 왕 죽이고 왕이 됨, 악행, 백성과 오므리 왕에게 죽임 당함.
	오므리	12년 통치	수도 다르사에서 사마리아로 옮김. 가장 악행을 행한 왕.
	아 합	22년 통치	부인:이세벨 바알신 섬김, 우상숭배, 딸(아달랴) 유다왕 여호람과 결혼. (엘리야 활동)
	아하시야	1년 통치	바알신 숭배, 후계자 없이 병으로 죽음.
	요람(여호람)	9년 통치	(B.C. 885~B.C. 841) 44년 간의 오므리 왕가 4대에서 끝. 예후에게 죽임 당함. (엘리사)
	예후	27년 통치	하나님께서 세운 왕, 바알숭배자을 죽임. 남유다 아하시야 왕을 죽임. 요람왕을 죽이고 왕이 됨.
	여호아하스	17년 통치	하나님 보시기에 악행.
	요아스	16년 통치	하나님 보시기에 악행. (엘리사 죽음)
	여로보암 2세	41년 통치	하나님 보시기에 악행. (호세아, 아모스, 요나)
	스가랴	6개월 통치	하나님 보시기에 악행, 예후 왕가 5대만에 끝남. 89년간 통치, 살룸에게 살해당함.
	살 룸	1개월 통치	스가랴 왕 죽임, 므나헴에 의해 죽음.
	므나헴	10년 통치	하나님 보시기에 악행, 살룸 왕 죽임.
	브가히야	2년 통치	하나님 보시기에 악행, 베가에 의해 죽음.
	베가	20년 통치	하나님 보시기에 악행, 호세아에 의해 죽음
B.C. 722	호세아	9년 통치	하나님 보시기에 악행.

B.C. 722 사마리아 함락 – 앗수르(이라크)에 의해(남유다 히스기야왕 6년 때)
1대왕~19대왕까지 209년간 통치와 8번의 혁명과 9번의 왕조.

- 포로기 이전 이스라엘에 대해 예언한 선지자 : 호세아, 아모스
- 니느웨에 대해 예언한 선지자 : 요나

북이스라엘 멸망 원인: 초대 왕부터 왕조가 끝날 때까지 금송아지 우상을 섬겼으며 바알, 아세라, 몰록, 일월성신, 복술, 사술 등등 선지자들의 경고를 무시한 그들을 하나님께서는 배척하셨다.

CHAPTER 06

북이스라엘, 남유다 멸망과 바벨론에서 귀환 역사

※ 한국(고조선) ※이라크(앗수르, 바벨론) ※이란(메대, 바사, 페르시아) 현 국가 비교

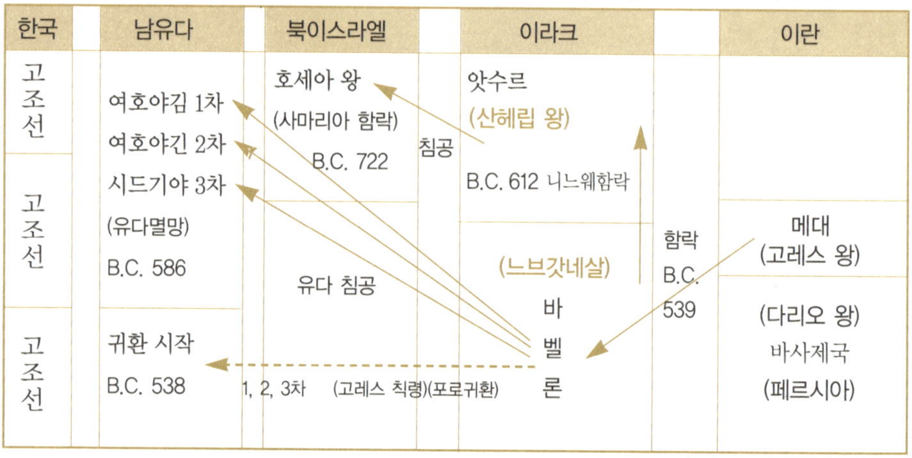

※ 남유다(예루살렘 멸망은 북이스라엘보다 136년 후 바벨론(이라크)에 의해)

B.C. 722	북이스라엘(호세아왕 9년) : 앗수르(산헤립왕) 침공으로 사마리아 함락.
B.C. 612	앗수르 수도 니느웨의 바벨론에 의해 함락.
B.C. 605	바벨론의 유다 1차 침공 : 느브갓네살 1차 침입 때 다니엘 세 친구와 상류층 인사 잡혀감(포로). 다니엘 : 바벨론(느브갓네살)~메대(고레스)~바사 제국 원년까지 총리와 고위직 관리. 바벨론은 여호야김 왕을 봉신으로 삼아 애굽과의 동맹 관계를 끊게하고 바벨론과 동맹을 맺게 함.
B.C. 597	바벨론, 유다 2차 침공 : 여호야김이 다시 애굽과 동맹을 맺고 그의 후계자 여호야긴이 바벨론에 비우호적인 태도로 인해 2차 침공, 왕 여호야긴과 에스겔 선지자 등. 10,000명을 포로로 잡아가고 성전과 왕궁의 모든 보물을 약탈해 갔으며 성전 훼파함.
B.C. 586	바벨론, 유다 3차 침공 : 시드기야가 다시 애굽과 협상함으로 약 1년 8개월 동안. 예루살렘 포위 후 함락. (예루살렘 멸망) 예레미야 선지자의 계속된 충고를 무시하고 친 애굽 정책을 택해 멸망.
B.C. 539	메대(이란) 고레스 왕(하나님이 세운 왕, 사 44:28) 바벨론 함락 B.C. 332년까지 약 200년 통치.
B.C. 538	메대 고레스 왕 칙령 발표 유다 포로를 귀국해도 좋다는 조서를 선포.
B.C. 538	1차 귀환 : 지도자 스룹바벨 인도 하에 학개, 스가랴 포함하여 약 49,897명 – 성전재건에 힘씀.
B.C. 458	2차 귀환 : 1차 귀환 81년 후 지도자 에스라와 약 1,754명 – 율법 준수에 노력.
B.C. 445	3차 귀환 : 지도자 느헤미야와 약 42,360명 귀환 – 예루살렘 성벽개축 힘씀.

※ 스룹바벨, 에스라, 느헤미야, 학개, 스가랴는 포로시 바벨론에서 태어난 후손들.

※ 예레미야의 예언(70년 노예)은 B.C. 586~538년 귀환때까지 48년이나

1차 침공 때부터 귀환까지 약 70년이며 성전파괴(B.C. 586) – 성전 다시 복귀(B.C. 516)까지 약 70년이다.

CHAPTER 07

이스라엘 역사표

B.C. 586	예루살렘 멸망.	
B.C. 539	바벨론 멸망. 〈바사 통치〉	
B.C. 538	메대왕〈고레스 칙령〉 고레스 왕 하나님이 세움, 이사야 선지자 예언(사 44:28)	
B.C. 538~425	이스라엘 민족 귀환. (1차, 2차, 3차에 걸쳐 귀환)	
B.C. 433	말라기 활동 ——→	구약성경 끝
B.C. 330	페르시아(200년 통치) 알렉산더 왕에게 멸망 이스라엘 지배 끝.	
B.C. 330-323	그리이스(알렉산더 대왕 통치) 알렉산더 33세에 죽음.	약 400년
B.C. 323-166	프톨레미 왕조 통치와 셀레우코스 왕조가 통치.	침묵 시대
B.C. 166-63	하스모니아 왕조 통치 때 .마카비 영도 하에 유대의 독립(100년 간)	암흑기
B.C. 63	로마 예루살렘 함락, 로마 제국 통치.	
B.C. 19~10	헤롯 성전 건축.	
	——→	신약성경 시작
B.C. 4	예수님 탄생	
A.D. 27	예수님 공생애 시작. (신라 유리왕 시대)	
A.D. 30	예수님 십자가 죽음과 부활 사건.	
A.D. 60	바울과 사도를 이방선교 · 로마 네로 황제 크리스트교 핍박.	
A.D. 64	베드로, 바울 로마에서 순교. 크리스트교 핍박 피해 카타콤 지하 동굴 숨어들어 신앙 생활.	
A.D. 70	로마 디도에 의해 예루살렘 성전 파괴, 예루살렘 멸망. 성전예배 중단되고 나라 잃은 유대인 전 세계 흩어짐.	
A.D. 135	예루살렘에서 유대인 추방.	
A.D. 313	밀라노 칙령(콘스탄티누스 황제 크리스트교 인정)	
A.D. 392	로마 테오도시우스 황제 크리스트교 국교 인정.	
A.D. 1054	로마 동 · 서 교회 분리.	
A.D. 1096~1270	십자군 전쟁 원정시작 1차~7차까지 예수살렘을 이슬람교로부터 되찾기 위하여 프랑스를 중심으로 이탈리아, 도이칠란트 연합군 형성.	
A.D. 1517	루터의 종교 개혁	
A.D. 1948, 5, 14	이스라엘 독립	

- 오늘날 유대인은 전 세계 134개국에 약 1천 400백만 명 추정, 미국에 약 5백 80만명 이스라엘에 약 5백만 명
- 이스라엘 유례 : 야곱이 하나님과 얍복 강가에서 씨름하여 이긴 후 받음.
- 히브리인 유례 : 강 건너에서 건너온 사람의 뜻, 유대인의 조상. 1) 아브라함 때부터 가능성 추측 : 유프라데스 강을 건너서 가나안 땅에 정착 2) 에벨(건너온 자란 뜻) : 셈의 4대손인 그들 선조로 추정 모세는 히브리인의 하나님이라고 호칭함(출 5:3).
- 유대인 유례 : 히브리 민족의 후예, 구약성서의 유다 왕국의 후손에서 유래 되었을 가능성 바벨론에서 귀환 후 불러지기 시작, 유대인 대다수 유대교 믿음.

CHAPTER 08 침묵기간(구약과 신약사이 400년의 이스라엘 종교)

침묵시대는 구약을 끝으로 신약시대 예수님 탄생까지 약 400년 동안 하나님의 말씀이 없는 시대를 말한다. 유대교는 바벨론 포로 생활 후 각 마을마다 회당 중심으로 정규 예배를 드리게 되었다. A.D. 1세기 때는 예루살렘에 약 480여개의 회당이 있었으며 회당 예배는 신경, 기도, 율법과 선지자의 글 낭독 등의 순서로 진행되었다. 회당에는 회당장이 건물관리 및 예배준비를 했다.

- 이 회당이 현재의 교회로 발전하게 되었다. (눅 8:41; 행 18:8)
- 회당에서 예배와 율법 교육이 이루어졌다.
- 율법은 히브리어로 "토라" : 613개 계명 (적극적 계명 : 248개, 소극적 계명 : 365개)
- 넓은 의미 : 율법, 예언, 성문서 포함
- 좁은 의미 : 십계명과 모세 오경을 가리킨다.
- 탈무드는 율법을 보호하는 울타리 구실 역할
- 유대 소년들은 율법에 관한 지식과 교역하는 법과 유대절기의 의미를 배웠으며 13세가 되면 율법의 아들로 인정되어 성인으로 간주되었다.

유대분파

- 바리새파 : 모세율법, 성문 율법, 토라, 탈무드 사용

  신약의 대표적인 인물 : 니고데모, 사울(바울), 아리마대 요셉, 가말리에

  특징 : 경건함, 엄격함, 율법주의, 귀족파.
- 사두개파 : 부활, 영, 천사를 믿지 않았다.

  특징 : 대제사장 가문과 예루살렘 귀족만 자격

  A.D. 70년 예루살렘 성전 파괴 후 없어졌다.
- 엣세네파 : 엄격하고, 청빈함.
- 헤롯당 등등

성경기록 중 창세기의 끝(요셉죽음 B.C. 1,805)에서 출애굽기의 모세 탄생까지(B.C. 1,526) 약 279년과 구약의 말라기부터 신약의 시작인 마태복음까지 약 400년이 하나님께서 침묵하시던 시기(암흑기)이다.

요셉 죽음 B.C. 1,805(창 50:26)~새 왕(아멘 호텝 1세 B.C. 1,546~1,525) (출 1:8)
모세 탄생 B.C. 1,526(출 2:2) (출애굽 B.C. 1446 경우) 계산 : B.C. 1,805-B.C. 1,526=279년

모세는 80세에 (아멘호텝 2세 B.C. 1,446) 약 200만의 이스라엘 민족을 이끌고 출애굽을 한다. 이스라엘 민족은 요셉의 유언에 따라(창 50:25) 요셉의 유골을 약 360년 간 그곳(애굽땅)에 안치, 보관했다가 출애굽 당시 유골을 가지고 나와 세겜에 장사하였다(수 24:32). 이 두 기간의 긴 세월은 모두 이스라엘 민족이 국가에 대한 주권이 없는 종살이와 이방 나라에 압제를 당하며 살아갈 때이다. 이 기간은 하나님 역시 침묵하심을 볼 수 있다. 여기에서 우리에게 주시는 주님의 교훈과 큰 메세지를 찾아 보기로 하자.

우리의 주권과 주인을 사단과 세상에 빼앗기어 살아간다면 우리 주님도 수년, 수백년 이라도 침묵을 하신다는 무서운 사실이다. 나의 가문의 계보를 보아도 시조 때부터 나에게까지 복음이 전해지고 주님의 침묵이 깨지기까지 약 2000년이 걸렸다. 우리의 주권과 주인이신 하나님 아버지의 눈동자를 결단코 한시라도 벗어나지 말고 이 귀한 교훈을 깨달아, 세상에 마음을 빼앗기는 순간 곧 피흘리는 고통과 종살이에서 심령이 압제당하여 영원히 헤어나오지 못하고, 이 땅을 마감하는 날 음부를 거처 그 무서운 지옥(불못)의 영원한 고통 속에서 살아간다는 사실을 잊지 말것이며, 예수님께서 외치고 당부하신 말씀을 목숨 걸고 행하도록 하여야 한다.

CHAPTER 09

교회의 변천사

B.C. 4년 → A.D. 30년 → 60년 → (250~355)시작 → 313년 → 392년 →

예수님 탄생 / 예수님 부활 / 네로 핍박 / 수도원 / 크리스트교 인정(로마) / 국교 인정(로마)

네로 핍박 ↓ 카타콤 (지하 동굴 무덤)

수도원 ↓

- 박해를 피해 이집트 황야에서 시작
- 신앙생활 : 비활동적
- 목표 : 기도하고, 일하라 면학
- 맹세 : 복종, 청빈, 순종
- 10세기쯤 수도사 재산 축적, 생활 사치화, 세속화 되어감에 따라 본래의 모습으로 돌아가라는 개혁운동이 일어남.

카타콤

네로 황제의 박해를 피해 지하에 수백 마일에 이르는 비밀 예배 장소를 만들어 계속적 복음 활동, 지하의 흙이 마사토(土)라 손쉽게 파낸 다음에는 석회질 성분이 있어 시멘트처럼 굳어서 지하 깊이 파고 들어갈 수 있었다. 뒷날 발견된 이 카타콤 구조의 오묘함과 실내장식의 아름다운 예술성에서 그들의 놀라운 솜씨를 엿 볼수 있다. 묘실에는 둥근 테이블 모양의 무덤이 있고 천정과 벽에는 신,구약성서의 기적과 세례 장면, 예수의 모습이 그려져 있다. 이 밖에 램프, 유리로 된 초상메달, 향로, 미사에 쓰는 포도주, 순교자의 피를 넣은 항아리 등이 놓여있다.

초기 그리스도교 공동체에서 카타콤은 시신의 매장을 비롯하여 여러 가지 다양한 기능을 했다. 사람이 죽었을 경우 지하에 있는 가족 납골당에서 기일을 맞아, 죽은 자를 위한 의식을 치렀다. 초기 그리스도교 교회 시절 장례식이 있을 때마다 수반되었던 성체 성사도 이 납골당에서 치러졌다. 어떤 카타콤은 커다란 방과 부속 예배실을 갖추고 있어 이곳에서 성인과 순교자에게 기도를 올릴 수 있는 사실상의 성소(聖所)로서의 기능을 했다. 카타콤에는 교묘한 구조로 되어 있고 비밀통로가 있어서 모래밭이나 바깥으로 나갈 수 있었으므로 박해와 소요 사태가 닥쳤을 때 은신처로 이용되었으며 이밖에도 수많은 역사 기록이 있다.

이러한 카타콤이 나폴리, 사라쿠사, 몰타, 알렉산드리아 등에 있으나 로마에 있는 것이 가장 크다. 총 50개소에 연장길이 560km에 이르며 이곳을 거쳐 간 사람만 약 200만 명에 이른다고 한다.

끝없는 믿음은, 지하 묘지(카타콤)에 숨어 신앙생활 약 250년 후, 드디어 사회 불안을 틈타 그리스도교 군대와 귀족 층 사이에 퍼져 커다란 힘을 지니게 되었다. 이렇게 되자 콘스탄티누스 로마 황제는 A.D. 313년에는 밀라노 칙령을 발표 그리스도교를 인정하고 테오도시우스 황제에 의해 A.D. 392년에 그리스도교가 국교로 정해졌다. 수많은 성도들의 피 흘린 순교가 오늘날 세계 최대의 복음 사역자를 만들고 있는 우리 한국에까지 임하여 우리에 빛이 되었던 것이다.

디아스포라

바벨론 포로 이후와 A.D. 70년 예루살렘 멸망 이후 유대인은 외지에 흩어져 살고 있었다. 이들 유대인을 '디아스포라'라고 불렀다. 이들은 당시 팔레스탄에 약 50만 명, 애굽과 시리아에 약 100만 명 로마제국에 약 150만 명이 생활하면서 이방세계 복음 선교에 크나큰 역할을 하였다.

수도원의 역사

수도원 운동은 중세교회의 꽃이고 영적운동이라고도 칭해지는데, 사회가 혼란하고 종교가 세속화 되었을 때 인간의 삶이 방향을 잃고 방황했을 때 일어난 운동이라고도 한다. 주요 지도자로는, 수도원이 개인적인 운동에서 공동생활화로 접어들게 하고 수도원의 규칙을 정해 수도원의 아버지라 불리는 성 베네딕트(480~543)가 있는데 그의 계율은 뒷날 많은 수도원에서 받아들여져 유럽수도원의 근본 정신이 되었다. 그 외 성버나드(1091~1130)와 이탈리아의 아시지에 수도회를 만든 성프란시스(1182~1226)와 훗날 루터에게 큰 영향을 미친 마이스터 엑하르트(1260~1327)가 대표적인 인물이다. 수도원은 로마, 이집트, 이탈리아, 프랑스, 등에 세워졌으며 학문과 교육기관의 중심이 되었으며 오래된 문헌의 보존과 문화 향상에 큰 역할을 하였다.

교황 중심 로마교회

- 게르만 민족의 자연물 우상숭배의 생활을 이용, 묵주, 화상과 조상 만들어 판매
- 프랑크 왕국 (북유럽 포섭)
- 중세 유럽 지배적인 종교

로마 교회 분열 (A.D. 1054)

동로마
– 동방 정교회 –

그리스 정교회
러시아 정교회

중동, 동유럽, 러시아에 전파

서로마
– 가톨릭 교회 –

*전 세계 전파

로마 바티칸
중심

문화 중시함(르네상스 문화)
미켈란젤로 벽화 천정 그림
최후의 만찬 그림 전면에 교황 각 나라 황제
임명 교황청 유럽지배

**A.D. 1517
마틴루터 종교 개혁**

- 원인 : 성 베드로 성당 개축비용을 마련하기 위해 독일에서 면죄부 판매 허락.
- 루터의 주장 : 인간의 죄를 용서할 수 있는 자는 하나님 뿐이다.
- 비텐 베르크성 교회 문에 95개 항목 붙임.
  그 중(94번) 크리스트교 성직자는 회개하고, 죽음, 지옥 등을 설교함으로써 주님이신 예수를 따르기 위해 힘쓰도록 경고 받아야 한다.

**개신교 탄생
– 프로테스탄트 –**

- 종교의 순수화 추구
- 만인 사제 주의
- 성서 중심 주의(성경)

청교도, 장로교, 감리교, 침례교, 루터교, 성결교 등 수많은 종파가 생겨남.

기독교의 기본 교리와 개념

2

CHAPTER 10

기독교(基督敎)와 신앙의 정의(正義)

기독교란 뜻 : 基 터 기 督 살펴볼 독 敎 가르칠 교

기독교의 어원

옛 선교사들이 한문을 주요 문자로 사용하던 한국에서 선교하던 중, 성경을 번역하면서 그리스도를 중국식의 발음인 기독(基督)이라고 표시하게 되었다.

基 理 斯 督 로 음역 : 지 리 스 뚜(중국발음)
중간의 리(理)와 사(斯)를 빼고 기독(基督)이라 표시
오늘날 基督敎 = 기독교 라고 사용

- **영어 발음 :** 크리스트(Christ), 신자 : 크리스천(Christian)
- **중국 발음 :** 야소 기독 = 예수 그리스도(야소: 예수, 기독: 그리스도)
- **기독교 청년회 :** Young mans christian Association(Y M C A)
- **기독교 여성 청년회 :** Young womens christian Association(Y W C A)

신앙(信仰)의 정의

1) 일반적인 신앙의 뜻은, 양자관계에서 한편이 다른 한편의 한 말의 내용이나 전달된 정보의 내용이 장차 그대로 사실로써 이루어질 것이라고 생각하는 마음의 태도이다.
2) 성서에서는 신과 인간이 관계를 묘사할 때 표현된 말이다. 따라서 기독교에서 말하는 신앙이란, 인간과 그리스도와의 구체적이고 개인적인 관계를 의미하며 그리스도에 대한 인간의 마음 자세를 말한다.

Holy

기독교호(號)가 이 땅(한국)에 예수님의 피를 싣고 바다를 횡단해서 강을 건너고 산을 넘어 우리 모두를 세워 복음의 기둥으로 쓰시기 위하여 오셨다.

아브라함에게 하나님의 계획을 세웠던 것처럼, 바울사도에게 계획을 세워 쓰셨던 것처럼, 이미 하나님의 계획이 우리에게 임하였다. 하나님의 계획안으로 들어가 쓰임을 받도록 하자. 천국은 침노(侵擄)한 자가 차지 할 수 있는 기회를 하나님은 우리에게 주셨다.

CHAPTER 11

하나님

할렐루야 여호와의 종들아 찬양하라 여호와의 이름을 찬양하라이제부터 영원까지 여호와의 이름을 찬송할지로다 – 시 113편 1~2절

• 하나님의 이름을 바르게 알아야 그분을 알고 하나님을 찬양 할 수 있다.

하나님의 이름

이름 (영문)	히브리어	뜻
여호와 (Lord)	야훼	스스로 있는 자(출 3:14)
하나님 (God)	엘로힘	강한 자
주님 (Lord)	아도나이	주인이 되시는
예수 (Jesus)	예호수아	주는 구원이시다
그리스도 (Christ)	메시야	기름 부은 자
성령 (Holy sprit)	루아흐 엘로힘	하나님의 숨
영 (The sprit)	루이흐	가숨, 바람 또는 "영"으로 번역
아버지 (Father)	파테르	어버이가 된 남자

여호와라 하라 이는 나의 영원한 이름이요 대대로 기억할 나의 표호니라(출 3:15).

여호와는 그의 기념의 칭호니라(호 12:5).

여호와여 주의 이름이 영원하시니이다 여호와여 주의 기념이 대대에 이르리이다(시 135:13).

너는 너의 하나님 여호와의 이름을 망령되이 일컫지 말라.(십계명)

• 유대인들은 계명을 위반할까봐 여호와(야훼)를 부를 때면 주님(아도나이)으로 바꿔 불렀다.
• 이제는 예수님의 보혈의 피로 자유함을 얻었다(새 언약). 삼위일체이신 "하나님 아버지", "우리의 주님"을 언제든지 마음껏 부르고 붙잡고, 찾으라.

삼위일체(三位一體) : 성부(聖父), 성자(聖子), 성령(聖靈)

• 하나의 구원의 목적을 위하여 연관, 통합하여 삼위가 하나의 실체를 이루는 것
• 삼위가 하나로 연합되어 이제는 우리의 사랑의 하나님 아버지가 되셨다.

성부는 하나님이시다(엡 4:6)	**하나님 사역 :** 창조, 운행, 명령, 생사화복 주관, 심판
예수 그리스도는 하나님이시다(요 10:30)	**예수님 사역 :** 구속, 순종, 복종, 행함(죽기까지 복종)
너희 아버지의 성령이시다(마 10:20)	**성령님 사역 :** 내 안에서 거듭남(중생), 도우심

여호와의 합성어

이름	뜻과 내용
여호와 이레	여호와께서 준비하심(창 22:14) 아브라함이 이삭 제물로 바칠 때 하나님께서 양을 준비하심
여호와 닛시	여호와는 나의 깃발(출 17:15) 아말렉과의 전쟁 때 모세는 손을 들고 기도 승리의 기념
여호와 살롬	여호와는 평강(삿 6:24) 기드온이 하나님의 사자와 대면하고 죽지 않는 일
여호와 라파	치료하시는 하나님(출 15:26)
여호와 삼마	여호와께서 거기 계시다(겔 48:35) 메시야 왕국이 세워지고 그 완성은 영원한 천국이다.
여호와 로이	여호와는 나의 목자(시 23:1)
여호와 써바오트	만군의 여호와(삼 1:3) 만군의 여호와께 경배하며 제사를 드린 제사장
여호와 메카디쉬켐	너희를 거룩하게 하는 하나님(출 31:13)
여호와 씨드케누	여호와 우리의 의(렘 23:6) 그 이름은 여호와 우리의 의라 일컬음을 받을 것이리라
여호와 엘게물로트	보복의 하나님(렘 51:56) 여호와는 보복의 하나님이시니 반드시 보응하시리로다
여호와 니케	멸망시키는 여호와(겔 7:9) 나 여호와가 치는 줄을 네가 알리라

엘의 복합어	뜻
엘 엘욘	지극히 높은 자(사 14:13~14)
엘 로이	감찰하는 하나님(창 16:13)
엘 샤다이	전능한 하나님(창 17:1)
엘 올람	영원한 하나님(사 40:28)

하나님의 속성

가장 사랑스럽고 가장 소중한 것이며 가장 귀한 것이면서 가장 놀라운 것과 가장 기쁜 것은 바로 주님을 아는 것이다.

하나님은 영이시다(요 4:24)
하나님은 인격적이시다(창 1:26)
하나님은 유일하신 한 분이시다(신 6:4)
하나님은 최고의 통치자이심(엡 1:21~23), (계 19:6)
하나님은 공의로 천하를 심판하심(행 17:31) (욥 8:3) (창 18:25)
하나님은 영생하시며 영원하다(창 21:33, 신 33:27)
하나님은 전능하시다(사 9:6, 계 19:15)
하나님은 거룩하시다(수 24:19, 시 111:9)
하나님은 의로우시며 정직하시다(신 32:4, 욥 34:10)
하나님은 사랑이시다(요일 4:8) (요일 4:16)
하나님은 어디에나 계신다(시 139:7~12)
하나님은 변치 않으시고 무궁하시다(시 102:26~27)
하나님은 모든 것을 아신다(시 139:1~3)

위와 같이 우리 하나님 아버지의 성품이 어떠하신 분인지 알았다면 이러한 하나님을 대하는 우리의 마음가짐과 행동을 다음과 같이 올바르게 해야 된다.

- 신령과 진정으로 예배하라(요 4:24) • 하나님께 모든 영광을 돌려라(롬 16:27)
- 먼저 그의 나라와 그의 의를 구하라(마 6:33) • 주님의 뜻이 무엇인지 살펴 보아라(엡 5:17)
- 너는 마음을, 성품을, 힘을 다하여, 최선을 다하여 하나님을 사랑하라(신 6:5, 마 22:37)
- 하나님을 경외하라(시 19:9)
- 하나님 말씀대로 사랑하고 행한 성도에게는 성경의 요한계시록
  가장 마지막 절이 임할 것이다.
- 주 예수의 은혜가 모든 자들에게 있을 지어다. 아멘(계 22:21).

하나님의 말씀

1) 말씀이 기록된 목적

오직 이것을 기록함은 너희로 예수께서 하나님의 아들 그리스도이심을 믿게 하려 함이요 또 너희로 믿고 그 이름을 힘입어 생명을 얻게 하려 함이니라(요 20:31).

2) 영혼의 양식

갓난 아이들과 같이 순전(純全)하고 신령한 젖을 사모하라 이는 이로 말미암아 너희로 구원에 이르도록 자라게 하려 함이라(벧전 2:2).

주의 말씀은 내 발에 등이요 내 길에 빛이니이다(시 119:105).

3) 영원한 말씀

풀은 마르고 꽃은 시드나 우리 하나님의 말씀은 영영히 서리라 하라(사 40:8).

천지는 없어지겠으나 내 말은 없어지지 아니하리라(마 24:35).

4) 하나님 말씀의 능력

하나님의 말씀은 살았고 운동력이 있어 좌우에 날선 어떤 검보다도 예리하여 혼과 영과 및 관절과 골수를 찔러 쪼개기까지 하며 또 마음의 생각과 뜻을 감찰하나니(히 4:12).

구원의 투구와 성령의 검 곧 하나님의 말씀을 가지라(엡 6:17).

5) 말씀을 지키는 자의 축복

예수께서 가라사대 오히려 하나님의 말씀을 듣고 지키는 자가 복이 있느니라(눅 11:28).

그러므로 누구든지 나의 이 말을 듣고 행하는 자는 그 집을 반석 위에 지은 지혜로운 사람 같으리니 비가 내리고 창수가 나고 바람이 불어 그 집에 부딪치되 무너지지 아니하나니 이는 주초를 반석 위에 놓은 까닭이요(마 7:24~25).

Holy

하나님은 인간의 연구와 탐구의 대상이 아니시다. 하나님은 인간의 이성의 심판대 앞에 서지도 않으신다. 하나님은 우리의 지식, 가치관, 경험, 이성, 지성 등 등을 가지고는 도저히 알 수가 없다. 하나님을 경외하고 사랑함으로 우리 삶의 근본적인 변화가 있을 때 그분과의 개인적인 교제가 가능하다. 하나님은 너무나 크시고 위대하시기 때문에 진리 앞에 허리를 동이고 성령의 조명을 통하여 하나님과 대화와 기도를 할 때에 우리의 인격보다 마음을 보시고 우리를 만나주신다.

CHAPTER 12

예수님

이 땅에 언제 오셨나 : B.C. 4년경 로마제국이 이스라엘을 통치할 때 오심. 고구려를 건국한 주몽보다 약 55년 늦게 오셨으며 신라 유리 왕 때 이스라엘에서 활동하셨음.

이 땅에 오신 목적

- 하나님을 인간에게 나타내시기 위하여(요 1:18)
- 삶의 모범이 되시기 위해(벧전 2:21)
- 죄를 대속하는 희생 제물이 되시기 위하여(히 10:1~18) (히 7:27)
- 마귀의 일을 멸하시기 위하여(요일 3:8)
- 자비로운 대제사장이 되시기 위하여(히 5:1~2)
- 다윗과의 언약을 성취하시기 위하여(눅 1:31~33)
- 높이 들리움을 받으시기 위하여(빌 2:9)
- 우리의 죄를 담당하시고 구원에 이르게 하시기 위하여(히 9:28) (마 1:21)

예수님의 현재의 사역

머리(예수) + 지체(성도) → 인도와 양육

그는 몸인 교회의 머리라(골 1:18), 너희는 그리스도의 몸이요 지체의 각 부분이라(고 12:27).

목자(예수) + 양(성도) → 인도와 보호

나는 선한 목자라 선한 목자는 양들을 위하여 목숨을 버리거니와(요 10:11)

나는 선한 목자라 내가 내 양을 알고 양도 나를 아는 것이라(요 10:14).

포도나무(예수) + 가지(성도) → 열매

나는 포도나무요 너희는 가지니 저가 내 안에 내가 저 안에 있으면

이 사람은 많은 열매를 맺나니(요 15:5).

신랑(예수) + 신부(성도) → 예비

신부를 취하는 자는 신랑이나 서서 신랑의 음성을 듣는 친구가 크게 기뻐하나니(요 3:29).

천국은 마치 등을 들고 신랑을 맞으러 나간 열 처녀 같다 하리리(마 25:1~13).

예수님의 희생으로 얻은 축복권과 지위

에덴동산에서 아담과 하와는 사단(뱀)의 유혹에 따라 선악과를 따먹고 하나님 명령에 불순종하여 창세부터 예수님이 오셔서 십자가 보혈의 사건 전까지 지은 사단의 죄악 안에서 영원히 죽을 우리를 하나님의 사랑과 은혜로 예수님을 이 땅에 보내어 사역하시고

십자가 보혈의 죽음으로 　　대속 : 그리스도가 죄인을 대신해 돌아가셨다.

구속 : 죄에 대해 값이 치려지고 죄에서 해방

화해 : 하나님과 화해가 되었다(전 인류)

예수를 믿으면 누구든지 구원의 축복과 지위를 주셨다. 우리의 시민권은 하늘에 있다(빌 3:20).

신령한 제사를 드릴 거룩한 제사장이 될지니라(벧전 2:5).

오직 성도들과 동일한 시민이요 하나님의 권속이라(엡 2:19).

너희가 아들이므로 하나님이 그 아들의 영을 우리 마음 가운데 보내사 아바 아버지라 부르게 하셨느니라 그러므로 네가 이 후로는 종이 아니요 아들이니 아들이면 하나님으로 말미암아 유업을 받을 자니라(갈 4:6~7).

믿는 자에게 주는 은혜와 권세

믿는 자들에게는 이런 표적이 따르리니 곧 그들이 내 이름으로 귀신을 쫓아내며 새 방언을 말하며 뱀을 집으며 무슨 독을 마실지라도 해를 받지 아니하며 병든 사람에게 손을 얹은즉 나으리라 하시더라(막 16:17~18).

너희가 내 이름으로 무엇을 구하든지 내가 시행하리니 이는 아버지로 하여금 아들을 인하여 영광을 얻으시게 하려 함이라(요 14:13).

이제는 죄가 너희를 주관치 못하리니 이는 너희가 법아래 있지 아니하고 은혜 아래 있음이니라 (롬 6:14).

Holy

이제는 은혜의 시대이다.

예수님께서 믿는 자에게는 누구든지 이런 큰 권세를 주시겠다고 직접 말씀하셨다.

과거의 문제가 주님과의 관계를 막을 수 있다. 과거는 회개하고 그 어떠한 일과 사건도 잊어버리고 소멸시켜야 주님은 현재의 나의 믿음의 상태를 보시고 역사 하신다. 내가 과거에 수십 년 동안 아무리 열심히 주님 일 하였어도 현재의 내가 주님 말씀의 반석 위에 굳건히 서있지 않으면 결단코 주님은 역사 하실 수 없다.

마귀는 계속해서 과거를 들춰낸다. 과거의 문제에 얽매이지 말고 생각도 버리자. 뒤를 돌아보게 하는 것은 마귀의 방법이다. 마라톤 선수가 골인점을 향해 앞만 보고 달리듯 우리는 저 천국을 향해 앞만 보고 열심히 경주하며 우리 갈길 다 갈 때까지 달리자.

CHAPTER 13

성령님(聖靈)

성령은 누가 보냈는가? 하나님 아버지

내가 아버지께로부터 너희에게 보낼 보혜사 곧 아버지께로부터 나오시는 진리의 성령이 오실 때에 그가 나를 증거하실 것이요(요 15:26).

성령의 속성 (지, 정 ,의)

지적(知的)이다

오직 하나님이 성령으로 이것을 우리에게 보이셨으니 성령은 모든 것 곧 하나님의 깊은 것이라도 통달(通達)하시느리라. 사람의 사정을 사람의 속에 있는 영 외는 누가 알리요.

이와 같이 하나님의 사정도 하나님의 영 외에는 아무도 알지 못하느니라(고전 2:10~11).

감정(鑑定)을 가졌다

하나님의 성령을 근심하게 하지 말라

그 안에서 너희가 구속의 날까지 인치심을 받았느니라(엡 4:30).

의지(意志)를 가졌다

이 모든 일은 같은 한 성령이 행하사 그 뜻대로 각 사람에게 나눠 주시느니라(고전 12:11).

성령의 사역

함께한다. 가르치심, 인도하심. 간구(중보)하심

보혜사(保惠師)를 너희에게 주사 영원토록 너희와 함께 있게 하시리니(요 14:16).

보혜사 곧 아버지께서 내 이름으로 보내실 성령(聖靈) 그가 너희에게 모든 것을 가르치고 내가 너희에게 말한 모든 것을 생각나게 하시리라(요 14:26).

하나님의 영으로 인도함을 받는 그 들은 곧 하나님의 아들이라 너희는 다시 무서워하는 종의 영을 받지 아니하였고 양자의 영을 받았으므로 아바 아버지라 부르짖느니라. 성령이 친히 우리 영으로 더불어 우리가 하나님의 자녀인 것을 증거 하시나니(롬 8:14~16).

성령도 우리 연약함을 도우시나니 우리가 마땅히 빌 바를 알지 못하나 오직 성령이 말 할 수 없는 탄식으로 우리를 위하여 친히 간구(懇求)(중보) 하시느니라(롬 8:26).

구약시대 성령사역

태초부터 하나님께서 창조하실 때

땅이 혼돈하고 공허하며 흑암이 깊음 위에 있고 하나님의 신(히: 루아흐 엘로힘)은 수면에 운행하시느니라(창 1:2).

구약시대 사람 속에서 역사 하시는 성령 특정한 인물에게 임함.

하나님의 목적과 마음을 알아 예언하고 봉사하고 민족을 이끄는 자에게 임함.

요셉	바로가 그 신하들에게 이르시되 이와 같이 하나님의 신이	
	감동한 사람을 어찌 얻을 수 있으리요(창 41:38).	
여호수아	여호와께서 모세에게 이르시되 눈의 아들 여호수아는 신에 감동된 자니	
	너는 데려다가 그에게 안수하고(민 27:18).	
다니엘	그의 안에는 거룩한 신들의 영(靈)이 있는자라(단 4:8).	
브살레, 오홀리압	하나님의 신을 그에게 충만하게 하여	
(성막건축자)	지혜와 총명과 지식과 여러 가지 재주로(출 31:1~6)	
칠십 장로	여호와 신이 임하였다(민 11:25).	
옷니엘	"	(삿 3:10)
기드온	"	(삿 6:34)
입다	"	(삿 11:29)
삼손	"	(삿 13:25)
사울	"	(삼상 10:10)
다윗	"	(삼상 16:13)

구약시대와 신약시대의 예수님 부활 후 오순절 날 성령을 받기 전에는 성령께서 사람의 영혼에 임하지 못하고 그 충만함이 옷 입듯이 입었다.

- 엘리사벳 눅 1:41, 사가랴 눅 1:67

• 예수께서 세례를 받으시고 곧 물에서 올라 오실새 하늘이 열리고
하나님의 성령이 비둘기같이 내려 자기위에 임하심을 보시더니(마 3:16)

- 예수님도 성령이 자기 위에 임함.

• 예수께서 성령의 권능으로 사역함(눅 4:14, 4:18).

신약시대 성령의 유형

예수님 승천 10일 후 오순절 날을 시작으로 이제는 성령께서 우리 각자의 영혼과 마음에 들어오셔서 계신다.

오순절(五殉節) 날이 이미 이르매 저희가 다 같이 한 곳에 모였더니 홀연히 하늘로부터 강한 바람 같은 소리가 있어 저희 앉은 온 집에 가득하며 불의 혀같이 갈라지는 것이 저희에게 보여 각 사람위에 임하여있더니 저희가 다 성령 충만함을 받고 성령이 말하게 하심을 따라 다른 방언으로 말하기를 시작 하니라(행 2:1~4).

저는 진리의 영이라 세상은 능히 저를 받지 못하나니 이는 저를 보지도 못하고 알지도 못함이라 그러나 너희는 저를 아나니 저는 너희와 함께 거하심이요 또 너희 속에 계시겠음이라 (요 14:17).

저가 또한 우리에게 인치시고 보증으로 성령을 우리 마음에 주셨느니라(고후 1:22).

기름(눅 4:18) 물(요 4:14), (요 7:38~39)

성령의 세례

우리가 유대인이나 헬라인이나 종이나 자유자나 다 한 성령으로 세례를 받아 한 몸이 되었고 또 다 한 성령을 마시게 하셨느니라(고전 12:13).

요한은 물로 세례를 베풀었으나 너희는 몇 날이 못 되어 성령으로 세례를 받으리라 하셨느니라 (행 1:5).

우리는 하나님의 성전, 성령의 전

너희가 하나님의 성전인 것과 하나님의 성령이 너희 안에 거하시는 것을 알지 못하느뇨 (고전 3:16).

너희 몸은 너희가 하나님께로부터 받은 바 너희 가운데 계신 성령의 전(殿)인줄을 알지 못하느냐(고전 6:19).

성령의 은사

영적은사란? 봉사를 위해 하나님께서 주신 능력이다.

각각 은사를 받은대로 하나님의 각양 은혜를 맡은 선한 청지기 같이 서로 봉사하라 (벧전 4:10).

은사는 여러 가지나 성령은 같고 직임은 여러 가지나 주는 같으며 또 역사는 여러 가지나 모든 것을 모든 사람 가운데 역사하시는 하나님은 같다(고전 12:4~6).

이 모든 일은 같은 한 성령이 행하사 그 뜻대로 각 사람에게 나눠 주시느니라(고전 12:11).

은사의 구분 (롬 12:6~8) (고전 12:8~10) (엡 4:11~12)

- 생각의 은사 : 지혜의 말씀, 지식의 말씀, 영분별
- 행동의 은사 : 믿음, 병 고침, 능력 행함
- 말의 은사 : 예언, 방언, 통역
- 사랑의 은사 : 섬김, 권위, 구제, 긍휼
- 직분의 은사 : 사도, 선지자, 복음 전하는 자, 목사, 교사 등

성령 충만

모든 삶을 성령의 지배를 받으며 성령의 인도함에 따라 성령의 열매를 맺는 것!

성령 충만하기 위해서 : 헌신적인 삶과 헌신의 행위를 필요로 한다.
죄에 대하여 승리하며 패배하지 않는 삶
말씀의 빛 안에서 예배와 기도 생활화

성령을 근심하게 말라(엡 4:30).

성령을 속이지 말라(행 5:3).

성령을 훼방하지 말라(마 12:31).

위엣 것을 생각하고 땅엣 것을 생각하지 말라(골 3:2).

성령의 열매(갈 5:22~23)

- 내적인 성품 : 사랑, 희락, 화평
- 인간관계 : 자비, 양선, 오래 참음
- 하나님 앞 : 충성, 온유, 절제

예수님 부활 후 오순절 마가 다락방에서 신약시대 성도들에게 처음 성령 임함.

- 저희가 다 성령 충만함을 받고 성령이 말하게 하심을 따라 다른 방언으로 말하기를 시작하니라(행 2:4).
- 빌기를 다하매 모인 곳이 진동하더니 무리가 다 성령이 충만하여 담대히 하나님의 말씀을 전하니라(행 4:31).

CHAPTER 14

천사(Angel)

히 : 말라크, 헬 : 앙겔로스, 뜻 : 전달하는 자

천사 장

- 미가엘 : 군대장
- 가브리엘 : 하나님의 메시지를 전하는 자
- 루시엘 : 찬양대장
  └→ 반역 → 루시퍼(사단), 귀신의 우두머리

천사의 사역

- 하나님의 섭리수행 대리자이다(단 10:21).
- 하나님의 거룩함을 수호함(창 3:22~24).
- 성도들을 도움(히 1:14).
- 세상의 마지막 심판 때에 추수 꾼으로 일함(마 13:39).

천사의 나타남

천사는 성경에서 남성으로 불리우고 있다(창 18:1).

– 구약 때 : 아브라함, 하갈, 롯, 야곱, 모세, 발람, 여호수아, 다니엘

– 신약 때 : 사가랴, 동정녀 마리아, 요셉, 막달라 마리아, 사도들, 베드로, 빌립, 고넬료, 바울, 요한

우리 곁에는 항상 천사가 동행하여 우리를 돕고, 지키고, 인도하심을 믿고 더 많은 천사가 내 곁에서 역사 하게끔 성령 충만한 삶을 영위하며 항상 하나님께 감사하는 성도가 되어야 한다.

큰 힘과 능력을 가진 천사들이 우리를 돕기 위하여 함께 한다(벧후 2:11).

천사의 수는 무수히 많다 – 하나님의 도성인 하늘의 예루살렘과 천만 천사(히 12:22).

모든 천사들은 부리는 영으로서 구원을 얻은 후사들을 위하여 섬기라고 보냈다(히 1:14).

천만의 천사가 우리를 돕고 있다.

형제 사랑하기를 계속하고 손님 대접하기를 잊지 말라. 이로써 부지중(不知中)에 천사들을 대접한 이들이 있었느니라(히 13:1~2).

Holy

주는 자에게 복이 있다고 하셨다. 항상 베푸시는 삶속에서 주님은 역사하신다.

엘리야에게 마지막 남은 떡가루 한 움큼과 조금 남은 기름으로 대접했던 사르밧 과부에게 임했던 놀라운 역사는 통의 가루와 기름이 없어지지 아니하였으며 엘리사를 대접하였던 수넴 여인 역시 죽었던 아들을 엘리사를 통하여 살릴 수가 있었다. 하나님의 은혜는 순종한 만큼, 열려진 만큼 채워진다. 우리 이웃에게 나눔의 마음이 이 세상을 더 밝게 할 수 있다. 세상이 강퍅해 갈수록 믿음의 빛의 사자들은 세상의 빛이요, 소금처럼 어둠을 물리치고 부패를 막을 때 우리 주님은 수많은 천사들을 보내어 우리를 도울 것이다.

CHAPTER 15

사단

(영: Satan) 히: 사탄

정의 : 천사장(루시엘, 타락, 쫓겨남 - 루시퍼)

이름 : 타락한 영들의 우두머리

- 사단 : 대적자
- 마귀 : 참소자
- 루시퍼 : 아침의 아들
- 바알세블 : 귀신의 왕

- **칭호 :** 악한 자(요일 5:19)
  시험하는 자(살전 3:5)
  이 세상 임금(요 12:31)
  이 세상 신(고후 4:4)
  공중의 권세 잡는 자(엡 2:2)
  참소 하던 자(계 12:10)
- **상징 :** 뱀(계 12:9), 용(계 12:3), 광명의 천사(고후 11:14)
- **사역 :** 시험을 하는 자(마 4:3)
  인간의 마음을 어둡게 한다(고후 4:4).
  인간을 이용해 하나님께 대항한다(계 2:13).
  거짓말 하도록 유혹한다(행 5:3).
  일을 방해한다(살전 2:18).
  귀신을 이용해 그리스도인을 패배시키려고 시도한다(엡 6:11).
  부도덕에 빠지도록 유혹한다(고전 7:5).
  신자를 가운데 가라지 씨를 뿌린다(마 13:38~39).

사단에게 내린 심판

하늘의 본래 지위에서 쫓김을 당했다(겔 28:16).

에덴에서 심판이 선고되었다(창 3:14~15).

십자가에서 심판되었다(요 12:31).

환난 시기 중 내어 쫓김을 당한다(계 12:13).

천년왕국 이전 무저갱에 감금당한다(계 20:2).

천년 왕국 후 마지막 심판 때 불 못에 던지움을 당한다(계 20:10).

우리의 능력과 권세로

그리스도인은 사단을 물리칠 수 있다(약 4:7).

근신하라 깨어라 너희 대적 마귀가 우는 사자와 같이 두루 다니며 삼킬 자를 찾나니 너희는 믿음을 굳게 하여 저를 대적하라(벧 5:8~9).

마귀의 궤계를 능히 대적하기 위하여 하나님의 전신갑주를 입으라(엡 6:11~18).

분을 내어도 죄를 짓지 말며 해가 지도록 분을 품지 말고 마귀로 틈타지 못하게 하라 (엡 4:26~27).

죄를 짓는 자는 마귀에게 속하나니 마귀는 처음부터 범죄 함이니라 하나님의 아들이 나타나신 것은 마귀의 일을 멸하려 하심이니라(요일 3:8).

만일 우리 복음이 가리웠으면 망하는 자들에게 가리운 것이라 그 중에 이 세상 신이 믿지 아니하는 자들의 마음을 혼미케 하여 그리스도의 영광의 복음의 광채가 비취지 못하게 함이니 그리스도는 하나님의 형상이니라(고후 4:3~4).

하나님은 그리스도의 유익을 위해 사단을 사용(고후 12:7)도 하며 제한(욥 1:12)도 한다.

Holy

너희는 가서 모든 족속으로 제자를 삼아 아버지와 아들과 성령의 이름으로 세례를 주고 내가 너희에게 분부한 모든 것을 가르쳐 지키게 하라(마 28:19).

우리의 부모형제와 이웃과 모든 세상 사람들을 사단의 사역과 그 그늘에서 건져 내야 한다. 예수님의 말씀과 사랑을 가지고 세상으로 가서 그들을 구원해야 된다. 주님의 제자들을 양육하여 사단을 물리칠 수 있는 십자가 군병을 세워야 한다. 예수님께서 주신 모든 말씀을 가르쳐서 온전한 성도로 자라나 믿음을 굳건히 지킬 수 있도록 합력해야 한다.

CHAPTER 16

귀신

영. Demon 히. 쉐딤

속성 : 더러운 영(막 9:25), 악한 영(엡 6:12)

활동 : 하나님의 목적을 방해(단 10:10~14)

사단의 명령 받아 사단의 권위를 확장한다(엡 6:11~12).

인간에게 귀신들림과 질병을 가져다준다(마 9:32, 눅 13:11~16).

동물 속에도 들어간다(막 5:13). 2,000마리 돼지 속으로

하나님 자녀의 영적인 성장을 저해한다(엡 6:12).

그릇된 교리를 유포한다(딤전 4:1). * 하나님의 목적 수행을 위해 하나님에 의해 사용되기도 한다.

– 여호와 신이 사울에게서 떠나고 여호와의 부리신 악신이 그를 번뇌케 한지라(삼상 16:14, 고후 12:7)

최후 : 사단과 귀신은 불 못에 던지움을 당한다(마 25:41).

성도의 권세

예수님의 이름으로 귀신을 내어 쫓는 권세를 우리는 부여 받았다(막 3:15, 마 7:22, 막 16:17~18). 우리의 행함이 있는 믿음을 보일 때 귀신들도 믿고 떠느니라고 하셨다(약 2:19). 우리에게는 하나님의 주신 권세가 있다. 우리를 도우는 천만의 천사(히 12:22)가 지키고 있다.

Holy

이제는 성령의 검으로 귀신을 명하여 내어 쫓는 강한 군사가 되자.

귀신에 대해 여러 견해가 있으나 결과는 동서양을 불문하고 악하고 더러운 영이며 하나님의 목적을 방해하고 우리 영적인 성장을 방해하여 패망의 길로 끌고 가 질병을 준다는 사실이다. 귀신에 대해 견해는 다양하지만 중요한 것은 믿는 자에게는 귀신을 쫓아내는 능력이 있다는 것이다. 분명 주님은 믿는 우리에게 그 권세를 주셨다. 권세에 대한 논쟁은 그치고 예수 권세로 지금 이 시간도 귀신에 속아 죽어가는 많은 영혼들을 구원해야 한다.

"믿는 자들에게는 이런 표적이 따르리니 곧 저희가 내 이름으로 귀신을 쫓아내며 새 방언을 말하며 뱀을 집으며 무슨 독을 마실지라도 해를 받지 아니하며 병든 자에게 손을 얹은즉 나으리라"(막 16:17~18).

CHAPTER 17

교회(敎會)와 성전(聖殿)

교회의 정의 : 예수님을 믿고 부름을 받은 집단 또는 회중을 뜻함

예수 안에서 거룩하여지고 성도라 부르심을 입은 자들(고전 1:2).

지역교회란

그리스도에 대한 신앙을 고백하는 신자들이 모여서 세례를 받고 하나님께 예배드리고 하나님 뜻을 따라 행하는 믿음의 조직된 회중이다.

교회성립

오순절 마가다락방의 성령강림으로 시작하여 제자의 수가 삼천(행 2:41).

믿는 자가 많으니 남자의 수가 약 오천(행 4:4).

교회가 평안하여 든든히 서 가고 주를 경외함과 성령의 위로로 진행하여 수가 더 많아지니라 (행 9:31).

교회 분류

유형적인 교회 – 회중이 모여서 예배 드리는 장소(건물 : 예배 당)

예) 큰 빛 교회, 순복음 교회

무형저인 교회 – 예수 그리스도를 믿는 성도를 칭함

예) 성도 한 사람 한 사람의 영적인 모임

* 성경 말씀에 나오고 부르는 교회(敎會)란 우리 성도(聖徒)를 칭함이다.

교회는 그리스도가 머리이고 몸이며, 모든 성도는 그리스도의 몸이요 지체(肢體)이다.

우리 많은 사람이 그리스도 안에서 한 몸이 되어 서로 지체가 되었느니라(롬 12:5).

너희는 그리스도의 몸이요 그 지체의 각 부분이라(고 12:27).

만물을 그 발아래 복종하게 하시고 그들 만물위에 교회의 머리로 주셨느니라. 교회는 그의 몸

이니 만물 안에서 만물을 충만케 하시는 자의 충만이니라(엡 1:22~23).

그는 몸인 교회의 머리라(골 1:18) ~ 그의 몸된 교회를 위하여 내 육체를 채우노라(골 1:24).

예수님이 우리 회중, 우리 모임의 머리이시며 우리는 예수님 몸의 각 지체임을 말해주고 있다. 주님의 몸 된 교회란? 예배를 드리고 있는 건물(예배당)을 말씀하시는 것이 아니고, 우리 믿음의 성도가 모여 예수님의 각 지체가 되어 예수님의 몸을 이루고 있는 영적인 모임을 뜻한다.

예) 베드로는 옥에 갇혔고 교회는 그를 위하여 간절히 하나님께 빌더라(행 12:5).

└(초대교회 성도들을 뜻함)

만약 교회가 건물이라면 건물이 어떻게 기도를 하겠는가?

만약에 교회 건물이 주님의 몸이라면 그 건물에 불이 붙고 홍수와 태풍에 무너지고 또 사람들에게 의해서 그 건물을 부수고, 그 곳을 더럽히고, 사고 팔고 할 수가 있겠는가? 우리 주님 몸에 불이 붙을 만큼 그리고 인간에 의해 부서지는 그렇게 능력 없는 주님이 아니시다. 이 부분에서 많은 성도와 목회자님들께서 참고하여 건물(예배당)이 우상화가 되지 않길 바랄 뿐이다.

이제는 우리의 몸이 거룩한 성전이 되었다.

우리는 살아계신 하나님의 성전이다(고후 6:16).

너희가 하나님의 성전인 것과 하나님의 성령이 너희 안에 거하시는 것을 알지 못하느뇨 누구든지 하나님의 성전을 더럽히면 하나님이 그 사람을 멸하시리라 하나님의 성전은 거룩하니 너희도 그러하니라(고전 3:16~17).

너희 몸은 너희가 하나님께로부터 받은 바 너희 가운데 계신 성령의 전(殿)인 줄을 알지 못하느냐 너희는 너희 것이 아니라 값으로 산 것이 되었으니 그런즉 너희 몸으로 하나님께 영광을 돌리라(고전 6:9~20).

"예수님 시대에 있었던 성전(예루살렘)은 예수님의 말씀"

저희 보는 이것이 날이 이르면 돌 하나도 돌 위에 남지 않고 다 무너뜨리우리라(눅 21:6).

말씀처럼 예수님 부활 후 40년 후에 로마의 디도 장군에 의해 성전은 무너지고 지금은 그 자리에 이슬람교 교회가 세워졌다.

예수님 부활 후 오신 성령님께서 이제는 우리의 몸에 좌정하시고
우리는 거룩한 제사장이 되었다.

너희도 성령 안에서 하나님의 거하실 처소가 되기 위하여 예수 안에서 함께 지워져 가느니라(엡 2:22).
너희도 산돌같이 신령한 집으로 세워지고 예수 그리스도로 말미암아 하나님이 기쁘게 받으실 신령한 제사를 드릴 거룩한 제사장이 될지니라(벧전 2:5).

Holy

이제는 우리의 몸이 성전이요 거룩한 제사장이 되었다.
성전을 더럽히지 말고 거룩하라고 하나님께서는 수 차례 당부하고 부탁하신다.

우리 몸은 우리 것이 아니고 예수님께서 값으로 산 것이기 때문에 모든 영광을 하나님께 돌리라고 하신다. 그런데 현재 나의 모습은? 나의 몸은? 나의 믿음은? 거룩하고 깨끗하고 제사장으로서 신령한 제사를 올리고 있는가? 모든 영광을 내 것으로 삼고 있지는 않는가?

이 글을 읽고 자신의 부족함을 깨달았다면, 지금 즉시 회개하고 예수님이 함께 하시는 처소를, 성전(몸과 마음)을 깨끗케 새로 지어 거룩한 산제사를 드릴 수 있는 왕 같은 제사장이 되고 모든 영광을 하나님께 올려드리자. 이제는 두 세 명이 모여 기도하고 예배한 곳에 우리 주님이 함께 하신다고 하였다. 교회와 성전의 뜻을 잘 이해하고 가정에서도 가족예배, 직장에서도 그 어느 곳, 낙도, 오지, 아프리카 산지, 아골 골짜기에도 주님 이름으로 모인 곳에 함께 하심을 믿고 교회 건물이 크고 작고가 중요하지 않음을 알아야 한다. 그 모인 곳이 지하가 되었든, 나무 그늘 밑이 되었든, 내 안에 주님만 함께 하신다면 복음성가 가사처럼 불속에라도 들어가서 세상에 복음을 전할 수 있는 진정한 주님의 사자, 십자가 군병이 될 수 있다. 힘차게 전진하여 한 영혼이 천하보다도 귀한 영혼들을 저 불속에서 건져내어 주님 만나게 해 주는 전도자의 역할을 감당하자.

CHAPTER 18

안식일(安息日)과 주일(主日)

안식일(Subbuth) 히 : 솨바트 헬 : 삽바톤 安(평안안) 息(쉴식) 日(날일)

• 안식일 : • 하나님의 창조를 기념하는 성일
• 일주일의 일곱 번째 날(토요일)
• 안식일은 금요일 저녁 일몰부터 토요일저녁 일몰까지로
• 거룩한 날로 지켰다(유대의 하루 : 저녁 해질 무렵부터~다음날 해질때까지).

하나님이 일곱째 날을 복 주사 거룩하게 하셨으니 이는 하나님이 그 창조(創造)하시며 만드시던 모든 일을 마치시고 이 날에 안식하셨음이더라(창 2:3).

구약의 안식 규정은 그 날을 안식의 날(히 솨바트-멈추다)로 삼는데 있었다. 안식일에는 특별한 일 외에는 허락이 안 되었으며 어떠한 일도 해서는 안 되었다.

예) 안식일을 기억하여 거룩히 지키라(출 20:8).

안식일에는 너희 모든 처소에서 불도 피우지 말지니라(출 35:3).

농사 수확기 때도 안식일은 쉬었다(출 34:21).

어떠한 짐 운반도 금지(느 13:15).

물건 사고 파는 것 금지(느 10:31; 13:16~17).

안식일에 먹을 음식 하루 전날 준비(출 16:5).

1) 안식일 지키지 않는 자

그 날을 더럽히는 자는 죽일지며 무릇 그 날에 일하는 자는 그 백성 중에서 그 생명이 끊쳐지리라(출 31:14).

2) 안식일 지키는 자

안식일에는 네 발을 금하고, 오락도 행치 아니하고 사사로운 말을 아니하며, 지켜 더럽히지 아니하며 그 손을 금하여 모든 악을 행치 아니하여야 하니 이 같이 행하는 사람, 이 같은 굳이 잡는 인생은 복이 있느니라(사 58:13, 56:2).

3) 이 밖에도 안식일에 대한 수 많은 경고가 있다

유대인의 안식 준수는 아직도 철두철미하다. 중동 전쟁 때도 안식일 날은 그 전쟁을 그쳤다. 들고 다닌 것도 계란의 무게 이상 무거운 것은 들지 말 것. 겨드랑이에서 땀이 나면 안 되며 걸음도 천천히…… 등등 금하는 것이 많다.

Holy

지금도 예수님을 인정치 않는 유대교를 비롯한 여러 종교는 토요일을 안식일로 지키며 철저한 율법과 안식법을 지키고 있다. 우리나라에서 이단의 종파로 분리된 교단들도 대부분 토요일을 안식일로 지키고 있으며 세계 확장에 나서고 있는 이슬람교 역시 토요일로 안식일을 지키고 있다. 우선 위 상황을 지켜보았을 때 우리는 얼마나 예수님께 축복받은 민족이며 성도님들인가? 만약 지금도 안식 법을 주님께서 폐하지 않고 지정(指定)하시고 계신다면 아마 이 세상 사람은 거의 다 죽고 없을 것이다. 안식일을 안 지키고 더럽히면, 또 일을 하면 죽인다고 하였는데 현재 전 인류가 토요일 날(안식일)에 무슨 일을 하든지 할 것이고 자기 생각대로 안식일을 범하고 사는데도 불구하고 우리가, 이 인류가 멸망치 않고 살고 있다는 것은 확실히 예수님을 통하여 율법을 폐하고 우리를 구원하셨다는 산 증거이다.

이 귀한 사실을 모르고 아직도 메시아를 기다리며 예수님을 부인하고 있는 저 많은 불쌍한 민족과 영혼들을 위하여 우리는 기도해야 하며 복음을 그들에게 전해야 하는 것이 우리의 사명인 것이다. 또한 현재 우리나라에도 이슬람교가 들어오고 있다. 이들은 예수님을 인정치 않으며 부인(否認)하는 종교이다. 우리 민족의 한 명이라도 이들에게 포섭되어 영혼이 죽어가는 모습을 지켜 볼 수 없다.

한 영혼이 천하보다도 더 귀하다고 했다. 우리 크리스천은 각 종파의 교리와 세습 등 어떠한 교단의 우두머리에 치중 하는 것보다 더 중요한 일은, 민족을 살리고 세계의 복음화에 머리를 맞대고 기도할 때이며, 하나님의 힘을 구할 예레미야 시대라고 생각한다.

우리 모두 이제는 경각심을 가지고 깨어 일어나 세계를 보고 하나님이 지으신 모든 족속에게 예수님을 증거하는 십자가 군병이 되어 복음의 큰 사역자가 되어야 할 시내요, 시기이다.

주일(主日) Lord's day

예수님의 부활하심을 기념하여 안식 후 첫날(일요일)을 성일로 지킴

초대교회의 신자들이 예배일로 지켰던 한 주간의 첫 번째 날

예수님께서 안식 후 첫날 막달라 마리아와 제자와 여러 사람 앞에 나타나셔서 부활을 알리셨다.

오순절 마가의 다락방에서 성령강림이 일어나고 드디어 초대교회가 시작이 되었다. 바로 이 날도 안식 후 첫날이었다. 이 땅에 예수님께서 부활 후 40일 동안 지상에 계시다 승천 하시고 10일 후에 성령의 강림이 임하였다.

＊부활과 성령 강림이 안식 후 첫날인 주일 날 일어났음.

안식일의 주인이신 예수님

사람이 양보다 얼마나 귀한가 그러므로 안식에 선을 행하는 것이 옳으니라. 안식일은 사람을 위하여 있는 것이요 사람이 안식일을 위하여 있는 것이 아니니 이러므로 인자는 안식일에도 주인이니라(막 2:27~28).

내가 너희에게 이르노니 성전(聖殿)보다 더 큰이가 여기 있느니라, 나는 자비(慈悲)를 원하고 제사를 원치 아니하노라 하신 뜻을 너희가 알았더면 무죄한 자를 정치 아니 하였느니라. 인자는 안식일의 주인이니라 하시니라(마 12:6~8).

예수님께서는 안식일에 금하고 있는 병자들을 많이 고치셨다(마 10~15 참조).

초대교회 안식 후 첫날

안식 후 첫날에 우리가 떡을 떼려 모였더니(행 20:7)

- 그리스도의 부활을 기념하는 정규적인 예배일이 되었으며
  주의 죽으심을 기념하는 만찬의 예식도 거행됨

매 주일 첫날에 너희 각 사람이 이를 얻은 대로 저축하여 두어서
내가 갈 때에 연보를 하지 않게 하라(고전 16:2).
– 주일 날 예배를 드리고(연보 : 헌금이나 물건) 하나님 일을 위하여 연보함.

우리를 거스르고 불리하게 하는 법조문으로 쓴 증서를 지우시고 제하여 버리사 십자가에 못 박으시고 통치자들과 권세들을 무력화하여 드러내어 구경거리로 삼으시고 십자가로 그들을 이기셨느니라 그러므로 먹고 마시는 것과 절기나 초하루나 안식일을 이유로 누구든지 너희를 비판하지 못하게 하라(골 2:14-16).

Holy

모세의 율법에 따라 우리는 죄에 대하여 하나님께 빚 진자가 되어었다. 그러나 그리스도는 십자가에 우리의 죄를 못 박음으로 이 빚을 완전히 갚아 주셨다.

그러니 먹고 마시고 각 절기 및 안식일에 대하여 자유함을 얻었으니 남을 헐 뜯어 비난을 못하게 하라는 바울의 권면이 있다.

예수님께서도 이 땅에 계실 때 안식일에 성전과 회당에 제사를 드리러 긴 기록은 없으며 디만 모인 그들에게 하나님의 말씀과 선지자의 글을 강론하기 위하여 그곳에서 많은 강론을 하셨다고 한다.

이제는 안식일과 주일의 의미를 잘 알아서 매 주일 주님의 부활을 기념하는 거룩한 주님의 날(계 1:10)을 잘 지키고 예배를 잘 드림으로 성령의 기름부음의 임재가 우리에게 큰 권능으로 나타나 모든 일에 형통함과 능력이 예수님이 일하시기에 부족함이 없는 예수님의 제자요 하나님께 예배드리는 제사장으로서의 우리는 큰 도구 및 큰 그릇으로 금과 같이 귀하게 쓰임 받아야 한다.

CHAPTER 19

예배(禮拜)

영 worship

예배

- 히브리어 : 쇄하(shachah), 아바드(Abad) – 수종들다.
- 헬라어 : 프로스쿠네오(Proskuneo), 엎드리다(마 28:9) 라트류오(Latreuo) – 수종들다 (요 9:38)

– 엎드린다, 굴복한다, 경배한다 등의 의미를 가짐(대하 29:29~30).

성도의 예배자세

하나님은 영이시니 예배하는 자가 신령과 진정으로 예배 할지니라(요 4:24).

경건함과 두려움으로 하나님을 기쁘시게 섬길지니 저희 몸을 하나님이 기뻐하시는 거룩한 산 제사로 드리라 이는 너희의 드릴 영적 예배니라(롬 12:1).

– 가장 영적인 예배는 하나님의 얼굴을 구하는 것이다.
즉, 주의 은혜를 구하는 것

하나님과 예배 자(경외 하는 자)

그들은 내 백성이 되겠고 나는 그들의 하나님이 될 것이며, 내가 그들에게 한 마음과 한 도를 주어 자기들과 자기 후손의 복을 위하여 항상 경외하게 하고 내가 그들에게 복을 주기 위하여 그들을 떠나지 아니하리라 하는 영영한 언약(言約)을 그들에게 세우고 나를 경외함을 그들의 마음에 두어 나를 떠나지 않게 하고 내가 기쁨으로 그들에게 복을 주되 정녕히 나의 마음과 정신을 다하여 그들을 이 땅에 심으리라(렘 32:38~41).

경외(敬畏) (공경할 경, 두려울 외) : 존경하고 두려함.

여호와의 친밀함이 경외하는 자에게 있음이여, 그 언약을 저희에게 보이시리로다(시 25:14).

여호와를 경외(敬畏)하는 것은 사람에게 생명에 이르게 하는 것이라 경외하는 자는 족하게 지내고 재앙을 만나지 아니 하느니라(잠 19:23).

예수님의 하나님을 경외함

그는 육체에 계실 때에 자기를 죽음에서 능히 구원하실 이에게 심한 통곡과 눈물로 간구와 소원을 올렸고 그의 경외하심을 인하여 들으심을 얻었느니라(히 5:7).

예배의 중심에 하나님을 경외함이 없으면 하나님을 멸시하는 예배가 될 수 있다. 아론의 두 아들 나답과 아비후가와, 엘리제사장의 두 아들 홉니와 비느하스처럼 예배의 실패자가 될 것이다. 말라기 선지자도 타락한 예배에 대하여 커다란 책망을 하였다.

하나님은 예배를 열망하시고 우리 인간을 창조하실 때에 예배와 찬양을 받으시기 위하여 지으셨다(엡 1:3~14). 예배를 의식, 습관, 수단에 따라 드렸다면 이제는 그 타락한 예배, 헛된 예배에서 탈피하여 신령과 진정으로 경외하는 마음으로 거룩한 산 예배를 드려야 한다.

하나님께서 예배를 받을 때

감사(感謝)로 제사를 드리는 자가 나를 영화롭게 하나니 그의 행위를 옳게 하는 자에게 내가 하나님의 구원을 보이리라(시 50:23).
하나님의 구하시는 제사는 상한 심령(心靈)이라 하나님이여 상(傷)하고 통회(痛悔)하는 마음을 주께서 멸시치 아니 하시리이다(시 51:17).

하나님께서는 인간적인 교만과 자아가 완전히 부서지고, 찢어진 심령과 지은 죄를 진정으로 뉘우치는 통회와 경외함이 진정으로 선행되어야 그 중심을 보시고 기쁘게 예배를 받으시며 또한 순결한 예배를 원하신다. 말라기 1장 6절부터 14절까지는 타락한 이스라엘의 예배를 책망하시는 말씀이다. 참고로 꼭 읽어보고 우리의 예배자세를 다시 한 번 점검하는 성도님들이 되었으면 한다.

하나님은 전 세계 민족 중에서 예배 자를 찾음

만군의 여호와가 이르노라 해 뜨는 곳에서부터 해지는 곳까지의 이방 민족 중에서 내 이름이 크게 될 것이라 각처에서 내 이름을 위하여 분향(焚香)하며 깨끗한 제물을 드리리니 이는 내 이름이 이방 민족 중에서 크게 될 것임이니라(말 1:11).

전 세계 복음 선포

아버지께 참으로 예배하는 자들은 신령과 진정으로 예배할 때가 오나니 곧 이때라 아버지께서는 이렇게 자기에게 예배하는 자들을 찾으시느니라(요 4:23).

- 주님은 일꾼을 애타게 찾으시고 기다리시고 계신다.

주님께서는 바로 우리 부모 형제와 우리의 이웃과 모든 사람들을 죽음에서 건져내어 영원한 예배를 받고자 우리들을 일꾼으로 부르시고 계신다.

여호와는 네게 복을 주시고 너를 지키시기를 원하며 여호와는 그 얼굴로 네게 비춰사 은혜 베푸시기를 원하며 여호와는 얼굴을 네게로 향하여 드사 평강 주시기를 원하노라(민 6:24~26).

성도 삶 자체가 예배 하나님의 영광

너희가 먹든지 마시든지 무엇을 하든지 다 하나님 영광을 위하여 하라(고전 10:31).

만일 누가 말하려면 하나님의 말씀을 하는 것같이 누가 봉사(奉仕)하려면 하나님의 공급(供給)하시는 힘으로 하는 것같이 하라 이는 범사에 예수 그리스도로 말미암아 하나님이 영광을 받으시게 하려 함이니 그에게 영광과 권능이 세세 무궁토록 있느니라 아멘(벧전 4:11).

여호와의 나의 부르짖음(기도)이 주의 앞에 이르게 하시고 주의 말씀대로
나를 깨닫게 하소서 나의 간구가 주의 앞에 달하게 하시고 주의 말씀대로 나를 건지소서!
주께서 율례를 내게 가르치시므로 내 입술이 찬송을 발할지니이다!
주의 모든 계명이 의로우므로 내 혀가 주의 말씀을 노래할지니이다
내가 주의 법도(계명)를 택하였사오니

주의 손이 항상 나의 도움이 되게 하소서(응답) (시 119:169~173)

나를 존중히 여기는 자를 내가 존중히 여기고 나를 멸시하는 자를
내가 경멸히 여기리라(삼상 2:30).

우리가 진동치 못할 나라를 받았은즉 은혜를 받자 이로 말미암아 경건함과 두려움으로 하나님을 기쁘시게 섬길지니 우리 하나님은 소멸하는 불이심이니라(히 12:29).

예배와 학생에 대한 하나님의 책망과 인도의 간증

지방 대도시 교회의 목사님이 담임하는 교회에서 시무하시는 어느 장로님께서 딸만 줄줄이 낳은 후에 아들을 낳아 금지옥엽, 아주 귀하게 키웠다. 장로님의 손을 잡고 교회에 열심히 나아 예배드리던 그 늦둥이 아들이 고 3학년이 된 후부터 예배때 안보여서, 걱정이 된 목사님께서 장로님께 어떻게 된 일이냐고 물어 보았더니 "목사님은 고 3이 무엇인지 모르십니까"라고 핀잔을 주시며 대학에 입학하고 나올 것이라고 얘기하셨다.

그 후 그 아들은 서울의 명문대학에 합격을 하였다. 그런데 시간이 흘러 대학을 졸업할 때까지도 교회에 나와 예배를 드리지 않고 졸업 후에도 사업에 빠져서 일만 하다가 계속된 사업실패로 아버지의 재산까지 탕진하고 폐인이 되어서 연세 많으신 장로님 부부를 계속 폭행하여 더 이상 보지 못한 누나들의 신고로 교도소에 그 당시 수감 중이라는 목사님의 말씀을 들은 적이 있다.

또 다른 간증은 내가 그 학생의 부모님으로부터 직접 들었던 이야기로서, 하나님께서 인도하는 착한 학생의 이야기이다. 몇년전 순복음교회 신문에도 실렸었다.

아버지의 사업실패로 하루아침에 길거리로 쫓겨나 겨우 반 지하방에서 당시에 중학생이었던 두 아들과 함께 살게 되었다. 아이들은 놀아도 오직 교회에서 놀고 시간만 나면 인천 관교동 순복음교회에서 전산(컴퓨터)봉사를 하며 예배에 빠지지 않고 하나님 보시기에 예쁜 일만 하였다. 아주 부자로 잘 살다가 하루아침에 그런 신세가 되었는데도 처지를 비관하며 원망하기는 커녕 오히려 부모님을 위로하며 불평불만 없이 잘 이겨내고 있었다.

또한 열심히 봉사하여 인천의 전체 학생들 중에서 단 한 명에게 주는 봉사(奉仕)상까지 받았으며 돈이 없는 부모님의 형편을 알기 때문에 컴퓨터를 사기 위해 두 형제는 새벽에 비가 오나 눈이

오나 신문을 배달하여 약 1년 동안 70만 원을 모으게 되었다. 한데 어머님 권사님께서 기도를 하는데 자꾸 그 돈을 하나님께 드리자는 감동이 와서 아이들을 불러 놓고 의견을 물었다. 마침 교회에서는 강화도에 교육관을 신축하려고 준비 중이라서 그 돈을 그곳에 쓰임 받게 헌금하자는 제의에 그 멋있는 두 아들은 추호의 망설임도 없이 기쁜 마음으로 받아들이며 헌금을 하였다.

우리 자식이라면 어떠한 답을 하였을까? 또 그 새벽에 비와 눈을 맞으며 그 어린 것들이 피눈물 흘리며 벌은 그런 돈을 헌금하자는 부모님은 계시는가? 하나님은 그곳에서 과부의 두 렙돈을 받은 것이다.

그때부터 하나님의 인도와 축복이 두 아들에게 임하는데, 큰 아들이 대학을 가야 하는데 입학금을 납부 할 돈이 없어 포기하는 상황에 학교에서 등록금 통지서가 왔는데 금액이 아무 숫자도 없이 0원이었고 4년 동안 장학생이 되었으며 차후에 훌륭한 박사가 되었다. 진짜 단돈 몇 원이 없는 그 어려운 생활을 주님이 인도하셨고 동생은 고등학생 때 국가에서 일본 유학 국비장학생을 뽑는데 전국의 유명 대학의 수제들과 겨루어서 높은 경쟁을 뚫고 당당히 합격하여 모든 공부를 마치고 지금은 동생 역시 훌륭한 박사가 되었다.

더 많은 은혜의 이야기를 다 쓰지 못하고 기억을 더듬어 쓰게 되었다. 여기서 우리는 큰 교훈을 본 받아야 할 것 같다. 인간의 생각으로는 고 3학년이 인생의 가장 중요한 것처럼 보이지만 하나님께 예배를 드리지 않고 경외함을 잃어버린 고 3학년 때의 예배 실패가 자기 인생의 실패와 부모님에게까지 고통을 가져다주는 현실을 볼 수 있으며, 주일예배와 충성을 열심히 했던 두 아들의 인생은 하나님의 인도로 승리함을 볼 수 있다.

현재 우리는 주일이면 부모가 먼저 아이들을 학원으로 내 보내고 있지는 않았는지? 여기서 예배의 중요성을 다시 한 번 되새기며 우리 학생들에게 교육이 되어야 하고 부모님께서는 세상 어떤 일 보다도 예배 생활이 최우선이 되어야 한다는 것을 잘 가르쳐서, 어려서부터 곱게 자란나무가 커서도 큰 재목으로 쓰임 받듯이 우리의 자녀들에게 하나님 경외하는 마음을 잘 심어서 크게 자라 크게 쓰임 받고 이 땅에서 주님 일에 큰 일꾼이 되어 칭찬받는 주님의 자녀로 양육하길 기도드린다.

CHAPTER 20

기도(祈禱)

영, Prayer　　히 : 테필라　　헬 : 프로슈케

생활가운데 일어나는 모든 상황과 과거와 미래의 여러 가지 일들에 대한 하나님과의 교제와 간구(찬양, 감사, 고백, 중보, 무언의 영적 교통, 방언) 등을 하나님께 말하는 것이며, 하나님께서는 간구되어지는 것들을 들으시고 돌보아 주시며 응답해서 역사도 하시며, 하나님의 능력이 무한함과 그분의 사랑을 영적인 존재인 인간에게 음성도 듣게 하시며, 느끼게 하며, 알게 하며, 보여 주신다. 그래서 기도는 우리의 호흡이요 생명인 것이다.

하나님께서 모든 일에 기도 부탁

- 이스라엘 거룩하신 자 곧 이스라엘을 지으신 여호와께서 가라사대 장래 일을 내게 물으라 또 내 아들의 일과 내 손으로 한 일에 대하여 내게 부탁(付託)하라(사 45:11).
- 너희 중에 고난 당하는 자가 있느냐 저는 기도할 것이요 즐거워하는 자가 있느냐 저는 찬송할지니라(약 5:13).
- 이러므로 너희 죄를 서로 고하며 병 낫기를 위하여 서로 기도하라 의인의 간구하는 역사는 힘이 많으니라(약 5:16).
- 모든 기도와 간구로 하되 무시로 성령 안에서 기도하고 이를 위하여 깨어 구하기를 항상 힘쓰며 여러 성도를 위하여 구하고(엡 6:18)
- 쉬지 말고 기도하라(살전 5:17)
- 너는 내게 부르짖으라 내가 네게 응답하겠고 네가 알지 못하는 크고 비밀한 일을 네게 보이리라(렘 33:3).

하나님의 기도 응답

- 지금까지는 너희가 내 이름으로 아무것도 구하지 아니하였으나 구하라 그리하면 받으리니 너희 기쁨이 충만(充滿)하리라(요 16:24).
- 구(求)하라 그러면 너희에게 주실 것이요 찾으라 그러면 찾을 것이요 문을 두드리라 그러면 너희에게 열릴 것이니 구하는 이마다 얻을 것이요 찾는 이가 찾을 것이요 두드리는 이에게 열릴 것이니라(마 7:7~8).

- 너희가 내 안에 거하고 내 말이 너희 안에 거하면 무엇이든지 원하는 대로 구하라 그리하면 이루리라(요 15:7).
- 진실로 다시 너희에게 이르노니 너희 중에 두 사람이 땅에서 합심하여 무엇이든지 구하면 하늘에 계신 내 아버지께서 저희를 위하여 이루게 하시리라(마 18:19).
- 너희는 내게 부르짖으며 와서 내게 기도하면 내가 너희를 들을 것이요 너희가 전심으로 나를 찾고 찾으면 나를 만나리라(렘 29:12~13).

구하는 것을 받는 조건

- 무엇이든지 구하는 바를 그에게 받나니 이는 우리가 그의 계명들을 지키고 그 앞에서 기뻐하시는 것을 행함이라 그의 계명은 이것이니 곧 그 아들 예수 그리스도의 이름을 믿고 그가 우리에게 주신 계명대로 서로 사랑할 것이니라(요일 3:22~23).
- 기도 외에 다른 것으로는 이런 유가 나갈 수 없느라 하시니라(막 9:29).

구하는 것을 응답 받지 못한 이유

- 구하여도 받지 못함은 정욕으로 쓰려고 잘못 구함이라(약 4:3)
- 오직 믿음으로 구하고 조금도 의심하지 말라 의심하는 자는 마치 바람에 밀려 요동하는 바다 물결 같으니 이런 사람은 무엇이든지 주께 얻기를 생각하지 말라(약 1:6~7).
- 계명을 지키지 못하고 행함이 없으며 사랑이 없을 때(요일 3:22~23).

하나님께서 영광을 얻기 위하여 시행하심

너희가 내 이름으로 무엇을 구하든지 내가 시행하리니 이는 아버지로 하여금 아들을 인하여 영광을 얻으시게 하려 함이라(요 14:13).

기도하는 자의 마음자세

- 주님께서 가르쳐 주신기도(주기도문)하라(마 6:9~13).
- 먼저 그의 나라와 그의 의를 구하라(마 6:33)
- 너희가 기도할 때에 외식(外飾)하는 자와 같이 되지 말라(마 6:5)
- 너희 기도 할 때에 네 골 방에 들어가 문을 닫고 은밀한 중에 계신 아버지께

기도하라(마 6:6)

너희 원수를 사랑하며 너희 핍박하는 자를 위하여 기도하라(마 5:44).

항상 기도하고 낙망치 말라(눅 18:1).

끈기 있는 기도(눅 18:1~8)

내 원대로 마옵시고 아버지 원대로 하옵소서(순종의 기도) (마 26:39).

- 하나님 말씀이 나에게 응하게 하옵소서! 기도하고

  하나님 말씀으로 저를 단련시켜 주옵소서! 기도하라(시 105:19).

  또한 이 땅위에 있는 모든 영혼(사람)들을 위하여 기도하라.

  거룩한 손을 들어 기도하기를 원하노라(딤전 2:8) (양손을 높이 들고 힘차게 기도 하십시오)

구하기 전에 이미 아신 하나님

구하기 전에 너희에게 있어야 할 것을 하나님 너희 아버지께서 아시느니라(마 6:8).

- 기도는 내가 하나님과 교제를 나눌 수 있는 가장 중요한 통로며

  하나님의 풍성한 은혜를 받을 수 있는 통로다.

  기도는 나와 능력의 하나님 사이의 언약관계가 믿음 위에 기초가 진지하게 이루어 질수 있는 것이다.

기도 날 수의 유례

- 솔로몬의 일천번제 : 1,000일 기도
- 모세, 예수님 40일 금식 : 40일 금식기도, 40일 작정기도
- 다니엘의 세이레 금식기도 : 21일 금식기도, 21일 작정기도
- 야곱의 브니엘 기도 : 철야예배
- 예수님의 새벽 미명에 기도 : 새벽기도
- 바울의 명령 : 쉬지 말고 기도하라 365일
- 다니엘 기도 : 주여 들으소서! 주여 용서하소서! 주여 들으시고 행하소서!
  - 주여 삼창, 주여 3번

솔로몬의 일천 번제는 일천일 동안 번제를 드렸다는 날 수가 아니고 번제물 숫자 일천 마리였다는 것이며, 번제 드리는 날 수는 주석에 의하면 약 일주일 정도 예상된다고 함.

사랑하는 여인에게 수백 통의 사랑의 편지를 쓰는 남자가 있었다.

시간이 흘러 어느 날, 남자는 그 여인으로부터 한 통의 청첩장을 받았다. 청첩장을 받아본 남자는 깜짝 놀랐다. 결혼 상대 신랑이 자신이 아닌 수백 통의 편지를 전달해준 우체부 총각이였다. 그 우체부 총각은 그동안 이 남자가 쓴 사랑의 편지를 가지고 그 여인에게 전달해 주기 위하여 수백 번 그 여인을 만나고, 보고 대화를 할 수가 있어서 그 사이에 서로에게 사랑이 싹터 좋아하는 사이가 되었던 것이다. 우리는 여기에서 만남의 축복을 볼 수가 있다. 우리는 신부로서 단장하여 매일 신랑되시는 예수님을 만나서 서로 보고 대화하여, 고민, 소망, 꿈, 계획을 다 털어놓고 이야기를 해야 된다.

신랑과 신부가 결혼 전에 만나서 준비해야 될 것이 얼마나 많은가? 예식에 필요한 각종 준비사항과 살아가야 할 집 문제, 혼수와 예물 등의 준비가 다 끝났을 때 드디어 만인 앞에서 축하를 받으며 결혼식을 올리듯 우리는 매일 혼인 전까지 예수님을 만나서 논의와 대화를 해야 된다. 그렇지 않으면 사랑하는 여인을 놓쳐버린 남자처럼 어리석은 자가 되고 만다.

그 마음을 글로 써서 보내지 말고 직접 만나 대화를 하라는 것은 예배와 기도생활을 이야기하는 것이다. 쉬지 않는 기도 생활은 성경말씀에 다 기록이 되어 있다. 나 역시 180일을 눈이오나 비가 오나 하루도 빠지지 않고 새벽기도를 드렸을 때, 나의 힘으로 10년 동안 노력해도 할 수 없었던 그 많던 빚을 주님께서는 주님의 방법대로 한번에 한 현장에서 해결해 주셨다. 주님께서는 말씀하셨다. 무슨 일을 만나든지 주님께 아뢰라고 그러면 주님이 듣고 해결해 주신다고, 나의 수많은 간증 거리 중 가장 귀한 것은 기도를 했을 때마다 주님께서 해결해 주시는 것이었다.

어떤 때는 내 뜻과 반대로 해주신다. 그러나 시간이 지난 후의 결과는 나의 뜻보다 주님의 뜻이 옳았다는 사실을 알 수가 있었고, 죽음의 문턱 앞에서 내가 부르는 주님은 0.1초면 죽는 상황에서도 나를 건져주셨다. 무슨 일이든지 주님을 찾고 부르시고 기도하자. 능치 못함이 없으신 분이 바로 우리 아버지 하나님이시다. 주님은 기다리신다. 우리와 대화하시길 …

CHAPTER 21

찬송(讚頌)

Praise 히 : 피엘 "할랄" 헬 : 아이네오

뜻 : 하나님께 찬양이나 감사를 드리는 거룩한 노래이며 영광과 존귀를 하나님께 돌리는 참된 경건의 주된 요소가 된다.

이 백성은 내가 나를 위하여 지었나니 나의 찬송을 부르게 하려 함이니라(사 43:21).

찬양 : 아름답고 훌륭한 것을 기리고 드러내는 것이다. (Praise 찬송)

– 찬양은 영어로 Worship이며 예배라는 뜻이다. 즉, 찬양 자체가 예배인 것이다.

찬미 : 아름다운 덕을 기리는 것으로 하나님께 영광을 돌리며 나아가는 예배

찬송의 대상은 하나님과 예수님

- 죽임을 당하신 어린양이 능력과 부와 지혜와 힘과 존귀와 영광과 찬송을 받으시기에 합당하도다 하더라(계 5:12).
- 모든 만물이 가로되 보좌에 앉으신 이와 어린양에게 찬송과 존귀와 영광과 능력을 세세토록 돌릴지어다(계 5:13).

찬송 중에 계시며 도우시는 하나님

- 이스라엘의 찬송 중에 거하시는 주여 주는 거룩 하시니이다(시 22:3).
- 그 노래와 찬송이 시작될 때에 여호와께서 복병을 두어 유다를 치러 온 암몬 자손과 모압과 세일산 사람을 치게 하시므로 저희가 패하였으니(대하 20:22).
- 내 영혼아 네가 어찌하여 낙망하며 어찌하여 내 속에서 불안하여 하는고 너는 하나님을 바라라 나는 내 얼굴을 도우시는 내 하나님을 오히려 찬송 하리로다(시 42:11).
- 날마다 우리 짐을 지시는 주 곧 우리의 구원이신 하나님을 찬송할지로다(시 68:19).

찬송하는 우리의 자세

- 온 땅이여 하나님께 즐거운 소리를 발할지어다. 그 이름의 영광을 찬양하고 영화롭게 찬송할지어다(시 66:1~2).
- 새 노래로 여호와께 노래하라 온 땅이여 여호와께 노래 할지어다(시 96:1).
- 시와 찬미와 신령한 노래로 서로 화답하여 너희의 마음으로 주께 노래하며 찬송하며 범사에 우리 주 예수 그리스도의 이름으로 항상 하나님 아버지께 감사하며(엡 5:19).
- 나팔소리로 찬양하며 비파와 수금으로 찬양할지어다. 소고 치며 춤추어 찬양하며 현악과 퉁소로 찬양할지어다 큰 소리 나는 제금으로 찬양하며 높은 소리 나는 제금으로 찬양할지어다(시 150:3~5).

하나님 찬송은 이제부터 영원까지 내 혀와 내 입을 열어

- 나의 혀가 주의 의를 말하고 종일토록 주를 찬송 하리이다(시 35:28) .
- 주여 내 입술을 열어 주소서 내입이 주를 찬송하여 전파 하리이다(시 51:15).
- 이제부터 영원까지 여호와의 이름을 찬송할지로다 해 돋는 데서부터 해지는 데까지 여호와의 이름이 찬양을 받으시로다(시 113:2~3).
- 나의 생전에 여호와를 찬양하며 나의 평생에 내 하나님을 찬송하리로다(시 146:2).
- 너희 만민들아 손바닥을 치고 즐거운 소리로 하나님께 외칠지어다(시 47:1).

춤추며 그의 이름을 찬양하며 소고와 수금으로 그를 찬양할지어다(시 149:3).

- 내 평생에 주를 송축하며 주의 이름으로 인하여 내 손을 들리이다(시 63:4).
- 제사장들은 직분대로 모여서고 레위사람도 여호와의 악기(樂器)를 가지고 섰으니 이 악기는 전에 다윗 왕이 레위사람으로 여호와를 찬송하려고 만들어서 여호와의 인자하심이 영원함을 감사케 하던 것이나 제사장은 무리 앞에서 나팔을 불고 온 이스라엘은 섰더라 (대하 7:6).

찬양역사

- 찬양의 최초의 조상 : 유발

그 아우의 이름은 유발이니 그는 수금과 퉁소를 잡는 모든 자의 조상이 되었으며(창4:21).

• 찬양대 조직

레위 지파 4,000명 다윗의 찬송하기 위한 악기로 여호와를 찬송하는 자라(대상 23:5).

– 찬양대 대장 : 아삽(시편 12편시 저자)

– 악기종류 : 수금, 퉁소, 제금, 비파, 앙금, 소고, 나팔 등등

찬송과 악기 사용 때

- 나팔 사용자 : 아론의 자손인 제사장이 불지니 이는 너희 대대로 영원한 율례니라(민 10:8)
- 나팔 사용 : 하나님 강림할 때(출 19:16), 전쟁 때 대적을 치리 나갈 때(민 10:9) 희락 날과 정기절기와 월삭 때(민 10:10).
- 성스러운 일 : 다윗 왕이 언약궤를 옮길 때(대상 13:8)
- 왕 즉위식 : 솔로몬왕 즉위식(왕상 1:34~39)
- 찬양대 체계적 조직 : 여호와 찬송하기를 배워 익숙한 자 수효가 이백팔십팔인이라 (대상 25:7).
- 전쟁 때 : 암몬과 모압과의 전쟁 때 군대 앞에서 행하며 여호와께 찬송(대하 20:21)
- 악신, 귀신 쫓음 : 하나님이 부리신 악신이 다윗이 수금을 취하여 탄즉 익신은 사울에게서 떠나더라(삼상 16:23).

찬송을 하나님께 드릴 때 즐거운 소리로, 영화롭게, 새 노래로, 신령한 노래와 마음으로 손뼉 치며, 춤추고, 손을 들고, 일어서서 각종 악기로 온 정성 다하여 찬송하시길 하나님께서 기록하셨다.

찬양과 경배는 하나님께 드리는 최고의 예배로 마음을 다해서 가사 하나하나에 우리의 온 마음을 다 실어서 하나님께 경배 드리는 것이 가장 중요하다. 찬양을 드릴 때 통회하는 심령과 회개하는 마음으로 거룩한 보좌를 향하여 나아갈 때 하나님께서는 기뻐 찬양을 받으시고 그 날의 예배를 승리자로 이끌 것이다.

우리가 힘차게 부르는 찬송을 통해서 얽매인 것들에게서 자유함을 받으며 질병에서 치유의 은총과 권능을 받으며 성령 충만한 승리의 길로 우리를 인도하신다.

성경을 통해서 찬송 할 때 귀신(악신)이 떠나가고, 전쟁에서 승리하며, 옥문이 열리고, 예수님은 감람산으로 육신의 죽음을 알면서도 찬송하시며 나아가셨다. 이제부터 잘못된 마음과 자세로 인하여 나의 찬양이 하나님께 상달됨을 막았다면 새 마음으로, 내가 어떠한 위치에 어떠한 장소와 환경에 있든지 구애받지 말고 하나님께 영광과 감사와 회개와 승리의 찬송으로 힘차게 나아가는 찬송의 승리자가 되자.

CHAPTER 22 헌금(獻金)과 예물(禮物)

받으실만한 향기로운 제물(祭物)이요 하나님을 기쁘시게 한 것이라(빌 4:18).

헌금 드릴 때 자세와 마음가짐

1) 즐거운 마음으로

이스라엘 자손에게 명하여 내게 예물을 가져오라 무릇 즐거운 마음으로 내는 자에게서 내게 드리는 것을 너희는 받을지니라(출 25:2).

2) 능력에 맞게

각 사람이 네 하나님 여호와의 주신 복을 따라 그 힘대로 물건을 드릴지니라(신 16:17).
할 마음만 있으면 있는 대로 받을 터이요 없는 것은 받지 아니하시리라(고후 8:12)
또 어떤 가난한 과부의 두 렙돈을 넣은 것을 보시고 가라사대 내가 참으로 너희에게 말하노니 이 가난한 과부가 모든 사람보다 많이 넣었도다(눅 21:2~3).

- 과부의 두 렙돈을 칭찬하시는 주님
  중심을 보시는 주님

3) 규칙적으로

매 주일 첫날에 너희 각 사람이 이를 얻은 대로 저축하여 두어서 내가 갈 때에 연보를 않게 하라(고전 16:2).

4) 은밀하게

너는 구제(救濟) 할 때에 오른손이 하는 것을 왼손이 모르게 하여 네 구제함이 은밀하게 하라 은밀한 중에 계시는 너의 아버지가 갚으시리라(마 6:3~4).

5) 인색함과 억지로 말 것

각각 마음에 정한대로 할 것이요 인색(吝嗇)함으로나 억지로 하지 말지니 하나님은 즐겨 내는 자를 사랑하시느니라(고후 9:7).

※ 제물(祭物)의 교훈 : 나의 하나님이 그리스도 예수 안에서 영광 가운데 그 풍성한 대로 너희 모든 쓸 것을 채우시리라(빌 4:19).

6) 천국의 보물 창고

오직 너희를 위하여 보물을 하늘에 쌓아두라 거기는 좀이나 동록이 해하지 못하며 도적이 구멍을 뚫지도 못하고 도적질도 못 하느니라 네 보물이 있는 그 곳에는 네 마음도 있느니라

(마 6:20).

7) 부자와 나사로

저가 음부에서 고통 중에 눈을 들어 멀리 아브라함과 그의 품에 있는 나사로를 보고

(눅16:19~31) 참조

8) 부자들에 대한 경고

들으라 부한 자들아 너희에게 임할 고생을 인하여 울고 통곡하라 너희 재물은 썩었고 너희 옷은 좀 먹었으며 너희 금과 은은 녹이 슬었으니 이 녹이 너희에게 증거가 되며 불같이 너희 살을 먹으리라 너희가 말세(末世)에 재물을 쌓았도다(약 5:1~3).

교훈 : 적게 심는 자는 적게 거두고

많이 심는 자는 많이 거 둔다(고후 9:6) .

십일조 유례

아브라함

아브라함이 그 얻은 것에서 십분 일을 멜기세덱(하나님의 제사장 창 14:18)에게 주었더라

(창 14:20).

야곱

하나님께서 내게 주신 모든 것에서 십분 일을 내가 반드시 하나님께 드리겠나이다 하였더라 (창 28:22).

모세

땅의 십분 일 곧 땅의 곡식이나 나무의 과실이나 그 십분 일은 여호와 것이니 여호와께 성물(聖物)이라(레 27:30).

모세

너는 마땅히 매년 토지소산(土地所産)의 십일조를 드릴 것이며(신 14:22).

히스기야 왕

왕의 명령이 내리자 곧 이스라엘 자손이 곡식과 포도주와 기름과 꿀과 밭의 모든 소산의 처음 것을 풍성이 드렸고 또 모든 것의 십일조를 많이 가져 왔으며 유다 여러 성읍에 거한 이스라엘과 유다 자손도 소와 양의 십일조를 가져왔고 또 그 하나님 여호와께 구별하여 드릴 성물의 십일조를 가져 왔으며(대하 31:5~6).

- 십일조 관리 자 : 레위사람 고나냐는 그 일을 주관(대하 31:12)
- 십일조 사용(구약) : 성막에서 봉사하는 레위지파 생계보장(민 18:21)
  매 3년 마다 드리는 십일조 - 레위인과 객과 고아와 과부에게 주어서 구제사업 사용(신 26:12).

십일조의 축복 : 만군의 여호와가 이르노라 너희의 온전한 십일조를 창고에 들여 나의 집에 양식이 있게 하고 그것으로 나를 시험하여 내가 하늘 문을 열고 너희에게 복을 쌓을 곳이 없도록 붓지 아니하나 보라(말 3:10).

신약 십일조 참조 : 마 23:23 , 눅 18:12, 히 7장 전체

헌금(獻金)은 누구한테 드리는가?

우리가 입으로는 하나님께 드린다고 하면서도 마음속으로는 사람한테 드렸던 것이 아닌지 되돌아보라. 주님은 그 사람의 드린 자의 중심을 보시지 예물의 액수를 보시고, 칭찬하시는 분이 아니다. 예로 과부의 두 렙돈을 잘 이해하고 진정한 헌금과 예물이 저 천국금고에 쌓이는 참 신앙의 '제자'가 되자. 지금도 주보에 이름이 찍혀 나오니까 자기 과시함으로 헌금을 드리고 있다면 이 땅에서 상급은 이미 받아서 저 천국에는 기록이 없다. 성경에서도 말씀으로 수차례 강조하고 강조한 부분이다.

빅 용규 목사님의 간증서를 들으면 땅에서 400명의 학생에게 장학금을 주고 아파트를 지어서 50세대를 나눠주고 가난한 신학생 39명을 지원하여 목사를 만들고 집을 팔아 교회를 설립하여 5,000명의 교인을 부흥시켰어도 그런 상은 하나도 기록이 없고 18세때 성탄절 날 교회 가다가 추위에 떨고 있는 할아버지께 옷벗어 드린 것하고, 또 하나는 헌금 할 돈으로 다 식은 붕어빵 사 드린것만이 상으로 기록되어 있었다고 한다. 위에 행한 큰 업적은 이미 이 땅에서 국민훈장을 받았고 문교부 장관상을 받았으며 명절 때마다 신학생들에게 감사를 받아서 천국에서는 줄 상이 없다고 하셨다. 예수님께서는 네가 행한 모든 선한 일을 나팔을 불지 말고 오른손이 하는 것을 왼손이 모르게 은밀히 하시라고 한다. 그렇지 않으면 이 땅에서 상급을 받아 버려서 천국에서는 줄 상이 없다는 것이다.

이 깊은 진리를 깨닫지 못하고 내가 건축헌금을 얼마를 했니, 내가 십일조를 기장 많이 하는 장로니, 이런 분들은 빨리 천국에 전화해보라. 창고에 얼마나 쌓여 있는지 아마도 크게 실망할 것이다. 우리는 무슨 일을 하든지 하나님이 써 주심에 감사하고 결단코 나의 의가 나오면 안된다. 그러나 마귀는 계속 자랑하고 광고하라고 부추긴다.

왜냐하면 천국에 상급이 쌓이는 꼴을 보지 못하기 때문이다. 특히 부흥회 때 부흥사님들 헌금 강조하며 "하실 분들 손을 드세요, 내리세요." 하신 분들 솔직히 얼마나 말씀에 능력을 못받고 성령님 역사하지 않으시면 성경에 기록되지 않는 방법, 하지 말라는 방법으로 귀한 집회를 인도하시는지 참으로 안타까운 현실이다.

성경말씀에 이 땅에서 복 받고 저 천국에 상급 쌓는 방법이 다 기록되어 있는데, 성도가 있는 것 다 드려도 부족해서 하나님께 죄송하다는 마음을 갖게 하는 설교가 하루 빨리 뿌리 내려서 억지가 아니요 마음의 중심에서 진실함으로 100원을 드리든 100억을 드리든 내 것이 아니요 아버지 것임을 고백하는 성도가 되도록 가르치시고 이끌어 주셔서, 더 이상 마귀의 장난에 속지 않는 목회자님 성도님들이 되시길 기도하는 마음이다. 그리고 하나님께 헌금과 예물 드리셨으면 드린 것으로 끝이라고 생각한다. 그것을 가지고 따지는 것은 사람한테 드렸기 때문이지 하나님께 드린 것이 아니기 때문이다. 가룟 유다의 교훈이 있지 않은가? 드린 것을 잘못 사용한 자가 징계와 심판을 받는 것이지, 드린 자가 심판 받는 것이 아니다. 이 문제로 한국교회의 많은 교회들이 몸살을 앓는 것을 듣고 보아왔다. 목회자와 재정 담당하신 부서에서는 성도님들께서 하나님께 드린 예물이 성도가 보시기에 감탄사가 터져 나올 정도로 하나님 앞에 잘 쓰임받고 있다는 것을 입증을 해주시며 하나님 보좌로 나아갈 때 섬기는 교회로 수많은 영혼을 하나님께서 보내주실 것이다. 부흥되는 교회는 모든 면에서 투명 했을 때 더욱 빛이 나는 법이다.

방의 천정에 달려있는 형광등도 먼지가 끼어 있으면 빛은 어둡고, 어두운 방에는 아이들도 들어 가려고 하지 않는다. 이 원리를 잘 아시고 말씀대로 목회자님들은 가르치시고, 성도는 말씀대로 따라 행하면 하나님께 칭찬받고 천국에 상급 쌓고 많은 영혼 몰려와 구원시키고 마귀는 괴로워 할 것이고 우리 사업장과 직장과 자녀와 가정은 복을 받고 이렇게 즐거운 마음으로 예수님을 내 구주로 한평생 모시다가 저 천국에서 우리 모두 기쁜 마음으로 만났으면 한다.

CHAPTER 23

성찬(聖餐)

그리스도교의 성례 가운데 온 교회가 그리스도의 몸과 피를 상징하는 떡과 포도주에 참예하는 것을 의미한다.

이 성찬은 그리스도 안에 있는 생명의 근원인 몸과 피로서 죄의 용서와 속죄를 그리스도의 대속의 원리를 통해 하나님과 회복하고 의식을 통해 식접적으로 은혜를 전달한다는 개념과 감사드리는 성례다.

- 루터의 견해(기념 설) : 그리스도의 몸과 피가 임재 하여 성만찬의 요품(떡+포도주)과 결합한다.
- 로마 카톨릭 견해(화채 설) : 요품(떡+포도주)이 그리스도의 몸과 피로 변한다. 그때에 그리스도의 새로운 희생이 하나님께 드려진다는 것.

축복의 잔은 그리스도의 피에 참예함이며 우리가 떼는 떡은 그리스도의 몸에 참예함이다 (고전 10:16).

– 성찬에 참여하여 잔과 떡을 받음은 그리스도와 연합하여 교제를 나눔의 의미

주의 몸을 분변(分辨)치 못하고 먹고 마시는 자는 자기의 죄를 먹고 마시는 것이니라 (고 11:29)

성찬의 중요성 : 하나님과 교제를 합당치 못했을 때 징계를 면치 못함. 성찬의 의의를 잊고 무분별하고 자기 중심적인 태도로 드렸을 때의 결과는,

너희 중에 약한 자와 병든 자가 많고 잠자는 자도 적지 아니하니(고전 11:30).

성찬을 제정하신 예수님

예수께서 잡히시던 밤에 떡을 가지사 축사 하시고 떼어 가라사대 이것은 너희를 위하는 내 몸이니 이것을 행하여 나를 기념하라 하시고 식후에 또한 이와 같이 잔을 가지시고 가라사대 이

잔은 내 피로 세운 언약이니 이것을 행하여 마실 때마다 나를 기념하라(고전 11:23~25).

결과 : 예수님께서 말씀하신 언약의 피는 죄사함을 얻게 하려고 많은 사람을 위하여 흘리는 바 자신의 피라고 규정하셨다(마 26:28).

- 그리스도께서 그 백성들을 위하여 십자가에서 구속의 성취를 상기 시킨 점을 깨달아 간절한 마음으로 성찬에 임해야 된다.

성찬의 중요성

많은 기독교인들에게 질문을 던져보면 성찬의 깊은 의미를 잘 모르고 성찬에 임하는 것 같아 안타깝다. 성찬위원으로 참여하여 예식을 거행할 때 성도의 태도는 크게 세 가지로 구분됨을 볼 수 있다.

진정 감사하며 기도하는 성도와, 아무 의미도 모르고 어정쩡한 태도, 참여하지 않는 성도 이 세 부류에서 하나님께서 잘못을 저지른 성도는 어정쩡한 태도를 갖고 성찬에 임한 성도이다. 성찬이 주의 몸과 피 임을 인식하지 못하고 함부로 성찬에 임하기 때문이다.

어쩌다가 교회 왔더니 그날이 마침 성찬 예식이 있어서 참여하는 성도. 차라리 내 자신의 부족함을 인식하고 참여하지 않는 것이 더 낫다. 그리고 회개하며 하나님께 참여 못하는 것을 애통해 하는 자를 하나님이 다시 세우신다. 성찬의 떡은 주님의 몸이요 포도주는 주님의 피라고 하였는데, 함부로 정결치 못하게 임하는 성도는 세상이나 교회 내에서도 주님께와 성도와 세상 사람들에게도 함부로 대하는 성도일 것이다.

위에서의 성찬의 뜻을 잘 이해하고, 성찬식은 세상의 대통령 취임식보다도, 목사님, 장로님 직분 받을 때의 그 어떤 예식보다 귀한 것임을 깨닫고, 가정에서도 자녀들에게 교육을 잘시켜서, 성찬식이 있는 날은 더욱 더 몸과 마음을 정결히 하여 예수님의 몸과 피가 나에게 임재 하는 놀라운 체험 속에서 모든 부족한 허물과 죄를 속죄 받고 거듭나는 아름다움과, 예수님의 임재 속에서 삶을 영위하는 거룩한 빛의 자녀와 성도님이 되기 바란다.

CHAPTER 24

세례(洗禮)

헬 : 밥티스마 - 씻음. 깨끗하게 함

• **세례의 정의 :** 집단과 연합을 뜻한다. 즉, 예수 그리스도와 연합한다는 의미

누구든지 그리스도와 합하여 세례를 받은 자는 그리스도로 옷입었느니라(갈 3:27).

우리가 그의 죽으심을 본받아 연합한 자가 되었으면 또한 그의 부활을 본받아 연합한 자가 되리라(롬 6:5).

무릇 그리스도 예수와 합하여 세례를 받는 우리는 그의 죽으심과 합하여 세례 받은 줄을 알지 못하느뇨(롬 6:3).

• 구약시대 : 할례의 뜻

① 아브라함의 후손을 이방인으로 부터 구별

② 여호와의 언약을 영원히 기억하며

③ 백성에게 메시야의 소망을 알게 하며

④ 육적 몸을 벗는 것이요 그리스도의 할례니라

세례 받은 우리의 위치

옛 생활을 벗어 버리고 새 생활을 덧입게 하며, 이제는 아담 안에 있는 것이 아니라 예수 그리스도 안에 있다.

세례 받은 우리의 사역

그러므로 너희는 가서 모든 족속으로 제자를 삼아 아버지와 아들과 성령의 이름으로 세례를 주고(마 28:19).

베드로가 가로되 너희가 회개하여 각각 예수의 이름으로 세례를 받고 죄 사함을 얻으라 그리하면 성령을 선물로 받으리니(행 2:38).

※ 세례를 받지 않고도 성령이 먼저 임할 수도 있다(행 10:44~48).

세례의 중요성

믿고 세례를 받는 자는 구원을 얻을 것이요. 믿지 않는 사람은 정죄(定罪)를 받으리라

(막 16:16).

※ 그러므로 누구든지 세례를 받아 그리스도의 옷을 입어야 한다.

세례의 종류

요한의 예수님에게 물세례(마 3:16)

예수님은 성령과 불로세례(마 3:11)

성도는 성령의 세례(행 1:5, 행 11:16)

– 내가 주의 말씀에 요한은 물로 세례를 주었으나 너희는 성령으로 세례를 받으라(행 11:16).

Holy

세례의 중요성

세례는 내가 하나님의 자녀가 되는 가장 귀하고 귀한 예식(禮式)이다. 내가 예수님과 합하며, 예수님의 몸의 지체가 되며, "너는 내 것이라"는 하나님이 주신 신분(身分)이다.

목사, 장로, 감독, 권사, 집사는 모두 직분(職分)이며, 이 직분은 잠시 이 땅 에서 부르는 호칭(呼稱)이지만 이 신분은 나의 몸, 나의 영혼이 영원히 하나님의 족속이요 하나님의 자녀로 인(認)치시는 것이다. 즉, 이스라엘의 아브라함 자손이 종족에게 표시를 했던 구약의 할례하고 같은 의미이다.

그런데 교회에서는 세례를 받을 때 이 귀한 신분의 표시를 잘 인식하고 감사하며, 세상의 죄악과 마귀의 손아귀와 지옥에서 건져 주심에 얼마만큼 하나님께 감사를 하는지 실감을 못 느낀 것 같아서 다시금 말하는 것이다. 잠시 이땅에 있다 없어질 목사, 장로, 안수 집사, 권사라는 직분, 직책에는 목숨을 걸고 자랑하며 잔치하고 거액의 헌금을 하며 기뻐하면서, 영원한 신분인 하나님이 주시는 세례를 받을 때에는 왜 그토록 거룩한 밤(?)이 되는 것인지 모르겠다. 직분 받음과 세례받음의 환경이 반대가 되어야 성경적인데, 왜 속사람보다 겉사람에 치중하는지 모르겠다. 그 직분 직책을 아주 소중하고 귀히 여긴 만큼, 세례 역시 더 소중하고 더 큰 기쁨으로 받아들여 우리 주님께 감사의 영광을 올려드리는 아름다운 빛의 자녀가 되고 이 부분을 다시 한 번 되돌아 볼 수 있는 그리스도인이 되면 우리 하나님 아버지께서 더욱더 기뻐하시지 않을까 생각한다.

CHAPTER 25

회개(悔改)(Repentance)

(히) 슈브 : 돌아가다 (헬) 메타노에오 : 마음을 고치다 (헬) 메타노이아 : 회개하다

- **정의 :** 과거의 생각 또는 행동에 대해 말씀에 비추어 잘못된 모든 부분과 마음을 고쳐 완전한 방향전환과 미래에 대한 방향 수정을 뜻하는 개념이다.
  - 영적인 회개 : 마음과 생각으로 지은 하나님께 반역한 모든 죄
  - 육적인 회개 : 행동으로 행한 잘못된 모든 죄
  - 물질의 회개 : 육신의 욕망과 불의한 재물을 가난한 이웃에게 돌려주지 못한 죄

주님 말씀에 합당치 못한 행동, 물질, 욕심을 다 버리고 회개의 열매가 있어야 한다. 자기 것을 나눠주고 버릴 줄을 알아야 한다. 그 그릇을 비워야 새것으로 또 채워 주시는 방법이 바로 하나님의 방법이다. 즉 반성만 하는 것은 회개가 아니고 행동했을때, 비로소 회개가 되는 것이다.

회개와 응답의 결과

1) 하나님과 솔로몬의 언약

내 이름으로 일컫는 내 백성이 그 악한 길에서 떠나 스스로 겸비하고 기도하여 내 얼굴을 구하면 내가 하늘에서 듣고 그 죄를 사하고 그 땅을 고칠지라(대하 7:14).

- 결과 : 죄 용서와 땅의 비옥함과 병고침

2) 이사야 선지자

악인은 그 길을, 불의한 자는 그 생각을 버리고 여호와께로 돌아오라 그리하면 그가 긍휼히 여기시리라 우리 하나님께로 나아오라 그가 널리 용서하시리라(사 55:7).

- 결과 : 모든 죄 용서

3) 에스겔 선지자

그러나 악인이 만일 그 행한 모든 죄에서 돌이켜 떠나 내 모든 율례(律例)를 지키고 법과 의를 행하면 정녕 살고 죽지 아니할 것이라(겔 18:21).

- 결과 : 생명 얻음

4) 예수님

애통(哀痛)하는 자는 복이 있나니 저희가 위로를 받을 것이요(마 5:4).

– 결과 : 위로 받음

5) 사도 바울

너희가 회개하여 각각 예수 그리스도 이름으로 세례를 받고 죄사함을 얻으라. 그리하면 성령을 선물로 받으리니(행 2:38).

– 결과 : 성령의 선물

회개의 명령

- 세례 요한 – 회개하라 천국이 가까 왔느니라(마 3:2).
- 예수님– 이때부터 예수께서 비로서 전파하여 가라사대 회개하라 천국이 가까 왔느니라(마 4:17).
- 바울 – 알지 못하던 시대에는 하나님이 허물치 아니 하셨거니와 이제는 어디든지 사람을 다 명(命)하사 회개하라 하셨으니(행 17:30).

회개치 않은 죄의 결과

1) 참된 회개 촉구

너희에게 이르노니 아니라 너희도 만일 회개(悔改)치 아니하면 다 이와 같이 망하리라(눅 13:3).

2) 첫사랑 잃어버린 자

너를 책망(責望)할 것이 있나니 너의 처음 사랑을 버렸느니라. 그러므로 어디서 떨어진 것을 생각하고 회개(悔改)하여 처음 행위를 가지라 만일 그리하지 아니하고 회개치 아니하면 내가 네게 임하여 네 촛대를 그 자리에서 옮기리라(계 2:4-5).

3) 이단 종교를 지켰던 자

네게도 니골라 당(黨)의 교훈(敎訓)을 지키는 자들이 있도다 그러므로 회개하라 그리하지 아니하면 내가 네게 속히 임하여 내입의 검으로 그들과 싸우리라(계 2:15-16).

4) 음행과 간음 자

내가 그에게 회개할 기회를 주었으되 그 음행을 회개하고자 아니 하는도다 볼지어다 내가 그를 침상에 던질 터이요 또 그로 더불어 간음하는 자들도 만일 그의 행위를 회개치 아니하면 큰 환난 가운데 던지고 또 내가 사망으로 그의 자녀를 죽이리니 모든 교회가 나는 사람의 뜻과 마음을 살피는 자인 줄 알지라 내가 너희 각 사람의 행위대로 갚아 주리라(계 2:21-23).

5) 하나님 이름 훼방

사람들이 크게 태움에 태워진지라 이 재앙들을 행하는 권세를 가지신 하나님의 이름을 훼방하며 또 회개하여 영광을 주께 돌리지 아니하더라(계 16:9).

6) 아픔으로 인한 하나님 훼방

아픈 것과 종기로 인하여 하늘의 하나님을 훼방하고 저희 행위를 회개치 아니 하더라

(계 16:11).

회개 한 자에게 약속

- 나 곧 나는 나를 위하여 네 허물을 도말(塗抹)하는 자니 네 죄를 기억지 아니하리라 너는 나로 기억이 나게 하고 서로 변론하자 너는 네 일을 말하여 의(義)를 나타내라

  (사 43:25~26).
- 여호와는 마음이 상한 자에게 가까이 하시고 중심에 통회하는 자를 구원하시도다

  (시 34:18).
- 너희는 옷을 찢지 말고 마음을 찢고 너희 하나님 여호와께 돌아올지어다 그는 은혜로우시며 자비로우시며 노하기를 더디 하시며 인애가 크시사 뜻을 돌이켜 재앙을 내리지 아니 하시나이다(욜 2:13).
- 내가 너희에게 이르노니 이와 같이 죄인 하나가 회개하면 하늘에서는 회개 할 것이 없는 의인 아흔 아홉을 인하여 기뻐하는 것보다 더하리라(눅 15:7).

그러므로 너희가 회개하고 돌이켜 너희 죄 없이 함을 받으라 이와 같이 하면 유쾌하게 되는 날이 주 앞으로부터 이를 것이요(행 3:19).

Holy

세례요한과 예수님의 첫 복음 전파 시작은 "회개 하라 천국이 가까 왔느니라." 이 처럼 회개하는 자 만이 하나님 나라를 볼 수 있으며 하나님 자녀가 되는 특권이 있기 때문이다. 우리는 이 땅에 태어나서 지은 모든 죄와 우리의 허물을 낱낱이 하나님께 고백하여 죄사함을 받아야 한다. 회개치 못한 것이 있다면 지금 즉시 무릎 꿇고 용서를 구하라. 그리하면 진실로 자유함을 얻을 것이다.

사단은 우리의 죄와 잘못된 행동을 기록한 카드를 가지고 계속적으로 공격해 오고 있다. 그리고 계속적으로 우리를 이용하고 있다. 그 죄의 습성이 아직도 남아있기 때문에 그곳에서 계속 죄의 새싹이 나오고 또 나와서 지었던 죄의 행동을 계속적으로 반복하는 것이다. 즉 그 뿌리를 없애야 한다. 그 뿌리는 나의 자원의 힘이 아닌 하나님께 깨끗이 회개 하면 성령께서 우리를 도와 없애신다.

그리고 더 이상 내 몸과 내 영과 내 습관 속에서 가시 같은 존재는 사라질 것이다. 우리의 모든 죄는 예수님께서 먼 훗날 미래 일까지 다 대속하셨다. 그러나 공중권세를 가진 사단의 그늘 아래 세상의 죄악 속에서 움직이는 사람들과 더불어사는 우리는 생각, 마음, 행동의 허물이 매일매일 생길 수밖에 없기 때문에 쉬지 말고 기도 하라는 사도 바울의 명령처럼, 매일 아침 세수를 해야 깨끗하듯이 범사에 감사 기도와 회개의 기도를 하여서 새 힘과 새 능력을 받고 성령의 선물과 더불어 죄를 다스리는 사역자가 되어야 한다.

구약시대의 이스라엘 민족의 회개를 외치는 선지자들의 말과 경고를 무시한 그들을 계속적인 고난과 고통 속에서 최후는 멸망까지 이르게 하시고 다시 회복시키시어 예수님 탄생과 세계의 복음화의 초석으로 삼았다. 회개치 못하여 수많은 고통과 고난의 역사를 반복했던 이스라엘 민족처럼 이제는 성도님의 그동안 살아왔던 삶을 뒤돌아보고 그 동안 왜 나에게는 이런 아픔과 고난이 반복되었을까? 깨달음을 찾아보자. 그 이유는 회개치 못했기 때문에 하나님의 사랑의 힘을 공급받지 못했기 때문인 것이다.

탕자의 비유처럼 아버지의 재산을 가지고 세상으로 나가 모두 탕진하고 거지가 되어 다시 아버지 품으로 돌아 왔을 때 그 아버지는 천하보다도 귀한 아들이 돌아왔다고 잔치하며 기뻐하는 모습이 바로 우리 하나님이시다.

현재 나의 현실이 어떻게 되었든 숨을 쉬고 호흡하고 있다면 즉시 무릎 꿇고 주님께 감사와 회개 기도를 하라. 그리하면 열린다. 그리고 주님의 품안으로 안기어라.

여기서 나의 회개 간증을 소개 하도록 한다.

보통 천국과 지옥을 보고 와서 간증하신 분들의 내용을 보면 자기가 지은 죄와 죄목이 기록이 되어서 카드식으로 정리되어 있다고 한다. 나 역시 사업구상과 신경과로 때문에 쓰러져 집에서 신경 쇠약으로 정신병원에서 조제한 약을 먹으며 치료 중 새벽 4시에 나의 영이 빠져 나오고 이제는 죽는 모습을 보면서 당시 3년 전에 세번 정도 예배를 드렸던 부천 제일 감리교회를 찾아서 뛰어갔다. 이것이 영인지 육인지 분간이 안 된 상태에서 새벽 예배 시간에 부르짖고 부르짖는 것이 나의 지난 죄에 대한 회개였다. 순간 나의 어린 시절부터 지은 모든 죄들이 한 장면, 한 장면 기록되어 지나가는 것이었다. "그 많은 죄를 제가 저질렀습니다. 하나님 잘못했어요. 용서해 주세요. 저 지금 데려가면 우리 불쌍한 두 아이들은 어떻게 합니까? 제발 교회 마당 청소라도 할 테니까 살려 주세요." 그 회개의 기도를 무려 3시간이 지난 아침 7시까지 했다.

하나님께 10년이 넘도록 기도 한번 아니 5분도 제대로 하지 않고 살았던 내가 당시 어떻게 그

긴 시간 회개기도를 하며 하나님과 씨름을 했을까? 그것은 죽음 앞에 가서야 비로서 깨달은 것이다. 여러분! 더 늦기 전에 진실로 진실로 나의 삶의 모든 죄를 기억하여 회개하시라. 우리 하나님이 기록하신 책에는 우리의 모든 행위가 기록되어 있다는 사실을 알아야 한다.

우리 예수님께서는 아담이 지은 원죄를 해결해 주시어 천국 백성의 길로 인도하신 것이고 우리가 지은 자범죄(自犯罪)는 우리가 예수님의 이름으로 하나님께 고백하여 죄사함을 받아야 한다.

이 부분을 잘 이해해야 한다. 우리의 죄는 예수님이 끝까지 책임지고 가셨다 생각하고 계속적인 죄악 속에서 산다면 그것이야 말로 하나님 나라를 유업으로 받지 못하는 어리석은 행동이다.

"불의한 자가 하나님의 나라를 유업으로 받지 못 할 줄을 알지 못하느니 미혹은 받지 말라 음란한 자나 우상 숭배하는 자나 간음하는 자나 탐색하는 자나 남색하는 자나 도적이나 탐람하는 자나 술 취하는 자나 후욕하는 자나 토색하는 자들은 하나님의 나라를 유업으로 받지 못하리라. 너희 중에 이와 같은 자들이 있더니 주 예수 그리스도의 이름과 우리 하나님의 성령 안에서 씻음과 거룩함과 의롭다 하심을 얻었느니라"(고전 6:9-11).

회개의 중요성을 분명히 깨닫고 회개기도를 할때 그 어떠한 죄와 허물도 하나님 아버지께서는 다 용서 하신다.

구약 시대처럼 우리의 죄의 대가를 소나 양을 잡아 드리는 제사가 아니라, 예수님의 피가 우리의 제물로 드려졌기 때문에 예수님의 이름으로 회개하여서 참 자유함과 죄를 짓게 하는 마귀와 귀신을 능히 물리치는 능력의 제사장이 되며 복음의 사역자가 될 줄 믿는다.

CHAPTER 26

금식(禁食)

Fasting (히) : 촘, 춤 (헬) : 네스튜오

• 금식(禁食) : 하나님 앞에서 자신을 낮추는 하나의 수단으로, 자의로 먹고 마시는 것을 오랫동안 절제함. 금식은 하나님께 보이게 하기 위하여 하나님이 기뻐하는 금식이 되어야 함.

① 하나님께서 기뻐하는 금식(사 58:6)

② 하나님을 위하여(슥 7:5)

③ 하나님께 보이게 하기 위함(마 6:17-18)

금식의 형태

1) 하나님의 계시를 받기 위한 모세의 금식

모세가 여호와와 함께 사십 일 사십야를 거기 있으면서 떡도 먹지 아니하였고, 물도 마시지 아니 하였으며 여호와께서는 언약의 말씀 곧 십계(十戒)를 그 판들에 기록하였더라

(출 34:28).

2) 국가와 민족을 위한 다니엘의 금식

내가 금식하며 베옷을 입고 재를 무릅쓰고 주 하나님께 기도하며 간구하기를 결심하고 ~ 주여 들으소서! 주여 용서하소서 주여 들으시고 행하소서 지체치 마옵소서! 나의 하나님이여 주 자신을 위하여 하시옵소서! 이는 주의 성과 주의 백성이 주의 이름으로 일컫는 바 됨이니이다(단 9:4~19).

3) 전 인류를 구원하기 위한 예수님의 금식

그 때에 예수께서 성령에게 이끌리어 마귀에게 시험(試驗)을 받으려 광야로 가사 사십 일을 밤 낮으로 금식하신 후에 주리신리라(마 4:1-2).

4) 죄의 회개할 때의 금식

사무엘이 가로되 온 이스라엘은 미스바로 모이라 내가 너희를 위하여 여호와께 기도하리라

하매 그들이 미스바에 모여 물을 길어 여호와 앞에 붓고 그 날에 금식하고 거기서 가로되 우리가 여호와께 범죄하였나이다 하니라 사무엘이 미스바에서 이스라엘 자손을 다스리니라 (삼상 7:5-6).

5) 국가 비상시 온 백성 금식

• 여호사밧이 두려워하여 여호와께로 낯을 향하여 간구하고 온 유다 백성에게 금식하라 공포하매 유다 사람이 여호와께 도우심을 구하려 하여 유다 모든 성읍에서 모여 와서 여호와께 간구하더라(대하 20:3-4).
• 이에 온 이스라엘 자손 모든 백성이 올라가서 벧엘에 이르러 울며 거기서 여호와 앞에 앉고 그 날이 저물도록 금식하고 번제와 화목제를 여호와 앞에 드리고(삿 20:26).

6) 하나님 일에 앞서 하나님 인도하심을 받기 위한 금식

• 주를 섬겨 금식 할 때에 성령이 가라사대 내가 불러 시키는 일을 위하여 바나바와 사울을 따로 세우라 하시니 이에 금식하며 기도하고 안수하여 보내니라(행 13:2-3).
• 제자들의 마음을 굳게 하여 이 믿음에 거하라 권하고 또 우리가 하나님 나라에 들어가려면 많은 환난을 겪어야 할 것이라 하고 각 교회에서 장로들을 택하여 금식 기도하며 저희를 그 믿은바 주께 부탁하고(행 14:22-23).

7) 금식 일을 정함

• 너희는 금식 일을 정하고 성회를 선포하고 장로들과 이 땅 모든 거민을 너희 하나님 여호와의 전으로 몰수히 모으고 여호와께 부르짖을 지어다(욜 1:14).
• 사월의 금식과 오월의 금식, 칠월의 금식과 시월의 금식(슥 8:19).

하나님이 기뻐하는 금식

나의 기뻐하는 금식은 흉악의 결박을 풀어주며 멍에의 줄을 끌러 주며 압제당하는 자를 자유케 하며 모든 멍에를 꺾는 것이 아니겠느냐 또 주린 자에게 네 식물을 나눠 주며 유리(遊離)하는 빈민을 네 집에 들이며 벗은 자를 보면 입히며 또 네 골육(骨肉)을 피하여 스스로 숨지 아니하는 것이 아니겠느냐(사 58:6-7).

금식 후의 하나님께서 기뻐 받으신 후의 축복

그리하면 네 빛이 아침같이 비췰 것이며 네 치료가 급속(急速)할 것이며 네 의가 네 앞에 행하고 여호와의 영광이 네 뒤에 호위(護衛)하리니 네가 부를 때에는 나 여호와가 응답하겠고 네가 부르짖을 때에는 말하기를 내가 여기 있다 하리라 만일 네가 너희 중에서 멍에와 손가락질과 허망(虛妄)한 말을 제하여 버리고 주린 자에게 네 심정(心情)을 동하며 괴로워하는 자의 마음을 만족케 하면 네 빛이 흑암 중에서 발하여 네 어두움이 낮과 같이 될 것이며 나 여호와가 너를 항상 인도하여 마른 곳에서도 네 영혼을 만족케 하며 네 뼈를 견고(堅固)케 하리니 너는 물 댄 동산 같겠고 물이 끊어지지 아니하는 샘 같을 것이라(사 58:8-11).

금식할 때 주의할 점

너는 금식할 때에 머리에 기름을 바르고 얼굴을 씻으라. 이는 금식하는 자로 사람에게 보이지 않고 오직 은밀한 중에 계신 네 아버지께 보이게 하려 함이다. 은밀한 중에 보시는 네 아버지께서 갚으시리라(마 6:17-18)(참조: 이사야 58:3-5, 슥 7:4-6).

금식한 시간 및 날수 비교

- **하루 낮 금식** : 석양에 뭇 백성이 나아와 다윗이 맹세하여 가로되 내가 해지기 전에 떡이나 다른 것을 맛보면 하나님이 내게 벌 위에 벌을 내리심이 마땅하니라 하매 (삼하 3:35).
- **하루 밤 금식** : 왕이 궁에 돌아가서는 밤이 맞도록 금식하고 그 앞에 기악을 그치고 침수를 폐 하니라(단 6:18).
- **삼일 금식** : 당신은 가서 수산에 있는 유다인을 다 모으고 나를 위하여 금식하되 밤 낮 삼 일을 먹지도 말고 마시지도 마소서 나도 나의 시녀로 더불어 이렇게 금식한 후에 규례를 어기고 왕에게 나아가 죽으면 죽으리이다. 모르드개가 가서 에스더의 명한 대로 다 행하니라(에 4:16-17)
- **칠일금식** : 모든 장사가 일어나 밤새도록 가서 사울과 그 아들들의 시체를 벧산 성벽에서 취하여 가지고 야베스에 돌아와서 거기서 불사르고 그 뼈를 가져다가 야베스 에셀 나무 아래 장사하고 칠 일을 금식 하였더라(삼상 31:12-13).
- **이십일 금식** : 그때에 나다니엘이 세 이레 동안을 슬퍼하며 세 이레가 차기까지 좋은 떡

을 먹지 아니하며 고기와 포도주를 입에 넣지 아니하며 또 기름을 바르지 아니하니라 (단 10:2-3).

• **사십일 금식** : 모세는 여호와와 함께 사십 일 사십 야를 거기 있으면서 떡도 먹지 아니하였고 물도 마시지 아니하였으며 여호와께서는 언약의 말씀 곧 십계(十誡)를 그 판들에 기록하셨더라(출 34:28).

예수님 사십일 금식(눅 4:1-2)

금식은 개인과 이웃을 살리고 국가와 인류를 살리며, 주님이 받으시는 진정한 금식은 하나님을 기쁘시게 하는 금식이며 그에 따른 축복은 성경 말씀에 다 기록되어 있다. 우리 모두가 금식의 중요성을 깨닫고 금식 할 때의 우리의 모습과 자세를 다시 한번 점검해보는 귀한 성도님이 되시기 바란다.

그동안 내가 나의 의지로 살았다면, 하나님을 위하여 하나님 기뻐하시는 금식을 하고 내 모든 삶을 주님께 맡기자. 연필은 결코 혼자 설수가 없다. 누군가의 손에 잡혀야 글씨를 쓰고 선을 긋고 다양하게 그림을 그림을 그려 낼 수 있다. 명필의 손에 잡히면 명필이 써질 것이고, 악필의 손에 잡히면 악필이 써질 것이다. 우리의 인생도 마찬가지로 나 혼자 살 수도 없으며 설 수 도 없다. 설혹 나 혼자 잠시 설 수 있다. 하더라도 그것은 실패요 곧 바로 쓰러질 수밖에 없는 나약한 인간이다. 우리의 인생이 명필이냐 악필이냐는 곧 하나님 손에 잡히느냐? 마귀에 손에 잡히느냐에 좌우된다.

마귀 손에 의탁하고 잡히는 순간 사단의 도구가 되어 악필이 시작되는 것이다. 힘껏 써 넣은 종이가 찢어지고, 구겨져서 쓰레기통에 던져졌다가 나중에는 불속(지옥에 던져서 태워질 것이다. 그러나 하나님의 손에 잡히는 순간 하나님의 도구가 되어 명필의 인생으로 많은 사람들에게 좋은 글씨(말씀)를 써서 보고 읽게 하여 액자에 담아 영원히(천국) 걸어놓고 자손대대 가보(家寶)(면류관)로 물려 줄 것이다. 즉, 연필은 아주 작은 몽당연필이 될 때까지 몸(나무)+마음(속심)을 깎이고, 닳아지면 또 깎기어서 자기를 모두 다 희생한다. 몽당 연필이 되어 너무 짧아 손에 잡히지 않을 땐 긴 볼펜 껍데기에 끼워 넣어 마지막까지 쓰임을 받는다. 지금 연세가 많아 걸을 수 없는 분들은 몽당연필이 볼펜 껍데기에 의존하듯이, 옆에 있는 지팡이를 한손에 잡고 일어서서, 남은 한손으로 전도지를 들고 나누어 주자. 그 전도지 한장이 천하보다도 귀한 영혼을 구원한다.

"이제부터 나는 연필입니다. 주님이 잡고 써주세요. 남은 인생 저 연필처럼 닳아지고 깎여져서 남을 살리고 구원하는데 주님의 희생으로 제물로 드립니다. 주님 받아주시옵소서! 주님 써 주시옵소서! 주님의 의로우신 오른 팔로 붙들어 주시옵소서!"아멘-

주께서 가라사대 이 사람은 내 이름을 이방인과 임금들과 이스라엘 자손들 앞에 전하기 위하여 택한 나의 그릇이라(행 9:15).

하나님께서 부여한 나의 신분 역할

3

CHAPTER 27

제사장(Priest)

히 : 코헬

제사장 : 하나님께 제사를 드리는 성결 된 사람

• 구약시대 : 레위지파에서 제사장 임명(한정됨)

대를 이어서 이행, 최초 제사장은 '아론' 이다. (모세의 형)

너는 이스라엘 자손 중 네 형 아론과 그 아들 곧 나답과 아비후와 엘르아살과 아다말을 그와 함께 내게로 나아오게 하여 나를 섬기는 제사장 직분을 행하게 하되(출 28:1).

• 제사장 조건 : 아론의 후손이어야 함
신체적 결함이 있으면 안 됨
결혼과 의식에 순결함을 엄격하게 적용
대제사장은 더욱 많이 요구되는 규칙들에 복종(레 21장 참조)

성전의 지성소는 하나님의 법궤를 모셔둔 가장 신성한 곳이다. 그곳에는 1년에 한번 대제사장만이 속죄하기 위하여 들어 갈 수 있었다.

– 제사장은 하나님과 사람사이의 중개자 역할. 하나님 앞에서 이스라엘의 예배를 보존하고 촉진하기 위해 거룩성을 유지하고 거룩한 일에 대한 헌신을 나타냈다.

• 신약시대 : 예수 그리스도의 보혈의 피와 부활로 만인 제사장. 구약의 특별한 제사장제 폐지, 왕 같은 제사장 탄생.

• 너희도 산돌같이 신령한 집으로 세워지고 예수 그리스도로 말미암아 하나님이 기쁘게 받으실 신령한 제사를 드릴 거룩한 제사장이 될지니라(벧전 2:5).

• 오직 너희는 택하신 족속이요 왕 같은 제사장들이요 거룩한 나라요 그의 소유된 백성이라 (벧전 2:9).

• 그 아버지 하나님을 위하여 우리를 나라와 제사장으로 삼으신 그에게 영광과 능력이 세세

토록 있기를 원하노라 아멘(계 1:6).

• 그들이 하나님과 그리스도의 제사장이 되어 천 년동안 그리스도로 더불어 왕 노릇하리라 (계 20:6).

제사장된 우리의 신분(身分) ★

• 나의 몸은 성전
• 나의 몸은 예수님의 지체
• 나는 왕 같은 제사장
• 나는 기름부음 받은 하나님의 종
• 나는 천국백성
• 나는 예수님의 제자
• 나는 하나님 아버지의 자녀

우리의 몸이 하나님께서 거하시는 '성전'이라니 이 얼마나 귀하고 거룩한 몸이며 이름인가? 이렇게도 귀하고 손귀한 내가 내 자신을 잃어버리고 내 신분이 누구인지 망각하고 지금도 교회만 왔다 갔다 하며 세상의 늪 속에서 사단의 그늘을 아직도 벗어나지 못했다면 이제는 당당히 어깨에 힘을 주고 허리를 펴고 일어나 크게 외치라.

나에게 주어진 고귀한 하나님의 선물을 외우고 또 외워서 이 세상 누구든지 예수님을 내 구주로 모시면 이렇게 엄청난 지위와 권세가 주어진다고 전하라. 우선 내 부모형제와 내 이웃을 살펴보자.

아직도 마귀의 종이 되어 어두운 세상 속에서 헤매고 있다면 하루 빨리 건져 내어야 한다. 이것이 바로 주님이 말씀하신 사랑이요 지상 명령이다. 이것은 '성전' 우리의 직분(職分)이 아니요.

신분(身分)인 것이다. 내 몸이 성전이고 왕 같은 제사장인데 함부로 나를 버렸으며 남에게 상처를 주고, 기름 부음 받은 하나님의 종의 신분인 줄도 모르고 능력 한번 써보지도 못하고 천국백성이 세상 사람과 똑같이 행동하고 하나님 아버지의 자녀가 때론 마귀의 자녀가 되기도 하였고, 예수님의 제자요. 지체인 내 자신이 전도다운 전도도 제대로 못하고 살아왔음을 이제는 고백하고 회개하여야 한다. 이제는 이 큰 사명을 가지고 이 땅의 성도가 일어나 깨우쳐야 한다.

이 땅에 크리스천이 줄어들고 떠난다면 이것은 누구의 잘못이 아니고 무능했던 나의 책임 우리 모두의 책임이다. 이제는 우리 앞에 사람이 우상화 되면 하나님이 역사하지 않는다. 오직 주님만 바라보고 천하보다 귀한 영혼을 구원해 내야 한다. 왕 같은 제사장인 모든 성도여 담대히 나아가자.

CHAPTER 28

성도(聖徒)의 칭호(稱號)

- 하나님의 아들 : 하나님의 영으로 인도함을 받는 그들은 곧 하나님의 아들이라(롬 8:14).
- 하나님의 후사 : 자녀이면 또한 후사 곧 하나님의 후사(後嗣)요(롬 8:17).
- 하나님의 자녀 : 영접(迎接)하는 자 곧 그 이름을 믿는 자들에게는 하나님의 자녀 되는 권세를 주셨으니(요 1:12).
- 빛의 아들 : 너희에게 아직 빛이 있을 동안에 빛을 믿으라 그리하면 빛의 아들이 되리라 (요 12:36).
- 빛의 자녀 : 너희가 전에는 어두움이더니 이제는 주 안에서 빛이라 빛의 자녀들처럼 행하라 (엡 5:8).
- 그리스도인 : 만일 그리스도인으로 고난(苦難)을 받은 즉 부끄러워 말고 도리어 그 이름으로 하나님께 영광을 돌리라(벧전 4:16).
- 사랑하는 형제 : 내 사랑하는 형제들아 견고하며 흔들리지 말며 항상 주의 일에 더욱 힘쓰는 자들이 되라(고전 15:58).
- 귀한 그릇 : 누구든지 이런 것에서 자기를 깨끗하게 하면 귀히 쓰는 그릇이 되어 거룩하고 주인의 쓰심에 합당하며 모든 선한 일에 예비함이 되리라(딤후 2:21).
- 택하신 자 : 택하신 자들을 위하여 그 날들을 감하시리라(마 24:22).
- 믿는 자 : 이는 저를 믿는 자마다 영생(永生)을 얻게 하려 하심이니라(요 3:15).
- 하나님의 일꾼 : 네가 진리의 말씀을 옳게 분변(分辨)하며 부끄러울 것이 없는 일꾼으로 인정된 자로 자신을 하나님 앞에 드리기를 힘쓰라(딤후 2:15).
- 하나님의 양 : 예수께서 가라사대 내 양을 먹이라(요 21:17).
- 하나님의 의 : 하나님이 죄를 알지도 못하신 자로 우리를 대신 하여 죄를 삼으신 것은 우리로 하여금 저희 안에서 하나님의 의가 되게 하려 하심이니라(고후 5:21).
- 거룩한 제사장 : 하나님이 기쁘게 받으실 신령한 제사를 드릴 거룩한 제사장이 될지니라 (벧전 2:5).
- 왕 같은 제사장 : 오직 너희는 택하신 족속이요 왕 같은 제사장들이요(벧전 2:9).
- 종(從) : 따르다, 복종하다(순종(順從), 복종(服從).

예수님을 믿는 우리 모두는 하나님의 종이다.

부르심을 받은 자는 그리스도의 종이니라(고전 7:22).

이제는 너희가 죄에게서 해방되고 하나님께 종(從)이 되어 거룩함에 이르는 열매를 얻었으니 이 마지막은 영생이라(롬 6:22).

• 사자(使者) : 명령을 받고 심부름하는 사람, 메신저(messenger)

하나님의 뜻을 전하는 자, 구약 때는 주로 천사에 비유

여호와의 사자가 떨기나무 불꽃 가운데서 그 에게 나타나시니라(출 3:2).

여호와의 사자가 나와서 앗수르 군사 십팔만 오천을 죽임(왕하 19:35).

우리 형제들을 말하면 여러 교회의 사자들이요(고후 8:23).

• 성도(聖徒) : 그리스도를 믿는 모든 사람을 지칭

하나님의 사랑하심을 입고 성도(聖徒)로 부르심을 입은 모든 자에게 하나님 우리 아버지와 주 예수 그리스도로 좇아 은혜와 평강이 있기를 원하노라(롬 1:7).

예수의 사도된 바울은 에베소에 있는 성도들과 그리스도 예수 안의 신실한 자들에게 편지하노니(엡 1:1).

• 사도(使徒) : 예수님의 복음을 전파하기 위한 제자들(12사도)

그리스도 예수의 사도된 바울(엡 1:1).

그가 혹은 사도로, 혹은 선지자로, 혹은 복음 전하는 자로, 혹은 목사와 교사로 주셨으니 (엡 4:11).

성경 말씀에 기록이 없는 호칭

• **평신도(平信徒)** : 교직(敎職)을 가지지 아니한 일반 신자(국어사전)

• **평신도 유래** : 로마의 교황 클레멘스가 처음 사용 3세기 중엽에 와서 카톨릭에서 성직자, 수도자, 평신도로 구별하여 성직자들이 제국의 위계질서 안에서 사용.

평신도는 어원적으로 자격 없는 대중이자 낮은 백성을 뜻하는 그리스어 "라오스(laos)"

에서 유래한 라틴어 '라이쿠스(laicus)' 로 통용한 명칭. 그 뜻은 비전문가, 바보, 문외한, 속물 등을 가리키는 의미를 지니는 '라이쿠스' 곧 평신도로 불리게 된 것이라고 함.

현재 한국 카톨릭 교회에서는 평신도라는 용어를 바꾸기 위하여 각종 여론조사와 여러 가지 노력을 하고 있음. 기독교인은 누구든지 가르치고 전해야 할 예수님의 제자이다. 그러므로 성경말씀에도 없는 용어로 하나님의 사랑을 입은 거룩한 성도를 구별하지 않는 한국교회가 되어야 주님이 더 기뻐하실 것이다.

- 신자(信者), 신도(信徒), 평신도의 용어는 불교와 타종교에서 불자, 신자, 신도 등으로 쓰여지며 불러지고 있음.
- 신도(神道) : 일본의 고유의 민족 종교이름 일본의 천왕 덴노를 시조신 태양신으로 믿음 신사참배와 일본인 90% 이상이 믿음.
- 신도(神道) : 귀신의 높임말(국어사전), 신도(信徒)와는 뜻은 다르다.

하나님 아버지께서 주신 여러 가지의 칭호(稱號)는 천국에 들어갈 때 면류관 받는 이름이요 이 땅에서 천하보다 귀한 보배로운 이름이고 저 사단이 벌벌 떠는 우리의 신분의 칭호이다. 우리 모두는 하나님의 아들이고 빛의 자녀며 또한 하나님의 양이며, 하나님의 의(義)가 되는 하나님의 일꾼들이다.

우리는 허리를 곧게 펴고 어깨에 힘을 주고 당당해야 한다. 골리앗 앞에 선 소년 다윗이 당당했듯이 우리는 이 세상 앞에서 하나님의 자녀로서 떳떳하고 당당하여 빛의 일꾼이 되어야 한다.

왜! 이 귀한 칭호 앞에 '평신도(平信徒)' 라는 성경 말씀에, 하나님 말씀에 기록도 없는 이름이 따라 붙었을까? 조선시대 왕족이 있는 시대도 아니고 양반과 상민이 있는 나라도 아닌데 무엇 때문에 계급과 계열로 분류시켜 하나님이 주신 강한 칭호 앞에 카톨릭 교황청에서 시작된 계층과 계열 분류에 사용된 평신도라는 호칭이 기독교에서 아직도 쓰여지고 있으니 영국교회의 존 위클리프와 칼빈과 루터로부터 개혁된 기독교(크리스도교)가 본래의 성경말씀 중심의 만인제사장을 주장하며 성경의 본모습으로 시작이 되었는데, 카톨릭 모순된 것은 다 지적하면서 하나님 왕같은 제사장들에게 '평신도' 라는 호칭을 분류해서 계속 부르고 있다는 것은 하나님의 말씀에 순종치 못한 행위이다. 국어사전에 평신도(平信徒) 뜻은, 교직(敎職)을 가지지 아니한 일반신자(信者)라고 되었다. 우리는 누구든지 사마리아 땅 끝까지 지구 끝까지 다니면서 복음을 가르치고 전해야 하는 하나님의 일꾼들이다. 예수님의 제자들에게 평범한 직책 평신도로 분류해서 호칭한다면 마귀가 웃고 귀신이 비웃을 것이다.

그러니까 날마다 넘어지고 마귀한테 당하고 마는 것이 아니겠는가. 감리교 창시자 요한 웨슬레 목사님은 성만찬을 제외한 많은 부분은 성도들에게 맡겨서 설교도 하게 하셨다고 한다. 당시 영국의 계급사회의 종교의식에서 탈피한 성경에서 가르치는 말씀대로 행함은 영국사회의 큰 부흥과 지금까지 세계의 복음화에 큰 영향을 끼치고 있다. 성도들이여 우리는 평신도가 아닌 기름부음을 받은 하나님의 사역자이다. 내 자신이 천하보다 존귀한 예수님의 제자이다. 제자는 예수님보다 더 큰일도 한다고 했다. 이렇게 주저앉아 있을 것인지 하나님이 주신 귀한 칭호요 직분도 아닌 신분(身分)을 가지고 일어설 것인지를 결정하라. 직분은 잠시 이 땅에서 있는 동안의 성도의 명칭이요 호칭이지 그 직분가지고 천국에 들어가는 것이 아니다.

그렇다고 직분이 소중하지 않다는 것이 아니다. 다만 우리는 주님이 주신 신분을 가지고 천국에 들어가는 것이다. 그래서 '천국과 지옥'에 대한 간증서나 간증을 들어보면 지옥에는 목사님도 장로님도 많이 계신다고 하지 않는가? 이제는 세상에서 말하는 평신노라는 계급 호칭을 떼이버리고 별(star), 장군보다도 더 높은 하나님이 주신 왕 같은 제사장 신분으로 올바르게 서야 한다. 그래야 마귀도 우리에게 함부로 접근하지 못한다. 우리 성도들이 그동안 잃어 버렸던 주권을 되찾아오자. 즉 일본에게 36년 동안 빼앗겼던 주권을 되찾아 나라를 정비하고 주권을 회복하고 오늘날 당당히 선진국 대열에 섰으며 복음의 나라, 세계 선교에 가장 열정적인 나라가 되었듯이 그동안 속고 마귀에게 빼앗겼던 우리의 주권을 되찾아 자신을 믿음으로 회복하고 하나님의 나라를 내 안에 세워서 당당히 세계의 열방을 향하여 크게 외쳐보자.

"주 예수를 믿으라 그리하면 너와 네 집이 구원을 얻으리라"
"영원한 불못 지옥에 떨어지지 말고 천국백성 되시라고" 외치고, 전도하자!

CHAPTER 29

기름부음(Amoint)

헬 : 크리스토스　　히 : 마쇼흐

- 기름부음 : 하나님의 주권적 역사에 의해서 사람이나 사물 위에 기름을 바르거나 붓는 행위

– 역사 : 성경의 역사에 보면 기름 부음을 받은 사람이나 물건에는 성령님께서 친히 임함으로써 하나님의 뜻과 권능이 실제적 현상적으로 나타남을 알 수 있다.

기름부음 = 능력, 권능을 상징함

예수님의 예

- 헬 : 그리스도, 히 : 메시야, 뜻 : 기름 부으심을 받은 자
- 예수께서 세례를 받으시고 곧 물에서 올라오실새 하늘이 열리고 하나님의 성령이 비둘기 같이 내려 자기 위에 임하심을 보시더니(마 3:16).
- 주의 성령이 내게 임하셨으니 이는 가난한 자에게 복음을 전하게 하시려고 내게 기름을 부으시고, 나를 보내사 포로 된 자에게 자유를, 눈 먼 자에게 다시 보게 함을 전파하며 눌린 자를 자유케 하고(눅 4:18).

– 예수님께서도 기름 부음을 받은 후에 권능을 가지고 기사와 이적, 표적을 행하심

하나님이 나사렛 예수에게 성령과 능력을 기름 붓듯 하셨으매 저가 두루 다니시며 착한 일을 행하시고 마귀에게 눌린 모든 자를 고치셨으니 이는 하나님이 함께 하셨음이라(행10:38).

구약 때의 기름부음

1) 제사장 직분 위임 시

모세가 관유로 아론의 머리에 부어 발라 거룩하게 하고(레 8:12)

└→ 거룩한 기름(향, 몰약, 계피, 감람유 등을 섞어 만듦)

2) 왕으로 임명할 때

- 사무엘이 기름병을 취하여 사울의 머리에 붓고 입 맞추어 가로되 여호와께서 네게 기름을

부으사 그 기업의 지도자를 삼지 아니하셨느냐(삼상 10:1).

- 다윗왕: ~나를 위하여 기름을 부을 지니라(삼상 16:3)
- 솔로몬: 솔로몬에게 기름을 부으니~(왕상 1:39)

• 선지자 엘리사는 이스라엘 왕 예후에게 기름을 부은 후 왕으로 삼음(왕하 9:1~6).

특별히, 사울과 다윗과 솔로몬은 여호와의 기름 부음을 받은 자 칭호로 불리웠다.

- 기름부음을 받은 후 하나님의 신(성령)이 임하였다.

신약 때의 기름 부음

모든 성도들이 성령에 의해 기름 부음을 받았다.

• 우리를 너희와 함께 그리스도 안에서 견고케 하시고 우리에게 기름을 부으신 이는 하나님이시니 저가 또한 우리에게 인치시고 보증(保證)으로 성령을 우리 마음에 주셨느니라(고후 1:21~22).

• 너희는 거룩하신 자에게서 기름 부음을 받고 모든 것을 아느니라(요일 2:20).

너희는 주께 받은 바 기름부음이 너희 안에 거하나니 아무도 너희를 가르칠 필요가 없고 오직 그의 기름부음이 모든 것을 너희에게 가르치며 또 참되고 거짓이 없으니 너희를 가르치신 그대로 주 안에 거하라(요일 2:27).

예수님도 성령에 의해 기름 부음을 받고 능력을 행하셨다.

기름부음은 시역을 위한 능력 부여를 뜻하며 그리스도인으로 하여금 배울 수 있도록 하기 위함이다. 기름부음은 성도들이 성령과 능력 부으심을 받았음을 말한다. 구약에서는 왕, 제사장과 선지자와 특정인에게 기름 부으심이 주어졌지만 이제는 성령 받은 모든 성도는 기름부음 받은 왕 같은 제사장이요 거룩한 백성이 되었다.

즉, 우리를 왕, 제사장으로 인(印)치시고 보증하시고 세우셨다. 부족한 내가 이 책을 쓰고자 한 동기는 바로 기름부음에서 시작이 되었다. 성경에서 말씀하시는 기름부음과 성도들이 알고 있는 기름 부음이 너무나도 다르고 나에게 주신 이 크고도 비밀스러운 주님의 선물을 땅속에 파 묻어 두던가 창고에 처박아두어 썩이고 있었던 나의 어리석음과 무능함을 알고서는 견딜 수가 없었다. 또한 많은 사람들에게 질문을 해보면 구약시대처럼 특정인, 즉 현재의 목회자들만 기름 부음을 받는 줄로 알고들 있었다. 내 나름대로의 신실한 신앙생활을 수십 년 동안 하면서 수많은 집회에 다

녀오고 설교도 들어보았지만 기르부음을 받았다는 목사님만 들어보았지 성도가 기름부음을 받아 하나님의 종, 제자, 제사장, 왕의 권능과 권세를 갖게 되었다는 말은 들어보지도 못했다. 이제는 성도 여러분이 눈을 들어 성경을 보고 찾아보자. 하나님이 예수님과 선지자를 통해 우리 모두에게 약속하신 기름 부으심을 받고, 그 권능과 권세로 하나님의 뜻을 크게 이루기를 주님께서는 원하시고 계신다.

"오직 성령이 너희에게 임하시면 너희가 권능을 받고 예루살렘과 온 유대와 사마리아와 땅 끝까지 이르러 내 증인이 되리라 하시니라(행 1:8)".

하나님께서는 성도들에게 기름 부으심으로 성도들을 하나님 나라의 소유로 거룩히 구별시키시고, 하나님 뜻을 이루시기 위하여 인(印)치시고 권능을 주셔서 땅끝까지 증인이 되라고 말씀하셨다. 땅끝이 어디라고 생각하는가?

내 생각에는 이 땅에서 죽는 그곳, 그 자리가 나의 땅끝이라고 생각한다. 즉, 하나님께서는 너희들이 호흡이 있는 날 마지막까지 복음의 증인이 되어, 유언까지도 예수님을 증거하고 알리고 전도하고 믿게끔 하라는, 그러한 주님의 명령이라고 생각한다. 실례로 나의 장인께서는 이 생을 마감하실 때 자식들에게 남기신 말씀이, "너희는 모두다 예수님을 믿어라!"

이 말씀 한마디에 그 당시 하나님을 믿지 않던 처가의 7남매 모든 형제가 지금까지 열심히 주님을 섬기고 있다. 성도 여러분, 지금부터라도 이제 시작이라 생각하셔서 하나님께 온전히 자신을 비우고 과거와 현재에 어떠한 직분 직책에 있었든지 모든 허물을 버리고 성령 충만과 기름 부으심을 사모하도록 하라. 다윗왕도 기름부음을 첫 번째(삼상 16:13)와 두 번째(삼하 2:7) 세 번째(삼하 5:3) 받고 이스라엘 왕이 되었다. 이처럼 기름 부음은 권능으로 나타나게 된다. 그 권능을 통하여 갖가지 이적, 기사, 표적이 나타나며, 하나님의 통치함 속에서 하나님의 영광의 임재가 내면에 임하며 경배와 찬양이 하나님을 경외함으로 신령과 진정으로 영적인 감사의 예배가 드려지고 나의 모든 삶이 하나님의 의(義)로 변하는 아름다운 성도, 하나님의 참 자녀 하나님의 증인이 되시기를 소망한다.

CHAPTER 30

예수님의 제자(弟子)의 길

제자(Disciple) 헬 : 마데데스 히 : 탈미딤

• 제자(弟子) 뜻 : 지식이나 덕을 갖춘 사람으로부터 가르침을 받는 사람

• 성경의 제자 : 예수님을 믿고 따르는 모든 사람

예수님의 12제자와 부활 승천 후 초대교회 시작으로 많은 제자가 늘어나며 주님 일에 동참 (행 6:1~2).

제자의 자격

• 자기를 부인하고 십자가를 질 것

이에 예수께서 제자들에게 이르시되 아무든지 나를 따라오려거든 자기를 부인(否認)하고 자기 십자가를 지고 나를 좇을 것이니라(마 16:24).

ㄴ 예수님의 제자는 고난을 넘어 죽음까지 각오하며 따르라

ㄴ 죄와 파멸에서 죽음으로 묶여 있는 것을 그리스도로 인하여 구원 받아 자신을 위해 사는 것이 아니고 오직 그리스도를 위하여 살려고 하는 것.

• 이 세상 그 무엇도 주님보다 앞서거나 사랑하면 안 된다.

무릇 내게 오는 자가 자기 부모(父母)와 형제(兄弟)와 자매(姉妹)와 및 자기 목숨까지 미워하지 아니하면 능히 나의 제자가 되지 못하고(눅 14:26).

아비나 어미를 나보다 더 사랑하는 자는 내게 합당(合當)치 아니하고 아들이나 딸을 나보다 더 사랑하는 자도 내게 합당치 아니하고(마 10:37).

이와 같이 너희 중에 누구든지 자기의 모든 소유를 버리지 아니하면 능히 내 제자가 되지 못하리라 (눅 14:33).

너희가 과실을 많이 맺으면 내 아버지께서 영광을 받으실 것이요 너희가 내 제자가 되리라 (요 15:8).

– 예수님께서는 세상의 삶을 완전히 포기한 12제자와 빌립집사, 스데반 집사, 사도 바울과 구약시대의 엘리사처럼 우리들에게도 자기를 부인하고 자기 십자가를 지고 오직 주님만 보고 사랑하고, 우리의 소유를 버리고 주님의 일이 우선되어야 하며, 영혼 구원이 우리의 삶의 목적이 되어야 참 제자라고 말씀하셨다.

예) • 베드로 : 저희가 배들을 육지에 대고 모든 것을 버려두고 예수를 좇으리라(눅 5:11).

• 마 태 : 그 후에 나가사 레위라 하는 세리가 세관에 앉은 것을 보시고 나를 쫓으라 하되 저가 모든 것을 버리고 일어나 쫓으니라(눅 5:27~28).

• 엘리사 : 소의 기구를 불살라 그 고기를 삶아 백성에게 주어 먹게 하고 일어나 가서 엘리야를 쫓으며 수종(隨從)들었더라(왕상 19:21).

제자들의 축복

• 예수께서 또 일러 가라사대 나는 세상의 빛이니 나를 따르는 자는 어두움에서 다니지 아니하고 생명의 빛을 얻으리라(요 8:12).

• 사람이 나를 섬기려면 나를 따르라 나 있는 곳에 나를 섬기는 자도 거기 있으리니 사람이 나를 섬기면 내 아버지께서 저를 귀히 여기시리라(요 12:26).

• 또 누구든지 제자의 이름으로 이 소자 중 하나에게 냉수 한 그릇이라도 주는 자는 내가 진실로 너희에게 이르노니 그 사람이 결단코 상을 잃지 아니하시리라 하시니라(마 10:42).

• 내가 과연 예수님의 제자라고 당당히 나설 수가 있는지 다시 한 번 우리의 신앙을 점검해 보시고 그 동안 내가 허다(許多)한 무리 중의 한 사람 이었는지 냉철하게 자신을 되돌아 보자(눅 14:25 참조).

Holy

지금도 어리석은 부자 청년처럼 세상 것을 버리지 못하고 허상에 빠져 있어서 뒤돌아 가고 있지는 않는지 이제는 돌이켜서 12제자 중 유다가 빠진 그 자리에 맛디아가 아닌 바로 성도님의 이름을 그곳 그 반열에 당당히 새겨 영원한 천국 행위록과 생명록에 기록되길 기도드린다.

본(本)이 되는 여성(女性)들의 참모습

• 드보라 : 국가를 사랑하는 지도자(指導者)(삿 4:4).

• 룻 : 절개(節槪)와 효(孝)가 있는 여인(룻 1:16).

• 한나 : 어머니의 아름다운 상(像)(삼상 1~2장).

• 에스더 : 자기 희생(犧牲)의 각오로 민족을 살린 왕비(에 4:16).

• 수넴 여인 : 봉사(奉仕)를 잘한 여인(왕하 4:8~10).

• 엘리사벳 : 세례 요한의 어머니, 겸손(謙遜)한 여인(눅 1:43).

• 마리아 : 예수님의 어머니, 선택(選擇)받은 여인(눅 1:26~38).

• 막달라 마리아 : 변화(變化)받은 여인(눅 8:2, 막 16:9).

• 베다니 마리아 : 기념(記念)되는 여인 ,옥합의 향유를 부은 여인(마 26:13).

• 도르가 : 선행(善行)과 구제(救濟)를 한 여제자(행 9:36).

• 루디아 : 하나님을 공경(恭敬)하며 봉사(奉仕)하는 여인(행 16:14).

CHAPTER 31

전도자(傳導者)(Evangelist)

헬 : 유앙겔리스데스

• 전도자의 정의 : 그리스도의 복 된 소식을 전하는 사람

처음 전도자 이름으로 불려진 빌립 집사(사마리아 지방에서 헌신적으로 복음 전함).

"일곱 집사 중 하나인 전도자 빌립의 집에 들어가서 유하니라"(행 21:8).

초대 교회안의 제도들이 차츰 발전하여 전도자는 사도, 선지자, 복음 전하는 자, 목사, 교사 등과 같이 직분 부여(엡 4:11).

구약시대 복음 예고

• 만군의 여호와가 이르노라 해 뜨는 곳에서부터 해지는 곳까지의 이방 민족 중에서 내 이름이 크게 될 것이라 각처에서 내 이름을 위하여 분향(焚香)하며 깨끗한 제물을 드리리니 이는 내 이름이 이방 민족 중에서 크게 될 것임이니라(말 1:11).

복음 선포시작

• 이 때 부터 예수께서 비로소 전파하여 가라사대 회개하라 천국이 가까 왔느니라 하시더라 (마 4:17).

복음이 전 세계 만국에 전파 중

• 또 복음이 먼저 만국에 전파되어야 할 것이니라(막 13:10).

• 이 복음이 이미 너희에게 이르매 너희가 듣고 참으로 하나님의 은혜를 깨달은 날부터 너희 중에서와 같이 또한 온 천하에서도 열매를 맺어 자라는도다(골 1:6).

복음의 끝

• 이 천국 복음이 모든 민족에게 증거되기 위하여 온 세상에 전파되리니 그제야 끝이 오리라 (마 24:14).

복음은 구약에서 예고되었고, 예수님의 선포로 시작되어서 현재 진행중이고 예수님의 재림으로 완성된다. 즉 복음은(구약에서 예고) – 시작(예수님의 선포) – 진행 중(현재) – 끝(재림)으로 이어진다.

예수님의 전도

- 예수께서 열두 제자에게 명하시기를 마치시고 이에 저희 여러 동네에서 가르치시며 전도(傳道)하시려고 거기를 떠나가시니라(마 11:1).
- 우리가 다른 가까운 마을들로 가자 거기서도 전도하리니 내가 이를 위하여 왔노라(막 1:38).
- 갈릴리 여러 회당에서 전도하시더라(눅 4:44).

예수님의 복음 전파 명령

- 너희는 온 천하에 다니며 만민에게 복음(福音)을 전파하라(막 16:15).
- 너희는 가서 모든 족속으로 제자를 삼아 아버지와 아들과 성령의 이름으로 세례를 주고 내가 너희에게 분부(吩咐)한 모든 것을 가르쳐 지키게 하라 볼지어다 내가 세상 끝 날까지 너희와 항상 함께 있으리라(마 28:20).

사도 바울의 복음 전파 명령

- 너는 말씀을 전파하라 때를 얻든지 못 얻든지 항상 힘쓰라 범사(凡事)에 오래 참음과 경책(警責)하며 경계하며 권하라(딤후 4:2).
- 그러나 너는 모든 일에 근신하여 고난을 받으며 전도인의 일을 하며 네 직무(職務)를 다하라 (딤후 4:5).

전도자의 상급과 축복

이제 후로는 나를 위하여 의(義)의 면류관이 예비되었으므로 주 곧 의로우신 재판장이 그 날에 내게 주실 것이니 내게만 아니라 주의 나타나심을 사모(思慕)하는 모든 자에게니라 (딤후 4:8).

대한민국과 우리들에게까지 복음이 전파되어 하나님의 자녀가 되기까지는

예수님을 시작으로 약 2,000년 동안 수많은 순교자들과 복음 전하는 자들의 엄청난 피와 고난의 대가가 있었기에 우리는 천하 하고도 바꿀 수 없는 귀한 천국 백성이 되었다.

예수님의 십자가 보혈과 베드로의 십자가에서의 거꾸로 처형, 바울의 목 베임과 스데반 집사의 돌 맞아 죽음과, 예수님 제자들의 여러 나라 전도지에서 순교 당함과, 로마를 중심으로 약 250년 동안의 지하 카타콤에서 수 많은 자들이 죽어가며 지킨 복음이 로마와 유럽을 거치고 영국의 청교도 박해를 피해, 미국을 지나 한국에 복음이 1885년 4월 5일 미국의 선교사 언더우드와 아펜젤러 부부의 입국을 시작으로 종교 박해와 일제 강점기와 6.25전쟁을 거쳐 오늘에 이르기까지, 수많은 분들의 피의 순교와 고난이 이 땅에 흐르고 있었다는 사실을 알게 된 우리가, 이 자리에 안주해 있다면 우리는 진정 참된 예수님의 제자라고 말할 수 없을 것이다.

우리도 복음을 전하고 또 전해야 된다. 우리는 먼저, 전도한다는 의무자의 자세가 아니라 투철한 사명자의 결단을 해야 한다. 그러면 하늘과 땅의 모든 권세를 우리게 주겠다고 하셨다(마 28:18). 이 권세를 가지고 나아갈 때에 성령님이 함께 역사하고 천사가 우리의 일을 도우며 천하보다도 귀한 한 영혼 한 영혼들을 구원시킬 수 있을 것이다.

이제부터 전도의 의무자(義務者)가 아니라(의무자는 형식과 시간만 지나면 되는 것이기 때문에 성령님이 역사를 하시지 못한다. 전도의 사명자(使命者)요, 복음을 전하는 전도자(傳道者)가 되어야 한다. 전도자는, 하나님의 자녀된 신분자로서 주어진 직분 중에서 가장 고귀한 직분이다.

성도 여러분! 그 자리, 그 위치, 그 지역에 안주(安住)하길 고집하지 말고 예수님처럼 여러 동네, 여러 회당, 예수님 제자들처럼 온 이방나라에 복음 전하듯이 우리도 우리의 관점(觀點)과 우리의 시야(視野), 우리의 세계를 넓혀 복음의 지경(地境)을 널리 펼쳐 나가는 주님께 칭찬받는 큰 믿음의 축복의 소유자가 되어야 한다.

CHAPTER 32

안수(Laying on of hands)

按(어루만질 안), 手(손수) : 손을 위에 놓다

• **구약** : 성별(聖別)이나 죄(罪)의 전가를 의미하는 의식 행위

성직 위임자를 위한 안수

레위인을 여호와 앞에 나오게 하고 이스라엘 자손으로 그들에게 안수케 한 후에 아론이 이스라엘 자손을 위하여 레위 인을 요제(搖際))로 여호와 앞에 드릴지니 이는 그들로 여호와를 봉사케 하기 위함이(민 8:10).

여호와께서 모세에게 이르시되 눈의 아들 여호수아는 신에 감동된 자니 너는 그를 데려다가 그에게 안수하고 ~ 온회 중으로 복종케 하라(민 27:18~20).

야곱의 축복안수

이스라엘이 우수를 펴서 차자 에브라임의 미리에 얹고… (창 48:14~15)

제물의 안수 : 번제, 속죄제, 화목제의 제물 머리 위에 손을 얹고 안수 그가 번제물의 머리에 안수할지니 그리하면 열납되어 그를 위하여 속죄가 될 것이라(레 1:4).

뜻 : 사람이 지은 죄를 제물에게 옮겨짐을 의미이다.

제물 종류 : 소, 양, 염소의 수컷, 산비둘기, 집비둘기

– 신약시대 때 예수님께서 이 땅에 오셔서 단번의 십자가 보혈의 피로 우리의 과거, 현재, 미래까지 우리의 죄를 대신하여 깨끗하게 해주셨다.

신약시대의 안수

성직 위임자를 위한 임명식(일곱 집사의 안수)

사도들 앞에 세우니 사도들이 기도하고 그들에게 안수하니라(행 6:6).

축복을 위한 안수

그 어린 아이들을 안고 저희 위에 안수하시고 축복(祝福)하시니라(막 10:15).

치유를 위한 안수

- 거기서는 아무 권능도 행하실 수 없어 다만 소수의 병인에게 안수하여 고치실 뿐이었고 (막 6:5).
- 해질 적에 각색 병으로 앓는 자 있는 사람들이 다 병인(病人)을 데리고 나아오매 예수께서 일일이 그 위에 손을 얹으사 고치시니(눅 4:40).
- 보블리오의 부친이 열병과 이질에 걸려 누웠거늘 바울이 들어가서 기도하고 그에게 안수하여 낫게 하매(행 28:8).
- 안수 했을 때 성령 받음 경우도 있다.

  이에 두 사도가 저희에게 안수하매 성령을 받는지라 (행 8:17).

  – 성령은 안수 없이도 받는다. 말씀을 듣는 중에도 받으며 여러 가지 형태임

  예) 베드로가 이 말 할 때에 성령이 말씀 듣는 모든 사람에게 내려오시니(행 10:44).

안수 했을 때 하나님의 은사와 관련

- 그러므로 내가 나의 안수함으로 네 속에 있는 하나님의 은사를 다시 불 일듯 하게 하기 위하여 너로 생각하게 하노니(딤후 1:6).
- 네 속에 있는 은사 곧 장로의 회에서 안수 받을 때에 예언으로 말미암아 받은 것을 조심 없이 말며 이 모든 일에 전심전력(全心全力)하여 너의 진보를 모든 사람에게 나타나게 하라 (딤전 4:14~15).
- 바울이 그들에게 안수하매 성령이 그들에게 임하시므로 방언도 하고 예언도 하니(행19:6).

기름 부음 받은 믿는 자(성도)에게 주는 권세

믿는 자들에게는 이런 표적이 따르리니 곧 저희가 내 이름으로 귀신을 쫓아내며 새 방언을 말하며 뱀을 집으며 무슨 독을 마실지라도 해(害)를 받지 아니하며 병든 사람에게 손을 얹은 즉 나으리라 하시더라 주 예수께서 말씀을 마치신 후에 하늘로 올리우사 하나님 우편(右便)에 앉으시니라(막 16:17~19).

마 16:17~19과 같이 예수님께서 직접 말씀하시고 하나님 나라로 올라가셨다. 즉 구약시대의 특정인과 예수님 제자, 사도, 목회자에게만 부여한 권세가 아니고 예수님을 믿는 모든 성도에게도 본문에서와 같은 권세를 주셨다. 우리가 예수님의 이름으로 귀신을 쫓아내며 병든 자에게 손을 얹어 안수한 즉 나으리라 하셨다. 이처럼 우리에게 권세와 능력을 주셨다. 그리고 우리가 구하는 모든 일을 예수님께서 시행하신다고 하셨다.

"너희가 내 이름으로 무엇을 구하든지 내가 시행(施行)하리니 이는 아버지로 하여금 아들을 인하여 영광을 얻으시게 하려 함이라"(요 14:13).

성도는 병든 자에게 손을 얹어 치유 기도를 하여야 하며 또 귀신 들린 자에게는 귀신을 명하여 쫓아 내야 한다. 우리가 예수님의 이름으로 시행할 때, 병을 고치시고 귀신을 쫓아내시는 분은 우리가 아니고 바로 예수님이시다. 우리 하나님 아버지께서 그 병들고 귀신 들린 자의 마음을 관찰하셔서 그들을 자녀 삼으시고 그 들을 통하여 영광 받으시기 위하여 시행하시는 것이다. 병이 낫고 안 낫고는 오직 하나님과 그 당사자(환자)와의 관계에 있다.

그 병든 자가 진정으로 주님을 의지하고 믿음이 있는지, 고침을 받은 후 주님께 영광을 올리고 주님의 자녀가 될 수 있는지 아니면 다시 마귀의 종으로 돌아 갈 건지 를 주님은 아시고, 그 때 그 때 그 사람의 중심을 보시고 치유해 주신다. 예수님도 공생애 기간 중 병 고침에 있어서 가만히 있는 자는 고쳐 준 적이 없었다. 무슨 연고가 있든지, 주님 살려주세요. 고쳐주세요. 믿습니다. 하면서 매달리고 부르짖는 자들을 고쳐주셨고, 무엇보다도 구원받을 만한 믿음이 그에게 있는지를 보시고 시행하셨다. 오직 예수님을 통해서, 예수님을 믿는 믿음이 고침을 받는다. 우리는 내가 무엇을 고쳤네. 하면서 마치 자신이 병을 고친 것처럼 착각하면서 자랑하는 성도들을 보거나 들을 때가 종종 있다. 그것은 우리 주님을 무시한 참으로 온당치 못한 태도이다. 우리는 다만 그 환자를 위해 전심으로 기도할 뿐이고 시행은 주님께서 하시는 것이다.

성경에서 한 예를 찾아보자.

"헤롯이 영광을 하나님께 돌리지 아니하는 고로 주의 사자가 곧 치니 충이 먹어 죽으니라"(행 12:20~23). 참조

백성들로부터 환호와 신의 소리라는 칭송을 듣고 헤롯은 신처럼 행세하며 하나님께 영광을 돌리지 않는 교만 때문에 충에게 먹혀 죽는다. 이 일은 구약 시대가 아닌 신약시대 사건이다. 바울이 앉은뱅이를 고쳤을 때 그 무리들이 소리 질러 신들이 사람의 형상으로 우리 가운데 내려오셨다 하며 바울을 신으로 비유했다. 그리고 신당의 제사장이 와서 제사를 드리려고 할 때 두 사도, 바나바와 바울이 목숨 걸고 막으며 옷을 찢고 우리도 너희와 같은 성질과 마음을 가진 사람이라고 하는 외침을 볼 수 있다(행 14:8~18).

베드로가 나사렛 예수의 이름으로 성전 앞에 있는 앉은뱅이를 명하여 걷기도 하고 뛰게도 한다. 그때 백성들이 기이히 여기거늘, 이 고침이 우리 개인의 권능과 경건으로 이 사람을 걷게 한 것처럼 왜 우리를 주목하느냐. 즉 이 사람은 예수님의 이름을 믿음으로 그 이름이 너희가 보고 아는 이 사람을 성하게 하셨나니 예수로 말미암아 난 믿음이 너희 모든 사람 앞에서 이 같이 완전히 낫게 하였느니라(행 3:1~16 참조).

Holy

오직 예수님 믿는 믿음이 예수님을 통하여 병고침을 받는 것이지 사람에게 권능이 있어서 병고침을 받는 것이 아니며 우리의 권능과 권세는 오로지 기도하는 힘과 예수님을 의지하는 것에서 나오는 것이다. 그래서 우리가 무엇을 원하든지 예수님의 이름으로 구하면 그것을 시행함은 예수님께서 하신다고 하셨다(요14:13)

Holy

사도 바울이 디모데에게 보낸 서신의 내용

아무에게나 경솔히 안수하지 말고 다른 사람의 죄에 간섭하지 말고 네 자신을 지켜 정결케 하라(딤전 5:22).

즉, 지금의 우리에게 하는 말씀이시다. 다른이에게 안수하기 전에 우선 본인 자신의 믿음부터 확인하고 성령의 기름 부으심이 충만한지 항상 점검해야 하며 결코 경솔하게 안수를 하지 말라는 뜻이다. 자기 스스로의 믿음 하나 지키지 못해서 쓰러지고 넘어지면서 어떻게 안수가 가능하겠는가? 우리는 언제 어디서든지 귀신들린 자와 병든 자에게 안수하여 예수님이 시행하시도록 예수님을 찾고 예수님 안으로 들어가야 한다. 그리고 안수란 뜻을 잘 이해하고 꼭 머리에다 하는 의식이 아님을 알아야 한다.

영문 : Laying on of hands. 한문 (어루만질 안 按. 손 수 手)

- 손을 위에 놓다

"말씀에 손을 얹은 즉 나으리"라고 하셨다. 어깨에다 손을 얹고 기도하든지 아픈 부위에 손을 얹고 기도를 하면 되는 것이다.

구약에서 동물을 제물로 드릴 때 동물머리 위에 손을 얹고 안수하였다고 했지 꼭 머리에다 안수하라는 기록은 어디에서도 읽은 적이 없다.

야곱이 요셉의 두 아들에게 축복 할 때에 손을 머리에 얹고 축복하는 장면이 기록되었으며 왕들을 임명할 때도 머리에 기름을 부었지 안수(머리)했다는 기록은 없다. 그래서 우리는 함부로 머리에 손을 얹고 안수하는 것은 조금 자제하고 경솔히 행동해서는 더더욱 안된다. 즉, 야곱이 자식에게 축복하듯이 가정의 아버지로서 우리의 자녀에게 축복의 안수를 하여준다면 어떨까?(현재 아

버지 학교에서 시행하고 있다)

이제는 주님이 주신 능력을 힘껏 발휘 할 때가 왔다. 그 동안 몰라서 묻어 놓았다면 끄집어내어 갈고 닦아 광(光)을 내서 사용해야 한다. 안수를 한 즉 귀신이 나가고, 병이 낫고, 성령을 받으며, 갖가지 은사와 방언과 예언도 하는 역사가 우리를 통해서 예수님께서 역사하실 줄 믿으며 그 영광을 하나님께서 기뻐 받으실 줄 믿는다.

예수님 제자로서 믿음의 자세

4

CHAPTER 33

순종(順從)

Obedience 히 : 솨마 헬 : 휘파쿠오

• 정의 : 듣는 사람이 말하는 사람의 뜻에 따라 행동하는 신뢰성 있는 신앙
믿는 자는 하나님 말씀에 비추어 온 마음을 다하여 따르며 지키는 것이다.

하나님께 순종

- 순종(順從)이 제사(祭祀)보다 낫고 듣는 것이 숫양의 기름 보다 나으니(삼상 15:22).
- 이스라엘아 들으라 우리 하나님 여호와는 오직 하나인 여호와시니 너는 마음을 다하고 성품(性稟)을 다하고 힘을 다하여 네 하나님 여호와를 사랑하라(신 6:4-5).
- 오늘 날 네 하나님 여호와께서 이 규례와 법도를 네게 명하시나니 그런즉 너는 마음을 다하고 성품을 다하여 지켜 행하라(신 26:16).
- 네 하나님 여호와를 사랑하고 그 말씀에 순종하며 또 그에게 부종(附從)하라(신 30:20).
- 예수께서 가라사대 네 마음을 다하고 목숨을 다하고 뜻을 다하여 주 너의 하나님을 사랑하라 하셨으니(마 22:37).
- 노아가 그와 같이 하되 하나님이 자기에게 명하신대로 다 준행(遵行)하였더라(창 6:22).
- 여호와께서 아브람에게 이르시되 너는 너의 본토(本土) 친척(親戚) 아비 집을 떠나 내가 지시 할 땅으로 가라(창 12:1).
- 모세와 아론이 여호와께서 자기들에게 명하신대로 곧 그대로 행하였더라(출 7:6).
- 내가 하늘로서 내려온 것은 내 뜻을 행하려 함이 아니요 나를 보내신 이의 뜻을 행하려 함이니라(요 6:38-39).
- 나의 원대로 마옵시고 아버지의 원대로 하옵소서(마 26:39).
- 그가 아들이시라도 받으신 고난(苦難)으로 순종함을 배워서(히 5:8).
- 베드로와 사도들이 대답하여 가로되 사람보다 하나님을 순종하는 것이 마땅하니라 (행 5:29).

불순종한 아담과 순종한 예수님

한 사람의 순종치 아니함으로 많은 사람이 죄인 된 것같이 한 사람의 순종하심으로 많은 사람이 의인(義人)이 되리라(롬 5:19).

순종의 대한 축복(祝福)

- 네가 네 하나님 여호와의 말씀을 삼가 듣고 내가 오늘날 네게 명하는 그 모든 명령을 지켜 행하면 네 하나님 여호와께서 너를 세계 모든 민족 위에 뛰어나게 하실 것이라(신 28:1).
- 나더러 주여 주여 하는 자마다 천국(天國)에 다 들어갈 것이 아니요 다만 하늘에 계신 내 아버지의 뜻대로 행하는 자라야 들어가리라(마 7:21).

불순종에 대한 저주(詛呪)

네가 만일 네 하나님 여호와의 말씀을 순종하지 아니하여 내가 오늘날 네게 명하는 그 모든 명령과 규례를 지켜 행하지 아니하면 이 모든 저주가 네게 임하고 네게 미칠 것이니(신 28:15).

하나님을 모르는 자들과 우리 주 예수의 복음을 복종치 않는 자들에게 형벌을 주시리니 이런 자들이 주의 얼굴과 그의 힘의 영광을 떠나 영원한 멸망의 형벌을 받으리로다(살후 1:8-9).

순종하여 받을 복(신 28:1~14)	불순종의 저주(신 28:15~68)
성읍과 들에서도 복 받음.(3절)	성읍과 들에서도 저주
네 몸의 소생과 토지의 소산과 짐승의 새끼가 복(4절)	네 몸의 소생과 토지의 소산과 짐승 저주
네 광주리와 떡 반죽 그릇이 복(5절)	네 광주리와 떡 반죽 그릇이 저주
네가 들어와도 복 나가도 복(6절)	들어와도 저주 나가도 저주
대적들을 패하게 하며 한길로 왔다가 일곱 길로 도망가게 함(7절)	대적들에게 패하며 한길로 치러 갔다가 일곱 길로 도망
네 창고와 네 손으로 하는 모든 일에 복 땅에서도 복을 주심(8절)	네 하는 모든 일에 저주 망하며 파멸케 하심
너를 세워 자기의 성민으로 세움	모든 민족 중에서 놀램과 비방거리
때에 따라 비를 내리고 꾸어 줄지라도 꾸지 아니함 너로 머리가 되고 꼬리가 되지 않게 함	비 대신 티끌과 모래를 내리고 꾸진 못하리라 너는 꼬리가 될 것이라
위에만 있고 아래에 있지 않게 하심	너는 점점 낮아짐

하나님 여호와의 명령을 듣고 지켜 행하고 말씀을 떠나 좌로나 우로나 치우치지 않고 다른 신을 섬기지 아니하면 이런 복을 주신다.

네가 만일 네 하나님 여호와의 말씀을 순종하지 아니하여 내가 오늘날 네게 명하는 그 모든 명령과 규례를 지켜 행하지 아니하면 이 모든 저주가 네게 임하고 네게 미칠 것이니 (신 28:14~15).

부모님께 순종

자녀들아 너희 부모를 주 안에서 순종하라 이것이 옳으니라. 네 아버지와 어머니를 공경(恭敬)하라 이것이 약속 있는 첫 계명이니 이는 네가 잘 되고 땅에서 장수하리라(엡 6:1-3).

아내와 남편

아내들아 남편에게 복종(服從)하라 이는 주 안에서 마땅하니라 남편들아 아내를 사랑하며 괴롭게 하지 말라(골 3:18-19).

아내들이여 자기 남편에게 복종하기를 주께 하듯 하라 이는 남편이 아내의 머리 됨이 그리스도께서 교회의 머리 됨과 같음이니 그가 친히 몸의 구주시니라 그러나 교회가 그리스도에게 하듯 아내들도 범사에 그 남편에게 복종할찌니라 남편들아 아내 사랑하기를 그리스도께서 교회를 사랑하시고 위하여 자신을 주심같이 하라(엡 5:22-25).

교회의 성도

그리스도를 경외함으로 피차 복종하라(엡 5:21).

함께 일하며 수고하는 모든 자에게 복종하라(고전 16:16).

너희를 인도하는 자들에게 순종하고 복종하라(히 13:17).

젊은 자들아 이와 같이 장로들에게 순복(順服)하고 다 서로 겸손으로 허리를 동이라 (벧전 5:5).

사람보다 하나님께 순종하라는 말씀처럼, 모든 성도는 순종의 뜻이 무엇인지 항상 말씀에 비추어 생각해야 한다. 또한 영적인 분별력을 가지고 있어야 한다. 그래야 거짓 선지자와 거짓 교사, 이단과 사단에게 내 몸과 영혼을 빼앗기지 않는다. 하나님의 말씀을 벗어나 따르는 것은 순종이 아니고 단순한 맹종이다. 사람은 존경과 신뢰의 대상이지 결코 믿음의 대상은 될 수가 없다.

우리의 믿음의 대상은 오직 예수, 예수 그리스도 뿐이다. 그러나 분별력이 없이 예수님을 믿는 자는 이런 표적이 따른다고 해서, 그리고 무슨 독을 마실지라도 해를 받지 아니한다고 해서 뱀을 손으로 집고 독을 쥬스 마시듯이 먹는 사람은 아마 없을 것이다. 이처럼 하나님의 말씀에 대한 분별력의 유 무에 따라 우리는 천국과 지옥을 오갈 것이다. 즉 말씀에 영분별력과 순종의 분별력을 구분하실 줄 아는 성령의 지혜와 지식이 있어야 마귀의 종들을 물리칠 수 있으며 나의 영혼이 영원히 승리하는 삶을 영위(營爲)할 수 있다.

믿음의 조상, 아브라함은 본토 친척 아비 집을 떠나라는 하나님 말씀에 순종하였고 이삭을 하나님의 번제물로 바치라는 하나님의 말씀에 순종하였다. 또한 아브라함의 하나님께 대한 철저한 순종은 그의 삶 속에서 더 많이 찾아볼 수 있다.

하나님께 대한 아브라함의 순종이 철저히 지켜지고 행함으로 오늘날까지 영원한 믿음의 조상이 되며 '순종' 하면 아브라함이 뇌리에 떠오르는 것이 아닐까? 예수님의 제자들은 예수님 말씀에 순종하고, 엘리사는 엘리야의 말씀에 순종하며 자기 모든 것을 다 버리고 나눠주고 순종하며 따라나서는 그들에게서 우리의 부르심을 다시 확인해 볼 필요가 있다. 지금도 이 말씀을 전하기 위하여 많은 선교사들이 전 세계에서 복음사역을 하고 있다. 지금 우리는 어떠한가?

우선 내 부모, 형제 그리고 친척에게 복음을 전하고 있는지, 한 집안 울타리에 사는 내 남편 내 아내 내 자식에게는 어떠한 모습을 보이고 있는지, 비행기 타고 배타고 저 멀리 아프리카는 못 갈지언정 바로 눈앞에 계시는 앞집과 옆집에는 예수님의 복음을 전해 보았는지? 한국의 기독교인이 점점 줄어든다고들 말하고 있는데 그것은 누구의 탓도 아니고 바로 나 때문인 것이다. 목회자, 장로 등 사역자의 잘못이 아니라 나의 무능함이, 나의 교만과 부족함의 행동으로 세상 사람들에게 예수님의 본을 보어주지 못하였고 옆 성도에게 상처주어 교회를 떠나 실족케 하지는 않았는지? 우리 자신이 하나님께 말씀하셨던 무익(無益)한 종(從)이 된 것이 아닌지 자성해보자.

> "하나님께 감사하리로다 너희가 본래 죄의 종이더니 너희에게 전하여 준바 교훈의 본을 마음으로 순종하여 죄에게서 해방되어 의(義)에게 종이 되었느니라"(롬 6:17).

위의 귀한 말씀처럼 다시 회개하고 교훈의 본을 마음으로 순종하여 대한민국의 영혼들을 살리고 세계의 모든 나라와 족속들에게 복음을 전파하고 후원하는 1,200만의 복음의 선교사가 되고 사명감 있는 사역자가 되어 하나님께 쓰임받는 의(義)의 종(從)이 되기를 간구하는 바이다.

한국의 기독교인이 1,000만 이요, 800만 이요, 600만이라는 가슴 아픈 소리가 들린다.

이제는 우리 모든 성도는 더욱 열심히 말씀에 순종하고 전하여서 잃어버린 주님의 양들을 구원할 때이다. 더 이상 내 이웃을 내 형제를 세상에 방치하여 버려두면 세상의 악 속에서 영원한 마귀의 종이 될 수 밖에 없음을 명심하여 말씀전파에 발벗고 나서야 한다.

지금 이 시간도 수많은 영혼들이 죄의 유혹과 가난과 배고픔으로 굶고 병들어 죽어가고 있다. 우리의 단돈 몇 백원, 몇 천원이면 저 아프리카의 죽어가는 어린 생명들과 사람들을 살릴 수 있다. 이제는 나부터 돌아보고 내가 먹다가버린 음식이면, 내가 조금만 절약하여 천하보다도 귀한 수많은 영혼을 살릴 수 있다. 성경은 처음부터 끝까지 가난한 자에게 구제(救濟)하라고 강조했다.

이제는 나와 교회가 협력하여 교세 확장(勢力擴張)이 아니라 영혼(靈魂) 확장을 할 때라고 생각한다. 우리의 섬기는 교회의 성도가 적든 많든 주님은 두 세명이 주님의 이름으로 모인 곳에 함께 하신다고 하셨으며 지금도 그러한 곳에 역사하시고 계신다. 우리 모두 저 천국가는 그날까지 충성하고 순종하여 그 아름다운 모습이 우리 자손들과 후손들에게까지 본이 되어 대대로 쓰임 받는 큰 가문(家門)과 교회가 되길 기도한다.

> "나의 달려 갈 길과 주 예수께 받은 사명 곧 하나님의 은혜의 복음 증거하는 일을 마치려 함에는 나의 생명을 조금도 귀한 것으로 여기지 아니하노라"(행 20:24).

CHAPTER 34

섬김(ministry)

헬 : 디아코니아

구약시대 섬김은 대부분 제사장의 직무와 관련되어 있다
(출 28:43; 신 17:12; 대상 6:37;신 21:5).

구약시대 섬김의 대상은 하나님이시다(신 10:12; 단 3:17; 신 10:8).

신약시대 섬김은 하나님과 성도들과 우리의 이웃이다.

하나님 섬김

- 주 너의 하나님께 경배(敬拜)하고 다만 그들 섬기라 하였느니라(마 4:10).
- 내가 그의 아들의 복음 안에서 내 심령으로 섬기는 하나님(롬 1:9).
- 그리스도를 섬기는 자는 하나님께 기뻐하심을 받으며 사람에게도 칭찬을 받느니라 (롬14:18).
- 경건(敬虔)함과 두려움으로 하나님을 기쁘시게 섬길지니(히 12:28).

성도 섬김

- 너희 중에 누구든지 크고자 하는 자는 너희를 섬기는 자가되고 너희 중에 누구든지 으뜸이 되고자 하는 자는 너희 종이 되어야 하리라(마 20:26~28) 참조
- 너희 중에 큰 자는 너희를 섬기는 자가 되어야 하리라(마 23:11).
- 아무든지 첫째가 되고자 하면 뭇사람의 끝이 되며 뭇사람을 섬기는 자가 되어야하리라하시고(막 9:35).
- 인자가 온 것은 섬김을 받으려 함이 아니라 도리어 섬기려 하고 자기 목숨을 많은 사람의 대속물(代贖物))로 주려함이니라(마 20:28).
- 이제는 내가 성도(聖徒)를 섬기는 일로 예루살렘에 가노니(롬 15:25).
- 내가 너희를 섬기기 위하여 다른 여러 교회에서 요(料)를 받은 것이 탈취한 것이라 (고후 11:8).
- 눈가림만 하여 사람을 기쁘게 하는 자처럼 하지 말고 그리스도의 종들처럼 마음으로 하나

님의 뜻을 행하여 단 마음으로 섬기기를 주께 하듯 하고 사람들에게 하듯 하지 말라 (엡 6:6~7).

Holy

예수님은 으뜸이 되고 첫째가 되려고 하는 성도에게 섬김의 말씀을 선포하신다.

우리 모두는 으뜸의 제자요 첫째가 되어야 한다. 그렇게 되기 위해 우리 모든 성도는 섬김의 표본(標本)이 되어야 한다. 그 섬김은 교회 내에서만 국한(局限)이 되어 있는 것이 아니고 우리의 삶의 현장과 터전에서 몸으로 마음으로 주께 하듯 하면 지금 서 있는 그곳에서 성령의 역사와 하나님의 칭찬과 함께 으뜸이 될 것이다. 당신은 직장에서 상급자 위치인가?

그렇다면 아랫 사람들을 주를 섬기듯 섬겨보라. 그 회사는 높은 능률과 실적으로 발전의 새로운 역사를 이룰 것이다. 아니면 일반사원인가? 윗사람과 주변동료를 잘 섬기자. 그 섬김 속에는 큰 변화가 일어날 것이다. 회사의 구조 조정 시에도 승진할 것이요, 일등공신으로 승격될 것이다. 믿음의 섬김 속에는 진실된 주님의 사랑이 담겨져 있기 때문이다.

교회에서 나의 모습은 얼마나 진실함으로 주께 섬기듯 성도들을 대했을까? 아마도 섬기기 보다는 섬김을 받지 못해 속상해 하지는 않았을까?

그런 모습이었다면 교회와 이 땅에서는 큰 자일지 몰라도 천국에서는 가장 작은 자요 하나님께 기쁨을 주지 못하는 어리석은 자의 모습이 아닐까 생각한다.

성경에서의 섬김의 대상비교

교회		사회
가난한자	← 가장 높은 자 →	회장
우리이웃		사장
성도님		부장
집사님		과장
권사님		계장
장로님		대리
목사님	← 가장 낮은 자 →	일반사원

(예수님 섬기려고 목숨을 대속물로 받침)

이 세상에서는 회장이 가장 높으며 섬김의 우선 대상이지만 교회는 고아와 과부와 가난한 자가 섬김의 우선 대상이며, 그들을 가장 낮은 곳에서 섬겨야 할 분들이 목사님 ,장로님, 권사님 순서가 아닐까? 즉 예수님께서는 우리를 섬기기 위해서 목숨을 바치셨는데 지금도 잠시 후면 없어질 직분, 직책 가지고 높음을 자랑하며 섬김을 받으려 한다면, 이제라도 마음을 고쳐 회개하여서 하나님의 섬김의 말씀에 순종하며 낮고 낮은 자세로 헌신과 봉사와 충성으로 섬기고 또 섬긴다면 하나님께서는 이 민족을 대표하는 목사님, 장로님, 성도님으로 세워 세계 열방을 향해 하나님께서 가장 크게 귀히 쓰실 것이다. 다윗 왕이 법궤를 오벧에돔의 집에서 다윗 성으로 옮길 때 하나님 앞에서 기쁘게 뛰놀며 춤추다가 바지가 아래로 내려가서 신복들과 계집종들에게 몸을 드러 내었다. 이같은 다윗 왕을 본 미갈의 불만스런 모습 때문에 결국은 죽는 날까지 그에게는 자식이 없었다고 한다. 미갈은 다윗왕의 속사람을 못보고 겉사람만을 본 것이다. 즉 다윗의 낮아진 모습을 못보고 백성들 앞에서 권위를 내세우기를 바랐던 미갈의 불만스런 모습을 보며 다윗왕은 다음과 같이 얘기한다.

다윗이 미갈에게 이르되 이는 여호와 앞에서 한 것이니라
저가 네 아비와 그 온 집을 버리시고 나를 택하사
나로 여호와의 백성 이스라엘의 주권자를 삼으셨으니
내가 여호와 앞에서 뛰놀리라
내가 이보다 더 낮아져서 스스로 천하게 보일찌라도
네가 말한바 계집종에게는 내가 높임을 받으리라 한지라(삼하 6:21~22).

이처럼 다윗왕의 하나님을 향한 마음과 그 낮아지는 섬김의 모습을 보면서 우리는 과연 어떤 모습일까? 미갈처럼 직분, 직책 내세우며 교만한 자세를 아직도 보이고 있는 것은 아닌가?

자신이 다윗 왕보다도 더 큰, 왕 같은 제사장의 신분이라고 믿는다면 위 로는 하나님을 섬기고, 내 이웃과 모든 성도님을 섬기며 '나는 가장 낮고 낮은 자리에서 무릎 꿇고 겸손히 주님만 바라보고 나아가리라!' 하는 고백을 해 보시라. 주님은 그처럼 아름다운 모습의 성도님을 사랑하고 다윗 왕 보다 더 크게 높여서 주님의 큰 일꾼으로 반드시 쓰임을 받을 것이다.

주의 은혜(恩惠)로 종의 집이 영원히 복을 받게 하옵소서(삼하 29).

CHAPTER 35

겸손(謙遜) (Modest)

• 정의 : 남을 높이고 자기를 낮추는 태도

겸손의 축복

• 겸손과 여호와를 경외함의 보응은 재물과 영광과 생명이니라(잠 22:4).

• 겸손한 자에게 은혜를 주신다(약 4:6).

• 겸손한자는 때가 되면 너희를 높이신다(벧전 5:6).

예수님의 겸손

• 나는 마음이 온유하고 겸손하니 나의 멍에를 메고 내게 배우라 그러면 너희 마음이 쉼을 얻으리니(마 11:29).

• 이에 대야에 물을 담아 제자들의 발을 씻기시고 그 두루신 수건으로 씻기기를 시작하여 (요 13:5).

• 시온 딸에게 이르기를 네 왕이 네게 임하나니 그는 겸손하여 나귀 곧 멍에 메는 짐승의 새끼를 탔도다 하라 하였느니라 나귀와 나귀새끼를 끌고 와서 자기들의 겉옷을 그 위에 얹으매 예수께서 그 위에 타시니(마 21:5-7).

바울의 겸손

• 미쁘다 모든 사람이 받을 만한 이 말이여 그리스도 예수께서 죄인을 구원 하시려고 세상에 임하셨다 하였도다 죄인 중에 내가 괴수리라(딤전 1:15).

성도의 겸손 자세

• 아무 일에든지 다툼이나 허영으로 하지 말고 오직 겸손한 마음으로 각각 자기보다 남을 낫게 여기라(빌 2:3).

• 너희는 사랑하는 자처럼 긍휼과 자비와 겸손(謙遜)과 온유와 오래 참음을 옷입고(골 3:12).

• 젊은 자들아 이와 같이 장로들에게 순복하고 다 서로 겸손으로 허리를 동이라 하나님이 교

만한 자를 대적하시되 겸손한 자들에게는 은혜를 주시느니라(벧전 5:5).

• 모든 겸손과 온유로 하고 오래 참음으로 사랑 가운데서 서로 용납하고 평안의 매는 줄로 성령의 하나 되게 하신 것을 힘써 지키라(엡 4:2-3).

겸손의 배움

• 사람이 교만하면 낮아지게 되겠고 겸손하면 명예를 얻으리라(잠 29:23).

• 무릇 자기를 높이는 자는 낮아지고 자기를 낮추는 자는 높아지리라(눅 18:14).

• 누구든지 이 어린아이와 같이 자기를 낮추는 그이가 천국에서 큰 자니라(마 18:4).

• 주 앞에서 낮추라 그리하면 주께서 너희를 높이시리라(약 4:10).

• 청함을 받았을 때 차라리 가서 말석에 앉아라(눅 14:10).

Holy

목포에서 목회하시는 부부 목사님의 말씀에 너무 감사하고 참 놀라운 하나님의 기적과 역사하심에 감동이 되어 글을 소개한다.

목사님의 아들이 뇌사판정을 받아 서울의 모 대학 병원 영안실의 냉동실에 시신을 보관하고 장례 절차 준비를 하던 중 어머님 되시는 목사님께 자꾸만 성령의 감동이 와서 무릎꿇고 기도하니 죽은 아들이 살아날 것 같은 믿음이 강하게 왔다. 병원 냉동실에 보관중인 아들을 한 번만 더 보게 해달라고 병원 측에 양해를 구하고 냉동실의 담당자와 시신을 꺼내 차디찬 시신 머리에 손을 얹고 하나님께 간절히 기도하기 시작했다.

부모보다 먼저 간 그 아들을 보며 얼마나 하나님께 중심의 기도를 하셨겠는가? 하나님 이 아들을 살리셔서 하나님 도구로 쓰시고 아버지 영광 받으시라고, 이 아들을 지금 데려가지 마시고 주님의 의(義)의 병기(兵器)로 쓰시라고 기도 하던 중 성경에서 말씀하신 죽은 나사로가 살아나듯, 죽은지 24시간이 지난 아들이 움직여 살아나는 그야말로 꿈같은 일이 현실로 일어났고, 많은 사람들이 하나님의 기적을 보며 놀라움을 금치 못 하였고 이렇게 살아난 목사님의 아들을 연구하기 위하여 대학교측에서 평생을 책임지고 훌륭하게 키운다며 맡겨 달라는 부탁을 하였지만 이 아들은 하나님이 살리셨기 때문에 나의 아들이 아니고 그 권한은 하나님께 있기 때문에 거부하였으며 주님의 뜻에 따라 지금은 신학교에서 공부 중이라고 한다.

지금도 부부 목사님이 섬기는 교회에서는 많은 역사가 일어나고 있다. 새로 건축할 교회의 위치와 장소를 정확히 꿈에 보여주어 그곳을 어렵게 찾아 계약을 하였더니 그동안 황무지처럼 버려두었던 그 주변이 도시계획 개발 발표가 되어서 앞으로 그곳에 예배당을 세워 많은 영혼을 구원하기 위하여 준비 중이라고 한다. 이처럼 우리 하나님은 성경말씀에서 약속 하신 모든 일들을 사람을 통하여 이루시고 계신다.

겸손한 자에게 은혜를 주시고 겸손한 자에게 영예를 주시며
겸손한 자에게의 보응은 재물과 영광과 생명이라고 하셨다.

목포에서 목회하시는 목사님의 겸손의 결과가 하나님의 은혜, 영예, 재물, 영광, 생명이 다 이루어지는 좋은 표본이 되었고 하나님 역사에 감사와 영광을 드린다.

여러 계시를 받은 것이 지극히 크므로 너무 자고(自高) 하지 않게 하시려고 내 육체에 가시 곧 사단의 사자를 주셨으니 이는 나를 쳐서 너무 자고 하지 않게 하려 하심이니라 (고후 12:7).

바울은 삼층천과 천국을 다녀왔음에도 불구하고 신비한 영적 체험으로 스스로 높아지고 교만하여 겸손치 못할까봐 하나님께서는 육체에 질병을 통하여 자신의 약함을 깨닫게 하고 하나님을 의지하며 하나님의 능력을 소유하게 하였다.

이처럼 주님은 참된 일꾼에게는 더욱 더 겸손하길 원하신다. 지금 육신에 질병으로 고통을 받고 있는가? 그렇다면 분명 그 속에는 주님의 깊은 뜻이 숨겨져 있을 것이다. 즉시 주님께 나의 약함을 고백하고 회개와 용서를 구하라. 그리고 큰 일꾼으로 써주시길 간절히 기도하면 분명 주님은 응답하실 것이다. 참조 (고후 1:1~11)

CHAPTER 36

모범(模範)

본받음(Imitation) 헬 : 미메오마

• **정의** : 본(本)받아 배울만한 본보기

하나님의 본

• 사랑을 입은 자녀같이 너희는 하나님을 본받는 자가 되고(엡 5:1)

• 너희 아버지 자비하심같이 너희도 자비(慈悲)하라(눅 6:36).

예수님의 본

• 내가 그리스도를 본받는 자 된 것같이 너희는 나를 본받는 자 되라(고전 11:1).

• 내가 아버지의 계명을 지켜 그의 사랑 안에서 거하는 것같이 너희도 내 계명을 지키면 내 사랑 안에 거하리라(요 15:10).

바울의 본

• 우리에게 권리가 없는 것이 아니요 오직 스스로 너희에게 본을 주어 우리를 본받게 하려 함이니라(살후 3:9).

• 그리스도 안에서 일만(一萬) 스승이 있으되 아비는 많지 아니하니 그리스도 예수 안에서 복음으로써 내가 너희를 낳았음이라 그러므로 내가 너희에게 권하노니 너희는 나를 본받는 자되라(고전 4:15-16).

• 형제들아 너희는 함께 나를 본 받으라 또 우리로 본을 삼은 것같이 그대로 행하는 자들을 보이라(빌 3:17).

성도들의 본과 본받을 점

• 형제들아 주의 이름으로 말한 선지자들로 고난과 오래 참음의 본을 삼으라(약 5:10).

• 누구든지 네 연소(年少)함을 업신여기지 못하게 하고 오직 말과 행실과 사랑과 믿음과 정절에 대하여 믿는 자에게 본이 되어(딤전 4:12).

- 범사에 네 자신으로 선한 일의 본을 보여 교훈의 부패치 아니함과 경건함과 책망할 것이 없는 바른말을 하게하라(딛 2:7-8).
- 게으르지 아니하고 믿음과 오래 참음으로 말미암아 약속들을 기업(基業)으로 받는 자들을 본받는 자 되게 하려는 것이니라(히 6:12).
- 하나님의 말씀을 너희에게 이르고 너희를 인도하던 자들을 생각하며 저희 행실의 종말(終末)을 주의하여 보고 저희 믿음을 본받으라(히 13:7).

교회의 본

- 형제들아 너희가 그리스도 예수 안에서 유대에 있는 하나님의 교회들을 본받은 자 되었으니 저희가 유대인들에게 고난을 받음과 같이 너희도 너희 나라 사람들에게 동일한 것을 받았느니라(살전 2:14).
- 행함이 없는 믿음은 그 자체가 죽은 것이라(약 2:17).

감독의 본

- 감독은 하나님의 청지기로서 책망할 것이 없고 제 고집대로 하지 아니하며 급히 분내지 아니하며 술을 즐기지 아니하며 구타(毆打)하지 아니하며 더러운 이를 탐하지 아니하며 오직 나그네를 대접하며 선(善)을 좋아하며 근신(謹愼)하며 의로우며 거룩하며 절제하며 미쁜 말씀의 가르침을 그대로 지켜야 하리니 이는 능히 바른 교훈으로 권면(勸勉)하고 거스려 말하는 자들을 책망하게 하려 함이라(딛 1:7-9).

장로의 본

- 너희 중 장로들에게 권하노니 나는 함께 장로 된 자요 그리스도 고난의 증인이요 나타날 영광에 참예 할 자로라 너희 중에 있는 하나님의 양 무리를 치(治)되 부득이(不得已)함으로 하지 말고 오직 하나님의 뜻을 좇아 자원함으로 하며 더러운 이를 위하여 하지 말고 오직 즐거운 뜻으로 하며 맡기운 자들에게 주장하는 자세를 하지 말고 오직 양 무리의 본(本)이 되라(벧전 5:1~3).

Holy

언제인가 새벽 1시 30분경 CTS방송채널에서 목회자 세미나를 방송해 준적이 있다. 그 때 여의도순복음교회 이영훈 목사님께서 하신 말씀에 크게 감동을 받은 적이 있었다.

미국에서 목회를 하시다가 부름을 받아 한국에 도착해서 아주 큰 접대와 환영을 받으셨다고 한다. 그때 목사님은 내가 훌륭해서인가 아님 큰교회 담임 목사라서 이처럼 호화스럽게까지 대접을 해주는 것일까? 하고 생각하셨다. "결단코 예수님 이름 팔아서 냉수 한 그릇 이라도 그냥 얻어먹지 말게 해달라고" 나는 그 날 밤 두 귀를 의심하였습니다. 세계에서 가장 큰 교회요 성도수가 70만 명이 넘는 교회를 담임 하시는 목사님께서 그러시면서 교회의 비젼을 말씀하셨다.

나는 하나님 음성을 듣는 느낌이였고 눈이 번쩍 뜨이면서 아! 한국은 살 수 있겠구나! 아직도 희망이 있는 나라요 하나님이 함께하는 민족이구나! 저렇게 예수님의 본을 닮고 사도 바울의 본을 닮으셨기 때문에 그 큰 교회의 도구로 하나님이 쓰시는구나 하며 너무 기쁜 나머지 눈물이 나며 하나님께 절로 감사기도가 넘쳐 났다. 이 부분에서 저는 성도의 한사람으로써 하나님의 아들로써 예수님의 제자로써 목회자님들께 간곡히 부탁드린다. 이 영훈 목사님의 냉수 한 그릇이라도 예수님 이름을 팔아서 그냥 마시지 않게 해달라는 말씀!!! 우리 모든 목회자님들 우리 모두 함께 기도하며 같은 마음 주시라고 외치며 나아갈 때 이 세상은 분명 밝아지고 목회자님들은 하나님께서 금 그릇 같이 쓰실 것이며 담임하고 섬기는 교회위에 주님의 큰 사랑과 부흥의 불길이 퍼져 온 누리와 세계의 열방을 향하여 전진하고 하나님의 우편(右便)에 서서 크게 쓰임 받고 저 천국의 생명록과 행위 록에 가장 큰 글씨로 새겨질 줄 확신하는 바이다.

'주님 인도하여 주옵소서! 나를 닮아 본(本)이 되십시오!' 하며 외치는 목회자님들 되시게 도와주옵소서! 그리고 예수님의 제자인 우리가, 내가, 교회 모든 성도님들 앞과 세상 사람들 앞에서 본이 되는 삶을 보여주자. 예수님도 사도 바울도 하물며 우리 하나님께서도 본이 되셨으며 본이 되라고 외치셨다. 우리가 어떠한 고난도 인내하며 말과 행실도 믿음과 사랑도 모든 점에서 세상과 교회에서 모범이 될 때 내 주변 사람과 형제와 이웃에 전도가 가능하며 구원시킬 수 있습니다 나의 행실과 언어도 세상 사람과 똑같고 사랑을 나누어 줄줄도 모르면서 전도 하시면 그분들이 하시는 말은 "당신이나 잘하시오" "당신을 보니 예수님이 있을 것같지 않네요"하며 핀잔을 듣는다면 빨리 예수님께 엎드려 회개하시고 예수님의 본을 닮으십시오. 만약 새사람으로 거듭나지 않는다면 이 땅에서나 저 천국에서도 상급은 어떻게 될는지 성도님이 판단하도록 하라.

그때에 내가 저희에게 밝히 말하되 내가 너희를 도무지 알지 못하니 불법(不法)을 행하는 자들아 내게서 떠나가라 하리라(마 7:23).

CHAPTER 37 헌신(獻身) (Devote)

• 정의 : 어떤 일이나 남을 위해 자기의 몸과 마음을 바쳐 있는 힘을 다함

하나님께 헌신하게 된 레위자손

레위 자손이 모세의 말 대로 행하매 이 날에 백성 중에 삼천 명 가량이 죽인 바 된지라 모세가 이르되 각 사람이 그 아들과 형제를 쳤으니 오늘날 여호와께 헌신하게 되었느니라 그가 오늘날 너희에게 복을 내리시리라(출 32:28-29).

모세의 말에 순종한 레위 자손은 이 사건을 계기로 하나님의 거룩한 제사를 포함 구별된 거룩한 생활 속에서 제사장직 수행과 성전관리 및 찬양과 율법 가르침 등 광야에서는 성막 이동과 관리 언약궤 수송 등 하나님께 가장 헌신한 지파가 됨

우리 몸을 하나님께 헌신

• 그러므로 형제들아 내가 하나님의 모든 자비하심으로 너희를 권하노니 너희 몸을 하나님이 기뻐하시는 거룩한 산제사로 드리라 이는 너희의 드릴 영적 예배니라(롬 12:1).

네가 진리의 말씀을 옳게 분변(分辨)하며 부끄러울 것이 없는 일꾼으로 인정된 자로 자신을 하나님 앞에 드리기를 힘쓰라(딤후 2:15).

• 너희 몸은 너희가 하나님께로부터 받은바 너희 가운데 계신 성령의 전(殿)인 줄은 알지 못하느냐 너희는 너희의 것이 아니라 값으로 산 것이 되었으니 그런즉 너희 몸으로 하나님께 영광을 돌리라(고전 6:19-20).

Holy

매미는 약 15일을 이 땅 위에서 살기 위하여 6~7년 간을 땅속에서 애벌레로 살아간다고 한다. 겨우 15일을 살려고 수년 동안을 그 캄캄한 땅 속에서 인고하며 사는 '매미의 삶' 우리는 어떠한가? 저 영원한 천국 백성이 되기 위하여 얼마만큼 인내하며 헌신하고 있는가?

각자 기도하며 주님과 대화를 하고, 나의 주님을 향한 신앙심을 다시 점검하여서 인내하며 헌신하는 귀하고 복된 천국백성이 되길 진심으로 간구한다.

너희 몸으로 하나님께 영광 돌리라(고전 6:20)

몸 드려 영광 올려 강건함을
마음 드려 영광 올려 화평함을
시간 드려 영광 올려 영생함을
찬송 드려 영광 올려 기쁨과 희락을
기도 드려 영광 올려 만사형통을
물질 드려 영광 올려 영혼구원과 천국저축을
자녀 드려 영광 올려 천국확장을
생명 드려 영광 올려 영생의 면류관을

"이기는 그에게는 내가 내 보좌(寶座)에 함께 앉게 하여 주기를 내가 이기고 아버지 보좌에 함께 앉은 것과 같이 하리라"(계 3:21).

일꾼으로 인정된 자로 하나님 앞에 드리기를 힘쓰라(딤후 2:15)
교회의 직분 인정받아 영광 올려 섬기며 헌신하여 본이 될래요
교회의 직책 인정받아 영광 올려 맡은 사명 죽도록 충성해요
찬양사역 인정받아 영광 올려 하나님 아버지를 기쁘게 해드려요
기도사역 인정받아 영광 올려 하나님 나라의 의를 위해 기도 할래요
구제사역 인정받아 영광 올려 가난한 이웃에 하나님의 사랑 전해요
방송사역 인정받아 영광 올려 지구촌 곳곳에 주님의 복음 전해요
부흥사역 인정받아 영광 올려 지치고 힘든 양에게 새 힘을 줄래요
전도사역 인정받아 영광 올려 세상에 흩어진 양을 찾아 나서요
목회사역 인정받아 영광 올려 주님의 양에게 꼴을 먹여요

"이기는 자는 내 하나님 성전에 기둥이 되게 하리니 그가 결코 다시 나가지 아니하리라 내가 하나님의 이름과 하나님의 성 곧 하늘에서 내 하나님께로부터 내려오는 새 예루살렘 이름과 나의 새 이름을 그의 위에 기록하리라"(계 3:12).

CHAPTER 38

충성(忠誠) (Loyalty)

• 정의 : 참 마음에서 우러나오는 정성 즉, 국가에 충성하다, ~을 바치다

모세의 충성

• 내종 모세와는 그렇지 아니하니 그는 나의 온 집에 충성(忠誠)됨이라(민 12:7).

• 모세는 장래에 말할 것을 증거하기 위하여 하나님의 온 집에서 사환으로 충성하였고 (히 3:5).

예수님의 충성

• 그리스도는 그의 집 맡은 아들로 충성하였으니 우리가 소망의 담대(膽大)함과 자랑을 끝까지 견고히 잡으면 그의 집이라(히 3:6).

• 저가 범사에 형제들과 같이 되심이 마땅하도다 이는 하나님의 일에 자비하고 충성된 대제사장이 되어 백성의 죄를 구속하려 하심이라(히 2:17).

충성자의 사명

• 지극히 작은 것에 충성된 자는 큰 것에도 충성되고 지극히 작은 것에 불의 한자는 큰 것에도 불의하니라 너희가 만일 불의한 재물로 충성치 아니하면 누가 참된 것으로 너희에게 맡기겠느냐(눅 16:10-11).

• 충성되고 지혜 있는 종이 되어 주인에게 그 집 사람들을 맡아 때를 따라 양식을 나눠 줄 자가 누구뇨 주인이 올 때에 그 종의 이렇게 하는 것을 보면 그 종이 복이 있으리로다 (마 24:45).

• 네가 많은 증인(證人)앞에서 내게 들은 바를 충성된 사람들에게 부탁하라 저희가 또 다른 사람들을 가르칠 수 있으리라(딤후 2:2).

• 악한 사자는 재앙에 빠져도 충성된 사신(使臣)은 양약이 되는이라(잠 13:17).

• 사람이 마땅히 우리를 그리스도의 일꾼이요 하나님의 비밀을 맡은 자로 여길지어다 그리고 맡은 자들에게 구할 것은 충성 이니라(고전 4:1-2).

• 이 사람들을 먼저 시험하여 보고 그 후에 책망 할 것이 없으면 집사의 직분을 하게 할 것이요 여자들도 이와 같이 단정하여 참소하지 말며 절제하며 모든 일에 충성된 자라야 할지니라(딤전 3:10-11).

충성된 자의 상급

• 그 주인이 이르되 잘 하였도다 착하고 충성된 종아 네가 작은 일에 충성하였으매 내가 많은 것으로 네게 맡기리니 네 주인의 즐거움에 참예할지어다(마 25:21).

네가 죽도록 충성하라 그리하면 내가 생명의 면류관을 네게 주리라(계 2:10).

어느 교회에 세 분의 장로님이 있었는데, 사업을 해서 돈도 많이 벌고 헌금도 많이 하는 장로님 두분과, 이 두분의 사업가 장로님에게서 종종 무시를 당하는 아주 가난한 장로님이 있었다.

그런데 가난한 장로님은 항상 교회에 나와 교회의 일과 관리 및 마음을 항상 교회에 두고 교회에 무슨 일이 생기면 가장 먼저 달려와 묵묵히 일 하시며 항상 겸손히 충성을 하셨다. 그런데 하나님께서 이 가난하고 충성된 장로님을 높이 세워 쓰시기 시작 하시더니, 돈 많고 교만한 두 장로님의 사업장의 운영이 어려워지고 결국은 가난한 장로님께서 그 사업장을 인수하여 운영 하게끔 역사를 하셨다. 그것도 두 분의 장로님 사업장 전체를 가난하고 충성된 장로님에게 전체 인수케 하셔서 지금은 사업이 번창해졌단다.

하나님께서는 교만한 자는 대적하시고 맡은 자에게 구할 것은 충성 이라고 하셨듯이 충성되고 겸손히 맡은 일에 최선을 다하며 교회의 궂은 일을 도맡아 하신 가난한 장로님을 쓰시는 하나님이시다. 나의 고향 가까운 도시에서 목회하시는 목사님의 섬기는 교회에서 있었던 간증이다. 우리는 같은 울타리 한 교회 내에서 지금 얼마나 하나님 보시기에 가슴 아픈 일들이 많이 일어나고 있는지 알고 있는가? 주님께 대한 진정한 충성이 없고 겸손한 마음이 없기 때문에 이러한 일들이 벌어지고 있는 것은 아닐까?

우리의 충성은 오직 하나님 앞에 온전한 충성 뿐이다. 결단코 사람 앞에 보이기 위한 충성은 주님이 가장 싫어하시는 외식하는 바리새인 같은 충성은 저주를 받는다. 우리의 충성이 헛되지 않게 자신을 항상 살펴서 충성되고 참된 일꾼으로 칭찬받는 아름다운 예수님의 참된 제자가 되자.

생명의 말씀을 밝혀 나의 달음질도 헛되지 아니하고 수고도 헛되지 아니함으로 그리스도의 날에 나로 자랑 할 것이 있게 하려함이라(빌 2:16)

CHAPTER 39

봉사(奉仕)

• 정의 : 남의 뜻을 받들어 섬기며 남을 위하여 자신을 돌보지 아니하고 애씀.

봉사의 사명(使命)

• 후손(後孫)이 그들 봉사 할 것이요 대대에 주를 전할 것이며 와서 그 공의(公儀)를 장차 날 백성에게 전함이여 주께서 이를 행하셨다 할 것이로다(시 22:30-31).

• 주의 종들이 자손이 항상 있고 그 후손이 주의 앞에 굳게 서리이다 하였도다(시 102:28).

• 그가 혹은 사도로 혹은 선지자로, 혹은 복음 전하는 자로, 혹은 목사와 교사로 주셨으니 이는 성도를 온전케 하며 봉사의 일을 하게 하며 그리스도의 몸을 세우려 하심이라(엡 4:11).

• 각각 은사를 받은 대로 하나님의 각양 은혜를 맡은 선한 청기기 같이 서로 봉사하라 (벧전 4:10).

• 우리에게 주신 은혜대로 받은 은사가 각각 다르니 혹 예언이면 믿음의 분수대로, 혹 섬기는 일이면 섬기는 일로, 혹 가르치는 자면 가르치는 일로, 혹 권위하는 자면 권위하는 일로, 구제하는 자는 성실함으로, 다스리는 자는 부지런함으로, 긍휼을 베푸는 자는 즐거움으로 할 것이니라(롬 12:6-8).

봉사자의 마음자세

• 우리 각 사람이 이웃을 기쁘게 하되 선을 이루고 덕을 세우도록 할지니라(롬 15:2).

• 모든 일에 모든 사람을 기쁘게 하여 나의 유익(有益)을 구치 아니하고 많은 사람의 유익을 구하여 저희로 구원을 얻게 하라(고전 10:33).

• 우리가 살아도 주를 위하여 살고 죽어도 주를 위하여 죽나니 그러므로 사나 죽으나 우리가 주의 것이로다(롬 14:8).

• 만일 누가 말하려면 하나님의 말씀을 하는 것같이 하고 누가 봉사하려면 하나님의 공급(供給)하시는 힘으로 하는 것 같이 하라 이는 범사에 예수 그리스도로 말미암아 하나님의 영광을

받으시게 하려 함이니 그에게 영광과 권능이 세세에 무궁토록 있느니라. 아멘(벧전 4:11).

바울의 봉사와 자급자족(自給自足)

- 값없이 전함 : 그런즉 내 상(賞)이 무엇이냐 내가 복음을 전할 때에 값없이 전하고 복음으로 인하여 내게 있는 권을 다 쓰지 아니하는 이것이로라(고전 9:18).
- 장막을 만든 업 : 업(業)이 같으므로 함께 거하여 일을 하니 그 업은 장막을 만드는 것이더라(행 18:3).
- 자급자족의 본 : 내가 아무의 은이나 금이나 의복을 탐(貪)하지 아니하였고 너희 아는 바에 이 손으로 나와 내 동행(同行)들의 쓰는 것을 당하여 범사에 너희에게 모본(模本)을 보였노니 곧 이같이 수고하여 약한 사람들을 돕고 또 주 예수의 친히 말씀하신바 주는 것이 받는 것보다 복이 있다(행 20:33~35).
- 주야로 일함 : 누구에게든지 양식을 값없이 먹지 않고 오직 수고하고 애써 주야로 일함은 너희 아무에게도 누를 끼치지 아니하려 함이니(살후 3:8).
- 영접하며 전파 : 바울이 온 이태(2년)를 자기 셋집에 유하며 자기에게 오는 사람을 다 영접(迎接)하고 담대히 하나님 나라를 전파(傳播)하며 주 예수 그리스도에 관한 것을 가르치되 금하는 사람이 없었더라(행 28:30~31).

Holy

예수님도 값없이 우리를 위하여 희생하셨다.

사도바울은 자급자족하며 주야로 일해서 장막을 만들어 팔아 모은 돈으로 복음전파와 많은 사람들을 주님께 영접시키며 값없이 봉사하는 아름다운 사역에 본이 되었다. 이 땅의 목회자님들과 성도님들과 우리의 현재의 모습은 어떠한가? 그 모습은 주님만이 아시고 행위록에 기록될 것이다.

우리는 주는 것이 받는 것보다 복이 있다는 귀한말씀 붙들고 나 자신을 희생하고 봉사하여서 저 천국 행위록에 좋은 기록만 남기는 아름다운 주님의 양이 되도록 하자.

CHAPTER 40

열심(熱心)

• 정의 : 어떤 일에 깊이 마음을 기울임

하나님의 열심

• 이는 한 아이가 우리에게 났고 한 아들을 우리에게 주신 바 되었는데 그 어깨에는 정사(政事)를 메었고 그 이름은 기묘자라, 모사라, 전능(全能)하신 하나님이라, 영존(永存)하시는 아버지라, 평강의 왕이라 할 것임이라 그 정사와 평강의 더함이 무궁하며 또 다윗의 위에 앉아서 그 나라를 굳게 세우고 지금 이후 영원토록 공평과 정의로 그것을 보존 할 것이라 만군의 여호와의 열심이 이를 이루시리라(사 9:6~7).

이사야 선지자를 통하여 예수님 탄생 700년 전에 이 땅에 메시야 예수님의 탄생을 예고하시고 하나님의 열심으로 예수님의 구원의 역사가 이루어짐.

예수님의 열심

• 예수께서 이르시되 나의 양식 나를 보내신 이의 뜻을 행하며 그의 일을 온전히 이루는 이것이니라 내가 다른 동네에서도 하나님의 나라 복음을 전하여야 하리니 나는 이일로 보내심을 입었노라(눅 5:43).
• 때가 아직 낮이매 나를 보내신 이의 일을 우리가 하여야 하리라 밤이 오리니 그때는 아무도 일 할 수 없느니라(요 9:4).

사도 바울의 고난속의 열심

• 내가 하나님의 열심히 너희를 위하여 열심 내노니 내가 너희를 정결한 처녀로 한 남편인 그리스도께 드리려고 중매(仲媒)함이로다(고후 11:2).
• 유대인들에게 사십에 하나 감한 매를 다섯 번 맞았으며 세 번 태장으로 맞고 한 번 돌로 맞고 세 번 파선하는데 일 주야를 깊음에서 지냈으며 여러 번 여행에 강의 위험과 강도의 위

험과 동족의 위험과 이방인의 위험과 시내의 위험과 광야의 위험과 바다의 위험과 거짓 형제 중에 위험을 당하고 또 수고하며 애쓰고 여러 번 자지 못하고 주리며 목마르고 여러 번 굶고 춥고 헐벗었노라(고후 11:24~27).

성도의 열심

- 썩는 양식을 위하여 일하지 말고 영생하도록 있는 양식을 위하여 하라 이 양식은 인자가 너희에게 주리니 인자는 아버지 하나님의 인(印)치신자니라(요 6:27).
- 형제를 사랑하여 서로 우애(友愛)하고 존경하기를 서로 먼저하며 부지런하여 게으르지 말고 열심을 품고 주를 섬기라(롬 12:10~11).
- 너희가 열심히 선(善)을 행하면 누가 너희를 해(害) 하리요(벧전 3:13).
- 하나님이 능히 모든 은혜를 너희에게 넘치게 하시나니 이는 너희로 모든 일에 항상 모든 것이 넉넉하여 모든 착한 일을 넘치게 하려 하심이라(고후 9:8).

하나님께서 사람을 일꾼으로 부르실때는 현장에서 열심히 일하는 자를 쓰셨다. 모세는 광야에서 양치기 할 때, 사울왕은 잃어버린 암나귀를 열심히 찾고 있을 때, 다윗왕은 열심히 아버지의 양떼를 키우다 부름을 받고, 엘리사는 열심히 농사 일 하다가, 여로보암은 (북이스라엘 초대 왕) 성전 신축을 열심히 하다가, 예수님의 제자 어부들은 열심히 고기잡이 하던 중에, 루터는 열심히 목회생활하고 있을 때, 워싱톤은 농업 조사관 일을 하고 있을 때, 링컨은 시골 변호사 일을 하고 있을 때, 무디는 구두 판매원이었을 때, 이처럼 열심히 일하는 자를 주님은 부르시고 쓰셨다.

그리고 성경에는 수 많은 사람 이름이 기록되어 있다. 그중에 예수님 외에는 모두 다 실수가 없는 사람이 없다고 한다. 아담은 선악과를 따먹었고, 노아는 술 마셔서 함의 자손에게 저주가 왔고 아브라함은 한 번도 아니고 두 번이나 아내를 팔았고, 다윗은 남의 부인을 강탈 했고, 사무엘은 자식관리 못했고, 사도 바울은 예수 믿는 자 잡아 죽였다. 이처럼 누구나 과거에는 하나님 앞에 떳떳하고 깨끗한 자는 없고 다 죄인중의 죄인이였다. 우리도 이제는 과거의 지나간 일에 얽매이지 말고 잘못 되었던 것들을 다 회개한 후 지워버리고 하나님께 열심을 보여 크게 쓰임을 받아야 한다.

그리고 유혹하고 미혹하는 사단의 궤계에 지지 말고 단호히 예수님의 이름과 믿음으로 꾸짖고 쫓아내야 한다. 영적싸움에서 승리해야 하는 것이다. 우리는 사나 죽으나 항상 주님의 것임을 사단에게 선포해야 한다.

Holy

저 마귀와 귀신 졸개들이 잘 알아 듣겠끔 선포하면 그들은 우리를 포기하며 주님의 일을 방해하지 못한다. 그동안 어정쩡 하게 이것도 아니고 저것도 아니고 이런들 어떠리! 저런들 어떠리! 하며 행동하니까 마귀가 유다의 생각 속에 들어간 것처럼 우리의 생각 속으로 들어와 지금까지 우리가 속았던 것이다. 이제는 긍정의 힘을 가지고 열심을 내어 하늘의 일을 해야 한다. 하나님도 예수님도 우리를 위하여 열심을 내셨고 지금도 일하시고 계신다.

집안의 가장이신 아버지께서 열심히 일하시고 계시는데 구경만 하고 있는 자식을 없을 것이다. 내가 하고 있는 모든 일들이 하나님 영광을 위하고 내가 만든 이 작품이 사람들에게 유익이 되고 내가 파는 물건이 영혼을 구하고 사람을 건강하게 하고 내가 하는 정치는 그들을 하나님의 길로 인도하고 내가 지은 농사는 사람을 먹여 살리고 내가 잡은 고기는 각 가정의 식탁을 즐겁게 하여 그들이 음식의 감사 기도를 하게 만들 수 있다.

이제부터는 성도님이 하고 있는 일에서 하나님의 영광을 찾아보라. 그러면 기쁨이 오고 활기가 넘치고 사랑이 넘치게 된다. 교회 와서 식당봉사로 열심이지만 더 큰 열심은, 세상 속에서 사는 우리는 그 속에서 나의 삶 자체를 하나님께 열심을 드리는 삶이 되어서 그 속에서 복음을 전하고 선교하고 구제하라. 그동안 하나님 일에 5%~10% 드렸다면 100%의 내 모든 삶을 하나님 영광과 하나님 일에 쓰임 받는 것이 축복이며 은혜임을 깨달아야 한다. 내가 지금 서 있는 곳 내가 가는 그곳이 예배의 장소요, 봉사와 섬기는 장소요, 전도하며·구제하는 터전이라고 생각하며 기쁜 마음으로 나아갈 때 그곳이 어디가 되었든 하나님께서 함께하시며 도우실 것이다. 벌은 꽃에서 꿀을 따지만 상처를 주는 것이 아니고 열매를 맺게끔 꽃가루를 선물하는 것처럼 우리의 삶도 세상 사람들에게 소망과 희망의 선물을 선사하는 사랑의 등불이 되자.

성전, 천국과 지옥, 하나님의 법과 약속

5

CHAPTER 41 성전(聖殿)의 역사와 완성

하나님(태초)	
아담 ➜ 셋 ➜ 에노스	그때부터 사람들이 비로소 여호와의 이름을 불렀더라(창 4:26). **예배 시작**
아브라함 ➜	여호와를 위하여 단을 쌓고 여호와 이름을 불렀다(창 12:8). **벧엘 가나안땅**
모세 시내 산에 건립(성막)	너는 정월초일에 성막을 곧 회막을 세우고(출 40:2). **이동 → 광야 생활**
여호수아 실로에 건립 ➜	매년 순례의 절기 거행(삿 21:19). 블레셋에게 언약궤를 7개월 동안 빼앗김(삼상 5:1). 다시 찾아온 법궤(언약궤)는 아비나답 집에 이십 년 동안 있은지라(삼상 7:2). **가나안 입성(수 18:1)**
사울왕 시대 놉의 성막 (삼상 21:1~6) ➜	법궤(언약궤) 아비나답 집에서 → 오벧에돔의 집(석 달 동안) (대상 13:14) **다윗 성 이동(대상 16:1).**
솔로몬 기브온 산당	솔로몬의 일천 번제 **왕상 3:1–4.**
솔로몬 성전	· 7년 동안 건축, 자기 궁 : 13년 건축 · 위치 : 모리아 산 언약궤 다윗성에서 옮김(왕상 8:1~9). 궤안에는 두 돌판 외에 아무것도 없었다. · **성전봉헌(왕상 8장)** · 성전파괴 – BC 586년 5월7일 바벨론 군대에 의해 파괴 · 예루살렘 멸망 · 언약궤 현재까지 찾지 못함
스룹바벨 성전	바벨론에서 귀환 후 재건한 성전 **제2성전 (B.C. 520)**

헤롯성전

헤롯대왕은 헬레니즘 로마양식으로 성전을 세우기 위하여 성전 분해 하여 10년 만에 기초공사 완공 46년간의 공사완공(예수님이 사역하셨던 곳)
제3성전 B.C.20

성전파괴 A.D. 70

(로마 디도의 군대에 의해 파괴)
현재 그곳은 이슬람교사원이 세워지고 그들의 성지가 되었음.

초대교회

(마가다락방 초대교회시작)성령이 오심
예루살렘 중심으로 회당이 세워짐 예루살렘에 480여개의 회당이 있었으며 회당장이 회당관리 및 예배를 준비했다(눅 8:41, 행 18:7~8).

예수님 승천 후 성령이 임하여

우리는 살아계신 하나님의 성전(고후 6:16)
너희 몸은 너희가 하나님으로부터 받은 바 너희 가운데 성령의전(殿)
(고전 6:19).

우리는 하나님의 성전입니다

신령한 제사를 드릴 거룩한 제사장이 될지어다(벧전 2:5).

하나님의 언약궤

하늘에 있는 하나님의 성전이 열리니 성전 안에 하나님의 언약궤가 보이고
(계 11:19).

백 보좌 심판 후에는

영원한 천국

하나님 곧 전능하신 이와 및 어린양이 성전(聖殿)이심이라(계 21:22).
– (영원히)

영원한 천국 할렐루야 ! 모든 영광을 하나님께

Holy

• 법궤(언약궤) : 하나님의 임재와 통치를 상징(여호와 이름을 계시) (대상 13:6)
• 언약궤 안에는 : 만나를 담은 금 항아리, 아론의 싹 난 지팡이, 십계명이 새겨진 두 돌판
• 언약궤 : 아비나답 집에서 20년 동안 모셨지만 왜 아무런 역사가 일어나지 않았을까? 오벧에돔 집에서는 석 달 동안 모셨는데 그 모든 소유에 복을 내리셨다.

CHAPTER 42

천국(天國) (Kingdom of god)

• 천국 : 하나님이 계시는 곳, 예수님의 영원한 나라, 성도가 영원히 거할 곳!

예수님의 천국 비유

• 천국은 마치 사람이 자기 밭에 갖다 심은 겨자씨 한 알 같으니 이는 모든 씨보다 작은 것이로되 자란 후에는 나물보다 커서 나무가 되매 공중(空中)의 새들이 와서 그 가지에 깃들이느니라(마 13:31~32).

• 천국은 마치 여자가 가루 서 말 속에 갖다 넣어 전부(全部) 부풀게 한 누룩과 같으니라 (마 13:33).

• 천국은 마치 밭에 감추인 보화(寶貨) 와 같다(마 13:44).

• 천국은 마치 바다에 치고 각종(各種) 물고기를 모는 그물과 같으니 그물에 가득하매 물가로 끌어내어 앉아서 좋은 것은 그릇에 담고 못된 것은 내어버리느니라(마 14:47~48).

성도를 위해 예비 된 곳

• 내 아버지 집에 거할 곳이 많도다 그렇지 않으면 너희에게 일렀으리라 내가 너희를 위하여 처소(處所)를 예비하러 가노니(요 14:2). – 예수님 승천

• 가서 너희를 위하여 처소를 예비하면 내가 다시 와서 너희를 내게로 영접(迎接)하여 나 있는 곳에 너희도 있게 하리라(요 14:2~3). – 예수님 재림

• 만일 땅에 있는 우리의 장막 집이 무너지면 하나님께서 지으신 집 곧 손으로 지은 것이 아니요 하늘에 있는 영원한 집이 우리에게 있는 줄 아나니(고후 5:1).

• 우리 주 곧 구주 예수 그리스도의 영원한 나라에 들어감을 넉넉히 너희에게 주시리라 (벧후 1:11).

예수님 전파

- 회개(悔改)하라 천국이 가까 왔느니라(마 4:17).
- 심령(心靈)이 가난한자는 복이 있나니 천국이 저희 것임이요(마 5:3).

천국의 들아갈 자의 조건

- **겸손** : 심령이 가난한자(마 5:3).
- **거듭남** : 거듭나지 아니하면 하나님 나라를 볼 수 없다(요 3:3).
- **인내** : 하나님 나라를 들어갈려면 많은 환란을 겪어야 됨(행 14:22).
- **고난** : 하나님 나라에 합당한자로 여기심을 얻게 히려 함이니 그 나라를 위하여 노한 고난을 받느니라(살후 1:5).
- **사랑 하는 자** : 자기를 사랑하는 자들에게 약속하신 나라를 유업으로 받게 아니하셨느냐 (약 2:5).

새 하늘과 새땅 (천국) (계시록 21장)

- 모든 눈물을 그 눈에서 씻기시매 다시 사망이 없는 곳
- 애통하거나, 통곡하는 것, 아픈 것이 다시는 없는 곳
- 생명수 샘물을 값없이 마시는 곳
- 하나님의 영광이 있는 곳
- 그 모든 성이 보석과 진주 , 정금으로 만들어진 곳
- 해와 달의 비췸이 쓸데없고 하나님의 영광이 비친 곳
- 밤이 없는 하나님의 영광만 비치는 밝은 날만 있는 곳
- 사람들이 만국의 영광과 존귀를 가지고 들어가는 곳
- 오직 어린양의 생명책에 기록된 자 들 뿐이라

천국의 구조

- 성곽 : 벽옥(碧玉)으로 쌓였고 그 성은 정금(正金)인데 맑은 유리 같더라(계 21:18~21).
- 열 두문 : 진주 정금
- 성곽의기초석 : 첫 째 : 벽옥

  둘 째 : 남보석

셋 째 : 옥수

넷 째 : 녹 보석

다섯 째 : 홍마노

여섯 째 : 홍보석

일곱 째 : 황옥

여덟 째 : 녹옥

아홉 째 : 담 황옥

열 째 : 비취옥

열한 째 : 청옥

열두 째 : 자정

한국 사람에게 옛적부터 내려오는 오복(五福)은?

돈 많은 것, 치아가 좋은 것, 건강한 것, 자녀 많이 낳는 것, 오래 사는 다섯가지 복을 소망하며 살아 왔으며 내 배가 부르면 그것이 참 행복이요 천국이 따로 없었다.

이것은 육(育)만 생각하고 영을 몰랐기 때문에 이 땅에 모든 소망을 두고 살아 왔던 가난한 시대의 우리의 조상과 우리들의 모습이었다. 그러던 이 땅에 "내 배를 채우는 일이 행복한 일이 아니고 내 배는 굶더라도 남의 배를 채우는 것이 참 행복한 일이다" 이제 부터 우리는 "하늘나라 천국에 소망을 두고 보물을 하늘에 쌓아두라"

1885년 4월 5일 두 분의 선교사 언더우드와 아펜젤러 부부의 한국 상륙으로 시작된 천국의 비밀과 예수그리스도의 복음이, 이제는 대한민국이 천국의 통로가 되어 세계 방방곡곡에 전하고 전하는 복음의 나라가 되었다. 그러나 아직까지 우리 주위에는 이 오복(五福)을 소망하고 살아오고 있는 영혼들이 있다. 이들에게 천국의 소망을 마음과 혼에 심어 많은 열매를 맺게끔 거름과 물을 주는 빛과 소금의 사역자가 되자.

CHAPTER 43

지옥(地獄)

Hell (헬) : 하데스 , 게엔나 (히) : 스올

예수를 믿지 않고 죄를 용서 받지 못하고 사단과 함께 영원히 벌을 받는 곳.

지옥은 어떤 곳인가?

영원한 불에 들어가라(마 25:41).

지옥 불에 들어가게 되리라(마 5:22).

꺼지지 않는 불(막 9:43).

구더기도 죽지 않는 곳 불도 꺼지지 않는 곳(막 9:48).

사람마다 불로 소금 치듯 함을 받는 곳(막 9:49).

산채로 유황불 붙는 못에 던지 우고(계 19:20)

지옥은 어떤 자가 가는가?

마귀와 그 사자들 (마 25:41). 범죄 한 천사들(벧후 2:4). 거짓 선지자(계 20:10).

두려워하는 자들, 믿지 않는 자들, 흉악한 자들, 살인자들, 행음 자들, 술객들과 우상숭배 자들, 모든 거짓말한 자들(계 21:8)

하나님을 모르는 자들과 우리 주 예수의 복음을 복종치 않는 자들에게 형벌을 주시리니 이런 자들이 주의 얼굴과 그의 힘의 영광을 떠나 영원한 멸망의 형벌을 받으리로다

(살후 1:8~9).

저희를 미혹하는 마귀가 불과 유황(硫黃) 못에 던지 우니 거기는 그 짐승과 거짓 선지자도 있어 세세토록 밤낮 괴로움을 받으리라(계 20:10).

최후의 심판

자기의 행위대로 심판(審判)을 받고 사망과 음부(陰府) 불못에 던지우니 이것은 둘째 사망 곧 불못이라 누구든지 생명책에 기록되지 못한자는 불못에 던지우더라

(계 20:13~15).

CHAPTER 44

박용규 목사님 간증

"죽을병으로 심장소리가 멈췄는데 천국, 지옥을 보고 다시 살아 났습니다"!

죽음에 이른 병에서

나의 아버지는 황해도 해주 부자였다. 전 재산을 팔아 1.4후퇴 때 월남하였으나, 아버지 품에 든 돈을 뺏으려고 인천 모 고등학교 체육선생이 아버지를 죽였다. 그 때부터 어머니와 나는 고아원에서 생활하며, 형극의 가시 길을 걸어 성남 제일 교회를 세운 목사가 되었다.

"저 높은 곳을 향하여"라는 책이 수십 만 권 팔려 그 돈으로 성남에 중고등학교 셋을 설립하고, 교회도 5,000명 교세로 부흥시켰다. 박정희 대통령이 나를 문교부 장관에 추천을 하였고, 김영삼 전 대통령이 성남에서 국회의원 출마를 권유하는 등 사체말로 한창 잘나갔었다. 그 때의 나는 교만할 대로 교만하게 되었다.

그러한 나를 하나님은 불쌍히 보시고 사랑의 채찍을 들으셨다. 1987년 12월 19일 오후 2시 반 고혈압으로 쓰러져 의식을 잃었으며, 내 몸은 구운 오징어 같이 뒤틀려 보기 흉한 몰골이 되었다. 병원에서 살 가망이 없다고 하여 10일 만에 퇴원해 가족들의 가슴을 도려내는 아픔을 주면서도 나는 의식을 찾지 못했다.

하나님은 나의 교만이 그렇게도 미웠는가보다. 그러기에 눈뜨고는 볼 수 없는 흉측한 모습으로 죽어갔던 것이다. 그 해 12월 30일 10시 경, 나는 가족들 눈에서 죽은 시체가 되어 딸들은 임종 찬송을 부르고 아들은 졸도하였다. 내 몸이 얼음장 같이 차고 심장 고동소리가 멈췄기 때문이다. 그러나 나는 그 시간에 꿈을 꾸듯 두 천사의 방문을 받았다.

천사를 따라서

병들어 꼬부라진 내게 나타난 두 천사는 눈에서 불빛이 나와 나를 압도하였다. 오른편 천사는 예수님 곁에 심부름을 한다고 하고, 왼편 천사는 날 보호하는 천사라고 했다.

그들이 온 목적은 예수님이 나를 부르셨기 때문이란다. 나에게 천국과 지옥을 보이시고 세상 사람들에게 알리게 하여 지옥가는 자를 줄이고 천국 가는 자를 더 많게 하시려는 예수님의 뜻이라 했다.

두 천사가 내 양쪽 어깨와 팔을 잡자 번개같이 하늘로 솟아오른다. 수많은 별들을 지나서 천국별이 보였는데, 빛은 햇빛과 달리 거룩하고 신비로운 빛이었다. 천사가 찬송을 불러야 천국 문이 열린다고 하며 찬송을 가르쳐 주어서 부르니 금세 천국 남쪽 문에 통과하였다.

예수께서 "땅의 사람 박용규야!"

낮과 밤이 있는 것처럼 천국, 지옥이 있다. 나는 보았고 주님의 음성도 들었다.

천국에 들어가자마자, "땅의 사람 박용규 목사야 먼 길 오느라고 수고 많이 했구나." 땅이 울리듯 음성만 들리고 예수님은 보이지 않았다. 나는 예수님의 음성을 듣자마자 꿇어 엎드려 통곡을 하며 "예수님, 꿈에도 그리던 예수님! 이 죄인이 왔다. 죄 값으로 매 맞아 병든 몸이 되어 왔다. 용서해 주소서." 너무나 크게 통곡을 하니 옆에 섰던 천사가 "울음 뚝!"하며 소리치기에 울음을 그치고, 예수님 모습 한 번만 보고 싶다고 했더니 예수님이 음성으로 말씀하시기를 "땅의 사람 박용규 목사야! 너는 여기서 하나님과 나 예수와 보좌를 보려하지 마라. 네가 다시 땅에 내려가서 일 많이 하고 새로워져서 올라오면 그 때 나를 볼 수 있는 것이다. 천사의 안내를 받아 천국과 지옥을 마음껏 구경한 후, 땅에 내려가서 열심히 전하라. 그리고 천국에 올 때까지 양로원을 만들어 목회자 50명을 잘 보살피면 현재보다 20배 이상의 상을 주신다고 하셨다.

지옥에서 만난 영혼들

지옥 색깔은 붉은색과 검은색 뿐 이다. 지옥은 두 종류의 사람들이 오는데, 예수 안 믿는 자나 우상숭배자들은 100% 지옥 들어가며, 교회는 다녔으나 형식으로 외식으로 믿어 거듭나지 못한 자는 지옥에 간다고 한다. 천사는 지옥 가는 자와 천국 가는 자의 수가 천국에 겨우 하나가 오면 지옥은 천 명이 간다는 것이다.

유황불 못에서 고생하는 영혼들

유황불 못은 세상 도시처럼 수천, 수만 개나 된다. 이곳에 온 영혼들은 예수님과 하나님을 믿지 않고 교회와 교인들을 업신여기며 조롱하고 핍박하던 자들이며, 또 믿는 사람들도 세상의 부귀와 권세를 위해 믿음을 저버린 자, 또 교회 안에서 분열과 분쟁을 조장하고 교회를 자기 권세의 장소로 삼아 싸움을 일삼았던 자들이 온다고 천사는 말했다.

"나더러 주여 주여 하는 자마다 천국에 다 들어갈 것이 아니요 다만 하늘에 계신 내 아버지의 뜻대로 행하는 자라야 들어가리라"(마 7:21).

천사는 내게 소리치기를 "박목사, 저기 유황불 속에서 아우성치며, 고통당하는 영혼들 중에 본적이 있거나 아는 자가 있는가?" 그래서 자세히 보니 한국교회에서 이름 있던 목사, 장로, 권사, 집사들이 많이 있었다.

일본 태양신 참배를 강요하고 교권과 자기의 명예와 권세를 위해 예수 믿음을 떠나 자기 유익을 구한 나머지 교회와 총회에서 싸움과 분열로 주님의 몸된 교회를 찢고 부순 자들이 하나님의 진노를 받아 유황 불못에 왔다고 천사는 말한다. 큰 교회의 교만한 목사, 교만한 부자 장로, 스스로 잘난 체하던 자들이라고 한다.

벌레들에게 고통당한 영혼들

벌거벗은 몸으로 벌레들에게 모질게 고통을 당하는 영혼들은 땅에 살면서 갖은 더러운 일과 추한 일들을 한 자들로 음행, 불의, 추악, 욕설, 거짓, 부정이 가득하여 정욕대로 산 자들이라고 한다.

갖은 도구로 고통당한 영혼들

시뻘겋게 달군 쇠 송곳으로 배꼽을 깊이 쑤시며 고통을 당하는 영혼들은 땅에서 육체를 쾌락의 도구로 사용했으며, 낙태, 살인을 자행하고 낙태를 집도한 의사들과 낙태를 허락한 가족들이라고 한다. 또 입에 칼을 물고 쇠 방망이를 든 괴물에게 두들겨 맞는 자들은, 그 입으로 교회를 욕하고 교인들을 욕하고 주의 종들을 욕한 자들이라고 한다. 또 온몸을 무 자르듯이 칼로 난자를 당하는 영혼들은 땅에서 남을 구타하고 폭행하며 폭력을 써서 돈을 빼앗고 목숨을 빼앗는 천인공노 할 죄를 지은 자들이라고 했다.

목사가 지옥에 갈 정도라면 성도들은 더 말할 나위가 없다. 또 부하 직원들의 노동력을 착취한 부자들의 영혼들은 펄펄 끓는 더러운 물속에서 고통을 당하고 있었다. 또 권력을 가지고 남을 희생시킨 독재자들의 영혼은 높은 곳에서 한없이 뛰어 내리며 죽음을 맛본다. 또 사람들을 많이 죽인 대원군과 조대비는 유황 불못 중앙에서 "물! 물! 물!"하며 소리치는 것을 보았다.

일본의 전쟁 미치광이 히로부미, 중국의 모택동, 소련의 레닌과 스탈린, 독일의 히틀러가 지옥불 속에서 고통당하는 것을 보았으며 우리나라 역대 왕들도 보았다.

천국에서 만난 가난한 영혼들

나는 찐 계란을 반으로 자른 것과 같은 타원형 비행체를 탔다. 양 옆에 두 천사도 함께 타고는 하늘을 오르니, 맘만 먹으면 맘먹는 대로 날아간다. 지구보다 100배나 큰 어떤 곳에서는 수많은 영혼들이 함께 모여 살고 있었다. 그들은 물질 축복을 받았으나 자기 가족과 자기 배만 위하고 봉사나 전도를 위해 쓰는 데는 너무나 인색하고 땅에만 쌓았기에 천국에서 자기 집이 없고 겨우 영혼만 구원 받아 집단으로 모여 사는 생활을 한다고 한다. 그들의 수가 천국에 집이 있는 자들보다 몇 배나 더 많다.

천국에 지어지고 있는 집들

나는 천사에게 졸라서 내 집이 있는 곳을 보여 달라고 했더니, 처음에는 안 된다고 매정하게 대하다가 너무나 간절히 애원하니 주님이 허락하셔서 겨우 내가 살 천국 집을 향해 갔다. 얼마나 멀리멀리 갔는지… 얼마를 가니 이제 터를 닦고 신축을 시작하는 집 세 채가 있는 곳이 나왔다.

그런데 짓다가 중단된 작은 3층 집이 내 집이라고 했다. 너무나 실망이 커서 안 들어가겠다고 했더니 가서 보아야 된다고 윽박질러서 할 수 없이 들어가 보았다. 3층 방안에 상장 2개만 벽에 붙어 있다. 하나는 18세 때 고아원에서 성탄절을 지내려고 교회에 가다가 추워 떨고 있는 거지 할아버지에게 겉옷을 벗어 준 것이고, 또 하나는 헌금할 돈으로 다 식은 붕어빵 두 개를 사서 드린 것이 상으로 기념되어 있었다. 나는 400명 학생들에게 장학금을 주었고, 아파트를 교회 옆에 건축하여 50세대에게 나누어 주었으며, 가난한 신학생 39명에게 돈을 주어 목사가 되게 하였다. 뿐만 아니라 목사가 되어서는 집을 팔아 교회를 설립하여 5,000명 교인으로 부흥시켰으나 그런 것들은 하나도 상으로 기록되지 않았기에 나는 천사에게 따져 물었더니, 천사가 말하기를 땅에서 국민훈장을 받았고, 문교부 장관상을 받았으며, 신학생들에게 명절 때마다 감사를 받아 버렸으니 천국에서 줄 상이 없다고 했다.

천국에 있는 성도들을 만나다

천국은 마치 이 세상 도서들과 같은 주택들로 만들어진 도시가 있는가 하면, 빌딩들로 이루어진 곳도 있다. 어느 곳을 가니 높은 빌딩들이 있었다. 나는 천사에게 저 높은 빌딩들은 누구의 집이냐고 물었다. 그 빌딩들 중에는 미국의 전도왕 무디 선생의 집도 있었고, 한국의 전도 왕 최 권능(최 봉석) 목사의 집도 있었다.

나는 최 권능 목사님의 전기를 책으로 썼고, 영화를 만들었던지라 최 목사님을 만나보고 싶다는 생각을 하자, 벌써 최 목사님이 마중을 나오셨다. 나는 어찌하여 최 목사님의 집이 이렇게 클까 궁금해 하고 있을 때, 주님은 최 목사님에 대하여 말씀하셨다.

그가 전도한 사람만 해도 1만 명이 넘고 78개 교회를 세웠고 하루에 2시간 자고 새벽부터 밤10시까지 온 거리를 다니면서 "예수 믿고 천당, 마귀 따라 지옥!"을 외치며 살 때, 가정을 돌보지 않는다고 부인은 세 자녀와 목사님을 버리고 떠나 평생을 홀로 살면서 오직 주의 일에만 몸 바쳐 살았기에 이렇게 큰 상을 받아 영광을 누리는 것이라고 하였다.

한국교회 성도 중 가장 큰 집을 천국에서 누리고 사는 성도는 황해도 제령 동부교회를 건축한 정 찬유 장로님이다. 그는 자기 집보다 교회를 먼저 건축하여 봉헌하였다. 한 해에 3천 가마의 쌀을 헌물하였고, 수천의 교역자들의 생활비와 신학비를 은밀히 도왔으며, 교인들이 배척한 담임 목사님을 은퇴하실 때까지 잘 모시다가 은퇴 10년 전에 배 밭 농장을 만들어 호수를 파고 정자를 만들어 은퇴 후 그곳에 모시고 한 달에 100가마의 쌀을 드렸다고 한다.

주 기철 목사님 집에는 "주를 위해 죽은 자는 이와 같이 하늘의 상급이 크다"고 쓰여 있다. 손 양원 목사님의 집은 순교장과 나병환자를 사랑한 상급이 커서 그 영광은 주기철 목사님보다 컸다. 그 외에도 수많은 목사님들, 장로님들, 권사님들을 만나 보았다.

나는 목사로서 책을 팔아 그 돈으로 학교 셋을 지어 성공한 자로 교만하다가 죽음직전에 크게 혼나고서 깨달아, 그 재산 다 나라에 헌납하고 모든 재산 다 나눠 준 후, 지금은 작은 집에서 살면서도 기쁨과 감사가 넘쳐 날마다 주와 천국을 전하고 있다.

나는 율법적인 목사요, 신비적인 것은 배척한 경건주의 목사였으나 이제는 그 신비한 천국을 보고 그 무서운 지옥을 본 이상 전하지 않을 수 없다.

천하를 다 얻고도 지옥가면 무엇하겠는가? 예수 안 믿는 자가 자기의 죄 값으로 지옥 가는 것은 얼마나 슬픈 일인가? 예수 믿으려면 입으로만 믿지 말고, 하나님이 말씀하신 대로 순종하면서 예수 믿자. 나는 무서운 지옥에서 수많은 목사, 장로들을 보았기에 가는 곳마다 창자가 끊어질 지경으로 소리 높여 천국과 지옥을 전한다. 절대로 절대로 지옥만은 가지 않아야 한다. "지옥만은 가지 말아야 해!" 그러나 하나님을 모르는 자들과 우리 주 예수의 복음에 복종치 않는 자들에게 형벌을 주시리니 각 사람이 자기의 행위대로 심판을 받고 불못에 던지 우니 이것은 둘째 사망 곧 불못이라.

이글을 읽고 믿어지는 분은 참으로 행복한 사람이다. 천국의 차표를 예매한 것을 축하한다.

CHAPTER 45

율법(律法)(Law)

히 : 토라 헬 : 노모스

율법은 시내 산에서 하나님께서 이스라엘 민족에게 명하여 지키게 하기 위하여 모세에게 주신 율례와 계명이다.

구성

십계명과 613가지의 율례	적극적 율례 248가지 소극적 율례 365가지

이스라엘 민족에게 율례와 법도를 가르쳐서 마땅히 갈 길과 할 일을 그들에게 보이고 천부장과 백부장과 오십부장과 십부장을 삼아 그들로 때를 따라 백성을 재판하게 하라

(출 18:20~22).

하나님께서 이스라엘 백성에게 율법을 주신 목적은?

율법을 온전히 지킬 수 없기 때문에 그것을 깨닫게 하여 율법의 완성 자이신 예수님을 이 땅에 보내어 저주 아래 있고 의로울 수 없는 인간들을 구원하는데 그 목적이 있다.

즉 인간의 힘으로는 죄를 이길 수 없기에 율법으로 죄를 깨닫게 해주셨고, 죄악 속에서 살 수 밖에 없는 인간들을 예수님의 보혈의 피를 증거하여 구속의 대 역사와 하나님의 나라를 완성하기 위하여 만드셨다.

- 율법 : 눈에는 눈 이에는 이 – 피해를 받은 만큼 상대방에게 피해를 준다.
- 예수님의 새 계명 : 오른빰을 때리면 왼빰을 대주어라 – 원수를 사랑하라

그러므로 율법의 행위로 그의 앞에 의롭다 하심을 얻을 육체가 없나니 율법으로는 죄를 깨달음이니라(롬 3:20).

- 무릇 율법 행위에 속한 자들은 저주(詛呪) 아래 있나니 기록된바 누구든지 율법 책에 기록된 대로 온갖 일을 항상 행하지 아니하는 자는 저주 아래 있는 자라 하였음이라 (갈 3:10).
- 이같이 율법이 우리를 그리스도에게로 인도하는 몽학선생이 되어 우리로 하여금 믿음으로 말미암아 의롭다 함을 얻게 하려 함이니라 믿음이 온 후로는 우리가 몽학선생(蒙學先生)아래 있지 아니 하도다(갈 3:24~25).

이스라엘의 유대교

이 귀한 예수님을 믿지 않는 이스라엘의 유대교는 회당에서 예배와 율법교육과 율법(토라)의 예언서, 성문문서로 내려오는 모세 오경과 말로 내려오는 마쉬나(탈무드)를 어린이들에게 교육시키어 이 교육을 수료한 13세가 될때 성인으로 인정한다. 그들은 예수님을 여러 사도 중 한 사람으로만 간주하고 아직도 메시야를 기다리면서 율법을 지키며 가르치고 있다.

율법 아래서의 죄(罪)

- **죄** : 하나님과 관계가 끊어진 상태
  에덴동산에서 선악과 사건에서 시작 에덴동산에서 쫓겨남(창 3장 참조).
  시기 질투 미움 시작 가인이 아벨죽임(창 4:8).
  죄로 인하여 중한 가책이 임한(창 4:13).
  죄로 인한 육신의 죽음(창 2:17).
  육신은 흙으로 돌아감(창 3:9).

- **원죄** : 선천적으로 타고난 죄성 아담으로부터 시작된 인류의 죄.
  내가 죄악 중에 출생하였음이여 모친이 죄 중에 나를 잉태 하였나이다(시 51:5).
  오호라 나는 곤고한 사람이로다 이사망의 몸에서 누가 나를 건져내라(롬 7:24).

- **자범죄** : 자신의 선택과 행동으로 지은 죄(롬 1:18~32).

– 죄에 대한 하나님의 심판 : 저희가 이 같은 일을 행하는 자는 사형(死刑)에 해당하다고 하나님의 정하심(롬 1:32).

- 율법은 죄를 깨닫게 해준 법이다 : 율법으로는 죄를 깨달음이니라(롬 3:20).
  율법으로 말미암지 않고는 내가 죄를 알지 못하였으니(롬 7:7).

옛사람

죄가 있는 사람이 옛사람이다
예수를 모르는 사람이 옛사람이다
착한 일을 못하는 사람이 옛사람이다
사랑이 없는 사람이 옛사람이다
거짓말하는 사람이 옛사람이다
질투 시기 교만한 사람이 옛사람이다
부모와 형제와 이웃을 사랑하지 못한 사람이 옛사람이다
회개할 줄 모르는 사람이 옛사람이다

CHAPTER 46

새 계명(誡命)

새 계명

예수께서 가라사대 "내 마음을 다하고 목숨을 다하고 뜻을 다하여 주(主) 너의 하나님을 사랑하라" 이것이 크고 첫째 되는 계명이요 둘째는 그와 같으니 네 이웃을 네 몸같이 사랑하라 (마 22:37~39).

율법의 완성

온 율법은 네 이웃을 사랑하기를 네 몸같이 하신 한 말씀에 이루었나니(갈 5:14).

율법 신앙은 → 남의 약점을 보고 → 사울 → (사람을 잡아 죽였다) 지옥

은혜 신앙은 → 자신의 약점을 본 다 → 바울 → (사람을 잡아 천국 보낸다)

우리의 신앙 → 사울 신앙에서 → 바울 신앙으로 바뀌는 성도의 신앙

이처럼 예수님께서는 율법의 완성을 이루셨다.

예수님의 제자의 조건

새 계명을 너희에게 주노니 서로 사랑하라

내가 너희를 사랑한 것 같이 너희도 서로 사랑하라

너희가 서로 사랑하면 이로써 모든 사람이 너희가 내 제자인줄 알리라(요 13:34~35).

예수님의 완성

원수 된 것 곧 의문에 속한 계명의 율법을 자기 육체로 폐하셨으니 이는 이 둘로 자기의 안에서 한 새 사람을 지어 화평하게 하시고 또 십자가로 이 둘을 한 몸으로 하나님과 화목하게 하려 하심이라 원수 된 것을 십자가로 소멸(消滅)하시고(엡 2:15~16).

너희도 성령 안에서 하나님의 거하실 처소가 되기 위하여 예수 안에서 함께 지어져 가느니라 (엡 2:22).

하나님께서 새 언약 세울 것을 선포한 이유

나 여호와가 말하노라 보라 날이 이르리니 내가 이스라엘 집과 유다 집에 새 언약을 세우리라 (렘 31:31).

나 여호와가 말하노라 그러나 그날 후에 내가 이스라엘 집에 세울 언약(言約)은 이러하니 곧 내가 나의 법을 그들의 속에 두며 그 마음에 기록하여 나는 그들의 하나님이 되고 그들은 내 백성이 될 것이라(렘 31:33).

– 이미 하나님께서는 예레미야 선지자를 통하여 새 언약을 세울 것을 선포함

이와 같이 우리도 어렸을 때에 이 세상 초등 학문 아래 있어서 종노릇 하였더니 때가 차매 하나님이 그 아들을 보내사 여자에게서 나게 하시고 율법 아래 나게 하신 것은 율법 아래 있는 자들을 속량 (贖良)하시고 우리로 아들의 명분(名分)을 얻게 하려 하심이라 너희가 아들인고로 하나님이 그 아들의 영을 우리 마음 가운데 보내사 아바 아버지라 부르게 하셨느니라. 그러므로 네가 이 후(後)로는 종이 아니요 아들이니 아들이면 하나님으로 말미암아 유업(遺業)을 이을 자(者)니라(갈 4:3~7).

아버지의 유업을 받을 아들 되심을 축하드립니다.

그가(예수) 우리를 대신하여 자신을 주심은 모든 불법(율법)에서 무리를 구속하시고 우리를 깨끗하게 하사 선(善)한 일에 열심하는 친백성이 되게 하려 하심이니라(딛 2:14).

전엣 계명이 연약하며 무익하므로 폐하고 율법은 아무 것도 온전케 못 할지라 이에 더 좋은 소망이 생기니 이것으로 우리가 하나님께 가까이 가느니라(히 7:18~19).

새 계명 아래서 구원받으며 죄 사함(하나님 관계 회복)

그리스도 예수 안에 있는 자에게는 결코 정죄함이 없나니 이는 그리스도 예수 안에 있는 생명의 성령의 법이 죄와 사망의 법에서 너를 해방하였음이라(롬 8:1~2).

- **원죄** : 예수님께서 이기심으로 끝이 났으며 우리는 자유함을 얻음.
- **자범죄** : 우리의 회개함과 용서를 구함으로 승리 할 수 있음.

우리를 구원하시되 우리의 행한바 의로운 행위로 말미암지 아니하고 오직 그의 긍휼하심을 좇아 중생의 씻음과 성령의 새롭게 하심으로 하셨나니 성령을 우리 구주 예수 그리스도로 말미암아 우리에게 풍성이 부어주사 우리로 저의 은혜를 힘입어 의롭다 하심을 얻어 영생의 소망을 따라 후사(後嗣)가 되게 하심이라(롬 3:5~7).

CHAPTER 47

선악과(善惡果)

왜 하나님께서는 선악과를 만드셨을까?

많은 사람들과 학생들은 궁금해 하며 선악과를 안 만드셨더라면 세상에 죄악도 없었을 텐데! 이런 많은 질문을 받을 때가 있다.

사람은 자유의지의 인격체로 하나님 자신의 형상대로 지으셨다. 사람은 도덕적 본성 즉 권리와 책임의 양면성에 기원을 두셨으며 사람은 금지조항을 어실 수도 있고 순종할 수도 있게 지으셨다. 사람은 말씀에 순종했으면 하나님 뜻에 따라 축복을 받을 수 있었고 생명나무는 그 효력을 사람에게 영원히 수행했을 것이다. 그러나 불순종함에 따라 이 생명나무로부터 소외당하고 죽음을 경험해야만 했다

하나님께서 선악과와 생명나무를 에덴동산에 둔 이유는 무엇일까?

선(하나님)과 악(마귀)을 암시, 마귀가 있다는 것을 알려주어서 우리도 항상 조심하고 경계하라는 뜻이 담겨져 있는 것 같다.

"선악(善惡)을 알게 하는 나무의 실과는 먹지 말라" (창 2:17)

즉 그때는 이미 마귀는 하나님을 배역(背域)하고 쫓겨나 하나님이 창조하신 에덴동산과 아담과 하와의 주변을 맴돌며 하나님이 지으신 세계와 하나님을 찬양하게 만드신 인간을 보며 심한 질투심에 빠져 있었을 것이다. 그래서 하나님께서는 마귀(악)를 암시하고 경계시키기 위하여 동산에 생명나무와 함께 선악과나무를 두었을 것이며 아담에게 먹으면 정녕 죽으리라는 강한 명령을 하셨을 것이다. 그리고 마귀의 존재에 대해 설명하기도 전에 마귀가 그 틈새를 파고 들어와 하와를 유혹하여 먹게 만든다. 여기서 주목 할 것은 먹지 말라고 아담에게 명 할 때는 하와는 아직 이 땅에 지으시기 전(창 2:17)이었기에 하와는 아담을 통하여 선악과를 먹어서는 안된다는 말을 간접적으로 들었을 것이다. 즉 하나님을 보지도 직접 명을 받지도 않았기 때문에 그 부분에 대해서는 소홀했을 것이다.

마귀는 그 약점을 노리고 아담이 아닌 하와에게 뱀을 통하여 접근한다. 뱀의 설명을 들은 하와는 그 유혹하는 말에 넘어가, 본즉 먹음직도 하고 보암직도 하고 지혜롭게 할 만큼 탐스럽기도 한 실과를 따먹었다. 그리고 와서 남편 아담에게도 주어서 먹게 했다.

– 마귀는 우리의 약점을 노리고 파고 들어오며 죄는 하와를 통하여 아담에게까지 전가 되는

것을 볼 수 있다.

그리고 아담에게 선악을 따 먹으라고 한 것은 뱀이 아니라 하와였다.

– 현재 이 땅에 거짓 선지자 적그리스도가 예수님을 빙자해 나타났다.

하나님께서 아담에게 왜 선악과를 먹었냐고 물었을 때 아담은 이렇게 대답한다

"하나님이 주셔서 나와 함께한 여자 그가 그 나무 실과를 주므로 내가 먹었나이다"(창3:12).

하와 역시 책임을 뱀에게 전가한다(창 3:13).

여기서 보듯이 하와는 분명 아담에게 선악과를 하나님이 주었다며 유혹한 것 같다. 즉 거짓 말을 한 것이고 그 말을 믿고 먹은 아담 역시 현 우리들의 모습 그대로를 보여주고 있다. 그리고 아담의 변명과 책임 전가하는 모습도 볼 수 있다. 현재 이 땅에 이단이 발생하고 교주가 나타나는 현상이 이 때부터가 시작되었던 것이 아닌가 한다.

아담은 제 삼자의 말을 듣고 넘어졌다. 분명 제 삼자의 거짓말로 인해 패망의 길로 들어선 것이다. 현시대도 우리는 주님의 성경 말씀과 예수님을 믿는 것이지 그 어떤 자가 나타나 거 짓을 참인 것처럼 가장하여 외쳐도 보암직하고 탐스런 것으로 유혹해도 넘어지지 말아야 된다. 그러나 현실을 보면 얼마나 많은 안타까운 일들이 우리의 주변에서 일어나고 있는가? 거짓 선지자에게 속아 모든 재산을 다 탕진하고 가정은 파탄이 일어나는 등 현 사회에서 나타나는 악의 대부분이 거짓선지자(마귀)의 유혹으로 일어난다. 내 가까운 친구 역시 몇 년 전 예수님 재림한다고 있는 재산을 다 바치고 숟가락 하나도 없이 불쌍히 사는 모습을 보았다.

우리와 나에게 일어난 모든 일은 누구 때문이 아니라 바로 나 때문인 것이다. 내가 무지했고 내가 무능했고 내가 해서 내가 안 해서 등등 모든 것은 자유의지와 판단력을 가진 나 때문 인 것이다. 하나님께서 죄를 묻고 벌을 준 순서도 죄를 짓게한 뱀부터 하와 그다음 아담의 순서대로 처벌하시는 것을 볼 수 있다.

뱀, 마귀부터 시작된 죄가 =>하와 => 아담을 거쳐 전 인류에게 전가 되었던 것처럼 나 하나의 잘못된 죄가 수많은 형제 수많은 사람에게 엄청난 피해를 줄 수 있다는 것을 깨닫고 예수님 한분 때문에 내가 살고 가족이 살고 온 인류가 살아나는 역사가 있는 것처럼 나 하나로 인하여 내 가족과 이웃과 온 세상을 밝게 하는 빛과 소금의 역할 해야 한다.

하나님께서 에덴동산에 선과 악을 알게 하는 나무(창 2:17)

즉 그러면 선은 무엇을 뜻하며 악은 무엇을 의미하는가?

"선은 하나님을, 악은 마귀"가 있다는 것을 날마다 바라보면서 경계하라는 하나님의 의

도가 숨겨져 있었던 것 이 아니었을까? 그 마귀는 지금도 쉴 새 없이 우는 사자와 같이 두루 다니며 삼킬 자를 찾고 있다. 그 상대가 목회자가 되었든 장로가 되었든 예수 믿는 자는 누구든지 허점과 약점을 보이거나 틈새를 보이면 집중 공격을 하여 패망의 길로 끌고 간다. 현재 우리주변에 얼마나 많은 믿는 자들이 넘어지고 쓰러지고 있는가? 마귀는 자기를 수종 하는 귀신들까지 총동원하여 세상을 죄악으로 완전히 덮으려고 발버둥치고 있다.

이 마귀를 대적하기 위해서 우리는 어디를 바라보면서 마귀를 경계해야 될까? 바로 저 십자가 예수님 고난당했던 십자가의 도와, 예수님을 한시도 놓치지 말고 바라보며 믿고 쉬지 않는 기도로 나아가야 한다. 하와의 약점과 아담의 방심한 틈을 공격한 마귀이다. 결단코 마귀에게 우리의 약점과 방심한 모습을 보여서는 안되며 항상 주님말씀 안에서 오직 주님만 바라보며 나아갈 때 믿음 안에서 승리 할 수 있다.

아담과 하와만이 선악과를 따 먹는 것이 아니고, 유다만이 예수님을 파는 것이 아니고, 베드로만이 예수님 부인 한 것이 아니다. 우리 역시 하루에도 몇 번이고 선악과를 따먹고 하루에도 몇 번이고 예수님을 팔고 부인 하고 있는지 자신들을 점검하고 믿음으로 승리하는 십자가 군병들이 되어서 에덴 동산 중앙(가운데)에 선악과 나무와 생명나무를 하나님께서 두셨듯이 우리 마음 중심에 이제는 생명의 예수님이 뿌리를 내리고 성령의 열매를 맺을 수 있도록 나를 복종하여 세상에 선악과 나무와 생명나무를 알리는 하나님의 산 제물이 되자. 그러면 우리는 잃어버렸던 에덴동산의 생명나무를 되찾을 수 있을 것이다.

"또 저가 수정같이 맑은 생명수의 강을 내게 보이니 하나님과 및 어린양의 보좌로부터 길 가운데 흐르더라 강 좌우에 생명 나무가 있어 열 두 가지 실과를 맺히되 달마다 그 실과를 맺히고 그 나무 잎사귀들은 만국을 소성하기 위하여 있더라"(창 22:1-2).

CHAPTER 48

십자가

헬: 스타우르스

고통을 수반하는 사형의 형틀로서 그리스도의 고난과 그의 대속으로 특별히 상징적 의미를 지니고 있다. 구약에서는 돌로 쳐서 죽인 신성 모독 자나 우상숭배자의 시체를 나무위에 달아서 백성들에게 경계심을 주고 두렵게 하기 위하여 하였으며 십자가에 달린 자는 하나님께 저주(詛呪)를 받았음을 의미한다(신 21:21~23).

십자가에 못 박혀 죽게 될 죄수는 먼저 채찍질을 당하였고 수직 기둥은 사형 장소에 박아두고 수평나무를 그 처형 장소까지 자신이 지고 가야했다. 예수님께서도 자신의 십자가를 지고 골고다로 나가셨다. 십자가에서 못 박혔다는 것은 저주를 의미하였음.

- 제자 베드로는 로마에서 거꾸로 십자형 당함.
- A.D. 66년 유대의 반란을 선동했던 약 3600명의 유대인들이 십자가에 처형당했다.
- 셀류코스 왕조가 이스라엘 지배 시 유대의 바리새인 반란자 800명을 십자가 처형
- 그 뒤 로마 황제 콘스탄티 황제(A.D.337)에 의해 십자가 처형이 철폐 되었으며 그전 수많은 그리스도인들과 유대인들이 십자가에서 죽어갔다.

구약에서 예수님 십자가 사건 예언

스가랴 선지자 B.C. 519년 예수님 오시기 515전에 예언

1) 예수님 나귀새끼 타고 예루살렘 입성(슥 9:9).
2) 유다가 은 30에 예수님 팔아 넘겨서 그 돈으로 토기장이에게 던진다(슥 11:12-13).
3) 예수님 옆구리 찔릴 것이다(슥 12:10).
4) 예수님의 십자가 지심과 피 흘리심으로 우리의 죄가 씻음을 받아 정결하게 할 것이다(슥 13:1).
5) 예수님 몸의 상처(슥 13:6)
6) 목자를 치면 양이 흩어짐을 받으나 하나님이 구원 하실 것이다(슥 13:7).

이사야 선지자 B.C. 약 700년경 예수님 예언

그가 찔림은 우리의 허물을 인함이요 그가 상함은 우리의 죄악을 인함이라 그가 징계 받음으로 우리가 평화를 누리고 그가 채찍에 맞음으로 우리가 나음을 입었도다(사 53:5).

예수님 십자가

예수께서 자기의 십자가를 지시고 해골(골고다)이라 하는 곳에서 나오시니(요 19:17).

제자들의 십자가

아무든지 나를 따라오려거든 자기를 부인(否認)하고 자기 십자가를 지고 나를 좇을 것이니라 (마 16:24).

예수님의 십자가를 바라보자

믿음의주요 또 온전케 하시는 이인 예수를 바라보자 저는 그 앞에 있는 즐거움을 위하여 십자가를 참으사 부끄러움을 개의치 아니하시더니 하나님 보좌 우편에 앉으셨느니라(히 12:2).

십자가의 교훈

• 자랑스런 십자가

내게는 우리 주 예수 그리스도의 십자가외에 결코 자랑할 것이 없으니 그리스도로 말미암아 세상이 나를 대하여 십자가에 못 박히고 내가 또한 세상을 대하여 그러하니라(갈6:14).

• 하나님과의 화목

십자가로 이 둘을 한 몸으로 하나님과 화목하게 하려하심이라 원수된 것을 십자가로 소멸(消滅)하시고(엡 2:16).

• 십자가에 의한 화평

그의 십자가의 피로 화평을 이루사 만물 곧 땅에 있는 것들이나 하늘에 있는 것들은 그로 말미암아 자기와 화목케 되기를 기뻐하심이라(골 1:20).

• 십자가에 의한 율법과 구약 종결

우리를 거스리고 우리를 대적하는 의문에 쓴 증서를 도말(塗抹)하시고 제하여 버리사 십자가에 못 박으시고 정사와 권세를 벗어버려 밝히 드러내시고 십자가로 승리하셨느니라

(골 2:14).

• 십자가는 전도케 함

그리스도께서 나를 보내심은 세례를 주려하심이 아니요 오직 복음을 전(傳)케 하려하심이니 말의 지혜로 하지 아니함은 그리스도의 십자가가 헛되지 않게 하려 함이라(고전 1:17).

Holy

예수님이 십자가에서 죽으심으로 전 인류를 구원하시고 하나님께서 전 인류 모든 자에게 자유의지를 부여 하셨다.

"예수님을 믿는 자는 구원 - 천국 " "예수님 믿지 않는 자는 - 지옥"

CHAPTER 49

생명책(Book of Life)

• 정의 : 하나님의 사랑을 받는 영원한 천국 백성의 이름이 기록된 책

환란 때 생명책에 기록된 자 구원

그 때에 네 민족을 호위(護衛)하는 대군 미가엘이 일어날 것이요 또 환난이 있으리니 이는 개국이래도 그 때까지 없던 환난일 것이며 그 때에 네 백성 중 무릇 책에 기록된 모든 자가 구원을 얻을 것이라(단 12:1).

이기는 자는 생명책에 기록

이기는 자는 이와 같이 흰 옷을 입을 것이요 내가 그 이름을 생명책에서 반드시 흐르지 아니하고 그 이름을 내 아이 앞과 그 천사를 앞에서 시인(是認)하리라(계 3:5).

우리의 승리의 행위가 기록됨에 기뻐하라

귀신들이 너희에게 항복하는 것으로 기뻐하지 말고 너희 이름이 하늘에 기록(記錄)된 것으로 기뻐하라(눅 10:20).

범죄자는 생명책에 지워 버림

여호와께서 모세에게 이르시되 누구든지 내게 범죄하면 그는 내가 그 책에서 지워 버리라 (출 32:33).

생명책에 기록된 대로 심판

또 내가 보니 죽은 자들이 무론 대소하고 그 보좌 앞에 섰는데 책들이 펴지고 또 다른 책이 펴졌으니 곧 생명책이라 죽은 자들이 자기 행위를 따라 책들이 기록된 대로 심판을 받으니 (계 20:12).

성경 66권의 예언은 가감해서는 안 될 절대적 권위

만일 누구든지 이 책의 예언의 말씀을 제(除)하여 버리면 하나님이 이 책에 기록된 생명나무와 및 거룩한 성에 참예함을 제하여 버리시리라(계 22:19).

천국에 들어 올수 있는 자

무엇이든지 속된 것이나 가증한 일 또는 거짓말하는 자는 결코 그리로 들어오지 못하되 오직 어린 양의 생명책에 기록된 자 뿐이라(계 21:27).

Holy

우리는 왕 같은 제사장이 될 수 있으며 또 되었다.

우리는 조선시대를 대표하시고 한글을 편찬하신 세종 대왕보다도 더 높고 귀한 왕들이다. 세종대왕이 비행기와 KTX 기차를 보면 아마 기절할 것이다. 또한 한편으로는 크게 후회하고 있을 것이다. 이미 복음이 이방나라에 전파되어 나갈 때, 동방의 작은 나라 한양 고을에서 가마나 타시고 계셨으니…

훌륭한 특파원을 이스라엘에 보내어 복음의 정보를 알고 예수님에 대해 그 많은 집현전 학자들에게 분석하여 연구하라 했으면 아마도 수많은 백성들을 구원할 수 있었을 텐데! 예수님께서는 고구려의 주몽보다도 약 55년 늦게 이 땅에 오셨다. 지금처럼 TV, 핸드폰만 있었더라도 이스라엘에 전화 한번 해보았으면 알았을텐데! 이 이야기는 현재의 우리가 얼마만큼이나 귀하고 복 받은 존재인지 알아야 된다는 뜻이다. 아무리 과거나, 현재나, 미래의 역사에 남는 큰 이름을 남겨도 큰 재물을 가지고 있고 대통령을 했고 대기업의 회장을 지냈다 해도 생명책에 이름과 행위가 기록되어 있지 않는 자는 아침의 이슬과 같다. 육신의 죽음으로 끝이 아니고 하나님의 심판 후 영영한 불못에 던져지게 되는 것이다.

생명책에 우리 성도님들의 부모형제 우리의 이웃들과 저 멀리 아프리카 및 세상의 모든 족속의 이름이 기록되어야 한다. 나는 이 글 쓰면서도 눈물이 나고 떨려서 가슴이 조여 온다. 생명책에 기록되지 못한 많은 친인척과 형제가 주님을 모르고 세상을 살다 가셨고 또한 나의 아버지 역시 30년 전 저 세상으로 먼저 가셨기 때문이다.

성도 여러분, 자기 형제를 사랑하지 않는 자는 살인자라고 하셨다. 우선 먼저 부모 형제와 남편과 아내, 자식들 중에 믿지 않는 사람이 있다면 목숨을 던져서라도 구원해야 된다. 그 무서운 지옥불에 내 부모 형제를 던져 넣을 것인가? 예수님의 재림의 때는 알 수 없지만 지금 세계 곳곳에서 많은 징조가 나타나고 있다. 사랑하는 성도님 이미 우리 주님께서는 우리를 택하셨고 예정까지 하시고 성령으로 인까지 치셨다고 하셨다. 이제는 저 천국 생명책에 이 세상 모든 자들이 다함께 기록될 수 있도록 전도하고 다 함께 천국 백성이 되게 하자.

네 이웃을 네 몸같이 사랑하라 는.말씀을 상기하자

└ 네 이웃이란 ?먼저 현재 가장 가까이 있는 사람, 남편, 아내, 자식,

내 부모 형제를 우선적으로 사랑 하시고 믿지 않는 자들을 구원해야 된다.

CHAPTER 50

목자(牧者)와 양

• 목자의 임무 : 보호와 인도

구약시대의 이스라엘 민족에게는 지도자와 제사장들과 선지자들을 목자(牧者)로 언급

이스라엘 민족을 이끄는 왕들과 제사장들은 수백년 동안 우상숭배와 하나님을 거듭해서 배역(背域)하고 백성을 함정에 빠뜨리고 앗수르와 바벨론에 멸망당했다. 수많은 선지자들의 경고에도 귀를 기울이지 않았던 왕들과 제사장들 때문에 이 민족은 엄청난 고난과 고통들 당하게 된다. 그러나 하나님께서는 예레미야와 에스겔 선지자 통하여 이스라엘의 목자들을 다 치고 선한목자(예수님)를 보낼 것을 예언한다.

예레미야 선지자

내가 또 내 마음에 합하는 목자를 너희에게 주리니 그들이 지식과 명철(明哲)로 너희를 양육하리라(렘 3:15) –〉 예수님 예고

나 여호와가 말하노라 내 목장(牧場)의 양 무리를 멸하며 흩는 목자에게 화있으리로다 ~ 내 양 무리를 흩으고 그것을 몰아내고 돌아보지 아니 하였도다 내가 너희의 악행을 인하여 너희에게 보응(報應)하리라 내가 그들을 기르는 목자들을 그들 위에 세우리니 그들이 다시는 두려워하거나 놀라거나 축(縮)이 나지 아니 하리라 여호와의 말이니라(렘 23:1~4).

–〉 불의한 목자들은 패하고 하나님의 의로운 목자 신실한 목자 예수 그리스도 예고

인자야 너는 이스라엘 목자들은 쳐서 예언(豫言)하라 자기만 먹이는 목자들은 화 있을 진저 목자들이 양의 무리를 먹이는 것이 마땅치 아니하냐 너희가 살진 양을 잡아 그 기름을 먹으며 그 털을 입되 양의 무리는 먹이지 아니하는도다 언약한 자를 강하게 아니하며 병든 자를 고치지 아니하며 상한 자를 싸매어 주지 아니하며 쫓긴 자를 돌아오게 아니하며 잃어 버린 자를 찾지 아니하고 강포(强暴)로 그것들을 다스렸도다 목자가 없으므로 그것들이 흩어지며 흩어져서 모든 들짐승의 밥이 되었도다 ~ 내양의 무리가 노략 거리가 되고 들 짐승의 밥이 된 것은 목자가 없음이라 자기만 먹고 내 양의 무리는 먹이지 아니하였도다 내가 목자들을 대적하

여 내 양의 무리를 그들의 손에서 찾으리니~ 내가 내 양을 그들의 입에서 건져내어서 다시는 그 식물이 되지 않게 하리라(겔 34:1~10)(겔 34장 참조).

내가 한 목자를 그들 위에 세워 먹이게 하리니 그는 내종 다윗이라 그가 그들을 먹이고 그들의 목자가 될지라(겔 34:23). - 예수님 예고

신약시대 오신 선한 목자 예수님

나는 선(善)한 목자라 선한 목자는 양들을 위하여 목숨을 버리거니와 삯꾼은 목자도 아니요 양도 제 양이 아니라 이리가 오는 것을 보면 양을 버리고 달아나나니 이리가 양을 늑탈하고 또 헤치느니라 달아나는 것은 저가 삯꾼인 까닭에 양을 돌아보지 아니함이나 나는 선한 목자(牧者)라 내가 내 양을 알고 양도 나를 아는 것이 아버지께서 나를 아시고 내가 아버지를 아는 것 같으니 나는 양을 위하여 목숨을 버리노라 또 우리에 들지 아니한 다른 양들이 내게 있어 내가 인도하여야 할 터이니 저희도 내 음성을 듣고 한 무리가 되어 한 목자에게 있으리라 (요 10:14~16).

내 양 곧 내 초장의 양 너희는 사람이요 나는 너희 하나님이라 나 주(主) 여호와의 말이니라 (겔 34:31).

목자 = 예수님　　　　양 = 사람, 성도, 나

- 너희가 전에는, 양과 같이 길을 잃었더니 이제는 너희 영혼의 목자와 감독되신 이에게 돌아왔느니라(벧전 2:25).
- 보좌 가운데 계신 어린양이 저희의 목자가 되사 생명의 샘으로 인도하시고 하나님께서 저희 눈에서 모든 눈물을 씻어 주실 것임 이러라(계 7:17).
- 예수께서 베드로에게 내 양(my sheep)을 먹이라 내 양을 치라(Take care of my sheep) (요 21:16~17).

우리 모두는 예수님의 양이 되었다.

결단코 구약시대처럼 사람의 양이 아니다. 하나님께서는 분명하고 정확하게 우리의 목자는 누구이며 우리는 누구의 양인지 말씀에 기록하시어 가르치고 알려 주셨다. 이 부분에서 우리 중에는 회개 하실 분 들이 있을 것같다.

진정으로 회개하고 사람은 어느 누구의 양이 아니라 모두 다 예수님의 양이다. 양 무리에서 이탈하여 늑대의 밥이 되어서는 안된다. 우리는 우리의 목자 되시는 예수님의 목장 안에서 예수님의 보호를 받으며 모두 다 평안을 얻을 수 있다. 내 몸은 돈으로 수천 억 수 조원을 가지고 똑같이 다시 만들 수 없는 천하보다 귀한, 하나님이 예정하여 만드신 하나님의 자녀이며 예수님의 양들이다.

이 귀한 내가 아직도 가족을 잃고 길을 헤매다 거짓 목자에게 속아 구약시대처럼 들짐승의 밥이 되면 우리 주님께서 얼마나 통곡하시며 마음이 아프시겠는가?

나의 몸은 주님의 지체요 주님이 만드셨기 때문에 내 마음대로 할 수가 없는 것이다. 내가 죽고 싶다고 심장아 멈춰라 한다고 해서 심장이 멈추는 것도 아니고, 내 몸의 모든 기능은 내 마음대로 못하며 그것은 나를 지으신 주님의 권한이며 주님만이 하실 수 있는 것이다.

"주님은 나무요 너희는 가지라"고 하셨다. 가지가 나무에서 떨어지면 말라 죽고 예수님의 목장에서 벗어난 양은 늑대의 밥이 되듯이 우린 항상 우리의 목자 되시는 예수님의 울타리 안에서 벗어나지 말고 그 푸른 초장에서 예수님의 보호를 받으며 살아갈 때에 참 평안을 얻는 삶이 될 것이다.

자동차 한 대는 약 2만 가지의 재료와 부속으로 만들어 진다. 그중에 한 개라도 빠지거나 고장나면 자동차로서의 제기능을 하지 못하듯이 우리 몸도 어느 한 기관이 아프면 온 몸에 지장을 주어 온전히 일을 할 수 없다

우리 성도님 한 사람 한 사람이 예수님 몸의 각 기관의 지체요 양이다. 나의 한 사람의 고장으로 시험으로 이탈로 넘어지고 쓰러지고 당하고 있다면 우리 주님의 몸이 아프고 힘들며 주님의 가슴과 마음이 찢어진다. 이렇듯이 나 하나의 이 지체가 얼마 만큼의 귀하고 귀한 존재인지 깨닫고 꼭 주님의 목장에서 벗어나지 않도록 주의하고 각별히 실천해야 한다. 항상 목자 되시는 예수님의 눈동자 안에서 벗어나서도 안된다는 사실을 아시고 교회 내에서도 내가 맡은 그 직분 직책이 크든 작든 최선을 다하고 또 보고 확인하고 내가 하는 이일이 성도의 기쁨이 될 때, 주님께 기쁨이 되어서 칭찬 받는 아름다운 주님의 지체요 주님의 양인 주님의 참된 일꾼이 될 줄 믿는다.

> 너는 두려워 말라 내가 너를 구속하였고 내가 너를 지명하여 불렀나니 너는 내 것이라 내가 너를 보배롭고 존귀하게 여기고 사랑하였은즉 곧 내가 내 영광을 위하여 창조한자를 오게 하라 그들을 내가 지었고 만들었느니라(사 43:1~7).

CHAPTER 51

거짓(선지자, 사도, 선생), 적그리스도와 이단

- **이단(다른 복음)** : 다른 복음은 없나니 다만 어떤 사람들이 너희를 요란케 하여 그리스도의 복음을 변하려 함이라 다른 복음을 전하면 저주(詛呪)를 받을지어다(갈 1:7~8).
- **거짓 선생** : 민간에 또한 거짓 선지자들이 일어났었나니 이와 같이 너희 중에도 거짓 선생들이 있으리라 저희는 멸망케 할 이단(異端)을 가만히 끌어 들어 자기들을 사신 주를 부인하고 임박한 멸망을 스스로 취하는 자 들이라(벧후 2:1).
- **거짓 그리스도** : 예수께서 대답하여 가라사대 너희는 사람의 미혹(迷惑)을 받지 않도록 주의하라 많은 사람들이 내 이름으로 와서 이르되 나는 그리스도라 하여 많은 사람을 미혹케 하리라(마 24:4~5).
- **거짓 사도** : 저런 사람들은 거짓사도요 궤휼의 역군이니 자기를 그리스도 사도로 가장(假裝)하는 자들이니라(고후 11:13).
- **거짓 선지자** : 사랑하는 자들아 영을 다 믿지 말고 오직 영들이 하나님께 속하였나 시험하라 많은 거짓 선지자가 세상에 나왔음이니라(요일 4:1).
- **자기 욕심을 채우는 자** : 형제들아 내가 너희에게 권하노니 너희 교훈을 거스려 분쟁(紛爭)을 일으키고 거치게 하는 자들을 살피고 저희에게서 떠나라 이 같은 자들은 그리스도를 섬기지 아니하고 자기의 배만 섬기나니 공교하고 아첨하는 말로 순진한 자들의 마음은 미혹하느니라(롬 16:17~18).
- **적그리스도** : 짐승이 잡히고 그 앞에서 이적을 행하던 거짓 선지자도 함께 잡혔으니 이는 짐승의 표를 받고 그의 우상에게 경배하던 자들을 이적(異蹟)으로 미혹하는 자라 이 둘이 산채로 유황불 붙는 못에 던지우고 그 나머지는 말 탄자의 입으로 나오는 검으로 죽으매 모든 새가 그 고기로 배불리우더라(계 19:20~21).

사단의 역사에 쓰임 받아 능력과 표적을 나타내는 자

악한 자의 일함은 사단의 역사를 따라 모든 능력과 표적(表蹟)과 거짓 기적과 불의의 모든 속임으로 멸망하는 자들에게 임하리니 이는 저희가 진리의 사랑을 받지 아니하여 구원함을 얻지 못 함이니라(살후 2:9~10).

예수님의 당부 말씀

그때에 사람들이 너희에게 말하되 보라 그리스도가 여기 있다 보라 저기 있다 하여도 믿지 말라 거짓 선지자와 거짓 그리스도가 일어나 이적과 기사(奇事)를 행하여 할 수만 있으면 택하신 백성을 미혹케 하려 하리라 너희는 삼가라 내가 모든 일을 너희에게 미리 말하였노라

(막 13:21~23).

Holy

지금 우리 주변에 얼마나 많은 거짓 선생, 거짓 선지자, 이단 등이 주님의 택하신 백성을 미혹하고 유혹하며 끌고 가고 있을까? 혹시, 우리 주변에 그런 형제와 자매가 있다면 하루 빨리 사단의 손아귀에서 이끌어 내야 한다. 지금도 하루에 몇 번이고 대문 초인종을 누르며, 광장과 골목을 두루 다니며 그들은 먹잇감을 찾고 있다. 미혹하는 영에 사로잡혀 수많은 곳에 이단의 교단이 세워지고 있는 이 현실에 이제는 주님의 권세를 가진 1200만 십자가 군병이 그들을 물리치고 빼앗겼던 주님의 양을 찾아야 할 때라고 지금도 주님은 애타게 우리를 부르고 찾고 계신다.

이제는 그들을 피할 때가 아니고 대적할 때이다. 그들도 말씀 책(성경)을 들고 다닌다. 왜 우리가 그들에게 주님의 양을 내어주고 있는지 아는가? 바로 성경 말씀의 지식이 부족하여 그들이 수장하는 거짓된 이론에 대응하지 못하고 오히려 그들의 설명하는 말에 미혹되기 때문이다. 사단은 한국교회의 약점, 목회자의 약점, 성도들의 약점을 가지고 파고들어 온다. 그리고 계속적으로 포섭을 멈추지 않으며 하물며 교회를 통째로 접하는 사건들이 종종 들려오고 있으며 그들은 지속적으로 아픈 부분을 뚫고 들어오고 있다.

수많은 사단의 종과 거짓 목사, 거짓 성도, 거짓 그리스도들이 사단의 역사에 따라 능력과 표적, 이적을 보이며 공격하고 있는 지금의 이 현실에 이제는 성령의 검으로 그 들을 물리치고 그들에게 더 이상 우리의 약점을 보이지 말며 방송매체와 신문에 우리의 추한 모습들이 보도되고 실리지 않도록 스스로를 점검해야 한다. 또 나 하나의 잘못으로 수많은 영혼이 죽는다는 사실을 깨달아서 이제는 승리의 소식들이 전 세계의 방송매체와 신문과 인터넷을 통해 알려지도록 각자 주님이 주신 능력과 은사를 마음껏 발휘 할 때며 성령의 검을 들고 일어날 때이다. 우리 모든 그리스도의 성도들이여 이제 다 같이 일어나 주님의 일에 참된 동역자가 되자.

"하늘이여 들으라 땅이여 귀를 기울이라, 여호와께서 말씀하시기를 내가 자식은 양육하였거늘 그들이 나를 거역(拒逆)하였도다. 소는 그 임자를 알고 나귀는 주인의 구유를 알건마는 이스라엘은 알지 못하고 나의 백성(百姓)은 깨닫지 못하는도다 하셨도다"

(사 1:2~3).

CHAPTER 52

인간창조의 목적

이 백성은 내가 나를 위해 지었나니 나의 찬송(讚頌)을 부르게 하려 함이라(사 43:21).

여호와는 하늘을 창조하신 하나님이시며 땅도 조성(造成)하시고 견고케 하시되 헛되이 창조치 아니하시고 사람으로 거(居)하게 지으신 자시니라(사 45:18).

내가 땅을 만들고 그 위에 사람을 창조하였으며 내가 친수(親手)로 하늘을 펴고 그 만상(萬象)을 명하였노라(사 45:12).

찬송하리로다. 하나님 곧 우리 주 예수그리스도의 아버지께서 그리스도 안에서 하늘에 속한 모든 신령한 복으로 우리에게 복 주시되 곧 창세(創世)전에 그리스도 안에서 우리를 택하사 우리로 사랑 안에서 그 앞에 거룩하고 흠이 없게 하시려고 그 기쁘신 뜻대로 우리를 예정(豫定)하사 예수그리스도 말미암아 자기의 아들들이 되게 하셨으니 이는 그의 사랑하시는 자 안에서 우리에게 거저 주시는 바 그의 은혜의 영광을 찬미(讚美)하게 하려는 것이라. 그 안에서 너희도 진리(眞理)의 말씀 곧 너희의 구원의 복음을 듣고 그 안에서 또한 믿어 약속의 성령으로 인치심을 받았으니 이는 우리 기업(基業)의 보증이 되사 그 얻으신 것을 구속하시고 그 영광을 찬미하게 하려 하심이라(엡 1:3~14 참조).

하나님이 원하시는 것은 모든 사람이 구원받는 것

하나님은 모든 사람이 구원을 받으며 진리를 아는데 이르기를 원하시느니라(딤전 2:4).

하나님이 기뻐하시는 것은 복음전파

오직 하나님의 옳게 여기심을 입어 복음 전할 부탁을 받았으니 우리가 이와 같이 말함은 사람을 기쁘게 하려함이 아니요 오직 우리 마음을 감찰하시는 하나님을 기쁘시게 하려함이라 (살전 2:4).

Holy

하나님께서는 창세전에 우리를 미리 예정하시고 찬송과 찬미의 영광을 받으시기 위하여 이 땅을 창조하시어 사람이 거할 수 있도록 모든 주변 환경을 만드셨으며, 예수님을 통하여 구원의 복음을 듣게 하시고 자녀 삼으시고 성령으로 인치심을 하셨다. 이제 우리 성도는 사단의 종이 아니요 하나님의 자녀이다. 이제 우리의 행동에서 언어는 주님을 닮은 모습이 나와야 되고 우리의 입에서는 주님의 언어가 나와야 한다. 한국 남자에게 일본 여자가 시집오면 그 일본 여자는 한국의 풍습과 언어를 배우기 위하여 최선을 다하며 그 자녀 역시 일본 풍습과 언어를 배우는 것이 아니고 한국인으로서 한국의 문화와 언어를 배우며 자라나듯이, 이제 우리는 예수님의 신부요 하나님의 자녀가 되었다.

신부와 자녀는 하나님 아버지의 나라의 법을 지키고 행히고 말해야 하며 신랑 되시는 예수님의 나라 법을 지키고 언어를 사용할 줄 알아야 사랑 받는 신부요 평생을 헤어짐 없이 살 수 있지 않겠는가?

시집와서 몇년 아니 몇 십년을 살았으면서도 나의 모습에서 아직도 옛 풍습, 습관, 세상의 말과 행동을 하고 있다면 이제는 잘나지도 않은 기(氣) 좀 꺾으시고 신랑되시는 예수님 말 좀 들어야지, 환갑이 지나고 칠순이 다가오는데도 오순도순 살지도 못하고 옥신각신 아웅다웅 그렇게 살다가 죽으니까 웬수 잘 죽었다고 얘기하는 것이다.

웬수는 누구인가? 바로 사단을 말하는 것이다. 그러니까 사단의 종이 되어 지옥에 가는 것이다. 여기서의 신랑이 바로 우리 예수님의 모습이고, 철없는 신부, 살림도 잘 못하는 신부, 말도 잘 듣지 않고 변명만 늘어놓는 신부, 여기의 신부가 지금의 우리의 모습이다.

살림도 잘 못 하고 말도 듣지 않는 신부를 지금까지 데리고 살아 준 신랑 예수님께 감사 기도드리고 저 천국에 가서도 헤어지지 말고 하나님 아버지께 영광 돌려드리며 찬송과 찬미하자고 지금 신랑 예수님 손을 꼭 잡고 예수님 품안으로 들어가 안기자.

CHAPTER 53

인간과 사단의 최후

※ 성도님들께 낙원과 음부, 천국과 지옥을 비교 설명을 강조 하고자 함. 계시록에 기록된 말씀 순서대로 나열 하였으므로 역사의 진행 순서는 주님만이 아시고 학자마다 의견이 다르고 정확하지 않은 점 (참고)

<table>
<tr><th>분류 진행</th><th>사후세계</th><th>예수님 재림</th><th>아마겟돈 전쟁</th><th>천년왕국</th><th>전쟁</th><th>백보좌 심판</th></tr>
<tr><td>성도</td><td>낙원</td><td>부활
혼인잔치</td><td rowspan="2">전쟁</td><td>왕같은
제사장
천년동안</td><td rowspan="2">잠시사단
풀림
사단전쟁
일으킨
후 멸망</td><td>천국</td></tr>
<tr><td>불신자</td><td>음부</td><td>음부</td><td>사단 갇힘
무저갱</td><td>지옥
(불못)</td></tr>
</table>

• 낙원 : 예수님 믿는 자가 육신이 죽은 후 가는 곳 : 예수님 오른쪽 강도(눅 23:43)
거지나사로(아브라함 품 : 낙원 비유, 눅 16:23)

• 음부 : 불신자 사후(死後)에 가는 곳(예수님 오시기전 구약시대에는 특정인을 제외한 죽은 자들 모두 음부로 들어감) (눅 16:23, 욥 7:9, 민 16:33, 전 9:10, 계 1:18).

• 예수님 재림 : 다시 오신다는 예수님 재림, 성도와 혼인잔치(계 19:1~10).

• 아마겟돈 전쟁 : 그리스도 군대와 사단의 군대 전쟁 → 짐승과 거짓선지자(우상 경배자에게 이적으로 미혹한자) 산채로 유황불 못에 던져짐(계 19:11~21).

• 사단 무저갱 : 천년동안 무저갱에 사단 갇힘(계 20:1~3).

• 천년왕국 : 성도들은 천년동안 그리스도와 더불어 왕 노릇 제사장(계 20:6).

• 사단풀림 : 천년이 차매 사단이 옥에서 풀림(계 20:7).

• 전쟁 : 다시 사단은 사방의 백성을 모아 전쟁을 일으킴(계 20:8).
그 백성의 수가 바다 모래 같으나 하늘에서 불이 내려와 소멸됨(계 20:7~9).

• 백 보좌 심판 : 생명책에 기록되지 못한 자는 불 못(지옥)에 던지 우더라(계 20:11~15).

• 새 하늘 새 땅 : 주 예수의 믿음의 승리자 입성 영원한 천국

믿는 성도의 사후(死後)세계

이 땅의 육신의 죽음은 영원한 천국백성 시작

낙원

죽은 후 신자의 영은 즉시 천사들에게 받들려 낙원으로 간다.
예수님 재림 시 부활할 때까지 머무르는 곳
(눅 24:43 – 오른편 강도)
(고후 12:4 – 바울이 천사에게 이끌러 낙원에 감)
(눅 16:22 – 거지나사로 천사들에게 받들러)
(살전 4:16~17 – 예수님 재림시 부활한 성도

부활

주님 재림 시 영은 부활하여 신령한 몸으로 공중으로 끌려 올려 져서(휴거) 주님을 영접한다.
(살전 4:16~17 – 부활)
(고전 15:44 – 신령한 몸)

혼인잔치

부활한 성도들과 혼인잔치(계 19:7~8)

천년왕국

제사장이 되어 천년동안 왕 노릇(계 20:6)

새 하늘 새 땅

신령한 하늘과 땅, 하나님 구속사업 완성(계 20:6)

성도의 상급

각자의 쌓은 공력대로 상을 줌(고전 3:12~15).

주님이 직접 각자 일 한 대로 갚아준다(계 22:12).

옳은 행실 한자는 세마포 입고 혼인잔치 청한 받음(계 19:8~9).

죽도록 충성한 자 생명의 면류관을 받는다(계 2:10).

선한 싸움을 싸우고 믿음 지킨 자 의의 면류관 받음(딤후 4:7~8).

양 무리 유익을 위해 모범을 보인자 영광의 면류관을 얻는다(벧전 5:3~4).

이 땅에서 가장 많은 여자와 권력과 재산과 명예를 소유했던 솔로몬 왕이 아침 이슬 같은 인생에 대한 고백이다.

"헛되고 헛되며 헛되고 헛되니 모든 것이 헛되도다"(전 1:2).

내 손으로 한 모든 일과 수고한 모든 수고가 다 헛되어 바람을 잡으려는 것이며, 해 아래서 무익(無益)하리라(전 2:11).

천하에 범사가 기한(期限)이 있고 모든 목적이 이룰 때가 있나니

날 때가 있고 죽을 때가 있으며

심을 때가 있고 심을 것은 뽑을 때가 있으며

죽을 때가 있고 치료 시킬 때가 있으며

헐 때가 있고 웃을 때가 있으며

슬퍼할 때가 있고 춤출 때가 있으며

돌을 던져 버릴 때가 있고 돌을 거둘 때가 있으며

안을 때가 있고 안은 일을 멀리 할 때가 있으며

찾을 때가 있고 잃을 때가 있으며

찢을 때가 있고 꿰 멜 때가 있으며

잠잠할 때가 있고 말할 때가 있으며

사랑할 때가 있고 미워할 때가 있으며

전쟁할 때가 있고 평화할 때가 있느니라

일 하는 자가 그 수고로 말미암아 무슨 이익(利益)이 있으랴(전 3:1~9).

Holy

이것이 인생의 삶이라면 얼마나 이 땅을 떠날 때 나에게 무슨 이익이 있단 말인가?

'아침의 이슬 같은 인생', '빈손으로 왔다 빈손으로 가는 인생'

'잠깐 머물다 가는 나그네의 길' 우리에게 주어진 이 짧은 시간을 어디에 어떻게 쓰고 있는가? 사후의 세계의 글을 쓰면서 가슴이 떨리고 한편으로는 기쁨이 넘쳐서 꼬박 날을 지새웠다.

이 땅에서의 연수가 70이요 강건하면 80이라고 했는데(시 90:10) 저 사후의 세계는 몇 년일까? 끝이 없는 영원한 것 즉, 수억 년 수조(非)년 끝이 없다는 사실이다. 이 땅에서 70년 80년은 부산 해운대 해수욕장의 전체 모래가 영원이라면 한 알도 안 되는 것이 세상에서의 우리의 삶이다. 그 전체 셀 수없는 큰 모래를 못 보고 겨우 한 알, 눈에 보일까 말까하는 그 한 알을 붙들고 사니 죽니 아등바등 발버둥치며 살아가는 인생, 이것이 바로 성경에서 처음부터 끝까지 외치고 외치는 "육은 잠깐이요(70~80년) 영은 영원하니 썩어가는 육을 위해 살지 말고 영원한 영을 위해 온몸 다 바쳐 죽도록 충성하며 눈이 범죄 하면 눈을 빼서라도 손이 범죄 하면 손을 찍어 버려서라도 지옥가면 안된다고 하셨다. 또한 믿고, 행하고, 지켜야, 영원히 살수 있다고 우리의 구원을 위해 십자가에 못박혀 피 흘리며 죽기까지 하면서 예수님께서는 외치셨다.

우리에게 주어진 이 짧은 인생의 시간은 우리가 천국을 갈 것인가? 저 무서운 지옥을 갈 것인가? 시험을 치고 있는 중이다.

이 책을 보시고 계시는 성도님 연세가 어떻게 되었든, 땅을 졸업하고 낙원을 지나 부활하여 주님과 혼인잔치하고 천 년 동안 왕 노릇하다 영원한 나라 새하늘 새땅 저 천국 하나님이 계시는 나라에서 영원히 함께 살려면 인생의 남은 시간을 이제 부터라도 상급을 쌓는데 전력을 다해야 한다. 그리고 이 놀라운 사실을 전해서 이 세상을 복음의 나라로 만드는데 앞장서야 한다. 이스라엘 민족을 이끌었던 모세처럼 그리고 여호수아처럼 저 가나안 땅을 향하여 나아가야 한다. 반대로 그자리에 그대로 주저앉아 있다면 어떻게 될까? 앞에 비교 표를 보고 성도님의 마음과 모든 삶속에서 예수님이 중심이 되어 가장 믿음이 좋았던 아브라함처럼, 자손 대대로 하나님의 복이 넘쳐흐르고 나라와 민족과 가문과 가정을 저 천국으로 인도하여 이끌어 나가는 큰 일꾼이 되길 간절히 바란다.

이디오피아의 셀라시에 황제는 당시 우리나라 정부의 수년 예산만큼의 많은 재산을 쌓아 놓았었지만 그의 생명도 그의 왕권도 그 많던 재산도 다 없어지고 그 백성들은 지금에 이르기까지 굶주림에 지쳐 수백만명이 죽어가고 있다. 또 이란의 팔레비왕은 우리나라의 한해 예산 만큼의 돈을 해외로 도피시켜 왔다고 했는데 왕의 권세도 없어지고 천년만년 살 것처럼 축재(蓄財)했지만 결국 암으로 죽고 그 많던 재산이 병원의 수술비용도 못 낼 정도로 다 없어 졌다고 한다. 우리 주변에서도 많은 예를 찾아볼 수가 있다.

평생 공부해서 권력 잡고 명예와 재물을 소유하였어도 삶을 비관하여 강과 바다에 투신하여 죽고, 인기 연예인들이 줄을 이어 자살하고 있다. 그러나 가난하여 학교를 다니지 못해 비록 학력은 무학이지만 권력도, 명예도, 재물도 없이 오직 자식을 위해 한평생 희생하시고, 하나님 섬기며 사시는 88세인 우리 어머님이, 자살하여 떨어진 그 부자집 나리님들 보다 수천만 배 더 낫다고 생각한다.

육신이 죽은 후의 사후의 세계는 우리의 상상을 초월한 일들이 벌어지고 있다. 그때 가서 부자와 나사로의 예처럼 후회하는 부자가 되지 말고 천국에 투자해서 그곳에 나중에 살아갈 멋있는 집과 정원과 갖가지 물건과 영원히 쓰고 사용 할 것에 투자하자. 이 땅에 수천억 원을 투자해서 신도시를 만들고 빌딩을 수십 개를 지어 등기를 해 놓은들 짧은 인생 숨질 때는 잘해야 누워있을 묘지 땅 서너 평이나 남지 않겠는가?

성도님, 우리는 사후의 세계의 저 천국에 투자하고 적금 들어서 미래를 개척해 나가자. 증권도 예수님이 운영하시는 회사인 천국증권에 투자하면 왕 대박난다. 아주 자손이 천대까지 먹고 사는데 걱정 안해도 된다. 지금 즉시 내 주변과 모든 이웃들에게 이 비밀의 증권에 투자하라고 소개하자. 신랑, 신부가 시집가고 장가갈 때 혼수품을 다 준비하고 신혼집이나 방도 준비하듯이 우리가 저 천국으로 신랑 되시는 예수님을 맞으러 가는 신부가 빈손으로 가서 영원히 천대받고 구박받고, 신랑 얼굴도 못 쳐다보고 그렇게 살 수는 없지 않는가. 변두리 산 꼭대기가 아니라 우리가 살 곳은 에덴동산 중앙에 있는 가장 큰 집에서 예수님과 영원히 함께 살아야 하지 않겠는가?

CHAPTER 54

예수님의 재림 대비와 시기

• 때를 알지 못함

그런즉 깨어 있으라 너희는 그 날과 그 시(時)를 알지 못하느니라(마 25:13).

깨어있는 자의 복 : 주인이 와서 깨어 있는 것을 보면 그 종들은 복이 있으리로다 내가 진실로 너희에게 이르노니 주인이 띠를 띠고 그 종들을 자리에 앉히고 나아와 수종(隨從)하리라 (눅 12:37).

빛의 아들은 깨어 근신하라 : 너희는 빛의 아들이요 낮은 아들이라 우리가 밤이나 어두움에 속하지 아니하나니 그러므로 우리는 다른 이들과 같이 자지 말고 깨어 근신(勤愼)할지라 (살전 5:5~6).

- 속히오심 : 내가 속히 임하리니 네가 가진 것을 굳게 잡아 아무나 네 면류관을 빼앗지 못하게하라(계 3:11).
- 도적같이 오심 : 보라 내가 도적같이 오리니 누구든지 깨어 자기 옷을 지켜 벌거벗고 다니지 아니하며 자기의 부끄러움을 보이지 아니하는 자가 복이 있도다(계 16:15).
- 뒤늦게 준비할 때 : 저희가 사러 간 동안에 신랑이 오므로 예비하였던 자들은 함께 혼인잔치에 들어가고 문은 닫힌지라(마 25:10).
- 알지 못할 때 : 그러므로 깨어 있으라 집 주인이 언제 올는지 혹 저물 때엘는지 밤중엘는지 닭 울 때 엘는지 새벽엘는지 너희가 알지 못함이라(막 13:35).
- 준비하고 기다려라 : 허리에 띠를 띠고 등불을 켜고 서 있으라 너희는 마치 그 주인이 혼인집에서 돌아와 문을 두드리면 곧 열어주려고 기다리는 사람과 같이하라 (눅 12:35~36).
- 세상 모든 사람들에게 : 그가 홀연(忽然)히 와서 너희의 자는 것을 보지 않도록 하라, 깨어 있으라 내가 너희에게 하는 이 말이 모든 사람에게 하는 말이니라 하시니라 (막 13:36~37).

Holy

사람이 일평생을 사는 동안 웃는 시간은 89일, 화내는 시간은 5년, 잠자는 시간 20년, 이라는 기사를 본적이 있다. 인생의 30% 즉, 3분의 1을 잠을 자는데 소비하고 그리고 화를 내는 시간이 무려 5년이라니 문득, 내 자신의 지난 삶을 되돌아보니 과연 그러한 통계가 맞는 것 같다. 잠으로 시간 빼앗기고 싸우는데 시간 빼앗기고 먹는데 시간 빼앗기고 이 일하고 저 일하고, 과연 하나님의 일은 얼마나 하고 있는가? 하루의 일과표를 보고 또 보아도 10%는 커녕 1%도 안 되는 나의 신앙생활이었다. 그 사실을 알고 부터 나는 시간의 10분의 1 이상을 하나님께 드려서 내 상급 쌓고 예수님 재림의 때에 대한 준비도 열심히 하고자 노력하고 있다.

언젠가는 우리의 시간을 선부다 드릴지라도 그래도 부족함을 느껴 하나님 아버지께 죄송한 마음을 갖고 사는 그 날이 오기를 우리 모두 간구하며 노력하자.

화내는 시간이 5년, 이것이 현재의 우리 모습이라면 과연 우리가 진정한 그리스도인이라고 할 수가 있을까? 종종 교회 내에서도 화를 내시는 분들을 볼 수가 있다.

예수님이 내 안에 오셔서, 성령 충만해서 모두가 다 기쁨이 넘쳐 웃고 있는데 나 혼자 얼굴 찡그리고 화를 내고 있다면 예수님께서 오해 하시지 않겠는가? 즉, 우리안에는 이미 예수님이 성령으로 들어와 계신다.(삼위일체 하나님)

이제는 마음을 기쁨으로 변화시켜 "항상 기뻐하라"(살전5:16)는 말씀처럼 마귀가 틈 탈수있는 화를 내지 말고, 온전한 그리고 충만한 기쁨이 내 삶의 자체가 되어 내가 가는 곳마다 예수님의 향기가 넘치는, 웃음꽃이 피어나는 복음의 현장이 되길 기도하며 우리 모두 예수님의 재림에 준비하는 복된 성도가 되자.

내 평생 예수님이 좋아서 웃고 살리라		내 평생 예수님 재림 대비하리라
일요일(주일)	: 일어나자 마자 웃고	일주일 내내 기도하고 예배드리고
월요일	: 월래 웃고 또 웃고	월급 받아 선교하고 헌금하고
화요일	: 화사하게 웃고	화가 나도 인내하고 회개하고
수요일	: 수수하게 웃고	수척해지도록 주님 일하고 또 하고
목요일	: 목숨 걸고 웃고	목적지를 천국에 두고 천국보물에 투자하고
금요일	: 금세 웃고 또 웃고	금이라도 팔아 불우이웃 돕고 형제 돕고
토요일	: 토실토실 웃고	토씨하나 없어지지 않는 말씀 읽고 행하고

이렇게만 행하면 평생 기쁜 마음으로 주님 일하며 웃고 살 수 있을 것이다. 이 땅에서 웃는 연습을 많이 해야 저 천국에 가서도 어색해하지 않을 것이다. 왜냐하면 우리가 갈 천국은 너무 너무 좋아서 날마다 함박 웃음꽃이 입가에 피어나는 곳이기 때문이다.

CHAPTER 55

하나님의 인도(引導)

하나님의 인도

이 하나님은 영영(永永)히 우리 하나님이시니 우리를 죽을 때까지 인도하시리로다(시48:14).

예수님의 인도

어두움과 죽음의 그늘에 앉은 자에게 비취고 우리 발을 평강(平康)의 길로 인도하시리로다하니라(눅 1:79).

성령님의 인도

진리의 성령이 오시면 그가 너희를 모든 진리 가운데로 인도하시리니 그가 자의(自意)로 말하지 않고 오직 듣는 것을 말하시며 장래 일을 너희에게 알리시리라(요 16:13).

하나님의 지시와 인도

- 아브라함 : 너는 너의 본토 친척(親戚)아비 집을 떠나 내가 네게 지시할 땅으로 가라 (창 12:1).

  우리의 사명 – 선교지를 향하여 가라

- 야곱 : 여호와께서 야곱에게 이르시되 네 조상의 땅 네 족속에게로 돌아가라(창 31:3).

  우리의 사명 – 잃어버린 양을 찾아 돌아오라

- 모세 : 이제 내가 너를 바로에게 보내어 너로 내 백성 이스라엘 자손을 애굽에서 인도하여 내게 하리라(출 3:10).

  우리의 사명 – 세상의 사지(死地)에서 건져내어 인도하라

- 여호수아 : 내종 모세가 죽었으니 이제 너는 이모든 백성으로 더불어 일어나 이 요단을 건너 내가 그들 곧 이스라엘 자손에게 주는 땅으로 가라(수 1:2).

  우리의 사명 – 믿음의 백성과 함께 천국을 향하라

예수님의 지시

성도 : 너희는 온 천하에 다니며 만민에게 복음을 전파하라(막 16:15).

우리의 사명 – 땅 끝까지 호흡과 생명이 있는 한 복음을 전하라

우리의 하나님께서는 우리를 한 두번이 아닌, 이 땅에 태어나서 죽을 때까지, 천국에 갈때까지 인도하여 주신다고 하셨다.

구약시대에는 하나님이 필요한 특정의 사람을 들어서 쓰시고 그 들만을 인도자로 지도자와 왕으로 세웠지만 이제는 우리 모두에게 성령이 친히 오셔서 우리를 왕 같은 제사장으로 세워주셨다.

모세와 아브라함과 함께 하셨던 하나님께서 지금 내안에 들어와 계신다. 그러나 우리는 이 귀하고 큰 사실을 인정도 고백도 못하고 지금도 내 자원(自願)으로 무슨 일이든지 했다가 쓰러지고 넘어지고 실패해서 하나님을 원망하고 있지는 않는가? 하나님께서는 무슨 일이든 당신의 뜻하신 일에만 응답하시고 뒷받침을 하신다는 사실을 성경을 통하여 깨달아야 한다.

그러나 우리는 '주님 믿습니다' 하며 나의 구상과 나의 계획으로 하나님을 앞서 먼저 시작을 한다. 그리고 나서 넘어지면 하나님을 원망하며 나를 버리셨다고, 기도해도 응답도 문제 해결도 안 된다는 등 불평해 본들 본인만 손해이다. 왜! 우리가 기도를 매일하고 새벽기도를 그렇게 많이 해도 응답은 커녕 더 삶이 힘들어지는지를 깊이 생각해 봐야 한다. 우리가 하나님의 뜻과 성품과 진리를 바로 알고 그 안으로 들어 갈때 비로서 하나님께서는 응답해 주심을 알아야 한다.

그러므로 항상 하나님의 뜻과 의를 먼저 구하자. 나를 주님의 계획에 일꾼으로 채용해서 써달라고 부탁하는 기도를 하자. 우리의 기도가 이제는 '주실 줄 믿습니다'가 아니라 '주님, 나를 주님의 계획대로 써주세요'가 되어야 한다. 주님의 큰 도구로 채용되면 항상 주님은 우리와 동행하시고 우리의 모든 일을 인도하여 주실 것이다.

이스라엘 민족 약 200만 명이 홍해 앞에 섰을 때 그 홍해를 건널 수 있다고 믿는 사람은 오직 모세 한명 뿐이었다. 그러나 그 길은 누가 인도하셨는가? 하나님께서 인도하셨기에 한명도 죽지 않고 그 엄청난 사람이 바나 속 길을 건널 수 있었다. 하나님이 인도하시지 않았던 애굽 군대는 모두 물속에서 죽는 것을 볼 수 있다. 바로 우리의 삶이 하나님의 인도함의 안에 거하는지 나의 자원에 힘으로 밖에 거하는지, 이 차이는 내가 사느냐 죽느냐의 큰 문제이다. 오직 하나님만 의지하였던 다윗왕은 수 십번 수 백번의 싸움과 전쟁에서 한 번도 진적이 없으며, 사무엘 역시 그가 기도한 것을 전부 다 주님이 받으시고 땅에 떨어진 것은 하나도 없었다고 하셨다. 하나님께서는 왼쪽 손은 우리와 싸우고 오른쪽 손으로는 우리를 위해 싸운다는 칼빈의 말처럼 우리는 하나님의 왼쪽 손을 가볍게 해드리는 지혜 있는 성도 다윗의 믿음과 사무엘의 기도의 능력을 소유하여 예수님께서 물 위로 걸어 오라하실 때 걸어가야 물에 안 빠지지, 자기 자원으로 물위를 걸었다가는 물에 빠져 죽는다. 우리는 우리의 선봉(先鋒)에 주님을 모시고 주님을 앞장 세워 따라가는 지혜있는 성도가 되자.

"여호와는 나의 목자(牧者)시니 내가 부족함이 없으리로다.

Holy

그가 나를 푸른 초장(草場)에 누이시며 쉴 만한 물가 으로 인도하시는도다

내 영혼 을 소생시키시고 자기 이름을 위하여
의(義)의 길로 인도하시는도다
내가 사망에 음침한 골짜기로 다닐지라도 해(害)를 두려워하지 않을 것은
주께서 나와 함께 하심이라 주의 지팡이와 막대기와 나를 안위(安慰)하시나이다.
주께서 내 원수의 목전(目前)에서 내게 상(賞)을 베푸시고 기름으로
내 머리에 바르셨으니 내 잔(盞)이 넘치나이다.
나의 평생(平生)에 선(善)하심과 인자(仁慈)하심이 정녕 나를 따르리니
내가 여호와 집에 영원히 거하리로다"(시편 23:1~6) .

CHAPTER 56 하나님께서 주신 능력(能力)

모든 능력은 하나님께서 부터 내려온다.

만군이 여호와께 말씀하시되 이는 힘으로 되지 아니하며 능으로 되지 아니하고 오직 나의 신으로 되느니라(슥 4:6).

하나님께서는 새 힘을 주심

오직 여호와를 앙망하는 자는 새 힘으로 얻으리니 독수리 날개 치며 올라감 같을 것이요 달음박질하여도 곤비치 아니하겠고 걸어가도 피곤치 아니하리로다(사 40:31).

예수님도 하나님의 능력으로 사역

병을 고치는 주의능력이 예수와 함께 하더라(눅 5:17).

하나님의 보내신 이는 하나님의 말씀을 하나니 이는 하나님이 성령을 한량없이 주심이니라 (요 3:34).

예수께서 저희에게 이르시되 내 아버지께서 이제까지 일하시니 나도 일한다(요 5:17).

나는 아버지 안에 있고 아버지는 내안에 계신 것을 네가 믿지 아니 하느냐 내가 너희에게이르는 말이 스스로 하는 것이 아니라 아버지께서 내안에 계셔 그이 일을 하시는 것이라 (요 14:10).

사도바울의 하나님 능력

하나님이 바울의 손으로 희한(稀罕)한 능을 행하게 하시니 심지어 사람들이 바울의 몸에서 손수건이나 앞치마를 가져다가 병든 사람에게 얹으면 그 병이 떠나고 악귀도 나가더라 (행 19:11~12).

이 복음을 위하여 그의 능력이 역사하시는 대로 내게 주신 하나님의 은혜의 선물을 따라내가 일꾼이 되었노라(엡 3:7).

성령의 권능

- 오직 성령이 너희에게 임하시면 너희가 권능을 받고 예루살렘과 온 유대와 사마리아와 땅 끝까지 이르러 내 증인이 되리라(행 1:8).
- 사도들이 큰 권능으로 주예수의 부활을 증거 하니 무리가 큰 은혜를 얻어(행 4:33).
- 스데반이 은혜와 권능이 충만하여 큰 기사(奇事)와 표적을 민간에 행하니(행 6:8).
- 하나님께서 우리에게 주신 것은 두려워하는 마음이 아니요 오직 능력과 사랑과 근신하는 마음이니(딤후 1:7).
- 십자가의 도가 멸망하는 자들에게는 미련한 것이요 구원을 얻는 우리에게는 하나님의 능력이라(고전 1:18).

전도할 때 성령의 능력

- 내 말과 내 전도함이 지혜의 권하는 말로하지 아니하고 다만 성령의 나타남과 능력으로 하여 너희 믿음이 사람의 지혜에 있지 아니하고 다만 하나님의 능력에 있게 하려 하였노라 (고전 2:4~5)

가르칠 때 성령의 능력

- 우리가 이것을 말하거니와 사람의 지혜의 가르친 말로 아니하고 오직 성령의 가르치신 것으로 하니 신령한 일은 신령한 것으로 분별 하느니라(고전 2:13).

병 고치는 성령

- 어떤 이에게는 한 성령으로 병 고치는 은사를 주시나니(고전 12:9)

Holy

하나님께서 내게 주시는 능력은 무엇일까? 꼭 홍해 바다가 갈리고 물 위를 걸으며 죽은 자를 살려내고 병든 자를 고치고 주님의 주신 능력은 크고 작은 것이 문제가 아니다. 모든 일은 주님이 하시니까 복음을 위하여 그 분의 능력이 역사 하시는 대로 내가 주님의 일꾼으로 서 있는가? 주님께서 사용하시기에 그릇이 깨끗이 청소가 되었는가? 점검해야 한다. 주님께서는 우리의 인품 성품 자세 모든 것을 보시고 그 사람의 맞는 것으로, 그 사람의 능력에 맞게 그 믿음에 맞추어 역사 하시고 능력이 임한다.

우리는 더 낮아지고 더 비우고 더 깨끗이 더 겸손히 주님께 경외하는 마음으로 주님의 보좌 앞에 더욱 더 엎드려 주님의 기름부음이 더 깊이 스며들도록 온전히 사모할 때, 내게 임하는 주님의 음성을 들을 수가 있을 것이다. 지금 믿음의 자녀에게는 주님의 능력이 모두 다 임하였다.

내가 호흡하는 것도 능력이요, 내가 하는 선한 모든 일은 주님이 주신 능력이다.

그래서 "범사에 감사하라는" 것이다. 내가 가는 길에 마귀가 접근 못하는 것은 주님이 주신 능력이 내게 임하여 있기 때문이다. 우리는 더욱 더 기름 부음에 능력과 큰 권능이 임하도록 기도하고 말씀대로 순종하여야 한다. 즉 내가 감기에 걸렸다고 하면 누가 고치겠는가? 내가 기도하고 약 먹고 고칠 수가 있다. 나를 고치듯이 남도 주님의 힘으로 고쳐주는 성도가 되자. 아직도 주님이 주신 능력으로 손 얹고 기도를 이니해보았는가? 모든 영적인 일은 주님이 하신다. 우리는 그릇이고 도구일 뿐이다. 그 그릇과 도구로 쓰임 받는 것이 바로 능력이다. 그릇이 크고 깨끗하면 크게 큰 도구로 쓰임 받는 것이고 그릇이 적으면 적은대로, 그릇이 청소가 안되어 있으면 겨우 자기 앞 가름이나 하고 자기 감기나 고치는 수준이다.

똑같이 예수님 제자들은 삼 년을 수행하며 배웠어도 베드로처럼 큰 능력이 기록되어 나타나지 않았을까? 빌립 집사와 사도 바울처럼 큰 이적과 기적들이 크게 나타나지 않았을까? 그것은 자신의 문제이다. 소년 다윗에게 임했던 하나님이 돌맹이 하나의 힘으로 블레셋 장군 골리앗을 죽이듯이 어린아이 도시락을 가지고 오병이어의 역사를 하시는 하나님께서는 지금, 주님이 성도님들에게 부여한 엄청난 능력을 사용하시기를 바라고 계신다. 하나님이 가까울수록 내가 작아지고 하나님이 멀어질수록 내가 커진다. 우리가 내 힘을 의시하면 하나님께서 역사를 못하신다. 전적으로 더 가까이 나아가 하나님의 힘을 구하여야 하나님께서 크게 역사하시는 것이다.

CHAPTER 57

하나님의 우리에게 약속(約束)

영원한 생명

• 그가 우리에게 약속(約束)하신 약속이 이것이니 곧 영원한 생명(生命)이니라(요일 2:25).

죽을 때 까지 인도

• 하나님은 영영히 우리 하나님이시니 우리를 죽을 때까지 인도 하시리로다(시 48:14).

고난 중에 보호

• 그 노염은 잠간이요 그 은총은 평생이로다 저녁에는 울음이 기숙할지라도 아침에는 기쁨이 오리라(시 30:5).

• 의인은 고난(苦難)이 많으나 여호와께서 그 모든 고난에서 건지시는 도다 그 모든 뼈를 보호하심이여 그 중에 하나도 꺾이지 아니 하도다(시 34:20).

• 우리의 잠시 받는 환난(患難)의 경한 것이 지극히 크고 영원한 영광의 중한 것을 우리에게 함이니(고후 4:17).

• 사랑하는 자들아 너희를 시련(試鍊)하려고 오는 불 시험을 이상한 일 당하는 것같이 이상히 여기지 말고 오직 너희가 그리스도의 고난에 참여하는 것으로 즐거워하라 이는 그의 영광을 나타나실 때에 너희를 즐거워하고 기뻐하게 하려함이라(벧전 4:12~13).

• 모든 눈물을 그 눈에서 씻기시매 다시 사망이 없고 애통하는 것이나 곡 하는 것이나 아픈 것이 다시 있지 아니하리니 처음 것들이 다 지나갔음이러라(계 21:4).

고난과 악한 조건도 하나님의 뜻으로 세운 요셉

• 당신들이 나를 이곳에 팔았으므로 근심하지 마소서 한탄하지 마소서 하나님이 생명을 구원하시려고 나를 당신들 앞서 보내셨나이다. 그런즉 나를 이리로 보낸 자는 당신들이 아니요 하나님이시라 하나님이 나로 바로의 아비를 삼으시며 애굽 온 땅의 치리자(治理者)를 삼으셨나이다(창 45:5~8).

Holy

형들에 의해 은 20에 팔려 애굽 땅의 종으로 팔려 온 것은 인간의 감정으로는 용서할 수 없는 일이었지만 그 악하고 고난 속에는 하나님의 큰 계획과 큰 역사가 숨겨져 진행중이었다. 우리 하나님은 지금도 우리의 어려운 환경 속에서 역사하고 계심을 믿고 인내와 기도하면서 하나님의 뜻을 구하고 찾으라. 그리하면 분명 주님의 크신 계획을 밝혀 인도하실 것이다.

우리에게 주신 약속의 선물

- 예수께서 이르시되 할 수 있거든 이 무슨 말이냐 믿는 자에게는 능치 못할 일이 없느니라 (막 9:23).
- 내가 너희에게 말하노니 무엇이든지 기도하고 구하는 것은 받는 줄로 믿으라. 그리하면 너희에게 그대로 되리라(막 11:24).
- 영접하는 자 곧 그 이름을 믿는 자들에게는 하나님의 자녀가 되는 권세를 주셨으니(요 1:12).
- 예수께서 가라사대 내가 곧 생명의 떡이니 내게 오는 자는 결코 주리지 아니할 터이요 나를 믿는 자는 영원히 목마르지 아니하리라(요 6:35).
- 내가 진실로 진실로 너희에게 이르노니 나를 믿는 자는 나의 하는 일을 저도 할 것이요 또한 이보다 큰 것도 하리니 이는 내가 아버지께로 감이니라(요 14:12).
- 모든 천사들은 부리는 영으로서 구원 얻을 후사들을 위하여 섬기라고 보내심이 아니뇨(히 1:14).
- 모든 은혜의 하나님 곧 그리스도 안에서 너희를 부르사 자기의 영원한 영광에 들어가게 하신이가 잠간 고난을 받은 너희를 친히 온전케 하시며 굳게 하시며 강하게 하시며 터를 견고케 하시리라 권력이 세세무궁토록 그에게 있을지어다. 아멘(벧전 5:10~11).

우리가 환난 받는 것은 축복의 통로

현재 성도님께서는 하나님의 인도를 받고 있는가? 나의 삶이 너무 힘들어서 혹시 하나님께서는 나를 인도하지 않나 보다, 왜 나에게는 이런 시련과 고난과 역경이 계속적으로 오는지 너무나도 힘들다. 현재 이런 환경에 계시더라도, 주님을 바라보고 기도하는 성도님은 진정으로 주님께서 인도하실 것이다.

"축하합니다" 힘이 들어서 죽겠는데 무슨 축하일까? 성경의 기록된 말씀 중에 성경의 인물 중 환란과 고난을 통과하지 않는 개인이나 민족은 쓰임을 받지 못했다 요셉을 보자. 형들에 의해 인신매매를 당하여 종으로 팔려서 옥살이를 2년이나 하지 않았는가? 하나님의 뜻은 고난과 악한 조건의 훈련을 거친 자에게 큰 복을 주며 큰 일들을 맡긴다는 사실을 알고 그 기간이 수 년이든 수십 년이든 참고 인내하여 자손 대대로 축복받는 역사가 하나님의 인도함으로 이루어지길 믿는다. 하나님께서는 죽을 때까지 인도하신다고 하셨으며 영원한 생명을 주신다고 하셨다. 한국 교회에서도 수많은 훈련과 고난과 역경을 겪으셨던 목사님에게 하나님께서는 더 많은 예수님의 양을 보내시고 맡기신다.

반대로 평안한가?

저희가 평안하다 안전하다 할 그때에 잉태된 여자에게 해산 고통이 이름과 같이 멸망이 홀연히 저희에게 이르리니 결단코 피하지 못하리라(살전 5:3).

이 말씀은 평안과 안전하다며 방심할 때의 경고이다. 평안 할수록 더욱 더 기도하고 감사하며 주님 일을 더 열심히 일하는 성도님이 되어야 마귀가 틈을 타지 못한다. 현재의 나의 삶이 어떠한 처지에 놓여 있든지 그 환경 속에서 주님이 함께 계심과 인도하심에 감사하고 소망을 이루는 진실된 주님의 제자가 되자.

성도의 영적무장과 지켜야할 행위

6

CHAPTER 58 성도의 주의해야 할 마음가짐

자기의 의(義)를 세우지 말라

- 내가 증거 하노니 저희가 하나님께 열심히 있으나 지식을 좇은 것이 아니라 하나님의 의를 모르고 자기 의를 세우려고 힘써 하나님의 의를 복종치 아니 하였느니라(롬 10:2~3).
- 사람에게 보이려고 그들 앞에서 너희 의를 행치 않도록 주의하라(마 6:1).

교만(驕慢)하지 말라

- 너희는 들을 지어다 귀를 기울일 지어다 교만하지 말 지어다, 여호와께서 이같이 말씀 하시느니라(렘 13:15).
- 그의 팔로 힘을 보이사 마음의 생각이 교만(驕慢)한 자들을 흩으셨고 권세 있는 자를 그 위에서 내리치셨으며 비천한 자를 높이셨고(눅 1:51~52).

언행(言行)을 조심하라

- 모든 악독과 모든 궤휼과 외식(外飾)과 시기와 모든 비방하는 말을 버리고 누추함과 어리석은 말이나 희롱의 말이 마땅치 아니하니 돌이켜 감사하는 말을 하라(벧전 2:1).
- 음행과 온갖 더러운 것과 탐욕은 너희 중에서 그 이름이라도 부르지 말라 이는 성도의 마땅한 바니라(엡 5:3).
- 오직 너희를 부르신 거룩한 자처럼 너희도 모든 행실(行實)에 거룩한 자가되라(벧전 1:15).

허식(虛飾)을 조심하라

구제(救濟)할 때에 외식하는 자 같이 하지 말라(마 6:2).

기도(祈禱)할 때에도 외식하는 자 같이 하지 말라(마 6:5).

금식(禁食)할 때도 외식하는 자 같이 하지 말라(마 6:15).

혀의 권세(權勢)

- 혀도 지체로되 큰 것을 자랑 하도다 보라 어떻게 작은 불이 어떻게 많은 나무를 태우는가

혀는 곧 불이요 불의 세계라 혀는 우리 지체 중에서 온몸을 더럽히고 생의 바퀴를 불사르나니 그 사르는 것이 지옥 불에서 나느니라(약 3:5~6).

• 한 입으로 찬송과 저주가 나는 도다 내 형제들아 이것이 마땅치 아니 하니라 샘이 한 구멍으로 어찌 단물과 쓴물을 내겠느뇨(약 3:10-11).

Holy

우리 성도들의 말에는 권세가 있다. 우리의 말과 입에서는 오로지 주님의 말씀과 음성이 나와야 된다.

우리나라의 70년대 초에 새마을 운동을 시작했다. 이때 "잘살아보세"라는 노래와 새벽이면 온 동네에 울려 퍼진 "새벽종이 울렸네" 노래를 온 국민이 합창하며 새마을 운동을 시작하여 결과는 오늘날 잘사는 나라와 국민이 되었다.

이 새마을운동은 중국에서도 배워가서 시행하는 것으로 알고 있다. 우리나라의 애국가 '하나님(하느님) 이 보우하사 우리나라 만세' 에서 보듯이 "하나님이 보우하사"의 가사가 들어간 애국가는 대한민국 뿐 이라고 한다. 그래서 지금도 우리나라는 하나님이 보우해 주사 세계 열방과 주변 강대국 사이에서도 굳건히 우뚝 서 있으며 복음의 나라요 선교사 파송의 제 2의 나라가 되었다.

몇 명의 내 친구 목사님 중에는 중학교 다닐 때 별명이 목사라 불렸던 친구가 있었다. 이름이 장판출 목사님, 현재 전남 장성에서 목회하고 계신다. 그 친구의 별명과 호칭이 목사였다. 그런데 진짜 목사님이 되었다. 하나님께서 특정한 사람을 쓰실 때 그 부르는 이름과 뜻을 새로이 개명하여 부르셨다.

(예, 아브람 → 아브라함, 야곱 → 이스라엘)으로 그만큼 우리 입에서 나가는 말에는 권세가 있어서 그대로 되기 때문이다.

연예인들 예를 보아도 간혹 그 노래 가사대로 인생이 마감되고 그렇게 되어가고 그 행했던 드라마처럼 똑같은 생을 살며 혹은 병들고 죽은 모습들도 볼 수가 있다. 시골에서 자라날 때 욕을 많이 하신 분들 보면 그 결과가 좋지 않는 모습을 종종 볼 수가 있다.

지금은 하늘나라로 가셨지만 저와 믿음 생활을 함께 하셨던 한 할머니께서는 전쟁 중에 월남하셔서 인천 부평에 주둔해 있는 미군 부대 옆을 흐르고 있는 강물 위에 떠 내려 오는 기름(폐유)를 떠서 그것을 팔아 자식들과 힘겹게 생활을 하셨다. 할머니는 교회에 가서 기도할 때 마다 무조건 부자가 되게 해주세요. 그냥 부자가 되게 해달라고 수 년을 그렇게 기도 하셨는데, 그런데 진짜로 한 끼 밥 먹고 살기도 힘들었던 환경이 변하여 부평에서 내놔라 할 정도의 큰 부자가 되셨다며 나에게 말씀하시기를 무조건 하나님께 잘 살게 해달라고 기도하면 하나님이 다 해주신다고 이야기 하시며 활짝 웃으셨던 모습이 눈에 선하다.

이처럼 우리의 언행이 얼마만큼 중요하며 권세가 있는지 잘 이해를 하고, 내 입에서 저주의 말이 나오면 저주가 되는 일이 나에게 일어나게 됨을 유념하여 항상 언행을 조심하라. 반대로 감사하는 말과 축복의 말을 하면 축복의 일이 일어난다. 귀신을 쫓을 때에도 내가 잘생기고 못생기고 부자고 가난 한 것 보고 귀신이 도망가는 것이 아니고 나의 말의 권세에 눌려 나가는 것이다.

우리 성도가 주의해야 할 여러 가지 마음가짐 중에서 특히 말에는 큰 권세가 있으므로 더욱 신중히 말하고 우리의 아름다운 축복의 말이 내 자녀와 가정을 살리고 교회와 국가를 살려내는 축복의 권세를 가진 참된 자녀가 될 줄 믿는다.

CHAPTER 59

시험(試驗)

시험은 어디서 누구에게서 오는가?

1) Temptation : 유혹, 죄로 유혹 – 마귀가 주는 것

2) Test : 믿음조사 –일꾼으로 쓰시려고 하나님께서 주는 것

3) Trial : 시련 – 하나님께서 쓰시려고 하나님께서 주는 것

하나님께서 쓰시려고 우리의 성경은 영어 성경과 달리 이 세가지를 똑같이 시험(試驗)으로 기록이 되어 있어서 많은 분들이 시험에 대해서 분류가 안 되어서 마귀가 주는 시험을 하나님께서 주신 걸로 착각하여 이해를 돕기 위해서 기록한다.

예수님께서 가르쳐주신 주기도문에 시험(Temptation)에 들지 말게 하옵소서(마 6:9~13). –〉 마귀는 세상의 명예, 물질, 질병, 여러 가지 방법으로 우리를 유혹시키고 미혹시켜 분란을 일으켜서 넘어짐의 앞잡이이다. 그 일 후에 하나님이 아브라함을 시험(Test)하시려고 독자 이삭을 번제로 드리라(창 22:1~2).

- 내형제들아 너희가 여러 가지 시험(Trial)을 만나거든 온전히 기쁘게 여기라 그때야 예수께서 성령에게 이끌리어 마귀에게 시험(Temptation)을 받으려 광야에 가사(마 4:1)
- 예수께서 이르시되 또 기록되었으니 주 너의 하나님을 시험(Test)치 말라 하였느니라 (마 4:7).
- 저희 중에 어떤 이 들이 주를 시험(Test)하다가 뱀에게 멸망하였나니 우리는 저희와 같이 시험하지 말자(고전 10:9).

=〉 우리는 하나님을 시험(Test) 하면 안된다

시험(Trial)을 참는 자는 복이 있도다 이것에 옳다 인정을 받은 후에 주께서 자기를 사랑하는 자들에게 약속하신 생명의 면류관을 얻을 것임이니라 사람이 시험(Temptation)을 받을 때에 내가 하나님께 시험받는다 하지 말지니 하나님은 악에게 시험을 받지도 아니하시고 친히 아무도 시험(Temptation)치 아니 하시느니라 오직 각 사람이 시험(Temptat ion)을 받는 것은 자기 욕심에 끌려 미혹됨이니 욕심이 잉태(孕胎)한즉 죄를 낳고 죄가 장성한즉 사망을 낳으리

라(약 1:12~15) .

사람이 감당할 시험(Temptation) 밖에는 너희에게 당한 것이 없나니 오직 하나님은 미쁘사 너희가 감당치 못할 시험(Temptation) 당함을 허락지 아니하시고 시험 당할 즈음에 피할 길을 내사 너희로 능히 감당하게 하시느니라(고전 10:13).

자기가 시험(Temptation)받아 고난을 당하셨은 즉 시험 받은 자들을 능히 도우시느니라 (히 2:18).

"시험은 분명 마귀가 주는 것이며 우리 하나님께서는 시험에 든 자를 도우시고 계신다"

하나님께서 허락하신 하나님을 시험해보라

- 만군의 여호와가 이르노라 너희의 온전한 십일조를 창고에 들여 나의 집에 양식이 있게 하고 그것으로 나를 시험(Test)하여 내가 하늘 문을 열고 너희에게 복을 쌓은 곳이 없도록 붓지 아니하나 보라(말 3:10).
- 영을 다 믿지 말고 오직 영들이 하나님께 속하였는지 시험(Test)하라(요일 4:1).
- 너희가 믿음에 있는가 너희 자신을 시험(Test)하고 너희 자신을 확증하라(고후 13:5).

마귀가 시험받는 자에게 오는 유형

- 하와와 아담 : 선악과 먹음직, 보암직, 탐스럽기도 하고 결코 죽지 않는다. 하나님과 같이 선악을 구별한다(창 3:1~6).
- 예수 : 떡(음식), 천하만국(권세와 영광), 절(우상숭배), 뛰어내려라(영웅심)(눅 4:3~9).
- 유다 : 돈(은 30) 예수님을 판(販)
- 게하시 : 돈(엘리사의 몸종) 나아만 장군에게 돈 받고 문둥병 걸림(왕하 5:27).

명예 얻을 때 시험받기 쉬움(민 22:17).

평안할 때 받기 쉬움(삼하 11:2~5).

악한 벗과의 교제로 인하여(잠 1:6).

빈곤, 부요 할 때 받기 쉬움(잠 30:8~9).

마귀의 유혹으로(요 13:2).

욕심의 미혹으로(약 1:14).

Holy

여기서 보듯이 우리의 모든 환경 속에는 시험(Temptation)이 우리의 틈새를 노리고 있다. 평안한가? 명예를 얻었는가? 영광 받았는가? 이럴수록 더욱 조심히 더욱 더 겸손히, 기도하고 충성해야 된다. 나 역시 그 어려운 고난을 주님을 통하여 해결 받고 평안이 왔음에도 불구하고 어느덧 나는 세상 속에서 약 2년이란 긴 세월을 말씀과 기도를 잃어버리고 살았다. 나를 수차례 죽음에서 살려주시고 그 많던 빚도 다 청산해주신 하나님을 떠나 살았던 때에 시험이 있었다. 마귀의 시험이 달콤한 유혹으로 뱀같이 다가온다. 돈, 명예, 권력, 이 세상 사람이라면 누구나 다 좋아 하는 것을 들고 성도들을 찾아 방문한다. 우리는 영 분별력과 세상 유혹을 뿌리칠 수 있는 영안을 가져야 한다. 기도하자! 구하는 자에게는 아낌없이 주시는 하나님 아버지께 영력과 영안을 달라고 부르짖자!

영분별은 내 힘, 내 믿음으로 분별할 수 있는 능력이 부족하기 때문에 오직 주님께 의지하고 내 생각과 내 경험을 내 지혜를 완전히 파쇄하고 오직 내 안에서 역사하시는 성령께서 분별하여 인도할 수 있도록 성령님께 의지하여 기도할 때에 성령께서 확실한 영의 적법한 분별력을 주실 것이다.

CHAPTER 60

영적 장애물과 영적 장애자

세상의 재물과 유혹

롯의 아내는 세상의 뒤를 돌아본 대가로 소금기둥이 되었다(창 19:26).

예수님께서는 세상의 미련과 재물생각에 죽은 롯의 아내를 생각하라 하시며 뒤를 돌아보지 말 것을 강조하고 당부하신다(눅 17:32).

그 청년이 재물이 많으므로 이 말씀을 듣고 근심하며 가느라 예수께서 제자들에게 이르시되 내가 진실로 너희에게 이르노니 부자(富者)는 천국에 들어가기가 어려우니라 다시 너희에게 말하노니 약대가 바늘귀로 들어 가는것이 부자가 하나님의 나라에 들어가는 것보다 쉬우니라 하신대(마 19:22-24).

Holy

세상의 재물 때문에 예수님의 제자가 되는 것을 거부하고 돌아간 청년, 지금쯤 그 청년의 영혼은 무서운 음부에서 지옥 불못에 들어갈 날만 가다리며 고통 중에 있을 것이다. 죽을 때 아무것도 가지고 가지도 못하고 빈손으로 가는 인생 바로 이것이 남의 이야기가 아니고 나의 문제요 내 형제의 문제이다.

세상의 명예와 권위로 유혹

내가 그대를 높여 크게 존귀케 하고 그대가 내게 말하는 것은 무엇이든지 시행하리니 발락이 그 집에 금, 은을 가득 채워서 내게 줄지라도 내가 능히 여호와 내 하나님의 말씀을 어기어 덜 하거나 더하지 못하겠노라(민 22:17-18).

Holy

발락 모압 왕은 발람 선지자에게 이스라엘을 저주 하라며 명예와 재물로 유혹한다. 마귀는 지금도 우리 주변에 이처럼 세상의 명예, 권위, 재물로 우리의 눈을 어둡게 할 수 있다.

육체의 모든 정복

사랑하는 자들아 나그네와 행인 같은 너희를 권하노니 영혼을 거스려 싸우는 육체의 정욕을 제어(制御)하라(벧전 2:11)

Holy 성령을 거스리고 거역하는 모든 것을 제거해야 한다. 하루에도 수 십번, 수 백번 우리의 육신을 갖가지 탐욕과 갖가지 방법으로 우리를 유혹한다. 육신의 생각은 사망이라고 했다. 이겨서 물리쳐야 한다.

- 우리의 영적인 적 : 사탄.귀신. 이단. 탐심. 우상. 명예. 재물. 정욕. 음란. 변명. 욕심. 적그리스도
- 엘리사 몸종(게하시)의 욕심 : 나아만 장군에게 은 두 달란트와 물건을 받아 숨겨 문둥병이 걸려 네 자손 까지 영원토록 이르리라(왕하 5:22-27).
- 아나니아와 삽비라의 욕심 : 소유를 팔아 얼마는 감추어서 죽는다(행 5:1-6).
- 책임회피와 변명: 한사람의 잘못된 변명 전 인류에서 단체와 개인까지 멸망시킴.
- 아담의 변명 선악과 : 아담이 가로되 하나님의 주셔서 나와 함께 하신여자 그가 그 나무실과를 내게 주므로 내가 먹었나이다(창 3:12).
- 아론의 변명 금송아지 우상 : 그들이 내게 말하기를 우리를 위하여 우리를 인도할 신을 만들자 이 모세 곧 우리를 애굽 땅에서 인도하여 낸 사람은어찌 되었는지 알 수 없노라 하기에(출 32:23).
- 사울 왕 변명 아말렉 탈취 : 다만 백성이 그 마땅히 멸할 것 중에서 가장 좋은 것으로 길갈에서 당신의 하나님 여호와께 제사하려고 양과 소를 취하였나이다(삼상 15:21).
- 구약시대 이스라엘 최고의 적

- 애굽(함의 자손) 종살이 430년 포함. 현대사에서도 전쟁을 치렀음.
- 블레셋(함의 자손) 팔레스타인(가자 지구) 현재 전쟁 중
- 아말렉(에서의 자손) 이스라엘 민족을 끝까지 괴롭힘 최후 멸망됨
- 모압과 압몬(롯과 딸 자손) 지속적으로 전쟁과 괴롭힘

톨스토이는 그의 한 단편 소설의 문장 속에서 묻고 있다. 인간에게 얼마나 많은 땅이 필요한가?

평생 넓은 영지를 소유하고 싶어 하던 한 욕심쟁이가 어느 날 뜻밖의 행운을 맞이하게 된다. 그는 큰 지주로부터 해가 떠서 질 때까지의 자기가 원하는 땅을 표시해 놓기만 하면 전부 그것을 차지 할 수 있다는 약속을 받았다. 단, 해가 질 때까지 돌아오지 않으면 무효가 된다는 것이다. 그는 많은 땅을 차지하기 위해 온종일 걷고 또 걸었다. 한 뼘이라도 더 많은 땅을 차지하기 위해 한걸음이라도 더 멀리 더 빨리 걸어야 했다. 그러나 일몰직전에 약속지점에 돌아온 그는 숨이 차서 피를 토하고 죽어버렸다. 너무 무리한 욕심 때문이었다. 결국 그가 필요한 땅은 사방 여섯 자 밖에 안 되는 작은 묘지에 지나지 않았던 것이다. 이것이 바로 우리의 현실이 아닐까. 이 세상 바라보고 평생 뛰어본들 마지막 남은 것은 잘하면 자기가 묻힐 세평 남짓한 땅과 화장되어 뼈가 담긴 작은 항아리 하나가 아닐까?

우리의 가장 영적인 적은 탐심과 재물, 욕심과 명예이다. 이것 때문에 사단한테 끌려가고 얽매이고 넘어지고 쓰러지는 것이다. 우리 앞에 놓여 있고 가로막는 모든 무거운 것과 얽매이기 쉬운 것들은 예수의 이름으로 물리치고 푯대를 향하여 선한 싸움 싸우고 달려가 의의 면류관을 받는 십자가 군병이 되자.

CHAPTER 61

영적무장(靈的武裝)

- 종말로 너희가 주안에서와 그 힘의 능력으로 강건(强健)하여지고 마귀의 궤계를 능히 대적하기 위하여 하나님의 전신갑주를 입으라. 그런즉 서서 진리로 너의 허리띠를 띠고 의의 흉배(胸背)를 붙이고 평안의 복음의 예비한 것으로 신을 신고 모든 것 위에 믿음의 방패를 가지고 이로써 능히 악한자의 모든 화전(火箭)을 소멸하고 구원의 투구와 성령의 검 곧 하나님의 말씀을 가지라(엡 6:10~17).
- 시험에 들지 않게 깨어 있어 기도하라 마음에는 원(願)이로되 육신이 약하도다 (마 26:41)
- 너희가 사람의 미혹(迷惑)을 받지 않도록 주의하라 많은 사람이 내 이름으로 와서 이르되 나는 그리스도라 하여 많은 사람을 미혹케 하리라(마 24:4~5).
- 그런즉 선줄로 생각하는 자는 넘어질까 조심하라(고전 10:12).
- 깨어 믿음에 굳게 서서 남자답게 강건하여라(고전 16:13).
- 근신하라 깨어라 너희 대적하는 마귀가 우는 사자같이 다니며 삼킬 자를 찾나니 너희는 믿음을 굳게 하여 저를 대적(對敵)하라(벧전 5:8~9).
- 너희가 더욱 힘써 너희 믿음에 덕(德)을, 덕에 지식을, 지식에 절제를, 절제에 인내를, 인내에 경건을, 경건에 형제우애를, 형제우애에 사랑을 공급하라(벧후 1:5~7).

Holy

미국의 초대 대통령 죠지 워싱턴은 성경 없이는 세상을 올바르게 통치할 수 없다고 하였고, 링컨 대통령은 하나님께서 천지창조 이후 인류에게 주신 최상의 선물은 성경이라고 하였다. 나폴레옹은 성경은 살아있는 책이므로 성경에 반대되는 모든 것을 정복하는 능력을 가지고 있는 것이 성경이다 라고 하였다. 성경은 또 사람의 영혼양식이다. 성경은 죽은 영혼을 소생하게 하며 삶의 지표다 등등 성경을 표현하는 많은 말들이 있다. 미국 대통령 취임식 때는 또 성경 책 위에 손을 얹고 선서를 한다. 즉 하나님과의 약속이요. 국민 앞에 하나님이 보증이 되는 약속의 선서를 한다.

전 세계를 움직이는 미국 대통령들 중에 대통령의 권력을 이용하여 자기재산 축척했다는 기사는 아직 보지도 듣지도 못했다. 왜 그럴까? 하나님을 알고 하나님말씀에 순종하기 때문에 취임 후

Holy

에도 안방에서 안방 정치하는 것이 아니고 유치원이나 주일 학교에 가서 교사로 봉사하는 모습을 볼 수 있다. 이것이 바로 성경에서 말하는 겸손이요 섬김이며 봉사며 헌신이다.

"죽도록 충성하라 그리하면 내가 생명의 면류관을 네게 주리라"(계 2:10) 우리는 항상 범사에 감사하며 쉬지 않는 기도와 죽도록 충성 할 때에 마귀가 감히 우리를 넘보지 못할 것이다. 우리가 마귀를 대적하여 이기려고, 또한 틈타지 못하게 하려고 총과 칼을 쓰겠는가? 우리가 갑옷과 투구를 뒤집어 쓴다고 막겠는가? 내 모든 삶이 오직 예수님 중심이 되어 말씀에 순종하며 끝까지 주님 일하는 것이 가장 훌륭한 무기요 방패인 것이다.

미국 대통령들처럼 이 땅에서 끝까지 봉사하는 것이다. 쓰나미 사건이 터져 온 국민이 고통당하고 있는 아이티를 돕기 위하여 미국 전직의 클린턴 대통령, 부시 대통령과 현직 오바마 대통령이 함께 나서는 모습을 언론매체를 통하여 볼 수 있었다. 이것이 바로 성경에서 말씀하는 사랑이다. 사랑이 바로 영적무장이 아닐까?

사랑을 이길 수 있는 것은 그 아무것도 없다. 즉 하나님은 사랑이니까. 너희가 열심(熱心)히 선(善)을 행하면 누가 너희를 해(害)하리요(벧전 3:13).

CHAPTER 62 긍정의 힘

- 오직 여호와를 앙망하는 자는 새 힘을 얻으리니 독수리의 날개 치며 올라감 같을 것이요 달음박질하여도 곤비치 아니하겠고 걸어가도 피곤치 아니 하리로다(사 40:31).
- 두려워 말라 내가 너와 함께 함이니라 놀라지 말라 나는 네 하나님이 됨이니라 내가 너를 굳세게 하리라 참으로 너를 도와 주리라 참으로 나의 의(義)로운 오른손으로 너를 붙들리라(사 41:10).
- 우리 가운데서 역사하시는 능력대로 우리의 온갖 구하는 것이나 생각하는 것에 더 넘치도록 능히 하실이에게(엡 3:20).
- 믿음은 바라는 것들의 실상(實狀)이요 보지 못하는 것들의 증거니(히 11:1).

Holy

우리의 긍정적인 좋은 생각 뒤에는 능치 못하심이 없으신 하나님께서 도우시고 계시며 부정적인 나쁜 생각 뒤에는 나중에 참소당하고 불못에 던져질 사단이 기다리고 있다. 꿈은 이루어진다고 생각하면 반듯이 이루어진다. 나쁜 생각은 생각한데로 나빠진다. 계속적인 나쁜 주파수가 나온다. 12명의 정탐꾼을 보면 10명은 부정적, 2명(여호수아, 갈렙)은 긍정적이였다. 우리가 세상을 보는 모든 것이 부정적이면 생각도, 마음도, 부정적이다. 그러나 사람의 관점이 아닌 주님의 관점으로 보면 모두 다 긍정적으로 변화가 온다. 왜냐하면 우리 주님은 능치 못하심이 없으시기 때문에 내가 주님 안에 들어가 있으면 그 안에는 부정이란 용어가 없기에 참 평안함을 얻을 것이다. 그러나 아직도 부정적인 생각과 내 입을 통하여 부정적인 언어가 나온다면 그것은 지금도 한 발을 세상에 담그고 있기 때문이다. 긍정적인 관념과 행동과 언어는 내가 살고 내 주위도 살린다. 부정적인 관념과 행동과 언어는 나도 죽고 남도 죽인다.

육신을 좇는 자는 육신의 일을 영을 좇는 자는 영의 일을 생각하나니 육신의 생각은 사망이요.
영의 생각은 생명과 평안이니라. 육신의 생각은 하나님과 원수가 되나니(롬 8:5-7),
육신의 생각은 부정적인 생각(사단이 주는 것), 영의 생각은 긍정적인 생각(하나님이 주는 것),

마지막 잎새

죽음을 앞둔 소녀는 방에 누워 창문 밖의 한줄기의 잎을 보면서 저 잎이 모두 다 떨어지면 나도 그때쯤 죽겠지 하며 창문을 응시 할 때마다 한잎 두잎 떨어져 가는 것을 보며 자기 역시 소망을 버리고 죽는 날만 기다린다.

그러나 마지막 한 잎이 남았을 때 모든 것을 포기하고 하루 밤을 지내고 나면 저 잎이 떨어졌겠지 하며 다음날 보니 안 떨어져 있고 또 다음날도 그다음 날도 … 그때부터 소녀는 소망을 갖기 시작한다. "그래 나도 살 수 있을 거야!"하며 모든 삶을 긍정적으로 희망을 가지며 하루하루 지낼 때 마다 놀랍게도 건강히 되살아나며 새 힘이 솟아 살 수 있었다. 우리는 여기서 놀라움을 발견한다.

바로 그 한 잎은 어느 화가가 소녀의 마음을 알고 종이를 그려서 붙여놓은 그림이었다. 이 얼마나 놀라운 긍정의 힘인가?

긍정의 예) 미국에서 비행기가 추락하여 조종사는 크게 다쳐 아무것도 움직일 수 없는 식물인간이 되었다. 의사 및 모든 사람은 "이 사람은 얼마 지나지 않아 죽을 것이다"하며 치료조차 포기한 상태였다. 그러나 이 조종사는 의식이 있어서 사람이 말하는 소리는 들을 수 있으나 모든 것이 마비가 되어 의사소통을 할 수 없었다. 눈 한 커플만 움직일 수 있어서 그것으로 의사소통하여 나는 분명히 크리스마스(성탄절) 전까지는 일어나 걸어 나간다고 메시지를 보냈다. 그러나 어느 누구하나 믿으려고 하지도 않았고 죽기만을 기다리는 눈치였다. 이 조종사는 계속적으로 외치며 자신과의 투쟁을 한다. "나는 할 수 있어 나는 걸을 수 있어 성탄절 전까지 꼭 걸어서 나갈 거야!" 오직 긍정의 생각 저 의사처럼 부정적인 생각이 아니라 살 수 있다! 걸을 수 있다!는 생각으로 자기와의 싸움에서 마침내! 기적이 일어났다. 성탄절 전날 병상에서 일어나 걸을 수가 있었다. 아마 이 내용은 많은 분들이 알고 있을 것이다. 이처럼 긍정의 힘은 대단한다.

반대로 부정의 예) 한 죄수 사형수에게 일어난 일

사형수에게는 보통 외국에서는 의학적인 실험을 할 때가 있는가 보다. 그 사형수에게 의사들이 어차피 죽을 것이니까 실험을 해보겠다. 당신 손목을 칼로 그어 동맥을 잘라서 심장박동 실험을 해보겠다며 머리에 보지 못하게 두건을 씌우고 손목을 잡고 "시작합니다"하고 그곳에다 볼펜으로 그냥 긋고 표시만하고 그곳에 물방울을 떨어뜨렸다고 한다. 그런데 놀랍께도 그 사형수는 떨면서 죽어 버렸다. 이 얼마나 놀라운 일인가? 그곳에 볼펜으로 선을 그리고 물방울을 떨어뜨렸을 뿐인데 이 사형수는 진짜로 동맥을 끊을 줄 생각하고 스스로 자기 체면에 걸려 부정적인 생각으로 이제 나는 죽는구나 하는 순간 진짜 죽은 것이다. 이처럼 긍정적인 생각과 부정적인 생각은 천국과 지옥의 차이만큼 내가 죽느냐 사느냐 하는 문제이다. 그러므로 우리는 항상 긍정의 힘, 하나님의 힘에 의지하여 나도 살고 남도 살리는 향기로운 긍정적인 성도님들이 모두 되길 기도한다.

CHAPTER 63

하나님을 경외치 않는 자기영광

사단(계명성) 시작

가장 높은 구름에 올라 지극히 높은 자와 비기리라 하도다(사 14:14).

아담과 하와

너희가 그것을 먹는 날에는 너희 눈이 밝아 하나님과 같이 되어 선악(善惡)을 알 줄을 하나님이 아심이니라(창 3:5).

사도들

이는 뜻을 같이하여 너희 사정을 진실히 생각 할 자가 이밖에 내게 없음이라 저희가 다 자기 일을 구하고 그리스도 예수 일을 구하지 아니하되(빌 2:20-21).

자기영광 , 자기중심	양심의 거울로 자신을 비추어보세요
하나님을 수단으로 자기 목적을 달성하기 위하여? 섬김, 봉사, 헌신, 충성도 자기유익을 위한수단? 자기 영광과 자기 명예를 위하여 사역함? 자기 관점 자기 방법으로 사역? 자기 영광 자기 자랑위해 능력을 구함?	

Holy

겉은 하나님 중심같이 보이나 속은 자기 중심적으로 사역하고 봉사 하고 있지는 않은지 수시로 점검하고 사역 현장에 속히 주님 중심, 오직 하나님 영광을 위하여 모세처럼 하나님께 무릎꿇고 엎드리기 바란다.

우리는 하나님이 목적이 되는 삶을 살아야 한다.

즉 하나님 더 알기를 힘쓰고 오직 진실로 하나님을 경외할 속에서 하나님나라 확장과 하나님의 영광을 위하여 우리의 삶이 변화되는 역사가 일어나길 믿는다. 하나님은 그 누구의 직분과 명함을 중요시 하시지 않으시고 오직 하나님을 경외하는 우리의 중심을 원하신다. 하나님을 사랑하려면 주도권을 드리는 삶이 되어야 한다. 그렇지 않으면 하나님을 수단으로 하여 자기의 문제를 해결하는데 초점을 맞추게 된다. 사람에게는 자기중심에서 나타나는 옛 본성인 자기변호와 자기변명이 있다.

아담처럼 "하나님이 만들어서 내게 주신 저 여자 하와가 선악과를 주어서 먹었다"며 자기변호와 변명을 끊임없이 하며 자기 잘못을 인정 하지 않으려는 경향이 우리에게는 아직 남아 있다. 남이 잘되는 것을 싫어하며 자기중심에 서서 경쟁심과 시기와 질투를 한다.

가인이 아벨을 질투하여 아벨을 죽인다. 자기의 자부심이다. 자기가 한 행위를 보면서 자부심에 빠지게 된다. 자기가 이루어 놓은 일을 보면서, 자기가 가진 지식을 보면서 상대적인 우월 의식에 빠지게 된다. 자기관점에 사로잡히기 때문에 하나님의 역사를 볼 수 없으며 영적인 분별력이 떨어진다. 하나님은 교만한 자를 대적하고 겸손한 자에게 은혜를 주신다고 하셨다. 갈렙의 겸손을 살펴 보자. 여호수아와 함께 가나안 땅에 들어가서 모든 땅을 분배 해주고 자기는 아낙자손이 살고 있는 저 산지를 달라고, 일등 공신이 가장 악한 땅을 달라고 했다. 그것도 전투를 벌려 아낙 자손을 물리쳐야 차지 할 수 있는 위험한 땅을……, 현재 내가 기독교 협회의 일등 공신인가? 교회 내의 일등 공신인가? 갈렙의 겸손을 보고 가장 뒤에 서서 기다리는 미덕을 보이자.

또 자기중심적 신앙이 기복신앙으로 이어져서 자기 영광으로 나타난다. 자기 문제 해결을 위해, 자기 축복을 찾기 위해, 섬김과 봉사도 자기유익을 위한 수단으로 하나님을 열심히 찾지만 결국은 자기 영광을 위해 구한다. 사역도 결국은 자기영광을 구하는 수단이 될 수 있다. 자기의 이름을 드러내고 높이고 알리고 자신의 명함과 이름에 관심을 갖게 된다. 하나님을 경외하지 않는 모습을 철저 하게 내 마음과 자세에서 없애버려야 하나님께서 역사 하신다. 의무적인 사역과, 의무적인 예배생활과 의무적인 신앙생활을 버리고 오직 주님을 경외하는 사명감(使命感)을 가진 진실한 성도가 되자. 주님은 우리를 더 사랑하고 더 크게 쓰시고자 지금도 애타게 우리의 속사람이 변화되길 기다리고 찾고 계신다.

CHAPTER 64

인본주의와 신본주의(비교)

인본주의	신본 주의
자기 관점(觀點) →	하나님 관점
자기 방법(方法)	하나님 지혜(智慧)
자기 목적(目的)	하나님 영광(榮光)
영적 소경	영의 눈 성령의 도움
자기 철학 (哲學) 성경을 자기 입장에서 해석	하나님 말씀(성경중심)
자기 영광을 위해 능력을 구함	주의 영광을 위해 성령의 능력을 구함
목회자 나 사람 경외(敬畏) →	하나님 경외
자기의 의(義)와 자기자랑	하나님 써주심에 영광과 감사
부정적 (否定的)인 신앙 생활	긍정적(肯定的)인 신앙생활
형식적(形式的)인 기도와 회개(悔改)	진실된 기도와 회개(속사람 영의 회개)
하나님 말씀을 들어도 그 의미를 깨닫지 못함	항상 말씀을 묵상(默想)말씀에 따라 행함
사람을 의식하며 예배, 전도, 헌금, 구제, 봉사 함	오직 하나님 의식(意識)
사람에 대한 편견(偏見)	모든 사람을 사랑
행한 일에 밝혀 알림	오른손이 하는 것 왼손이 모르게
사람들이 자신을 위한 수단(手段)이 됨	하나님의 마음으로 사람들을 섬김
자기 유익에 따라 선별적 순종	하나님의 뜻에 따라 전적인 순종
전도열매를 자기의(義)로 착각	전도열매를 주님의 은혜임을 고백
사역 현장에서 환경에 따라 반응 →	사역현장에서 주님께 믿음으로 반응
인본주의 (세상. 죄)	**신본주의 (성전. 은혜)**
(지옥)쾌락 ← 명예, 재물, 세상우상 ← (나) → 우리는 어느 누구나 (나)위치에 걸려있다. 명예 돈 방향으로 가면 죽는다. 더 가면 쾌락 이제는 빠져 나오지 못한다 회개가 불가능 한 상태이다. 허무함 공허함 때문에 자살할 수 있다. 예) 연예인 자살 세상이 좋아 보이면 폐망이다(형식적인 신앙생활 청산하고 인본주의에서 => 신본주의로 넘어가자. (나)=> 사선을 넘어 (주님) 품으로 들어가자.	(나)→ (주님)→ 성소. 은혜 → 지성소(천국) 주님이 기뻐하신다. 천하보다 귀한 양이 돌아 왔다고 은혜의 장소 성소에서 성령님과 함께 주님일 사역하고 예수님께서 만들어 놓으신 지성소에 들어와 매일 예배와 기도가 있는 삶속에서 주님께 영광 올려 드리고저 천국 향하여 힘차게 달려 나아가자.

인본주의적인 신앙은 죽음의 신앙이다.

나의 신앙은 과연 인본주의인가? 신본주의인가? 분명 인본적인 신앙에 많이 걸려 있을 것이다. 교회 내에서 많이 볼 수 있는 현상이, 자기 유익을 구하고 자기의 의(義)를 나타내고 있다는 것은 어느 누구도 부인하지 못 할 것이다. 본인의 믿음이 인본적인지 신본적인지 구별도 못하고 있는 사람이 너무나 많다. 목회자님들 부터 신본적인 믿음에 굳건히 서서 믿음의 본(本)이 되어서 하루빨리 성도들을 가르쳐야 할 문제라고 생각한다.

그래야 '무익한 종'이라는 질책을 받지 않을 것이다. 하나님께서 맡기신 하나님의 양을 빨리 올바른 길로 인도하고 가르쳐야 주님께서 더 큰일을 맡기고 그 속에서 많은 제자들이 양육되어 세계의 열방을 향하여 나갈 것이다.

여기서 신본 주의적 신앙의 중심에 서있는 세계적인 복음가수 소향 자매(주님 다시 오실 때까지)님을 소개할까 한다. 소향 자매님하고는 인천의 큰믿음교회에서 신앙생활을 같이 할 때 중고등부를 함께 이끌면서 하나님께서 함께 하심을 보아왔다. 당시 소향 자매님은 21세쯤 되었다. 모든 것을 주님만 의지하고, 새벽기도 한번도 빠지지 않으며 예배와 기도와 피나는 음악 훈련 속에 오직 주님만 사랑하는 그 모습이 참으로 하나님께서 사랑을 아니할 수 없을 만큼 아름다웠다. 주님께서 찬양의 도구로 쓰시기 시작할 때는 육신에 큰 아픔의 병도 이겨내며 오직 주님만 바라보고 나아갈 때에 기존의 음성까지 변화시켜셔서 그 가날픈 몸에서 한국 최고의 음높이가 뿜어 나오게 하셨다. 한국의 유명한 음반사 회사에서 수십억 돈을 제시하며 소속계약을 요구했지만 다 뿌리치고 오직 예수님 찬양 노래만 부르겠디고 나아가니 하나님께서 너 높이셔서 지금은 세계의 무대에서 전 세계를 순회하며 복음과 찬양을 전하고 있다. 세계적으로 유명한 미국의 음반회사에서 합작사업을 제시해도 모두 다 거절하는 하나님의 딸 소향, 세상의 돈과 명예를 다 뿌리치고 복음의 사역장에서 하나님 찬양을 하고 있다. 지금도 쉬지 않고 1,000일 새벽기도를 하고 있는 중 이라고 들었다. 우리가 하나님 이름을 높이고 오직 하나님 안에서 일하고 하나님을 경외하면 우리주님은 우리를 높이 들어 쓰실 것이다. 나의 믿음의 본을 인본이 아닌 신본으로, 오직 하나님께 뿌리를 내려서 하나님이 주신 능력과 은혜와 사랑으로 하나님 영광을 위하여 많은 열매를 맺길 간절히 기도한다.

CHAPTER 65

하나님과의 동행(同行), 대면(對面)한 일꾼들

에녹	하나님과 동행(창 5:24). 성경에 육신의 죽음 없이 하늘로 올라간 사람 : 에녹, 엘리야, 예수님
노아	하나님과 동행(창 6:9).
아브라함	아브라함은 여호와 앞에서 그대로 섰더라(창 18~22). 여호와께서 아브라함과 말씀을 마치고 즉시가시니(창 18~33).
이삭	여호께서 이삭에게 나타남(창 26:2). 여호와께서 너와 함께 계심을 분명히 보았다(창 26:28).
야곱	하나님과 대면하여 보았으니 내 생명이 보전되었다. 하나님과 사람이 씨름하여 겨루어 이기었다(브니엘)(창 32:30).
모세	사람이 친구와 이야기함같이 여호와께서 모세와 대면(對面)하여 말씀하시며(출 33:11)
기드온	여호와 사자를 대면하여 보았나이다 여호와께서 그에게 이르시되 너는 안심하라 두려워 말라 죽지아니하리라(여호와 살롬)(삿 6:22~24).
마노아와 아내 (삼손부모)	여호와의 사자가 그에게 이르시되 내 이름은 기묘(奇妙)니라. 우리가 하나님을 보았으니 반드시 죽으리로다~ 여호와신이 비로서 감동(感動)하시니라(삿 13:18~25).
사무엘	사무엘이 자라매 여호와께서 그와 함께 계셔서 그 말로 하나도 땅에 떨어지지 않게 하시니 ~ 여호와께서 실로에서 나타나심(삼상 3:19~21).
다윗	솔로몬이 예루살렘 모리아 산에 여호와의 전을 건축하기를 시작하니 그곳은 전에 여호와께서 그 아비 다윗에게 나타나신 곳이요(대하 3:1).
솔로몬	여호와께서 전에 기브온에 나타나심같이 다시 솔로몬에게 나타나사(왕상 9:2).

- 내 종 모세는 그렇지 아니하니 그는 나의 온 집의 충성됨이라 그와는 내가 대면(對面)하여 명백히 말하고 은밀한 말로 아니하며 그는 또 여호와의 형상을 보았거늘 너희가 어찌하여 내종 모세를 비방하기를 두려워 하니 하느냐 여호와께서 그들을 향하여 진노하시고 떠나시매(민 12:7~9).
- 또 가라사대 네가 내 얼굴을 보지 못하리니 나를 보고 살자가 없음이더라(출 33:20).

– 아론이 금송아지 형상을 만든 사건 후 하나님 얼굴을 본 자는 죽는다(하나님 선포).

Holy

구약시대에는 하나님께서 특정인에게 동행하고 대면을 하였다. 신약시대 이후 이제는 하나님이 성령으로 오셔서 내 안에 계신다. 이런 사실을 모르고 아직도 마라톤 선수처럼 42.195km를 하나님 만나기 위해서 뛰어오고 있는 중인지, 아니면 허들 경기처럼 어려운 장애물을 넘으며 뛰어오고 있는지, 아니면 경보 경기처럼 빠른 걸음으로 걸어오고 있는지, 그렇지 않다면 포기하고 시원한 나무 그늘 아래서 쉬고 있는지!!!

우리는 내 몸이 성전이고 내안에 성령님이 계시고 나는 예수님의 지체인 예수님의 제자요 하나님의 자녀인 신분을 깜박 잊고 "무거운 짐을 나 홀로 지고 견디다 못해 쓰러질 때"라는 찬송가 가사처럼 그런 모습으로 생활하고 있는지? 나 역시 이런 모습으로 세상에서 16년 동안을 신분을 잊고 무거운 짐 때문에 자살을 시도하였고, 그런대도 "불쌍히 여겨 구원해 주신 사랑의 예수 오직 하나님이 수신 예수"이 가사처럼 주님께서 불쌍히 여겨 구원해 주셨다. 주님이 내안에 계신 줄 모르고, 나와 함께 하심을 모르고 지금도 이 세상에는 나와 같이 아까운 시간 16년을 쓰러지고 넘어지고 포기하고 살아가는 수많은 영혼들이 있다.

그들에게 이 귀한 사실을 전해야 한다. 그것이 우리의 할 일이요 상급이다. 날마다 하나님을 대면 할 수 있도록 하나님께서는 대화를 원하신다. 어떻게 대화를 할 수 있을까 바로 기도다. "쉬지 말고 기도하라"(살전 5:17) 어떻게 쉬지 않고 기도를 할 수 있겠는가? 주님이 내안에 계시니까 너의 삶 자체가 기도하는 삶, 즉 설거지를 하면서도 직장에서도, 걸어갈 때에도, 운전할 때에도 그 무엇을 하든지 주님과 대화(기도)를 하라는 것이다. 우리 하나님은 우리를 관찰하시고 우리의 생각까지 아시며 "우리의 머리털까지 다 세신다"(마 10:30)고 말씀하신다. 구약시내 때 하나님과 동행하고 대면한 자들과 하나님의 말씀대로 행하는 자들은 다들 승리를 하였다. 이제는 동행도 대면도 아닌 내 심령 안으로 들어오셔서 더 가까이 좌정하시고 계신다. 우리는 날마다 하나님 안에서 하나님 아버지와 대화하며 행복하게 주님 일 하면서 기쁨을 누리는 즐거운 삶이 되길 기도한다.

CHAPTER 66

구약시대 하나님은 농부를 세워 사역

적게 심는 자는 적게 거두고 많이 심는 자는 많이 거둔다(고후 9:6).

사역자

- 노아 : 농업을 시작하여 포도나무를 심었더니(창 9:20)
- 아브라함 : 목축업
- 이삭 : 목축업과 농사
- 야곱 : 목축업(20년 동안 라반 삼촌 집에서 목축)
- 모세 : 미디안 광야에서 40년 동안 목축업
- 다윗 : 목동
- 엘리사 : 큰 농업 (소 20거리를 농사)

- 농부의 특징 : 심은 대로 거둔다
  뿌리는 대로 거둔다
  많은 열매를 딴다
  동물과 양은 무리 지어 키운다
  농사에 인내가 필요하다(단년생. 다년생 식물이 많다)
  비가 오나 눈이 오나 밭에 나가 일한다
  동물과 식물의 특성을 잘 안다
  때에 따라 먹이와 비료와 거름을 준다
  추수할 시기를 안다
  오직 하늘을 보며 비와 태양을 기다린다(곡식이 자라고 있을 때)

왜 하나님은 구약시대에 농부를 택하셨을까?

농부의 특징을 비유해서 각자에게 접목시켜 보고 그것이 우리에게 주시는 교훈은 무엇일까 생각해 보라.

우리는 모두 그릇이다.

"사람들은 다 그릇이다". 남자 그릇, 여자 그릇, 큰 그릇, 작은 그릇, 애기 그릇, 어른 그릇 등 종류는 많다. 또 세상 물건에는 제각기 값이 정해져 있다. 금 그릇은 얼마? 은 그릇은 얼마? 그런데 그릇의 가치에는 사람마다 차이가 없다. 단지 그 그릇 속에 무엇이 담겨 있고 어떻게 쓰여지고 있느냐에 따라 가치에 차이가 있다.

여기 단지가 있다. 이 단지에 꿀이 담겨 있으면 꿀단지, 물이 담겨 있으면 물단지, 오줌이 담겨 있으면 오줌 단지, 간장이 담겨 있으면 간장단지. 어느 단지가 제일 값이 나가겠는가? 당연히 꿀단지가 제일 값이 나간다. 오줌 단지는 가져가래도 누가 가져갈 사람이 없을 것이다.

"큰 집에는 금과 은의 그릇이 있을 뿐 아니요 나무와 질그릇도 있어 귀히 쓰는"것도 있고 천히 쓰는 그릇도 있나니"(딤후 2:20).

CHAPTER 67

신약시대의 어부제자의 장점과 사역

말씀하시되 나를 따라오너라. 내가 너희를 사람을 낚는 어부가 되게 하리라(마 4:19).

어부의 장점	우리에게 주는 교훈
어부는 큰 바다가 목장이다(오대양)	넓은 세상을 보며 마음이 넓다.
큰 파도와 싸운다.	세상의 험한 풍파와 맞서 싸운다.
자연환경과 기상예보에 민감하다(태풍, 해일).	현실 대치력이 뛰어나다.
밤, 낮 구별 없이 일 할 때가 있다.	쉬지 않는 주님의 일과 전도사역
다양한 고기를 잡을 수 있다.	다양한 사람에게만 복음을 전한다.
각종어구와 미끼를 사용한다.	사역의 방법을 안다.
배와 그물과 어구를 깨끗이 청소한다.	몸과 도구로 깨끗한 사역
선장의 명령에 따른다.	순종하며 질서가 있다.
맡은 각 분야에서 일한다.	자기 맡은 사역 책임완수
배 운영을 형제와 이웃과 함께 한다(베드로와 요한 형제).	내 이웃을 내 몸 같이 사랑한다.
배와 어구의 사고를 실패 경험하나 다시 고쳐 나간다.	사역에 전도에 실패해도 다시 일어난다.
협동심이 강하다.	합력하여 선을 이룬다.
이웃의 어려움을 함께 한다(배의 표류 시 즉시 찾아나선다)	잃어버린 양을 찾아 나선다.
새벽에 일찍 일어나 바다에 간다.	새벽기도에 열심한다.
일할 때 노래도 부르며 음악을 들으며 일한다.	하나님 찬양과 찬송을 듣는다.
고기가 많이 모여 있는 곳을 찾아 나선 고기를 잡아 신선도를 잘 관리 한다.	사람이 모여 있는 곳을 찾아 나선다. 구원하신 하나님의 양을 잘 관리한다.
때론 많은 빚(부채)을 질수도 있다.	하나님께 빚진 자임을 깨닫고 일한다.
오늘 부족해도 내일 소망을 갖는다.	하나님께 소망을 갖고 기도한다.
어구개발과 어종 연구를 한다.	자기계발과 전도 연구 방법을 모색한다.
높은 학력과 학문이 없어도 된다.	누구든지 예수 이름으로 전도 할 수 있다.
고기를 많이 잡으면 깃발을 꽂고 동네 잔치를 한다.	승리의 깃발 여호와 닛시 천국잔치
등대와 나침반을 의지하며 망망대해를 향해한다. 오직 주님만 의지하며 나아간다.	오직 주님만 의지하며 나아간다.

CHAPTER 68

방주, 광주리, 작은 것, 약한 것 사용

작은 것으로 큰일을 이루심, 약한 것으로 큰 역사를 이루심.

노아의 방주(창 6:14) – 새 인류의 근원
모세의 갈 상자(출 2:3) – 이스라엘 민족 출애굽 사역

예수님 구유 통(눅 2:7) – 온 인류 구원자
바울의 광주리(행 9:25) – 이방나라 복음 선교자

• 사용된 도구: 방주, 갈 상자, 구유통, 광주리, 지팡이, 막대기, 턱뼈, 다섯 개의 돌, 구름 한 조각, 보리떡 5개, 물고기 2마리, 겨자씨(비유)

모세의 지팡이(출 4:2) – 하나님의 능력
삼갈의 막대기(삿 3:31) – 삼갈이 소모는 막대기로 블레셋 600명 죽임.
나귀의 턱뼈(삿 15:15) – 삼손이 턱뼈로 블레셋 1,000명 죽임
다섯 개의 돌(삼상 7:40) – 다윗이 돌멩이로 골리앗(블레셋 장군)죽임.
구름 한 조각(왕상 18:44) – 엘리야의 기도, 3년 만에 큰비
보리떡 5개, 물고기 2마리의 도시락)(요 6:9) – 오천 명이 먹고 열두광주리 남음.
겨자씨 비유(마 13:32) – 모든 씨보다 작은 것이로되 자란 후에는 나물보다 커서 나무가 되매 공중의 새들이 와서 가지에 깃들이느니라

하나님께서는 세상의 미련한 것을 택하사 지혜 있는 자들을 부끄럽게 하시고 세상의 약한 것을 택하라 강한 것들을 부끄럽게 하시며 하나님께서는 세상의 천한 것들과 멸시 받는 것들과 없는 것들을 택하사 있는 것들은 폐하려 하시나니(고전 1:27~28).

세상에는 꿈을 꾸는 사람과 꿈을 이루고 있는 사람의 두 분류로 나누어져 있다고 한다. 그러면 나는 어떤 분류일까? 아직도 소년, 소녀 시대의 꿈을 꾸는 사람은 아닐는지요? 그러나 세상의 많은 사람들은 꿈 조차도 모르고 살아간다는 사실이다. 우리 믿음의 성도는 저 천국 가는 꿈이 진정한 꿈이다. 이 땅에서 이루어지는 꿈은 허상에 불과하다. 이 육신의 생이 마감되면 그 허상은 끝이지만 천국의 꿈은 육신이 마감 후에 이루어지기 때문이다, 하나님께서는 세상일에 강한 자들에게는 세상의 꿈을 꾸게 할 것이고 약한 자들을 택하여 천국의 하나님의 일을 맡겨서 시행을 하시며 꿈을 이루시게 한다. 도구는 지팡이, 막대기, 작은돌멩이, 턱뼈, 구유통, 갈 상자, 광주리 등등. 사람은 농부와 목동과 어부들을 택해 이런 약한 자를 들어서 크게 쓰심을 볼 수 있다. 쓰임 받는 사람들의 특성은 삶 속에서 열심히 일하며 오직 하나님만 의지하고 있는 사람들을 찾아 불러 쓰셨다.

지금 나의 목회 현장에는, 나의 사역 현장에는, 나의 전도 현장에는, 하나님이 불려주셔서 있는지, 그냥 나의 자원으로 있는지 자문하여 보라. 정말로 하나님께서 불려 주셨다면 지금쯤 큰 역사가 일어나야 한다. 아무 역사는 커녕 아직도 고요한 밤인가? 그렇다면 빨리 엎드려 구하고 회개하라. 작대기가 없는 지게는 아무리 쌓아 놓아도 넘어지고 만다. 성령님 역사하지 않는 믿음은 허수아비와 똑같다. 나죽고 남도 죽인다. 성령님께 의지하자. 그리고 기름부음의 능력이 더 깊이 스며들도록 구해야 한다.

그래야 하나님께서 역사 하신다. 하나님 아버지는 우리가 낮아지고 작아지면 그때 쓰신다. 그럼에도 우리는 위만 쳐다보며 올라 가려고 발버둥치고, 크고자 세력 확장하고 하는 이것이 우리의 현실이다.

나도 거천명의 나이에 들었다. 주님께 기도한다. 다리에 힘있고 정신이 좀 더 청명할 때 하나님 일꾼으로 더 크게 써달라고, 얼마 가지 않아 60~70세요 모든 것이 힘에 부치고 점점 힘들어 질텐데 그 전에 저 천국 행위록에 매일매일 상급이 쌓이도록 하루에 한 가지 이상 하나님 일을 해서 하나님을 기쁘게 하는 아들이 되겠다고 기도하며 나아가고 있다.

우리의 내일은 주님만이 아신다. 더 늦기 전에 지금부터라도 시작하자. 교회 전도지를 가지고 직장에 가서 동료들에게 나눠주고 전도하자. 우리는 전하기만 하면 되는 것이다. 그 다음일은 성령님께서 책임지고 일 하신다.

야곱이 흰 양을 얼룩 양으로 변화시키듯이 세상의 양들을 주님의 양으로 변화시키는 전도자가 되자. 야곱을 크게 쓰셨던 주님께서 이제는 성도님 곁으로 다가오셔서 더 크게 쓰실 것이다.

CHAPTER 69

음란, 음행 (fomicatiom)

헬 :포르네이아

• 제 칠은 간음하지 말지니라(십계명)

• 이스라엘이 싯딤에 머물러 있더니 그 백성 모압 여자들과 음행하기를 시작하니라 그 여자들이 그 신들에게 제사 할 때에 백성을 청하매 백성이 먹고 그들의 신들에게 절하므로 그 염병으로 죽은 자가 이만 사천명이였더라(민 25:1~9).

• 누구든지 남의 아내와 간음 하는 자 곧 그 이웃의 아내와 간음 하는 자는 그 간부(姦夫)와 음부를 반드시 죽일 지니라(레 20:10).

• 부녀와 간음하는 자는 무지한자라 이것을 행하는 자는 자기의 영혼을 망하게 하며 상함과 능욕(陵辱)을 받고 부끄러움을 씻을 수 없게 되나니 그 남편이 투기(妬忌)함으로 분노하여 원수를 갚는 날에 용서하지 아니하고 아무 벌금도 돌아보지 아니하며 많은 선물을 줄지라도 듣지 아니하리라(잠 6:32~35).

• 또 간음치 말라 하였다는 것을 너희가 들었으나 나는 너희에게 이르노니 여자를 보고 음욕(淫慾)을 품는 자마다 마음에 이미 간음하였느니라(마 5:27~28).

• 누구든지 음행한 연고(緣故)없이 아내를 버리면 이는 저로 간음하게 함이요 또 누구든지 버린 여자에게 장가드는 자도 간음함이니라(마 5:32).

• 음행한 자와는 사귀지도 말고 함께 먹지도 말라 함이라(고전 5:11).

• 음란 하는 자나 간음 한 자나 남색하는 자들은 하나님 나라를 유업으로 받지 못하리라 (고전 6:9~10).

• 음행과 온갖 더러운 것과 탐욕은 너희 중에서 그 이름이라도 부르지 말라 이는 성도의 마땅한 바니라(엡 5:3).

• 그러므로 땅에 있는 지체를 죽이라 곧 음란과 부정과 사욕과 악한 정욕과 탐심이니 탐심은 우상숭배니라 이것들을 인하여 하나님의 진노가 임하느니라(골 3:5~6).

• 성경의 대표적인 예 : 소돔과 고모라의 멸망 원인이 음란이였다. 무법한자의 음란한 행실을 인하여 고통하는 의로운 롯을 건지셨으니 이 의인이 저희 중에 거하여 날마다 저 불법한 행실을 보고 들음 그 의로운 심령은 상하니라(벧후 2:7-8).

Holy

현 우리 사회와 세상이 소돔과 고모라 때 처럼 음란과 악행이 만연해 있고 T.V를 포함한 언론 매체들까지 음란물을 퍼나르는 등 온통 악으로 물들어가고 있다. 그런 불법 행실을 보지도 듣지도 읽지도 말고 그런 장소를 피하고 의로운 심령으로 늘 기도하며, 우리 자녀들에게도 세상의 악한 것을 답습하지 않도록 늘 교육과 훈계를 잃지 말아야 한다. 그리고 앞으로는 만남의 장소가 시내 중심지가 아니고, 교회와 복음을 들을 수 있는 장소가 우리의 주 무대가 되어서, 우리가 보고 들음이 복음의 소리요 하나님 찬양의 소리로 바꿔지는 새로운 삶을 영위하며 힘차게 전진하자.

CHAPTER 70

음주(飮酒)

제사장들 규칙

너나 네 자손들이 회막에 들어갈 때 포도주나 독주를 마시지 말아서 너희 사망을 면하라 이는 너희 대대로 영영(永永)한 규례라(레 10:9).

왕들에 대한규칙

르무엘아 포도주를 마시는 것이 왕에게 마땅치 아니하고 독주를 찾는 것이 주권자에게 마땅치 않도다(잠 31:4).

나실인에 대한 규례

포도주나 독주를 멀리하며 포도주의 초(醋)나 독주(毒酒)의 초를 마시지 말며 포도즙도 마시지 말며 생포도나 건포도도 먹지 말지니(민 6:3).

성도의 덕을 위하여 금주

고기도 먹지 아니하고 포도주도 마시지 아니하고 무엇이든지 네 형제로 거리끼게 하는 일을 아니함이 아름다우니라(롬 14:21).

성도의 삶속의 재앙

독주는 죽게 된 자에게 포도주는 마음에 근심하는 자에게 줄지이다(잠 31:6).

가난하게 된다

연락을 좋아하는 자는 가난하게 되고 술과 기름을 좋아하는 자는 부하게 되지 못하리라(잠 21:17).

지혜가 없다

포도주는 거만케 하는 것이요 독주는 떠들게 하는 것이라 무릇이에 미혹되는 자에게는 지혜가 없느니라(잠 20:1).

화가 임한다

- 아침에 일찍이 일어나 독주를 따라 가며 밤이 깊도록 머물러 포도주에 취하는 그들은 화 있을진저(사 5:11).
- 이웃에게 술을 마시우되 자기의 분노를 더하여 그로 취케 하고 그 하체(下體)를 드러내게 하는 자에게 화 있을진저(합 2:15).
- 포도주를 마시기에 용감하고 독주(毒酒)를 빚기에 유력한 그들은 화 있을진저(사 5:22)

우리왕의 날에 방백들이 술의 뜨거움을 인하여 병이 나며(호 7:5).

방황한 것이다

술 취하지 말라 이는 방탕한 것이니 오직 성령 충만을 받으라(엡 5:18).

하나님 나라를 유업으로 받지 못한다

도적이나 탐람 하는 자나 술 취하는 자나 후욕하는 자나 호색하는 자들은 하나님 나라를 유업으로 받지 못하리라(고전 6:10).

심판 때 사용(하나님의 진노의 포도주)

그도 하나님의 진노의 포도주를 마시리니 그 진노의 잔에 섞인 것이 없이 부은 포도주라 거룩한 천사들 앞과 어린 양 앞에서 불과 유황으로 고난을 받으리니(계 14:10).

성경에서 술로 인하여 생긴 사건

- 노아 : 술 취함으로 일어난 사건 함의 저주(창 9:25).
- 롯 : 술 취하여 두 딸과 동침 모압과 암몬의 조상 후(後)에 계속적 이스라엘 민족과 전쟁(창 19:32~38).
- 나발 : 술에 대취하여 한 열흘 후 하나님께서 치시매 죽음(삼상 25:36~38).
- 엘라 왕 : 술에 취해 시므리에 의해 죽음(왕상 16:9).

우리 몸은 거룩한 성전 우리는 왕 같은 제사장

너나 네 자손들이 회막에 들어 갈 때에 포도주나 독주를 마시지 말아서 너희 사망을 면하라 이는 너희 대대로 영영한 규례라(레 10:9)

Holy

이제는 성령님이 내 안에 계시는 우리 몸은 거룩한 성전이며 우리 몸은 예수님의 지체이며 하나님께 매일 제사를 드리는 제사장이 되었다. 제사장은 절대적 금주를 하나님께서 명하셨다. 거룩한 성령님이 계신 내 안에 포도주나 독주를 마시지 말아서 사망을 면하라고 하신다.

또한 영원한 규례로 세워 기록 하셨다. 술은 귀신이 우리에게 침투하기 가장 좋은 통로이다. 우리의 정신을 혼미케 해서 헤아릴 수 없는 사건과 범죄로 인해 우리를 패망의 길로 넘어지게 한다. 성경에서 많은 예를 기록하여 경고하고 있다. 성경의 인물들과 세상 사람 중에서 술 마시고 성공했다는 사례는 한번도 들어 본적이 없으며 술로 인해 병들고 죽었다든지, 사고와 사건이 발생하고 쓰러졌다는 소식은 방송매체나 신문지상이나 주변에서 많이 들었지만, 술 마셔서 훌륭하고 사랑받고 성공하고 온전했다는 말을 듣도 보도 못했다.

우리가 병원을 가도 먼저 질문하는 말은 선생님 술, 담배 드시고 피우시는가? 병이 생겨도 제일 먼저 술, 담배 끊으라고 하지 않는가. 성경에 담배에 대한 말씀이 없는데 왜 담배 이야기를 할까? 모든 병(病)의 주범 1위가 술, 담배 스트레스에서 온다고 한다. 그러면 우리 몸은 주님의 지체며 주님의 것인데 내 마음대로 사용하고 세상에 나가서 술 마시고 담배 피워서 몸 망쳐 놓으면 주님이 기뻐하겠는가. 담배와 술은 옆 주변 사람에게도 많은 피해를 주고 가족에게도 큰 상처를 주기 때문이고 주님 일 열심히 할 성도가 병원 신세지며 누워있어야 되겠는가?

술은 신경조직을 마비시키고 말이나 행동과 판단력과 자제력을 잃게 하여 돌이킬 수없는 사건이 벌어져 큰 손해를 보게 하며 그런 점 때문에 사단과 귀신은 그 틈새를 지금 노리고 우리 주변을 맴돌고 있다. 술에 관하여서는 우리 집안은 아주 명가(名家)이다. 대(代)를 이어서 나에게까지 나를 '내주(酒)를 가까이 하게함' 은 조상으로 물려 받은 유산중의 유산이였다. 나의 아버지, 큰형님의 사망원인도 술이었다.

어렸을때 저 술만큼은 안마셔야지 하고 맹세까지 했었다. 아버지께서도 술만 드시면 동네가 시끄럽게 어머님과 싸우셨던 추억에 그렇게 저주했던 술을 남들은 새벽 4시면 출근 준비나 새벽기도 갈려고 준비하는데 나에게는 그 시간이 퇴근 시간이었다. 이 정도면 술에 대해서는 산전수전을 지나 급수로 따지면 9단쯤 되었을 것이다. 그 결과는 성경의 기록대로였다.

자 이제는 중독성있는 물질을 단호히 끊자. 술, 담배는 끊으려 하는 내 의지도 중요하지만 더 중요한 것은 성령님께 의지하여 기도할 때 비로서 성공 아니 승리할 수 있다.

"재앙이 뉘게 있느뇨 근심이 뉘게 있느뇨 분쟁이 뉘게 있느뇨 원망이 뉘게 있느뇨 까닭 없는 창상이 뉘게 있느뇨 붉은 눈이 뉘게 있느뇨 술에 잠긴 자에게 있고 혼합한 술을 구하며 다니는 자에게 있느니라 포도주는 붉고 잔에서 번쩍이며 순하게 내려 가나니 너는 그것을 보지도 말지어다. 이것이 마침내 뱀같이 물것이요 독사같이 쏠 것이며 또 네 눈에는 괴이한 것이 보일 것이요 네 마음은 망령된 것을 발할 것이며 너는 바다 가운데 누운 자 같을 것이요 돛대 위에 누운 자 같을 것이며 네가 스스로 말하기를 사람이 나를 때려도 나는 아프지 아니하고 나를 상하게 하여도 내게 감각이 없도다 내가 언제나 깰까 다시 술을 찾겠다 하리라(잠 23:29~35)"

CHAPTER 71

제사(祭祀)

제사는 귀신에게 하는 것

- 이방인의 제사 하는 것은 귀신에게 하는 것이요 하나님께 하는 것이 아니니 나는 너희가 귀신과 교제하는 하는 자 되기를 원치 아니하노라 너희가 주의 잔과 귀신의 잔을 겸하여 마시지 못하고 주의 상과 귀신의 상에 겸하여 참예치 못하리라(고전 10:20~21).
- 우상제물 : 우상과 귀신들에게 제사하고 남겨진 음식
- 음식 그 자체는 아무것도 아니다 왜냐하면 우상제물 그 음식자체는 어떠한 영향도 주지 못하며 아무것도 아닌 우상은 제물(음식)을 더럽게 하지 못한다 이 세상 모든 만물(萬物)은 즉 우상(偶像) 음식도 하나님께서로부터 났고 창조하신 선한 속성이 그 음식에도 유지 되는 것이다(고전 8:1~6).
- 하늘과 모든 하늘의 하늘과 땅과 그 위에 만물은 본래 네 하나님 여호와께 속한 것이로되 (신 10:14).

다른 사람을 유익하게 하기 위해서 먹는 것을 자제해야 한다.

자신의 행위가 형제를 실족케 하는가?(고전 8:13)

- 제물 음식 먹는 것이 믿음이 약한 자가 보았을 때 그 형제의 양심은 상하고 실족케 할 수 있다 우상제물은 알고 먹는 고로 그들의 양심이 약하여지고 더러워 지느니라 누구든지 자기의 유익(有益)을 구치 말고 남의 유익을 구하라(고전 10:24)

덕(德)이 되는 행동인가?(고전 10:23)

- 시장에서 파는 것은 양심을 위하여 묻지 말고 먹어라 이는 땅과 거기 충만한 것이 주의 것이니라(고전 10:25~26).
- 불신자 집에서 청함을 받아 음식을 먹거든 우상제물이든 무엇이든지 차려 놓은 것은 먹어라 누가 너희에게 이것이 제물이라 말하거든 알게 한 자와 및 양심을 위하여 먹지 말라(고전 10:28).
- 식물은 하나님이 지으신 바니 먹는 자들과 진리를 아는 자들이 감사함으로 받을 것이니라 하나님이 지으신 모든 것이 선하매 감사함으로 버릴 것이 없나니(딤전 4:3~4).

요점 (고전 8:1~13)(고전 10:14~33)

1) 하나님이 지으신 음식은 어떠한 귀신도 우상도 더럽게 못한다.

2) 제물 음식을 먹을 때 내 믿음만 생각지 말고 믿음 약한 남을 생각하자.

3) 남에게 믿음을 실족케 하려거든 먹는 것을 자제하라.

4) 시장에서 파는 것은 사라.

5) 불신자의 집 초청 시 음식은 묻지 말고 먹어라.

6) 누가 제물 음식이라고 하거든 알고는 먹지 말라 내 믿음보다도 상대방 양심을 위하여

7) 먹든지 마시든지 무엇을 하든지 하나님 영광을 위하여 하라.

- 제물을 모르고 먹고 나중에 알았을 경우 아무리 죄책감을 갖지 말라.
  그 음식과 모든 식물은 하나님께서 지으셨기 때문이다.
- 제물을 알고는 먹지 말라 먹지 않는 자는 귀신의 음식을 먹는 걸로 착각하고 그의 양심과 믿음을 실족시킬 수 있다.

Holy

우리의 믿음 가족들이 세상에서 이 제사 문제와 제사음식 때문에 고민을 많이 하고 가족들 사이에 불협화음이 발생하는 단초로 아주 불행한 문제 중의 문제이다.

옛적부터 유교사상인 효를 중심으로 뿌리가 내려왔기 때문에 수 백년 동안을 지탱하고 유지한 이 문제는 우리의 지혜가 필요할 때며 강력한 하나님의 도움이 있어야 할 때이다. 부모의 효는 이 땅에 생명이 있을 때까지이며, 죽음 후에 하는 제사는 귀신에게 하는 것이지 죽은 조상과 부모가 와서 그 음식을 먹는 것이 아니다. 만약에 먹고 드신다면 그것은 불효중의 불효지, 결코 효가 아니라고 생각한다. 즉 자기들은 일년 삼백 육십 오일 매일 먹고 또 하루에도 세끼씩 그것도 간식까지 먹으면서 돌아가신 부모와 조상에게는 겨우 1년에 제삿날이나 명절때 음식을 드린다는 것은 이치에 맞지도 않으며 그 나머지 날은 무엇을 먹고 저 저승에서 계실까? 아마 그곳에서 굶어서 죽어도 수 십 번은 돌아가셨겠다. 살아서 잠자고 있는 사람에게도 먹으라고 해도 먹지 않고 자는데 죽어서 이미 이빨도 음식 소화할 장기도 없는데 먹으라고 드시라고 음식 차려 놓으면 드시겠는가?

참 어리석은 행동이며 무지이며 허상이다. 믿음의 성도님, 이 문제에 대하여는 우리가 굳건히 믿음 위에 서서 깨우쳐 주고 알려주고 전도하여 구원을 해야 할 과제 중의 과제이다. 우리 집은 어머님께서 연세가 88세가 되셨고 예수님 영접하신지 약 7년쯤 되셨나. 그 수 십 년 동안 제사를 드리고 섬에서 살아오셨기 때문에(흑산도) 풍어제, 당 제사 등등 우상 숭배를 하셨던 분을 우리 주님께서 이 아들의 변하는 모습과 끈질긴 기도를 들으시고 구원하셨다. 문제는 아직도 믿지 않는 둘째형님과 막내 동생이 대신 아버님의 제사를 지내고 있다. 이 형제들을 위해 나는 기도하고 전도하고 있다. 이처럼 이 문제는 빨리 우리들이 풀어야 할 문제이며 우리가 내 부모형제를 저 사단의 손에서 하나님 아버지 품으로 돌아오게 하는데 목숨 걸고 싸워야 할 사명이다. 이 문제 때문에 부모형제와 남편에게까지 핍박받고 있는 성도 여러분 우리 주님께서 지켜보시고 계신다는 것을 믿고 힘을 내자. 그리고 승리하자.

이 문제는 결단코 타협하면 안된다. 굳건히 당당히 이겨내자. 그리고 꼭 구원하자. 그 상급은 너무 너무 크고도 귀하며 그 면류관은 너무나 자랑스러운 면류관이 될 것이다.

> 우상의 제물과 피와 목메어 죽인 것과 음행을 멀리 할지니라 이에 스스로 삼가면 잘 되리라 평안함을 원하노라(행 15:29).

CHAPTER 72

우상(偶像)

히 : 쎄멜 헬 : 에이돌글

- 구약 : 우상숭배는 여호와 하나님 외의 다른 신들을 나타내는 형상을 섬기는 것을 의미.
- 신약 : 이방 신 및 제사를 포함 절하는 것과 사람을 하나님보다 더 중요하고 더 사랑하고 더 순종하며 하나님보다 앞서며 더 중요한 위치에 있는 것을 포함. 하나님 이외의 어떤 것들을 더 신뢰 하는 것을 우상 숭배라 말씀 하신다.
- 너는 다른 신에게 절하지 말라 여호와는 질투라 이름하는 질투의 하나님임이니라(출 34:14).
- 너는 신상(神像)들을 부어 만들지 말라(출 34:17).
- 너희는 자기를 위하여 우상을 만들지 말지니 목상(木像)이나 주상(柱狀)을 세우지 말며 너희 땅에 조각한 석상(石像)을 세우고 그에게 경배 하지말라(렙 26:1).
- 대저 이방인의 제사하는 것은 귀신에게 하는 것이요 하나님께 하는 것이 아니니 나는 너희가 귀신과 교제하는 자 되기를 원치 아니하노라(고전 10:20).
- 땅에 있는 지체(肢體)를 죽이라 음란과 부정과 사욕(邪慾)과 악한 정욕과 탐심이니 탐심(貪心)은 우상숭배니라(골 3:5).

우상화(사람숭배)

현대인들의 사람 우상화 : 정치지도자, 연예인, 운동선수, 능력 있는 목회자, 사업성공자 등등이다.

- 헤롯왕에게 백성들은 신의 소리요 하며 신처럼 우상화.
  신처럼 행한 헤롯왕 죽음(행 12:20~23).
- 바울의 이적을 보고 무리들은 신들이 사람의 형상으로 나타났다며 우상화.
  목숨 걸고 제사를 막은 바울(행 14:8~18).
- 비록 하늘에나 땅에나 신이라 칭하는 자가 있어 많은 신과 많은 주가 있으나(고전 8:5).
- 땅에 있는 자를 아비라 하지 말라 너희 아버지는 하나시니 곧 하늘에 계신 자시니라(마 23:9~10).

헤롯왕을 주의 사자가 쳐서 충이 먹어 죽이는 사건은 구약시대가 아닌 신약시대 사건이다. 이만큼 우리의 하나님께서는 질투의 하나님이시다. 성경전체에 나타난 우상숭배에 대해서는, 국가나 민족이나 단체나 개인을 막론하고 하나님께서는 용서치 않고 죽이거나 고난과 고통을 수반시켜 꼭 죄를 물으신다.

이스라엘의 우상숭배는 가나안땅 정복 후 사사시대에 절정에 이르며 솔로몬과 북 이스라엘 초대 왕 여로보암을 시작으로 행하여진 우상숭배의 결과는 예루살렘과 이스라엘의 멸망 그리고 수십 년 동안의 압제와 수많은 자들이 죽음을 당한다. 구약 시대의 우상은 형상을 만들거나 다른 신을 믿고 따르는 것이었으나, 신약시대와 현시대는 구약시대의 신과 형상을 포함 명예, 권력, 재물, 사람이 우상시 되고 있다. 하물며 예수님께서는 이 땅에 있는 자를 아비라 하지 말라 지도자라고 칭하지 말라고 할 정도다. 모든 것을 오직 하나님께 집중하고 하나님만 의지하고 믿기만을 바라는데, 혹시 우리 교회에서 목사님이 하나님보다 앞서고 있지는 않은가? 목사님들께서는 성공한 목회지상을 우리 내형 건축물의 교회나 성도 수가 수만 명인 교회의 목사님을 바라보고 있지는 않는가?

우리 목사님! 우리 목사님 최고! 이런 소리에 이 땅에서 영광과 상급을 다 받고 있다는 사실을 아는지? 모르는지? 또 예수님은 아비나 어미와 아들과 딸도 당신보다 더 사랑해서도 합당치 않으며 탐심도 우상 숭배라고 하셨다. 이 땅에 있는 자를 아비라고 하지 말라는 뜻은 육신의 아버지를 뜻하는 것이 아니고 내가 영의 아버지다 내가 영의 어머니다 하며 목회를 하시는 목회자와, 이단들이 현재 사용하고 이용하며 성도들을 미혹시키고 있기 때문에 주의 하라는 경고의 말씀 인듯하다.

> 그냥 두어라 저희는 소경이 되어 소경을 인도(引導)하는 자로라 만일 소경이 소경을 인도하면 둘이 다 구덩이에 빠지리라(마 15:14).

이제는 소경이 되어서도 안되며 소경이 되어 따라가도 안 된다. 그리하면 둘 다 죽는다. 이 귀한 말씀을 성령의 도움으로 이해하고 현재 내가 섬기는 교회와 우리의 주변과 나 자신을 다시 한 번 점검하고 관찰하여 그 멸망의 길에 서 있다면 빨리 회개하고 고쳐져야 하며 그 자리에서 탈피해야 된다.

> 우상 숭배자들과 모든 거짓말하는 자들은 불과 유황으로 타는 못에 참예 하리니 이것이 둘째 사망이라(계 21:8).

이제는 두 눈을 크게 뜨고 보고 두 귀를 더 세워서 들어야 할 때이다. 나를 저 천국으로 인도하기까지 성령님이 나와 함께 역사 하시고 천사가 도우며 예수님께서 나의 목자로 인도하심에 감사하며 교회의 예배 생활과 기도와 영혼 구원이 내 삶의 최고의 목표가 되어 이제는 세상의 우상에 속지 말고 승리하는 멋있는 예수님의 참된 제자가 되도록 힘차게 경주하자. 이땅의 우상을 태우실 강력한 성령의 불이 임할 줄 굳게 믿는다.

> 저희 우상은 은과 금이요 사람의 수공물(手工物)이라 입이 있어도 말하지 못하며 눈이 있어도 보지 못하며 귀가 있어도 듣지 못하며 코가 있어도 맡지 못하며 손이 있어도 만지지 못하며 발이 있어도 걷지 못하며 목구멍으로 소리도 못하느니라 우상을 만드는 자와 그것을 의지하는 자가 다 그와 같으리로다(시 115:4~8).

- 너희는 이 세대를 본받지 말고 오직 마음을 새롭게 함으로 변화를 받아 하나님의 선하시고 기뻐하시고 온전하신 뜻이 무엇인지 분별하도록 하라(롬 12:2).
- 내 사랑하는 자들아 우상 숭배 하는 일을 피하라 나는 지혜있는 자들에게 말함과 같이 하노니 너희는 내 이르는 말을 스스로 판단하라(고전 10:14).

CHAPTER 73

구제(救濟; Alms)

헬 : 엘레모쉬네

구제는 성경 전체에 걸쳐 언급되었으며 기록되었다. 구약에서는 가난한자들을 위해서는 규례까지 정해졌으며(레 19:9~10) 신약의 예수님께서도 가난한 자들을 위하여 소유까지 팔아서 주라고 하며 바울도 구제에 대해서 행하며 가르치셨다.

구제의 말씀

- 네 하나님 여호와께서 네게 주신 땅 어느 성읍에서든지 가난한 형제가 너와 함께 거하거든 그 가난한 형제에게 네 마음을 강퍅히 하지 말며 네 손을 움켜쥐지 말고 반드시 네 손을 그에게 펴서 그 요구(要求)하는 대로 쓸 것을 넉넉히 꾸어 주라(신 15:7~8).
- 주린 자에게 네 식물을 나눠 주며 유리(遊離)하는 빈민을 네 집에 들이며 벗은 자를 보면 입히며 또 네 골육(骨肉)을 피하여 스스로 숨지 아니하는 것이 아니겠느냐(사 58:7).
- 내게 구하는 자에게 주며 네게 꾸고자 하는 자에게 거절하지 말라(마 5:42).
- 옷 두벌 있는 자는 옷 없는 자에게 나눠줄 것이요 먹을 것이 있는 자도 그렇게 할 것이니라 (눅 3:11).
- 예수께서 가라사대 네게 온전하고자 할진대 가서 네 소유를 팔아 가난한 자들을 주라 그리하면 하늘에서 보화가 네게 있으리라 그리고 와서 나를 좇으라(마 19:21).
- 오직 그 안에 있는 것으로 구제하라 그리하면 모든 것이 너희에게 깨끗하리라(눅 11:41).

구제방법과 조심성

- 사람에게 보이려고 그들 앞에서 너희 의를 행치 않도록 주의하라 구제할 때에 외식하는 자가 사람에게 영광을 얻으려고 회당과 거리에서 하는 것같이 너희 앞에 나팔을 불지 말라 진실로 너희에게 이르노니 저희는 상을 이미 받았느니라 너는 구제함이 은밀하게 하라 은밀한 중에 보시는 너의 아버지가 갚으시리라(마 6:1~4).

구제에 인색 하는 자

- 귀를 막아 가난한자의 부르짖는 소리를 듣지 아니하면 자기의 부르짖을 때에도 들을 자가 없느니라(잠 21:13).
- 가난한 자를 구제하는 자는 궁핍하지 아니하려니와 못 본체 하는 자는 저주가 많으니라(잠 28:27).
- 내 형제들아 만일 사람이 믿음이 있노라 하고 행함이 없으면 무슨 이익이 있으리요. 그 믿음이 능히 자기를 구원(救援)하겠느냐 만일 형제나 자매가 헐 벗고 일용할 양식이 없는데 너희 중에 누구든지 그에게 이르되 평안히 가라 더웁게 하라 배부르게 하라 하며 그 몸에 쓸것을 주지 아니하면 무슨 이익이 있으리요. 이와 같이 행함이 없는 믿음은 그 자체가 죽은 것이라(약 2:14~17).
- 가난한 자를 조롱하는 자는 이를 지으신 주를 멸시 하는 자요 사람의 재앙을 기뻐하는 자는 형벌을 면치 못할 자니라(잠 17:5).

구제하는 자의 복

- 구제를 좋아 하는 자는 풍족하여 질것이요 남을 윤택케 하는 자는 윤택(潤澤)하여 지리라 (잠 11:25).
- 너는 반드시 그에게 구제 할 것이요 구제 할 때에는 아끼는 마음을 품지 말 것이니라 이로 인하여 네 하나님 여호와께서 네 범사와 네 손으로 하는 바에 네게 복을 주시리라(신 15:10).
- 주라 그리하면 너희에게 줄 것이요 후히 되어 누르고 흔들어 넘치도록 하여 너희에게 안겨 주리라 너희의 그 헤아리는 그 헤아림으로 너희도 헤아림을 도로 받을 것이니라(눅 6:38).
- 이것이 곧 적게 심는 자는 적게 거두고 많이 심는 자는 많이 거둔다 하는 말이로다(고후 9:6).
- 고넬료가 주목하여 보고 두려워 가로되 주여 무슨 일이니까 천사가 가로되 네 기도와 구제가 하나님 앞에 상달하여 기억하신 바가 되었으니(행 10:4).

Holy

말씀을 통하여 온 구제의 중요성

우리는 그 동안 나의 영광 나의 자랑만 위해서 구제를 행하였다면 즉시 회개하고, 오른손이 하는 것을 왼손이 모르게 은밀히 하라고 하셨다. 그런데 오늘날 우리들의 교회와 행동에서는 무슨 일을 하나 하면 큰 광고가 되어 주보에 찍혀 나오고, 말로 나팔수가 되어 자기 상급이 헛된 것이 된 줄도 모르고 또 그것을 고의적 경쟁심을 부추키기 위해 흘려보내고, 돈이 없는 가난한 자들의 기를 죽이고, 이 모든 것이 진실로 한국교회와 우리들의 모습이 아닌가 싶다. 이런 현실이 앞으로의 한국교회와 목회자 또한 각 성도들이 분명 말씀대로 행하여 나가는데 방해가 되는 가장 고질적인 큰 문제 중의 하나라고 생각한다. 한국교회는 돈이 있어야 무슨 직분도 올라가고 장로가 되려면 헌금을 얼마를 해라(일부)하는 이런 현실이 성경을 들고 가서 예배드리는 우리들의 산 모습이요 현장이다. 어떻게 직분을 돈을 주고, 어떻게 교회(예배당)를 성도 머리 숫자 맞추어서 사고 팔고 이 모든 것이 타락해가는 신앙이요 그리스도인이 점점 줄어 들어가는 요인 중의 한 요인이다.

왜 기독교가 예수님의 피로 산 우리의 구원이 점점 변질되어 갈까? 원인은 나한테 있는 것이다. 즉, 우리의 개개인에게 있는 것이다. 성경을 들고 예배는 드렸지만 진정 그 속에 담겨있는 "하나님의 말씀은 일점 일획도 없어지지 않고 다 이루어진다"는 약속을 그 동안 소경 아닌 소경처럼 읽고 보아 왔기 때문이 아닐까?

즉, 초등학교 학생 앞에서는 초등교사는 강의가 가능하지만 대학생 앞에서 초등교사의 강의는 쉽지 않을 것이다. 그 선생님은 항상 초등학생의 수준에 맞추어 교육을 준비하였기 때문에 대학생 수준에 맞추어 가르치면 초등학생들이 이해를 못한다. 반대로 대학생들 앞에서 초등학생들 가르치는 수준과 방법으로 가르치면 아마도 그 강의는 조만간 폐강 될 것이다. 이 뜻은 우리 성도가 성경의 말씀대로 서 있고 행하며, 성경 수준이 초등학생이 아닌 대학생의 반열에 서서 항상 깨어 기도하고 예수님의 제자로 서 있다면, 과연 여러분이 섬기는 교회에서는 어떤 말씀이 강단에서 대언해서 선포 될까? 또한 교회의 질서 및 치리는 어떠한 방향으로 움직일까?

우리 모두는 이 문제를 주님께 먼저 회개하며 우리가 드리는 예배와 예물, 구제와 봉사가 진정으로 하늘나라의 그 보물창고에 쌓이고 기록되기를 기도하며 다시는 우리의 교회에 거짓 선지자, 거짓 교사가 우리의 믿음을 혼탁하게 만들지 못하도록 말씀으로 무장하여 늘 깨워 함께 기도하며 나가자.

헌금과 구제는 자원해서, 은혜 받은 대로 주님이 주신 사랑이 너무 감사해서, 가진 것 다 못 드려서 죄송할 정도의 마음으로 드려야지(사도행전 8:18) 시몬이 돈을 주고 성령의 권능을 사려는 것처럼 고귀한 직분을 돈으로 계산한다면 시몬과 다를 바가 없지 않겠는가?

CHAPTER 74

과부와 고아

너는 네 이웃을 네 몸과 같이 사랑하라

- 너는 과부나 고아를 해롭게 하지 말라 네가 만일 그들을 해롭게 하므로 그들이 내게 부르짖으면 내가 반드시 그 부르짖음을 들을지라(출 22:22~23).
- 이 과부가 나를 번거롭게 하니 내가 그 원한(怨恨)을 풀어 주리라(눅 18:1~8).
- 너는 객이나 고아의 송사(訟事)를 억울하게 말며 과부의 옷을 전집(典執)하지 말라(신 24:17).

과부와 고아를 위한 하나님의 사랑과 규례

- 네가 밭에서 곡식을 벨 때에 그 한 뭇을 밭에 잊어버렸거든 다시 가서 취하지 말고 객과 고아와 과부를 위하여 버려두라 그리하면 네 하나님 여호와께서 네 손으로 하는 범사(凡事)에 복을 내리시리라 네가 네 감람나무를 딴 후에 그 가지를 다시 살피지 말고 그 남은 것은 고아와 과부를 위하여 버려 두며 네가 네 포도원의 포도를 딴 후에 그 남은 것을 다시 따지 말고 객과 고아와 과부를 위하여 버려 두라(신 25:19~21).
- 제 삼년 곧 십일조를 드리는 해에 네 모든 소산(所産)의 십일조 다 내기를 마친 후에 그것을 레위인과 객과 고아와 과부에게 주어서 네 성문 안에서 배부르게 하라(신 26:12).
- 선행을 배우며 공의를 구하며 학대 받는 자를 도와주며 고아를 위하여 신원(伸冤)하며 과부를 위하여 변호(辯護)하라 하셨느니라(사 1:17).
- 과부와 고아와 나그네와 궁핍한 자를 압제하지 말며 남을 해하려 하여 심중에 도모하지 말라 (슥 7:10).
- 참 과부인 과부를 경대(敬待)하라 만일 어떤 과부에게 자녀나 손자들이 있거든 저희로 먼저 자기 집에서 효(孝)를 행하여 부모에게 보답하기를 배우게 하라(딤전 5:3~4).
- 만일 믿는 여자에게 과부 친척이 있거든 자기가 도와 주고 교회로 짐지지 말게 하라 이는 참과부를 도와 주게함이니라(딤전 5:16).
- 과부들에게 이르노니 그냥 지내는 것이 좋으나 만일 절제 할 수 없거든 혼인하라(고전7:8~9).
- 하나님 앞에서 정결하고 더러움이 없는 경건(敬虔)은 곧 고아와 과부를 그 환난 중에 돌아보고 또 자기를 지켜 세속에 물들지 아니하는 이것이니라(약 1:27).

• 하나님의 심판 날 내가 심판하러 너희에게 임할 것이라 ~ 과부와 고아를 압제하며 나그네를 억울케 한자(말 3:5).

Holy

새가 집을 지으려고 잎사귀를 물고가던 중, 물에 빠져 허덕이는 개미를 보고 잎사귀를 떨어뜨려 주어 구사일생으로 살아난 개미는 생명을 구해준 새에게 감사하며 꼭 은혜를 잊지 않고 갚겠다고 했다. 그런 후 세월이 흘러 새가 병이 들어 먹이를 구하지 못하고 새의 새끼 마져 굶어 죽게 되었을 때 이 사실을 안 개미는 온 가족 식구를 총 동원하여 먹이를 물어다 주어서 새와 그 새끼들을 살릴 수 있었다.

이 이야기는 초등학생이면 다 읽어 보았을 은혜에 보답하는 내용이다. 우리가 저 개미처럼 물에 빠져 허우적거리며 죽어 갈 때 우리에게 나뭇잎을 던져 주신분이 바로 예수님이셨다. 그러면 개미는 새가 병들어 아파 죽어갈 때 온가족을 동원해서 새의 가족을 살려 은혜를 갚았는데 우리는 예수님께 그 은혜를 갚고 있는가?

은혜는 커녕 더 속만 태우시게 하고 있지는 않은가? 그렇다면 개미한테 배워야 될 것이다. "게으른 자여 개미에게로 가서 그 하는 것을 보고 지혜를 얻으라(잠 6:6).

비록 새와 개미 이야기는 예화이지만 지금의 우리에게 전하는 깊은 내용이 담기어 있다. 예수님께서는 우리의 영원한 생명의 은인이요 하나님이시다.

그렇다면 그 은혜를 어떻게 갚아야 될까? 성경에서는 과부와 고아와 그리고 불우한 우리의 이웃에 대하여 처음부터 끝까지 말씀하시고 계신다.

구약 때는 규례로 정하여 그들을 도왔다. 우리는 우리의 형제와 이웃에 더 세심한 배려의 마음을 가지고 그들을 도우며 고아에게는 부모처럼 더 따뜻하게 대하여 주며 자식처럼 아끼고 사랑하는 우리의 모습이 바로 예수님의 은혜에 조금이나마 보답하는 것이라 생각한다. 우리가 더 이상 영적인 과부 영적인 고아가 되어서는 않된다. 우리의 행함이 없는 믿음은 죽은 믿음이라고 하셨다.

우리의 신랑 되시는 예수님께서 행함이 없는 신부를 거절하시면 영적인 과부가 되고 아버지 되시는 예수님께서 행함이 없는 자식을 버리시면 영적인 고아가 된다. 이제는 더욱 더 사랑을 함께 나누며 우리의 아버지요 신랑 되시는 예수님의 가르침에 순종하여 먼 훗날 저 천국에서 예수님께 칭찬 들으며 오순도순 행복하게 영원히 살아가는 아름다운 최고의 성도님이 꼭 되기를 바란다.

CHAPTER 75

영혼을 위한 투자

- 오직 너희를 위하여 보물을 하늘에 쌓아두라 저기는 좀이나 동록(銅綠)이 해(害) 하지 못하며 도적이 구멍을 뚫지도 못하고 도적질도 못 하느니라 네 보물 있는 그곳에는 네 마음도 있느니라(마 6:20~21).
- 너희 소유를 팔아 구제하여 낡아지지 아니하는 주머니를 만들자 곧 하늘에 둔바 다함이 없는 보물(寶物)이니 거기는 도적도 가까이 하는 일이 없고 좀이 먹는 일이 없느니라(눅 12:33).
- 예수께서 가라사대 네가 온전하고 하고자 할진대 가서 네 소유를 팔아 가난한 자들을 주라 그리하면 하늘에서 보화가 네게 있으리라 그리고 와서 나를 좇으라(마 19:21).
- 네가 이 세대에 부한 자들을 명하여 마음을 높이지 말고 정함이 없는 재물(財物)에 소망을 두지 말고 오직 우리에게 모든 것을 후히 주사 누리게 하시는 하나님께 두며 선한 일은 행하고 선한 사업에 부하고 나눠주기를 좋아하며 동정(同情)하는 자가 되게 하라 이것이 장래에 자기를 위하여 좋은 터를 쌓아 참된 생명을 취하는 것이니라(딤전6:17~19).
- 천국은 마치 밭에 감추인 보화(寶貨)와 같으니 사람이 이를 발견한 후 숨겨두고 기뻐하여 돌아가서 자기 소유를 다 팔아 그 밭을 샀느니라(마 13:44).

Holy

이집트(애굽)에는 왕들의 무덤인 피라미드가 있으며 거기에는 풀지 못한 수수께끼도 많다 그 중 가장 큰 피라미드는 기원전 2,580년경에 만들어진 쿠푸왕의 무덤이다 크기가 밑변이 230m 높이가 147m (약 50층 아파트) 평균 돌 1개 무게가 2.5톤(2500kg)의 돌이 230만 개나 쌓아 올려 만들어졌다. 기초공사만 약 10만 명이 10여 년 공사, 그 위로 돌을 지상에 쌓는 공사가 약 20 여년쯤 공사를 한 것으로 예상하며 아직도 풀지 못한 수수께기가 많다고 한다.

한 사람이 죽음 후의 세계를 꿈꾸며 이처럼 엄청난 사람이 동원되고 시간을 투자하는데 우리는 나의 영을 위해 이 육신의 죽음 후를 위하여 얼마나 투자를 하고 일을 하고 있을까? 투자 방법을 성경 말씀으로 가장 간단히 제시를 해 주시는데도 우리는 가장 어려운 문제로 끌고 가고, 답을 가르쳐 주는데도 그것을 답안지에 써 옮기지 못하는 것이 우리들의 모습이 아닐까?

"장래에 자기를 위하여 좋은 터를 쌓아 참된 생명을 취하는 것"이라고 성경 말씀은 그 해답과 진리의 길로 우리를 인도하고 있다.

이 세상도 그 정욕도 지나가되 오직 하나님의 뜻을 행하는 이는 영원히 거하느니라(요일 2:17).

지금 이 책을 읽고 있는 순간부터 하나님의 뜻을 따라 행하여 영혼을 위하여 투자를 하며 나아가자. 모든 육체는 들에 있는 풀과 같다고 했다. 이 땅에서의 그 어떤 권력, 명예, 재물도 저 시들어 죽어가는 풀과 같다고 한다. 오직 주님의 말씀대로 행하는 모습만이 세세 무궁토록 우리의 생명이며 우리의 영원한 권력이요 명예요 재물이 되는 것이다. 이제 우리는 영원한 생명을 위해 기쁜 마음으로 저 천성을 향해 순항하는 천국 배에 승선하여 힘차게 나아가자.

CHAPTER 76

열매 없는 자

- 이미 도끼가 나무 뿌리위에 놓였으니 좋은 열매 맺지 아니하는 나무마다 찍어 불에 던지우리라(마 3:10).
- 가시떨기에 뿌리 웠다는 것은 말씀을 들으나 세상의 염려(念慮)와 재리(財利)의 유혹에 말씀이 막혀 결실치 못하는 자요(마 13:22).
- 그 주인이 대답하여 가로되 악하고 게으른 종아 나는 심지도 않은데서 거두고 헤치지 않은데서 모으는 줄로 네가 알았느냐 그에게서 그 한 달란트를 빼앗아 열 달란트 가진 자에게 주어라 무릇 있는 자는 받아 풍족(豊足)하게 되고 없는 자는 그 있는 것까지 빼앗기리라 이 무익 한 종을 바깥 어두운 데로 내어 쫓으라 거기서 슬피 울며 이를 갊이 있으리라 하니라 (마 25:26~30).
- 땅이 그 위에 자주 내리는 비를 흡수하여 밭가는 자들의 쓰기에 합당한 채소를 내면 하나님께 복을 받고 만일 가시와 엉겅퀴를 내면 버림을 당하고 저주함에 가까와 그 마지막은 불사름이 되리라(히 6:7~8).

일 할 수 있는 마지막 기회

- 한 사람이 이 포도원에 무화과 나무를 심은 것이 있더니 와서 그 열매를 구하였으나 얻지 못한지라 과원지기에게 이르되 내가 삼년을 와서 이 무화과 나무에 실과(實果)를 구하되 얻지 못하니 찍어버리라 어찌 땅만 버리느냐 대답하여 가로되 주인이여 금년에도 그대로 두소서 내가 두루 파고 거름을 주리니 이후에 만일 실과가 열면이어니와 그렇지 않으면 찍어 버리소서 하였다 하시니라(눅 13:6~9).
- 무화과 나무 : 성도 – 이 무능 한 사람에게 삼년이나 기회를 주었는데 아무 열매가 없다. 정신 차려야 한다. 예수님이 일 년을 기회로 주었다.
- 과원지기 : 예수님 – 예수님은 기다리시다 지쳐 하나님께 당신이 보증하고 예수님이 땅을 파고 거름을 주시어 그 사람을 도와 실과를 맺겠다며 일 년을 연장한다.
- 주인 : 하나님 – 예수님의 보증으로 마지막 기회를 주며 일 년 뒤 결과를 기다리고 있다.

Holy

지금 이 말씀이 나에게 던져진 마지막 영적인 기회라면 당신은 어떻게 하겠는가? 지금 이 순간에 결단해 보자.

나를 사랑하는 자들이 나의 사랑을 입으며 나를 간절히 찾는 자가 나를 만날 것이니라 부귀가 내게 있고 장구(長久)한 재물과 의도 그러하니라 내 열매는 금이나 정금보다 나으며 내 소득은 천은(天銀)보다 나으리라 나는 의로운 길로 행하며 공평한 길 가운데로 다니나니 이는 나를 사랑하는 자로 재물을 얻어서 그 곳간에 채우게 하게 함이니라(잠 8:17~21).

CHAPTER 77 국가의 통치자(왕)

왕을 세우시는 하나님

- 각 사람은 위에 있는 권세들에게 굴복(屈服)하라 권세는 하나님께서 나지 않음이 없나니 모든 권세는 다 하나님의 정하신 바라(롬 13:1).
- 여호와께서 엘리야에게 다메섹에 가서 이르거든 하사엘에게 기름을 부어 아람 왕이 되게 하고 너는 또 님시의 아들 예후에게 기름을 부어 이스라엘 왕이 되게 하고(왕상 19:15~16).

미래에 태어날 왕까지 미리 예언하여 세움

- 고레스에 대하여는 이르기를 그는 나의 목자라 나의 모든 기쁨을 성취하리라 하며 예루살렘에 대해서는 이르기를 중건되리라 하며 성전에 대해서는 이르기를 네 기초가 세움이 되리라(사 44:28).
- 나 여호와는 오른손을 잡고 열국으로 그 앞에 항복하게 하며 열 왕(列 王)의 허리를 풀며 성문을 그 앞에 열어서 닫지 못하게 하리라(사 45:1).

Holy

메대(이란)왕 고레스는 바벨론(이라크)을 함락시킨 후 고레스 칙령을 발표하여 포로로 잡혀있던 이스라엘 민족을 귀환시킨 왕이다.

이사야 선지자가 이 예언을 한 100년 후에 고레스가 태어났다. 이처럼 하나님께서 세상 일들뿐 아니라 개인의 미래까지 다 계획하시며 그의 쓰임에 따라 주님의 역사 안에 우리가 살고 있는 것이다. 그러므로 지금의 대한민국의 대통령도 주님의 계획하에 세워졌음을 감사하며 영광을 주님께 올려드리자.

왕의 주권자에게 순종하며 명령을 지키라

내가 권하노니 왕의 명령을 지키라 이미 하나님을 가리켜 맹세하였음이라(전 8:2).

권세(權勢)들에게 굴복하라 권세는 하나님께로 나지 않음이 없나니 모든 권세는 다 하나님의 정하신 바라(롬 13:1).

권세를 거스리는 자는 하나님의 명을 거스림이니 거스리는 자들은 심판을 자취하리라(롬 13:2).

너희는 저희로 하여금 정사(政事)와 권세 잡은 자들에게 복종하며 순종하며 모든 선할 일 행하기를 예비하게하라(딛 3:1).

국가에 대한 세금 납부

그런즉 가이사의 것(로마황제)은 가이사에게 하나님의 것은 하나님께 바치라(마 22:21).

모든 자에게 줄 것을 주되 공세를 받을 자에게 공세(貢稅)를 바치고 국세(國稅) 받을 자에게 국세를 바치고 두려울 자를 두려워하고 존경할 자를 존경하라(롬 13:7).

통치자(대통령)와 위정자를 위한 기도

임금들과 높은 지위에 있는 모든 사람을 위하여 하라 이는 우리가 사람을 위하여 하라 이는 우리가 모든 경건과 단정(端正)한 중에 고요하고 평안한 생활을 하려함이니라(딤전 2:2).

나라를 위한 기도

그 성읍(대한민국)의 평안하기를 힘쓰고 위하여 하나님께 기도하라 그 성이(대한민국) 평안함으로 너희도 평안할 것임이니라(렘 29:7).

위정자의 존경

너는 재판장을 욕하지 말며 백성의 유사(有司)를 저주하지 말 지니라(출 22:28).

심중(心中)에라도 왕을 저주하지 발라 공중의 새가 그 소리를 전하고 날 짐승이 그 일을 전파할 것임이니라(전 10:20).

Holy

하나님께서 왕(대통령)을 세우신다. 페르시아 고레스 왕은 태어나기 100년 전에 세우셨다. 대통령을 위해 기도하고 높은 지위에 있는 위정자를 위해 기도하고 나라를 위해 기도를 해서 나라가 평안하고 국민이 고요하고 평안히 생활할 수 있도록 기도를 하라고 성경은 말한다.

왕 한 사람 잘못된 판단으로 얼마나 많은 국민이 피를 흘렸는가? 애굽왕인 바로가 하나님이 세우신 모세의 말을 순종하지 않아 10가지의 재앙이 내렸고 그 나라의 모든 장자의 죽음과 바로의 장자까지 죽음으로 몰아넣는다. 북이스라엘 초대 왕인 여호보암 역시 하나님을 배역하고 우상을 섬김으로 그 죄가 마지막 왕 호세아까지 이어져 모든 행위가 열조에게 까지 미쳐 국가가 패망한 사건이 있다.

"여호보암으로 왕을 삼았더니 여호보암이 이스라엘을 몰아 여호와를 떠나고 큰 죄를 범하게 하매 이스라엘 자손이 이 여로보암의 행한 모든 죄를 따라 행하여 떠나지 아니하므로 여호와께서 그 종 모든 선지자로 하신 말씀대로 심지어 이스라엘을 그 앞에서 제하신지라

Holy

이스라엘이 고향에서 앗수르에 사로잡혀가서 오늘까지 미쳤더라(왕하 17:21~23).

이처럼 대통령은 하나님이 세우신다. 대통령 한 사람의 판단과 잘못 및 과오가 국민 수 천만 명을 고통의 수렁 속으로 빠뜨릴 수 있다. 그러므로 우리는 항상 대통령과 위정자를 위해 기도를 해야 한다. 정치적인 이념으로 여야의 문제가 아닌 민족과 국가의 안정과 평화를 위해 하나님께 대통령과 위정자들을 지켜달라고, 또 지혜를 주셔서 대한민국이 부강한 나라가 되고 남북이 통일이 되어 더욱 세계와 모든 민족에게 복음을 전하고 가난한 나라를 구제하고 구호하고 주님이 함께하는 나라로 이끌어 인도하여 주시라고 쉬지 않는 기도가 필요할 때이다.

지금은 국가끼리 적도 되지만 자연재해는 더 큰 적이다. 1755년 11월 1일 오전 9시 30분 포르투갈의 수도인 리스본에 대지진(강도규모 8.7추정)의 강진이 도시를 강타해 800년 역사의 국제도시를 폐허로 만들었고 도시 인구의 27만 명 중 4분의 1이 목숨을 잃었다. 1923년 9월 1일 일본 간토지방에 규모 7.9의 대지진이 발생해 사망자와 행방 불명자 100만 명과 190만 명이 집을 잃는 일본 역사상 최악의 참사 발생했다. 또한 1976년 7월 28일 중국 동북부 허베이성에 규모 7.5지진 25만 명 참사가 1999년 8월 17일 터키에 규모 7.8강진 발생해 사망자 4만과 이재민 60만 명 발생했다.

최근 2004년 12월 26일에는 인도양을 덮친 지진과 쓰나미(지진해일)로 규모 9.1~9.3 강력한 해저지진이 발생해 시속 800km속도와 파도높이 30m의 규모로 해안을 덮쳐 인도양에 접한 인도네시아, 스리랑카, 인도, 태국 등 14개국 나라가 동시 참사 당했다. 그리고 얼마 전 발생한 아이티에 대지진 발생하여엄청난 사람의 죽음과 국가가 폐허가 되어 현재까지는 전 세계의 국가에서 구호에 나서고 있는 실정이다. 이처럼 인간은 자연재해 앞에서 무력하다. 언제 어디서 무슨 일이 벌어질지 알 수 없다. 우리는 기도해야 된다. 국가와 민족이 있어야 내가 있다. 다시 한 번 경각심을 가지고 우주만물을 창조하시고 지금도 운행하시며 우주질서와 세계질서, 교회 질서를 인도하시고 계시는 하나님 아버지께 대한민국의 남북통일과 북녘 땅의 복음화와 이 땅에 지진이 발생하지 않도록 천재지변이 발생하지 않는 나라, 살기 좋은 우리나라와 대통령과 위정자들을 위하여 기도하며 간구하라.

CHAPTER 78

기적(奇蹟)의 종류의 용어

하나님께서 행하신 기적의 목적

• 하나님께서 임재해 계심을 입증하기 위하여 – 네 지팡이로 너는 반석을 치라(출 17:5~7).

• 하나님의 영광을 보여 주기 위하여

– 이 병은 죽을 병이 아니라 하나님의 영광을 위함이요(요 11:4).

• 예수께서 하나님의 아들 그리스도이심을 믿게 하려고(요 20:30~31).

• 그리스도께서 이방인들을 순종케 하기 위하여(롬 15:18).

기적의 예) 태양아 너는 기브온 위에 머무르라 달아 너는 아얄론 골짜기에 그리할지어다

(수 10:12) – 태양, 달 멈춤

나귀 입을 이용 말을 하게함(민 22:28) – 동물

롯의 부인 소금기둥(창 19:26) – 인간

출애굽시 10번의 재앙과 홍해 갈림 – 재앙과 바다

예수님은 수많은 병인 고침과 죽은 나사로도 살림(요 11장)

예수님 제자들과 사도 바울, 엘리야, 엘리사의 쓰임 받은 기적

• 기적의 능력 : 하나님 – 모든 것은 하나님이 주신 권능으로 할 수 있다.

예수님 – 예수님을 믿는 자는 누구든지 능력이 있다.

성령님 – 성령을 힘입어

• 기적 : 인간의 능력과 생각으로는 도저히 성취할 수 없는 불가사의 한 현상으로 굳이 과학적으로 말하자면 기적이란 소위 사람들이 자연법칙이라고 생각하는 것을 뛰어넘는 초월적인 현상을 말한다. 하지만 성경에서 말씀하시는 하나님께서 공간(空間)과 시간(時間)으로 이루어진 이 세상에서 행(行)하시는 모든 현상(現象)을 말한다. 자연 법칙을 초월하신 능력의 하나님께서 지금 이 순간도 우리의 일에 순간 순간마다 하나님의 기적의 손길이 움직이고 있다.

성경상의 기적용어(用語)

기적(奇蹟) (기이할 기 · 자취 적) 영 : womders, miracle

– 사람의 힘으로 할 수 없거나 할 수없는 신기한 일(하나님) 신의 능력으로 일어나며 사람의 힘으로 할 수 없는 일.

여호와 나의 하나님이여 주의 행하신 기적(奇蹟)이 많고 우리를 향하신 주의 생각도 많도소이다(시 40:5).

기사(奇事) (기이할 기 · 일 사) 영 : womders, miracle

– 기이한일

스데반이 은혜와 권능이 충만하여 큰 기사(奇事)와 표적을 민간에 행하니(행 6:8).

이적(異蹟) (다를 이 · 자취 적) 영 : womders, miracle

– 기이한 행적 신의 힘으로 되는 불가사한 일, 자연 법칙과,사건의 일반적인 추이와 반대로 일어나는 진지한 사건.

이적과 기사를 베푸사 바로와 그 모든 신하와 그 나라 온 백성을 치셨사오니(느 9:10).

표적(表蹟) (겉 표 · 자취 적) 영 : sign

– 겉으로 나타나는 자취, 하나님께서 자연 법칙을 통하지 않고 직접적인 역사를 나타내는 것.

사도의 표(表)된 것은 내가 너희 가운데서 모든 참음과 표적(表迹)과 기사와 능력을 행한 것이라(고후 12:12).

표징(表徵) (겉 표 · 증거할 징) 영 : sign, miraculous

– 겉으로 나타나는 특징이나 상징

나의 표징과 나의 이적을 애굽 땅에 많이 행하리라(출 7:3).

너희는 양피를 베어라 이것이 나와 너희 사이의 언약 표징(表徵)이니라(창 17:11).

하나님께서 아담 창조부터 2010년까지가 약 6124년 정도 추정

하나님 말씀을 기록한 세월은 1,600년 동안 약 40인의 저자에 의해서 기록 하나님께서는 지금까지 기적과 이적과 표적을 보이시며 사람을 통하여 6,000년이 넘게 창조를 하시고 계신다. 1600년 동안 기록된 성경을 성취하시기 위하여 하나님께서 선포하신 말씀은 이루어지지 않은 것이 없다. 다 성취되어 가고 있다. 그 중심에 우리가 서있다. 주님은 지금도 우리를 쓰시고 계신다.

나 한사람의 중요성

천하보다 귀한 내 영혼을 주님은 사랑하고 택하사 이 땅에 보내 주셨다. 나를 통해서 내가족, 내가문, 내친구, 내이웃, 내직장, 내사업 장의 사람들과 국가와 세계 민족을 살리는데 쓰시려고 보냈다.

성경을 통하여 한사람에 의해서 인류가 죽느냐 사느냐 → 아담과 예수
국가가 망하나 사느냐 → 바로 왕과 모세
가족이 죽느냐 사느냐 → 이세벨과 라합(기생)

우리는 이미 예수님의 이름으로 구원을 받았다. 이제는 구원받지 못한 모든 사람들을 나 하나의 위대한 힘으로 사람을 살리는데 주님의 도구로 쓰임 받아야 한다.

예수님을 부인하고 있는 이스라엘에도 70년도에는 교회 2곳이었던 것이 2004년에는 교회가 82곳으로 늘어났고(성도수가 8,000명에 신학교 2개교) 2010년 지금은 더 많이 늘어 났을 것이다.

"말랐던 무화과나무에 새움이 트기 시작했다".

예수님이 묻히신 무덤 위에는 성묘교회가 세워졌고 골고다 언덕에는 라틴교회가, 세례요한이 태어난 장소에는 기념교회 예수님이 능욕당하고 채찍질 당하신 곳에는 채찍교회, 예수님이 승천하신 감람산의 육각의 기념 돔이 그 장소에 세워져 있다고 한다. 하나님의 기적이 예루살렘과 사마리아와 땅 끝을 향하고 있다. 때가 다가오고 있다.

이럴 때 일수록 더 깨어 일 해야 한다. 세계가 온통 난리이다. 지진이 일어나 수십 만 명이 죽고 폭설 때문에 수백 만 마리의 가축이 죽고 남극의 얼음이 녹아내리고 폭탄이 터지고 홍수가나고 태풍이 와서 쓸고 가고, 전염병이 세계를 강타하고 성경에서 말씀하시는 모든 일들이 일어나고 있다. 지금 이 시간에도 말세의 표적들과 징표가 나타나고 있는데도 가만히 그리고 아무 생각 없이편안히 있는 성도님들이 오히려 기적이다. 빨리 내 가족 부모형제 이웃을 구원해 내야 한다.

지금 이 시간도 아이티에서는 죽음의 소리가 아우성 치고 있다. 그들도 몇 시간 전 몇 초 전까지만 해도 편안히 살 줄 알고 먹고 사는데 치중했지 그 엄청난 지진으로 부모형제 다 잃고 안 믿었던 형제를 지옥으로 보낼 줄 알았겠는가? 이 교훈을 보면서 깨닫고 영혼구원의 의(義)의 병기(兵器)로 쓰임 받자.

성경 읽기순서와

내용과 요점

7

CHAPTER 79

성경(구약)말씀 시대별 읽기 순서

1. 하나님 창조부터 ~ 출애굽 ~ 이스라엘 분열 ~ 두 나라 멸망까지

창세기 출애굽기 레위기 민수기 신명기 여호수아 사사기 사무엘상,하 열왕기상,하

제2의 율법(모세가 백성에게 죽기 직전 모압 광야에서 선포)

제사법과 성결 법(하나님께서 모세에게 광야 성막에서)

2. 북 이스라엘과 남 유다 멸망 전(前)의 선지자 활동시대 순서와 나라)

오바댜 요엘 요나 아모스 호세아 이사야 미가 나훔 스바냐 예레미야, 애가 하박국

남 유다 선지자 북 이스라엘 선지자 남 유다 선지자

3. 아담족보에서부터~남유다 왕들의 행적~남유다 멸망과 그 후(後) 선지자들과 귀환 역사

역대 상,하 다니엘 에스겔 에스라 학개 스가랴 에스더 느헤미야 말라기

(1차포로) (2차포로) (2차 귀환) (1차 귀환) (왕비) (3차 귀환) (마지막활동)

다니엘, 에스겔을 제외한 6명의 선지자는 바벨론에서 포로 시대에 태어남

유다에 대해서 기록

4. 룻, 욥기, 시편, 잠언, 전도서, 아가(하나님의 사랑의 말씀(삶의 지혜서)을 수시로 읽으세요)

* 말씀을 볼 때에 1.2.3.4.를 잘 분류 해서 읽으면 잘 정리가 되며 이해에 많은 도움이 될 줄 믿는다.

Holy

우리에게 주시는 교훈

물고기 뱃속에 삼일 동안 갇힌 : 요나　음란한 여인과 결혼하여 : 호세아

사자 굴에서 살아남은 : 다니엘　전국 왕비대회에서 우승하여 왕비가 된 : 에스더

기도로 앗수르 산 헤립을 물리침 : 이사야

사무엘서, 열왕기서, 역대서 순서

＊성경을 읽을 때 혼란스럽고 어려운 부분은 역사를 알고 있으면 도움이 된다.

사무엘상	사무엘 출생과 활동, 사울 왕과 다윗 기록.
사무엘하	다윗 왕에 대한기록
열왕기상 (엘리야 활동)	다윗 왕 죽음을 시작으로 – 솔로몬 왕 – 이스라엘 분열 남 유다(르호 보암(1대왕)) – 아하시야(6대) 통치시작까지 북 이스라엘(여로 보암(1대왕)) – 아합왕(7대) 죽음까지
열왕기하 (엘리야 승천, 엘리사 활동)	남 유다(아하시야(6대)) – 시드기야(마지막 왕)까지 (예루살렘 멸망) B.C. 586 북 이스라엘(아하시야(8대)) – 호세아 (마지막 왕)까지 (사마리아 멸망) B.C. 722
역대 상	아담 족보 시작 – 다윗 왕 행적 – 다윗 왕 죽음까지
역대 하	솔로몬 왕 – 남 유다 왕 전체 행적 – 남 유다 왕국 멸망까지
역대 상 · 하	아담부터 시작된 – 남 유다 멸망까지(왕족이 계승)오직 남 유다에 대해서만 기록되었으며 북 이스라엘은 기록하지 않음.

Holy

북 이스라엘은 유다의 왕족의 정통성이 끊어졌으며 8번의 구테타로 인하여 혼란과 쾌락이 넘쳤으며 이방 여인과 결혼도 하지 말라는 하나님의 명도 어기고 앗수르, 바벨론의 포로시 이방 여인과 결혼하여 계통과 순수성을 유지 못함. 남 유다는 조상 때부터 내려오는 계통과 왕족 유지 바벨론 시대에도 이방인과 결혼도 않고 순수성을 유지 하나님 말씀지킴.

CHAPTER 80

창세기에서 말라기까지와 신약의 핵심정리

창세기

천지창조~아담창조 대략 B.C. 4,114년경~요셉죽음 B.C. 1,805년까지 기록

천지창조와 인간타락(아담과 하와의 불순종)과 노아홍수〉(새 인류 시작 노아-셈-아브라함-이삭-야곱-요셉까지) 구원의 사역에 셈의 후손 아브라함과 그 후손들을 택하여 하나님의 백성으로 세움,

요셉이 애굽에 총리가 되게 한 후 야곱과 70명의 가족이 애굽으로 이주하여 이스라엘 민족을 형성하는 과정의 역사.

- **당부** : 선악을 알게 하는 나무의 실과는 먹지 말라 네가 먹는 날에는 정녕 죽으리라(창 2:17).
- **약속** : 내가 너로 큰 민족을 이루어 네게 복을 주어 네 이름을 창대케 하리니 너는 복의근원이 될지라(창 12:2).

출애굽기

B.C. 1446년경 애굽 아멘호텝 2세 바로 왕 때

이스라엘 자손의 번성으로 인하여 애굽의 바로왕의 압제와 고통이 중(重)하여 이스라엘 민족을 약 430년 만에 나이 80세의 모세를 세워 애굽에서 구출하는 과정과 홍해를 건너 시내산에서 십계명과 율례를 주시고 성막을 완성시키시고 만나와 메추라기를 먹이고 불기둥과 구름기둥으로 보호하며 인도하는 하나님의 사역과 그 과정을 기록함.

- **당부** : 너는 다른 신에게 절하지 말라 여호와는 질투라 이름 하는 질투의 하나님임이니라(출 34:14).
- **약속** : 나를 사랑하고 내 계명을 지키는 자에게 천대(千代)까지 은혜를 베푸느니라(출 20:6).

레위기

야곱의 셋째 아들 레위의 자손들이 제사장과 예배 임무를 맡음

하나님께 제사하는 규례와 정결한 생활 규범과 레위인들의 성별과 거룩한 제사장으로서 온전한 예배를 위한 삶의 본보기와 제사법과 예식 법을 통하여 이스라엘 백성으로 하여금 세속을 버리고 성결한 주의 백성으로서 하나님께 나아가는 방법을 깨닫게 하는 기록의 말씀.

- **당부** : 너나 네 자손들이 회 막에 들어 갈 때에는 포도주나 독주를 마시지 말아서 너희 사망을 면하라 이는 너희 대대로 영영(永永)한 규례라(레 10:8).
- **약속** : 내가 너희를 권고하여 나의 너희와 세운 언약(言約)을 이행하여 너희로 번성케 하고 너희로 창대케 할 것이다(레 26:9).

민수기

이스라엘 백성이 시내 산을 출발하여 요단강에 이르는 동안의 역사기록

각 지파별 인구조사와 진군하기 위한 진 배치와 시내 산을 출발.

가데스바에 도착하기 전 바란 광야에서 12명의 정탐꾼 가나안 합지가데스에 이르러 40일 정탐 후 돌아옴.

여호수아와 갈렙은 이기리라 하는데 나머지 10명은 부정적인 보고, 그때부터 불평, 원망, 탐욕, 질투와 하나님과 모세 원망으로 하나님의 징계가 임하였으며 20세 이상 계수함을 받은 자와 하나님 원망한 모든 자 전부는 여호수아와 갈렙을 제외한 나머지는 가나안 땅에 못 들어가고 이 광야에서 죽으리라. 그리고 탐지한 날수 40일을 하루를 1년으로 환산 40년 동안을 광야에서 생활하게 하심. 계속 진군한 이스라엘 민족은 모 압 평지에 도착하여 두 번째 인구조사와 모세 후계자 여호수아를 세움.

- **당부** : 사람이 여호와께 서원하였거나 마음을 제어하기로 서약하였거든 파약(破約)하지 말고 그 입에서 나온대로 다 행할 것이니라(민 30:2).
- **약속** : 여호와는 네게 복을 주시고 너를 지키시기를 원하며 여호와는 그 얼굴로 네게 비취사 은혜를 베푸시기를 원하며 여호와는 그 얼굴을 네게로 향하여드사 평강 주시기를 원하노라(민 6:24~27).

  내가 그에게 나의 평화의 언약을 주리니 그와 그 후손에게 영원한 제사장직 직분의 언약이라(민 25:12~13).

신명기

두번째 율법이라는 뜻. 광야에서 새 세대들에게 하나님의 계명과 율법을 더 자세히 설명하는 책

40년 동안 광야생활을 마치고 요단 저편 모압 평지에 모여든 이스라엘의 회중에게 모세가 마지막으로 이 율법을 설명하고 선포함, 그동안 하나님께서 그들을 위해 은혜를 베풀었던 놀라운 사역과 앞으로의 하나님을 향하는 방법과 순종과 불순종 또한 복과 저주를 낭독하고 사회적인 법규와 여러 법령을 선포하고 하나님께 대한 충성과 사랑을 촉구하였다. 모세는 모압 땅에 있는 골짜기에서 120세에 장사 되었다.

- **당부** : 너는 마음을 다하고 성품을 다하고 힘을 다하여 네 하나님 여호와를 사랑하라 (신 6:5).

  너는 마음을 강하게 하고 담대히 하라 그들을 두려워 말라 그들 앞에서 떨지 말라 이는 네 하나님 여호와 그가 너와 함께 행하실 것임이라 반드시 너를 떠나지 아니하시며 버리지 아니하시리라(신 31:6).
- **약속** : 그 모든 명령을 지켜 행하면 네 하나님 여호와께서 너를 세계 모든 민족 위에 뛰어나게 하실 것이라(신 28:1).

여호수아

요단강 건너 가나안 땅 정복과 각 지파에게 땅 분배

모세가 죽은 후 여리고에 정탐꾼을 보낸 것을 시작으로 가나안땅 정복시작.

요단 강물이 갈라져 마르고 여리고 성이 무너지고 아이 성을 정복하고 아모리 족속과 전투에서는 태양이 기브온 위에 멈추고 달이 아얄곤 골짜기에 멈춰 전투는 승리하며 계속적인 북부지방을 정복하여 여호수아에 의해 합계 31개국 나라와 족속의 왕이 정복당함. 모든 각 지파에게 땅 분배와 도피성 지정, 실로에 성막을 세우고 여호수아는 마지막 고별 강연과 110세에 죽음.

- **당부** : 율법을 다 지켜 행하고 좌로나 우로나 치우치지 말라(수 23:6).

  스스로 조심하여 너희 하나님 여호와를 사랑하라(수 23:11).

  여호와를 경외하며 성실과 진정(眞正)으로 그를 섬길 것이라(수 24:14).
- **약속** : 이 율법 책을 네 입에서 떠나지 말게 하며 주야로 그것을 묵상하여 그 가운데 기록한대로 다 지켜 행하라 그리하면 네 길이 평탄하게 될 것이라 네가 형통하리라(수 1:8).

사사기

여호수아 이후부터 왕정수립 이전까지의 기간에 활약했던 지도자들

여호수아가 죽은 후 갈렙의 사위 옷니엘이 이스라엘을 이끌기 시작하면서부터 12명의 사사에 의해서 약 300여 년 동안을 통치케 하였으며 이스라엘 민족의 사악한 우상숭배와 하나님 앞에서의 악을 행함으로 써 주변나라 블레셋, 모압, 암몬, 미디안 등을 강성케 하여 약 100여 년 동안을 이스라엘 민족에게 압제와 고난을 내렸다.

이방나라의 잔인한 압제와 곤경 중에서의 이스라엘 자손들의 부르짖으매 그들을 위하여 그때마다 사사들을 세워 백성을 구원하는데 여선지자 드보라의 활약과 기드온의 300용사와 삼손 등이 대표적인 사사들이었다. 하나님의 긍휼하심과 오래 참음으로 일곱 번이나 범죄 한 이스라엘 백성들을 구원하여주심을 기록.

- **당부** : 너는 삼가서 포도주와 독주를 마시지 말지며 무릇 부정한 것도 먹지 말지니라 (사 13:4).
- **약속** : 기드온이 여호와를 위하여 거기서 단을 쌓고 이름을 여호와 살롬 이라하였더라(사 6:24).

룻기

과부가 된 룻이 시어머니 나오미와 함께 베들레헴에서의 삶 이야기

사사시대의 모압땅에 효성이 지극한 이방여인 룻과 그녀의 시어머니 나오미가 베들레헴에서의 시련과 극복과 축복의 삶을 통해 하나님의 활동하시는 구원의 역사와 이방인들도 믿음으로 구원을 받을 수 있다는 사실과 예수님 계보의 룻과 보아스 사이에서 다윗의 조부인 오벳이 태어나는 축복을 받았다.

- **당부** : 보아스가 룻에게 이르되 내 딸아 들으라! 이삭을 주우러 다른 밭으로 가지 말며 여기서 떠나지 말고 나의 소녀들과 함께 있으라(룻 2:8).
- **약속** : 여인들이 나오미에게 이르되 찬송할지로다 여호와께서 오늘날 네게 기업 무를 자가 없게 아니 하셨도다. 이 아이의 이름이 이스라엘 중에 유명 하게 되기를 원하노라(룻 4:14).

그 이름을 오벳이라 하였는데 그는 다윗의 아비인 이새의 아비였더라(룻 4:19).

사무엘상

마지막 이스라엘 사사인 사무엘과 초대 왕 사울과 다윗의 행적을 중심으로 기록

사무엘의 출생과 하나님께서 사무엘을 통해 신 정국 이스라엘의 본연의 자태를 드러내시고 새로운 통치 질서인 왕정제도를 수립 하시고 이때부터 본격적으로 이스라엘에 왕국 체제를 갖추고 나아가는 과정에서 사울과 다윗으로 이어지는 말씀 중심에 다윗의 활동과 사울왕의 행적과 죽음이 기록됨.

- **당부** : 나를 존중히 여기는 자를 내가 존중히 여기고 나를 멸시하는 자를 내가 경멸히 여기리라(삼상 2:30).
  그 용모와 신장을 보지 말라 내가 이미 그를 버렸노라 나의 보는 것은 사람과 같지 아니하니 사람은 외모(外貌)를 보거니와 나 여호와는 중심을 보느니라 (삼상 16:7).
  순종이 제사보다 낫고 듣는 것이 숫양의 기름보다 나으니(삼상 15:22).
- **약속** : 여호와는 죽이기도 하시고 살리기도 하시며 음부에 내리기도 하시며 올리기도 하시는도다 여호와는 가난 하게도 하시고 부하게도 하시며 낮추기도 하시고 높이기도 하시는 도다(삼상 2:6~7).

사무엘하

다윗왕의 역사적 중심기록

사울왕이 죽은 후 다윗이 왕이 되어 사울 왕가의 집안들과 싸움이 일어났으며 헤브론에서 30세에 왕이 되어 7년 6개월 동안 헤브론에서 유다를 다스렸고 33년 동안 예루살렘에서 유다를 다스렸다.

다윗은 아비나답 집에서 언약궤를 오벧에돔 집으로 옮겨 3개월 후 다시 다윗 성으로 옮겼으며 주변의 나라들과의 전투에서 블레셋, 모압, 암몬, 아람을 물리쳤으며 다윗이 밧세바를 부인으로 맞이하여 솔로몬을 낳았고 아들 압살롬의 반역을 피해 도망을 하였으나 압살롬의 반역을 막고 그를 처형하고 예루살렘으로 다시 돌아왔다.

다윗의 인구조사는 다윗이 전쟁에서 하나님을 의지하는 것보다 사람의 수를 의지하겠다는 동기가 있었으며 다윗의 인구조사로 인하여 재앙이 내림으로 칠 만 명이 온역으로 죽게 되며 그 사실을 깨달은 다윗이 화목제를 하나님께 드림으로서 이스라엘에 내리는 재앙이 그쳤다.

사울의 손에서 구원하신 그날에 다윗이 이 노래를 하나님께 올림 "여호와는 나의 반석이요 나의 요새시요 나를 건지시는 자시요 나의 하나님이시요 나의 피할 바위시요 나의 방패시요 나의 구원의 뿔 이시요 나의 높은 망대시요 나의 피란처시요 나의 구원자시다 나를 흉악에서 구원하셨도다"

열왕기상

다윗의 죽음이후 솔로몬과 유다와 북 이스라엘의 왕들 기록

다윗 왕이 죽은 후 하나님께서는 솔로몬에게 지혜와 총명을 주어 왕국 번영을 이루었다. 솔로몬은 성전 건축을 시작하여 완공까지 7년이 걸렸으며 자기궁을 13년 동안 건축하여 준공과 성전 봉헌식을 하였으며 다윗성에 있던 언약궤를 성전으로 옮겼습니다. 솔로몬의 부와 명성 후 타락하기 시작하여 후궁이 700명이요 첩으로 왕비를 300명을 두어 왕비들이 각 다른 신들을 좇아 하나님 명령을 지키지 아니하였으며 솔로몬이 하나님을 떠나는 그 결과는 왕으로 40년 동안을 다스린 후 이스라엘을 갈라지게 하는 죄를 범하였다.

남 유다는 베냐민 지파와 유다 지파를 솔로몬의 아들 르호보암이 왕이 되어 다스렸고 북이스라엘은 10개 지파를 여호보암이 왕이 되어 다스렸다.

열왕기상 에는 남 유다에 대해서는 르호보암 부터 ~6대왕 아하시야 통치 시작까지를 북이스라엘에 대해서는 여호보암 부터~7대왕 아 합 왕까지 기록됨.

선지자 엘리야의 활동도 기록되었다. 엘리야에게 대접을 한 사르밧 과부의 집에 있는 기름병에 기름이 떨어지지 않는 역사와 그 과부의 죽은 아이를 위해 엘리야는 기도하여 하나님께서 살리게 하시고 갈 멜 산에서 이세벨의 바알선지자 450명과 아세라 선지자 400명과의 대결한 그곳에 하나님의 역사가 임하여 극심한 가뭄에 비가 내리고 그러므로 승리하여 그들을 다 죽이고 하나님 명에 따라 제자 엘리사를 불러온다.

다윗 왕이 죽음을 앞두고 아들 솔로몬에게 유언의 말씀

내가 이제 세상 모든 사람의 가는 길로 가게 되었노니 너는 힘써 대장부가 되고 네 하나님 여호와의 명을 지켜 그 길로 행하여 그 법률과 계명과 율례와 증거를 모세의 율법에 기록된 대로 지키라 그리하면 네가 무릇 무엇을 하든지 어디로 가든지 형통(亨通)할지라(왕상 2:2-3).

북이스라엘 초대 왕 여로보암의 죄로 인하여 마지막 왕까지 죄가 임하여 이스라엘 멸망 원인 제공.

두 금송아지를 만들어 애굽 땅에서 인도하여 올린 너희신이라고 하고 하나는 벧엘에 두고 하나는 단 에 두어 백성에게 숭배하게 하고 저가 또 산당을 짓고 레위 자손이 아닌 보통 백성으로 제사장을 삼았다(왕상 12:28-31).

열왕기하

남 유다 왕 이하시야부터 시드기야(마지막 왕)까지 예루살렘 멸망과 북이스라엘 아하시야 8대왕부터 호세아(마지막 왕)와 사마리아 멸망까지 기록이 되었다.

엘리야의 승천 후 엘리사의 활동과 엘리사에게 큰 이적이 나타나며 죽은 아이도 살려내며 여러 가지 하나님의 역사를 나타내셨다.

의로운 왕 히스기야의 기도와 선지자 이사야 에게 예언하신 말씀으로 앗수르 군대의 18만 5천명이 밤 사이에 여호와의 사자에 의해 죽음을 당하였으며 히스기야 왕의 벽을 향한 간절한 기도는 수명을 15년을 더 연장하여 주셨다. 요시야 왕은 율법 책을 발견하고 종교개혁을 통해 온 국민에게 모든 우상을 오직 여호와를 순종하고 그 계명과 법도와 율례를 지키게 하였으며 사사시대부터 이스라엘 왕 그때까지 유월절을 지키지 않았는데 유월절을 지키게 하였다.

(유다와 이스라엘 왕 42명 중 율법의 준행을 가장 잘 지킨 요시야 왕)

요시야와 같이 마음을 다하며 성품을 다하며 힘을 다하며 여호와를 향하여 모세의 모든 율법을 온전히 준행한 임금은 요시야 전에도 없었고 후에도 그와 같은 자가 없었더라(왕하 23:25).

역대상

다윗왕의 계보를 아담까지 소급해서 밝히고 다윗왕의 행적과 죽음까지 기록

족보(族譜) 아담에서 야곱까지 야곱에서 다윗까지 족보 소개와 각 자손 기록

사울 왕 죽음 후 다윗왕의 즉위와 흥왕과 전쟁과 인구 조사 등

성전의식과 다윗왕의 죽음까지 기록

야베스의 기도

주께서 내게 복에 복을 더 하사 나의 지경(地境)을 넓히시고 주의 손으로 나를 도우사 나로 환난에서 벗어나 근심이 없게 하옵소서 하였더니 하나님이 그 구하는 것을 허락 하셨더라

(대상 4:10).

건축예물

나와 나의 백성이 무엇이 관대 이처럼 즐거운 마음으로 드릴 힘이 있었나이까 모든 것이 주께로 말미암았사오니 우리가 주의 손에서 받은 것으로 주께 드렸을 뿐이니이다 우리 하나님 여호와여 우리가 주의 거룩한 이름을 위하여 전을 건축하려고 미리 저축한 이 모든 물건이 다 주의 손에서 왔사오니 다 주의 것이니이다(대상 29:14~17).

역대하

솔로몬 왕부터 유다 왕 전체 행적과 유다 왕국 멸망까지

솔로몬의 성전건축과 솔로몬 죽은 후 유다왕 20명의 왕 행적 기록 북 이스라엘 왕 행적 기록은 없음.

솔로몬과 맺은 주의 언약

내 이름으로 일컫는 내백성이 그 악한 길에서 떠나 스스로 겸비하고 기도하여 내 얼굴을 구하면 내가 하늘에서 듣고 그 죄를 사하고 땅을 고칠 지라 이곳에서 하는 기도에 내가 눈을 들고 귀를 귀 울이리니 이는 내가 이미 이전을 택하고 거룩하게 하여 내 이름으로 여기 영영히 하였음이라 내 눈과 내 마음이 항상 여기 있으리라(대하 7장 14~18). 참조

에스라

포로 생활을 마치고 예루살렘 귀환과 성전재건

예레미야 선지자를 통하여 하신 포로 생활에서 귀환 약 5만 명 1차 귀환과 지도자 스룹바벨, 2차 귀환과 지도자 에스라 귀환 약 2,000명의 제사장 중심 본국에 귀환한 에스라는 제사장을 왕국 곧 율법의 빛에서 걸어 가야할 거룩한 국가를 확립해야 할 것을 강조하며 성전건축 재개와 귀환 당시까지 극도로 혼탁해진 백성들의 영적 상태를 율법의 말씀에 입각하여 죄의 회개와 영적부흥의 개혁을 통하여 새로운 삶의 원동력이 되었다.

에스라의 회개기도

나의 하나님이여 내가 부끄러워 낯이 뜨뜻하여 감히 나의 하나님을 향하여 얼굴을 들지 못하오니 이는 우리 죄악이 많아 정수리에 넘치고 우리 허물이 커서 하늘에 미침이니이다(스 9:6).

느헤미야

느헤미야 포로 생활에서 귀환 성벽 건축 재건

느헤미야는 페르시아 궁에서 황제에게 잔을 받들어 올리는 일 수행.

왕의 허락을 받아 유대인들의 참상을 전해 듣고 총독의 자격으로 예루살렘으로 와서 하나님의 백성으로 율법서의 충실과 예루살렘 성벽 재건을 위하여 백성들과 동고동락 하며 담력과 지혜 겸손과 신념으로 불타는 애국심과 경건한 신앙심을 갖춘 지도자로서 국가의 중흥을 시도 하고 백성들에게 율법을 가르쳐서 온전한 생활을 하도록 하였다.

느헤미야의 기도

이제 종이 주의 종 이스라엘 자손을 위하여 주야로 기도 하오며 이스라엘 자손이 주 안에서 범죄 함을 자복하오니 주는 귀를 기울이시며 눈을 여시사 종의 기도를 들으시옵소서 나와 나의 집이 범죄 하여 주를 향하여 심히 악을 행하여 주의 종 모세에게 주께서 명하신 계명과 율례와 규례를 지키지 아니하였나이다(느 1:6~7).

에스더

유다 출신이 페르시아 왕비 선발에서 왕비가 된 후 유다 백성을 위험에서 구함

유다 백성이 고레스왕의 명령에 따라 고국으로 귀환(歸還)하였으나 아직도 바사(페르시아)에는 유다 인이 남아 있었다. 에스더가 왕비가 된 후 에스더의 삼촌 모르드개는 왕의 생명을 구하는 업적을 남긴다. 왕의 충신인 하만이 유다 인에 대한 대 말살 음모를 계략하였을 때 "에스더는 죽으면 죽으리이다"는 심정으로 왕에게 고하여 하만의 음모를 차단하고 유다인 동포들을 죽음에서 구해냈으며 그 사건으로 하만이 죽게 된다. 왕비가 된 에스더의 신앙적 결단과 애국적 활동을 전개 기록됨.

에스더의 목숨 건 승부

당신은 가서 수산에 있는 유대인을 다 모으고 나를 위하여 금식하되 밤낮 삼일을 먹지 말고

마시지도 마소서 나도 나의 시녀로 더불어 이렇게 금식한 후에 규례를 어기고 왕에게 나아가리니 "죽으면 죽으리이다"(에 4:16).

욥기

욥의 의와 고난

욥은 순전하고 정직하고 하나님을 경외하며 악에서 떠난 의로운 자임.

사탄은 욥을 시험하기 위해 하나님께 허락을 받아 욥을 시험을 한다. 단 그의 생명은 해(害)하면 안 되는 조건으로 인간으로서 상상 할 수없는 고통과 고난과 시련을 다 이겨내고 그 전의 소유보다 갑절의 하나님의 은총의 축복을 반습니다. 시련을 신앙의 힘으로 이겨내는 자에게 주시는 축복을 보여준다.

욥의 고백

주신 자도 여호와시오 취하신 자도 여호와시오니 여호와의 이름이 찬송을 받을 지어다(욥 1:21).

생물(生物)들의 혼(魂)과 인생들의 영(靈)이다 그의 손에 있느니라(욥 12:10).

나의 가는 길을 오직 그가 아시나니 그가 나를 단련하신 후에는 내가 정금 같이 나오리라(욥 23:10).

시편

하나님에 대한 찬양과 시와 노래로 창조주 하나님의 위대하심을 찬미

이 시편 중 다윗이 가장 많이 기록하여 하나님께 대한 확고한 신뢰심을 가지고 생활하였음을 고백 고난 받을 때나 기쁠 때나 하나님을 의지하게 하는 중심에 영적인 교훈과 예언적 메시야의 초림, 수난, 부활, 승천, 재림, 왕국 등의 많은 예언이 내포되어 있고 하나님의 사랑, 은혜, 능력, 영광 등과 죄에 대한 고난, 참회, 감사, 히망 등등이 노래하고 있다.

다윗의 노래

나의 힘이 되신 여호와여 내가 주를 사랑하나이다(시 18:1~2).

아삽의 시 : 환난 날에 나를 부르라 내가 너를 건지리니 네가 나를 영화롭게 하리로다(시 50:15).

다윗의 시 : 여호와는 나의 목자시니 내가 부족함이 없으리로다(시 23:1~6).

잠언(솔로몬의 지혜와 생활의 지침이 되는 말씀)

하나님을 경외함으로 얻는 지혜로운 삶을 나타내는 격언이다. 그 내용은 지혜와 어리석음, 의로움과, 사악함, 삶과 죽음, 지식과 무지, 근면과 나태, 질서와 무질서, 성공과 실패, 자제와 분노, 신실함과 신실치 못함, 복종과 반항, 정직과 사기, 정의와 불의, 진리와 거짓, 존귀와 치욕, 칭찬과 비난, 교만과 겸손, 깨끗함과 더러움, 격려와 비방, 화평과 다툼, 사랑과 미움, 인자와 잔인, 관용과 탐욕, 기쁨과 슬픔, 부와 빈곤 좋은 친구와 나쁜 친구 등이다.

솔로몬의 고백

교만은 패망의 선봉이요 거만한 마음은 넘어짐의 앞잡이니라(잠 17:18).

죽고 사는 것이 혀의 권세에 달렸나니 혀를 쓰기 좋아 하는 자는 그 열매를 먹으리라(잠 18:21).

연락을 좋아 하는 자는 가난 하게 되고 술과 기름을 좋아 하는 자는 부하게 되지 못하느니라(잠 21:17).

지혜를 얻은 자와 명철을 얻은 자는 복이 있나니(잠 3:15).

전도서

이 세상에서 모든 것을 소유했던 솔로몬 왕의 고백

명예, 재산, 권력, 여자 모든 것을 소유했던 왕 솔로몬은 모든 것이 헛된 세상에서 자신이 부귀영화를 누리고 인생이 허무와 함께 생애를 참회하는 내용으로 천하에 범사가 기한이 있고 모든 목적이 이룰 때가 있으며 해 아래서의 진정한 삶의 의미를 찾는 방편으로 하나님을 경외 할 것을 권하고 있다.

솔로몬의 고백

헛되고 헛되며 헛되고 헛되니 모든 것이 헛되도다(전 1:2).

다 흙으로 말미암았으므로 다 흙으로 돌아가나니 다 한곳으로 가거니와 인생의 혼은 위로 올라가고 짐승의 혼은 아래 곧 땅으로 내려가는 줄을 누가 알랴(전 3:20~21).

아가

솔로몬과 그의 아내의 깊은 사랑을 노래한 시

인간의 엄숙하고 순결한 사랑을 노래 한 것으로서 매우 깊고 고상한 윤리적 도덕성을 엿볼 수 있으며 하나님께서 원하시는 순결한 사랑과 성도들을 향한 그리스도의 참 사랑을 보여 주는 하나님의 마음.

내 마음에 사랑하는 자야 너의 양떼 먹이는 곳과 오정에 쉬게 하는 곳을 내게 고하라 내가 네 동무 양떼 곁에서 어찌 얼굴을 가리운 자 같이 되랴 여인 중에 어여쁜 자야 네가 알지 못하겠거든 양떼의 발자취를 따라 목자들의 장막 곁에서 너의 염소새끼를 먹일지니라(아 1:7~8).

이사야

구약의 복음서 메시아 예수 그리스도의 예언과 하나님의 심판과 구원

이사야 소명은 바벨론을 비롯 열방의 심판과 이스라엘의 재앙과 하나님의 백성과 이스라엘 주변 국가들 더 나아가 온 인류에 대한 하나님의 심판과 구원을 밝히며 이스라엘은 바벨론으로부터 구원과 메시야의 사명과 고난 메시야의 사역과 재림으로 인해 온 인류가 구원의 꿈을 꾸고 있다는 것을 밝힘.

메시아 탄생과 통치 예고

한 아이가 우리에게 났고 한 아들을 우리에게 주신바 되었는데 그 어깨에는 정사를 메었고 그 이름은 기묘자라, 모사라, 전능하신 하나님이라. 영존하시는 아버지라, 평강의 왕이라 할 것임이라(사 9:6).

그가 찔림은 우리의 허물을 인함이요 그가 상함은 우리의 죄악을 인함이요 그가 징계 받음으로 우리가 평화를 누리고 그가 채찍에 맞음으로 우리가 나음을 입었도다(사 53:5).

예레미야

예루살렘과 유다의 황폐를 보면서 민족의 회개촉구

유다의 범죄를 회개로 권면하고, 하나님이 유다의 범죄로 인한 심판경고, 유다 멸망에 대한 예언 포로 생활의 예언 유다 회복에 대한 약속. 시드기야 마지막 왕에게 경고 주변나라 애굽, 블레셋, 모압, 암몬, 에돔, 다메섹 등에 대한 예언들과 예루살렘 함락 등이 기록됨.

여호와가 말 하노라 너희는 내게 부르짖으며 와서 내게 기도하면 내가 너희를 들을 것이요 너희가 전심으로 나를 찾고 찾으면 나를 만나리라(렘 29:12~13).

너는 내게 부르짖으라 내가 네게 응답하겠고 네게 알지 못하는 크고 비밀한 일을 네게 보이리라 (렘 33:3).

예레미야 애가 서론

예루살렘 멸망에 대한 슬픔과 다시 회복 될 것을 믿는 소망의 노래

멸망 당한 예루살렘의 모습을 보며 슬픔을 고백, 성소와 성곽의 훼파, 고난당하는 백성. 죄에 대한 고백과 권고 회개의 기도.

슬프다 이 성이여 본래는 거민이 많더니 이제는 어찌 그리 적막히 앉았는고 본래는 열국 중에 크던 자가 이제는 과부 같고 본래는 열방 중에 공주 되었던 자가 이제는 조공 드리는 자가 되었도다 밤새도록 애곡하니 눈물이 뺨에 흐름이여 사랑하던 자 중에 위로하는 자가 없고 친구도 다 배반하여 원수가 되었도다(애 1:1~2).

에스겔

하나님의 공의와 사랑으로 이 백성을 심판하고 회복한다

임박한 예루살렘과 이스라엘의 종말과 예루살렘의 죄.

각가지 죄와 우상 숭배자들에 대한 정죄 암몬을 비롯 주변나라에 대한 예언

목자와 양에 대하여 예수그리스도께서 한 목자로 오심을 예고

성전에 관한 이상과 하나님은 온 세상 나라들을 주관하시고 인간의 역사를 섭리하시고 움직이시는 온 우주의 통치자요 주관자이신 하나님이 회복시킨 것이다.

예수님 목자로 예고

내가 한 목자를 그들 위에 세워 먹이게 하리니 그는 내종 다윗이라 내가 그들을 먹이고 그들의 목자가 될지라(겔 34:23).

내 양 곧 내 초장의 양 너희는 사람이요 나는 너희 하나님이라 나 주 여호와의 말이니라(겔 34:31).

다니엘

바벨론의 포로가 되었지만 바사 왕 고레스 원년까지 고위관리 생활

끌려갈 당시 소년이었다 그곳에서 갈대아인의 지혜와 학문으로 교육을 받았고 신앙을 굳건히 지켰고 모든 사람보다 뛰어나게 되었으며 하나님은 다니엘에게 꿈과 환상을 해석하는 특별한 은사를 주어 느부갓네살 왕의 꿈을 두 번이나 해석할 수 있었다.

세 명의 총리 중 한사람이 되었고 고귀한 신분임에도 불구하고 무고히 참소를 당해 사자굴에 던져졌으나 하나님께서 살리셨다. 하나님은 자기 백성을 구원할 것이며 하나님은 메시

야를 통해 영원한 나라를 세워 구원할 것을 꿈과 환상으로 본서에 기록한 것이다.

다니엘의 기도

주여 들으소서! 주여 용서 하소서! 주여 들으시고 행하소서! 지체치 마옵소서! 나의 하나님이여 주 자신을 위하여 하시옵소서! 이는 주의 성과 주의 백성이 주의 이름으로 일컫는 바 됨이니이다(단 9:19).

호세아

북이스라엘의 영적, 사회적으로 타락함에 대하여 경고와 호소

호세아의 자기 가정을 모델로 하나님께서 호세아에게 음란한 아내와 가정을 꾸리고 자식을 낳으라 명함. 이 나라가 여호와를 떠나 우상숭배와 행음과 타락됨을 심판 할 것이고 회복할 것이며 회개치 않는 이스라엘에 대한 심판과 우상숭배와 악한 동맹에 진노하시는 하나님과 하나님의 무한한 사랑을 선포함.

하나님의 칭호

저는 만군의 하나님 여호와시라 여호와는 그의 기념 칭호니라(호 12:5).

요엘

유다의 초기 선지자, 여호사밧 왕 때의 활동

하나님께서 유다의 심판 날에 대한 경고와 하나님의 응답과 약속의 축복.

그 후에 내가 내신을 만민에게 부어 주리니 너희 자녀들이 장래 일을 말할 것이며 너희 늙은 이는 꿈을 꾸며 너희 젊은이는 이상을 볼 것이며(욜 2:28).

아모스

북이스라엘 왕국 예언한 선지자 이스라엘의 우상숭배와 불의를 심판

북 이스라엘은 풍요로 왔고 번영으로 치닫고 있었다. 그러나 사치와 타락과 빈부의 차이와 부정과 부패 등으로 피할 수 없는 하나님의 심판경고.

너희는 살기 위하여 선을 구하고 악을 구하지 말지어다. 만군의 하나님 여호와께서 너희의 말과 같이 너희와 함께하리라(암 5:14).

오바댜 서론

에돔 족속에 대한 예언

하나님의 백성 유다에 행한 에돔의 교만하고 악한 행동에 대한 하나님의 심판과 만국의 심판과 회복을 기록.

요나

물고기 배속에 갇힌 요나의 순종

하나님께서 니느웨 로 가서 예언을 명하셨지만 다른 길로 도망치다 물고기 배속에 갇혀 회개와 순종의 기도 후 육지로 나와 니느웨에 멸망을 선고하자 그 백성들의 회개로 하나님의 재앙이 내리지 않는 기적이 나타났다 왕부터 온 백성의 회개는 하나님의 마음을 움직였다.

물고기 배속에 요나

여호와께서 이미 큰 물고기를 예비하사 요나를 삼키게 하셨으므로 요나가 삼일 삼 야를 물고기 배에 있으니라(욘 1:17).

미가

이스라엘과 유다 심판과 메시야 탄생예고

남 유다 부패는 영적과 종교적 부패와 종교 지도자들의 가정에서 우상숭배를 관습적으로 행함. 일반 백성의 부패상은 매우 심각하였다. 심판이 임하면 신실한 사람들은 구원을 받을 것이다. 다윗 계통의 한 새로운 왕이 베들레헴에서 나서 하나님의 능력으로 땅끝까지 다스릴 것이며 그의 백성은 안전하게 거할 것이다.

베들레헴에 예수님 탄생 예언, 예수님 탄생 예고

베들레헴 에브라다야 너는 유다 족속 중에 작을지라도 이스라엘을 다스릴 자가 네게서 네게로 나올 것이라 그의 근본은 상고(上古)에, 태초에니라(미 5:2).

나훔

니느웨의 멸망예고와 하나님 심판 강조

앗수르는 주변 많은 나라를 괴롭히고 끊임없이 위협을 가했다. 요나 선지자의 예언 후 회개는 하였지만 그 상태가 오래 못가서 다시 사악한 행동으로 군사력을 무자비하게 사용하여 많은 민족에게 그 피가 강 같이 흘렀으며 많은 민족을 멸절하였다.

여호와는 투기하시며 보복하시는 하나님이시거나 여호와는 보복하시며 진노하시되 자기를 거스리는 자에게 보복하시며 자기를 대적하는 자에게 진노를 품으시며(나 1:2).

하박국

불의에 대한 묵시

왜 하나님은 불의에 대해 죄를 심판 하지 않으시는가 하고 질문을 하며 의인은 믿음으로 살리라고 고백한다. 탐심에 대한 저주, 광포, 잔인성, 우상 숭배에 대한 저주 기록과 하박국은 기도하여 구원의 하나님을 인하여 기뻐하리루다.

보라 그의 마음은 교만하며 그의 속에서 정직하지 못하니라 그러나 의인은 그 믿음으로 말미암아 살리라(함 2:4).

스바냐

심판에 대한 경고와 구원

진멸하리라 진멸하고, 진멸할 것이라 다가올 대종말의 심판을 가르킨다. 여호와의 날은 기쁨의 날이 될 것이라고 예언.

회개를 권고하고 대 종말 심판에 대해 상세히 경고.

미래의 축복에 대한 하나님의 약속.

회개권고

여호와의 규례를 지키는 세상의 모든 겸손한 자들아 너희는 여호와를 찾으며 공의와 겸손을 구하라 너희가 혹시 여호와의 분노의 날에 숨김을 얻으리라(습 2:3).

학개

성전 완공의 소명

학개 선지자는 귀환 백성들의 성전건축 태만을 꾸짖었다 백성은 성전건축보다 자기 집을 짓는 일에 우선권을 두었다. 스룹바벨과 백성들이 순종하여 만군의 여호와 그들의 하나님의 성전을 공사 시작하였으나 솔로몬 성전에 비해 너무나 초라한 성전 기초를 보고 백성들이 대성통곡을 하였으나 하나님의 위로와 미래의 영광에 대한 약속.

성전건축의 하나님의 명령

너희는 산에 올라가서 나무를 가져다가 전을 건축하라 그리하면 내가 그로 인하여 기뻐하고 또 영광을 얻으리라 나 여호와가 말하였느니라(학 1:8).

스가랴

메시야 예수님의 초림과 재림에 관한 글

스가랴의 환상에 여러 가지를 나타나는데 하나님의 목적은 메시야 예수님에게 집중되어 있다. 전반부에는 메시야는 비천하고 초라한 모습으로 나타냄. 그리고 그는 다윗의 왕통을 잇는다. 후반부에는 메시야가 다윗처럼 목자로서 그리고 왕으로 나타난다. 예수님이 나귀새끼를 타고 예루살렘 입성하는 과정과 은 삼십에 팔리는 장면과 은 삼십을 토기장이에게 던지고 양떼를 버린 목자를 침으로 이 땅에 다시는 목자로 세우지 않고 참 목자 되시고 예수님이 오심을 예언.

예수님 나귀 새끼타고 예루살렘 입성 예언

그는 공의로우며 구원을 베풀며 겸손하여서 나귀를 타나니 나귀의 작은 것 나귀새끼니라(슥 9:9).

말라기

백성들의 죄악을 책망

바벨론에서 돌아 온지 100년이 지났고 백성의 신앙은 점점 나약해져 가고 그들의 생활은 기근과 흉작으로 고통은 계속 이어졌고 제사장은 타락하고 제물의 빈약과 부패한 제사를 드리고 있었다. 하나님께 드리는 제물은 좋은 것으로 드리지 못하고 백성들까지 그릇된 길로 인도 하며 그리고 아내를 버리고 이방 여인과 결혼 마술, 간음, 부정, 약자를 압제 하는 일.

불경견한 모든 죄가 편만해 있었다 말라기 선지자는 그 죄를 모두 지적하고 회개 할 것을 촉구하였다.

십일조의 복

만군의 여호와가 이르노라 너희의 온전한 십일조를 창고에 들어 나의 집에 양식이 있게 하고 그것으로 나를 시험하여 내가 하늘 문을 열고 너희에게 복을 쌓을 곳이 없도록 붓지 아니하나 보라(말 3:10).

예수님의 구원 이후 기쁨과 자유

내 이름을 경외하는 너희에게는 이로운 해가 떠올라서 치료하는 광선을 발하리니 너희가 나가서 외양간에서 나온 송아지 같이 뛰리라(말 4:2).

신약성경

마태복음~요한 계시록 까지 27권으로 구성

예수님께서 인류를 구원하기 위하여 이 땅에 오셔서 우리의 죄를 대신하여 십자가에서 피 흘려 죽으시고 다시 부활하사 하나님 우편에 계시다가 다시 이 땅에 오셔서 (재림)인류를 심판하시고 우리를 구별하사 백 보좌 심판 후 영원한 천국 백성으로 인도하심.

예수님의 12제자와 바울 사도와 여러 일꾼들이 활동하며 복음전파.

생명책에 기록된 대로 심판

또 내가 보니 죽은 자들이 무론 대소하고 그 보좌 앞에 섰는데 책들이 펴지고 또 다른 책이 펴졌으니 곧 생명책이라 죽은 자들이 자기 행위를 따라 책들이 기록된 대로 심판을 받으니(계 20:12).

천국에 들어 올수 있는 자

무엇이든지 속된 것이나 가증한 일 또는 거짓말하는 자는 결코 그리로 들어오지 못하되 오직 어린 양의 생명책에 기록된 자 뿐이라(계 21:27).

복음(福音)이란? 좋은 소식, 기쁜 소식

• 공관(共觀) 복음이란? 마태복음, 마가복음, 누가복음

– 그리스도 생애에 공관성을 갖고 있기 때문이다.

• 4 복음서와 예수님의 신분 인용?
마태복음 – 왕(王)
마가복음 – 종
누가복음 – 인자(人子)
요한복음 – 하나님의 아들

• 공통점 : 그리스도의 죽음, 부활, 교훈, 이적 등에 대하여 기술

Holy

기원전(B.C.)와 기원후(A.D.)에 대하여…

지금까지 역사에서 기원전과 기원후를 표기하는 방법으로 기원전을 B.C. 즉 Before Christ(영어로 예수의 탄생이전)과 기원후를 A.D. Anno Domini(라틴어로 주의 해 : 주님이 태어난 해)란 라틴어를 사용해 왔다.

그러나 2000년대 이후에 많은 역사학자와 인문학자들이 예수탄생을 강조해서 기원전과 기원후를 표기한다는 것은 너무 특정한 종교가 강조되어 바람직하지 않다는 입장이 대두되고 그 것이 설득력을 얻게되어 현재는 B.C.와 A.D.를 모든 인문학관련 책에서 사용하지 않고 새롭게 만든 용어 BCE(기원전)과 CE(기원후)를 사용하게 되었다.

이 용어가 일반인들에게 익숙하지 않으나 곧 모든 한국의 번역책에도 이 용어가 이전의 기원전과 기원후를 표기하던 B.C.와 A.D.대신에 사용될 것이며 현재 최근에 출판된 책에는 모두다 BCE, CE로 표기되고 있다.

기원전을 나타내는 BCE는 Before Common Ere(공통의 시대 이전)의 약자이며 기원후를 나타내는 CE는 Common Ere(공통의 시대)의 약자이다.

아이러니한 것은 명칭만 바뀌었을 뿐 기원전과 후를 구분하는 시기는 변하지 않았기 때문에 현재의 시점은 A.D. 2010년이 아니라 CE 2010년인 것이다.

이 기원에는 크리스천, 즉 예수의 탄생이 기준이 되는데 예수의 탄생을 0년으로 보고 정한 것이다. 하지만. 20세기 쯤으로 넘어오면서 예수의 탄생년도에 대한 오차(약3년~7년)가 생기기 시작했다. 이러한 연유로 예수님의 탄생시기를 B.C 4년경으로 추정한 것이다.

성경 속의 역사와 다양한 비교

8

CHAPTER 81

아담부터~현재 2010년까지 역사는 몇 년? (약 6124년)

출애굽시기 아멘 호텝Ⅱ세 (B.C. 1450-1425) 기준 B.C. 1446년일 경우

B.C. 4114	아담창조	하나님 사람 창조	창 1:27
B.C. 3984	셋 출생	아담나이 130세	창 5:3
B.C. 3184	아담 죽음	셋 낳은 후 800년 동안 아이 낳은 후 930세에 죽음	창 5:5
B.C. 3058	노아 출생	라멕 182세에 노아 낳음	창 5:28
B.C. 2458	노아 홍수	노아 나이 600세 홍수	창 7:6
B.C. 2166	아브라함 출생	데라 나이 70세	창 11:26
B.C. 2091	아브라함 본토 떠남	아브라함 75세	창 12:1
B.C. 2066	이삭 출생	아브라함 100세	창 21:5
B.C. 2006	야곱 출생	이삭 60세	창 25:26
B.C. 1915	요셉 출생	야곱 91세	창 30:24
B.C. 1898	요셉 애굽 팔려감	요셉 17세	창 37:36
B.C. 1876	야곱 애굽 이주	야곱 130세	창 46:7
B.C. 1805	요셉 죽음	요셉 110세 애굽 죽음	창 50:26
B.C. 1526	모세출생	모세120세에 모압 땅 광야에서 죽음	신 34:6
B.C. 1446	모세 출애굽	출애굽 년도에 따라 달라 질 수 있음	출 12:37

- 계산법 : 출애굽 B.C. 1446 + 종살이 기간 430년 = B.C. 1876(야곱 애굽 이주)
- 요셉 110세 죽음 + 야곱91세 요셉 낳음 + 이삭 60세 야곱 낳음 + 아브라함 100세 이삭 낳음 = 합 361년
- 요셉 죽은 년도 야곱 이주시 요셉 39세) B.C. 1876 - 71 = B.C. 1805+361 = B.C. 2166(아브라함 출생)
- 노아는 셈을 500세에 낳고 +102+35+30+34+30+32+30+29+70세에 데라 아브라함 낳음 (창 11장 참조) 낳고 + 낳고 + … 합하면 = 892년 +아브라함 출생 2166년 = B.C. 3058년 노아 출생
- 아담은 셋을 130세 낳고 +105+90+70+65+162+65+187+182 라멕이 노아 낳음 (창 5장 참조) 낳고 + 낳고 + … 합하면 1056년 +3058년 (노아 출생) = 4114 (아담 창조)
- 인류 연도는 : B.C. 4114년 +AD 2010년 = 6124년

요셉 기준시 : 보디발 집 종살이부터의 애굽 체류기간이 약 452년

야곱 기준시 : 애굽 체류기간 약 430년

- 참조 : 출애굽 시기 년에 따라서 달라 질수 있음(학자에 따라 년도에 차이가 다른 점 참조)

아담 창조나 애굽 종살이와 예수님 오심은 아주 먼 남의 이야기가 아니고 아주 가까운 시대의 우리의 역사이다.

- 과학자들이 말하는 수만 년경에, 인간이 원숭이로부터 진화되었다는 주장은 사단의 음모라는 점을 강조한다. 우리가 대략적인 창조 년도를 몰라서는 안되겠다.

CHAPTER 82

나는 아담으로부터 몇 대손인가?

- 하나님 창조 아담(1대)
- 노아(10대)
- 데라(19대)
- 아브라함(마1:17참조)
- 다윗(14대)
- 바벨론이 거할 때까지(14대)
- 그리스도 탄생까지(14대) B.C. 4년 ~A.D. 30년 → 아담 – 예수님까지(61대)
- 경주이씨(시조 알 평) A.D. 3년(신라유리왕 9년)
- 중시조(거명) (36대) (통일신라)
- 익재 공파(17대) (고려 1287~1367) 이재현(학자)
- 이 경우(21대) 1961년~ → 시조 알평 – 이 경우(74대)

61대+74대 → 아담부터 → 135代

• 나의 조상을 분명한이 밝힐 수 있는 성도는 마귀를 대적하여 이길 수 있다. 우리는 자랑스런 그리스도인이다.

• 1대 차이가 가장 큰 세대는 노아와 셈 – 500년
아브라함과 이삭 – 100년
노아 홍수 전 65년 – 187년
노아 혼수 후 29년 – 30년
급속히 빨라짐

• 예수님의 족보가 계산이 됨으로 누구든지 몇 대인지 계산이 가능할 것이다. 이처럼 우리는 하나님이 지으신 백성의 자손이며, 영원한 하나님 아버지의 자녀이다.

우리나라 성씨 시작은 서기 32년(신라 유리왕 9년)에 성씨를 내려주었다. 당시 6부를 개정하여 이씨, 최씨, 손씨, 정씨, 배씨, 설씨에게 부여. 박씨는 기원전 57년경 신라시조 혁거세를 시조로 삼았다고 기록. 김씨는 시조 김알지와 가야국시조 김수로왕(서기 42년) 시조로 삼고 있다. 예수님 서기 30년에 십자가 사건과 같은 시대며 시기이다. 〈삼국사기기록. 참고:민중서원 책자〉

※하나님 아버지는 1대 나는 2대가 됨. 아담으로부터 135대손인 나를 하나님 아버지께서는 아들 삼으셨다. 성경에 족보를 정확히 기록하심으로(창세기, 역대상, 마태복음, 누가복음) 아담부터 내려오는 계보와 나를 찾을 수가 있음에 감사드린다.

CHAPTER 83

하나님 인류 심판과 노아홍수의 일지

출애굽 B.C. 1446 기준 경우년도

년도와 날짜	기간	내용과 역사	성경
B.C 3058	라멕 182세 노아 낳음	노아출생(라멕 홍수5년전 죽음)	창 5:28
B.C 2578	노아 480세 때 쯤	하나님 그들의 날은 120년이라 선포	창 6:3
B.C 2558	노아 500세 자식낳음	셈, 함, 야벳 출생(창 5:32) 하나님의 인류심판 선포(창 6:13) 방주건조 시작 명함(창 6:14).	창 6:10~21
BC 2458	노아 600세	홍수시작	창 7:6
2월10일	하나님 명함	방주에 들어감	창 7:7~9
2월17일	7일 후	비 내리기 시작	창 7:10
3월27일	40일간	40일 주야로 비 내림	창 7:12
7월17일	150일 동안	물 창일하다 감(減)하고 방주 아라랏산에 머물렀다	창 8:3~4
10월1일	74일 동안기다림	산들의 봉우리 보임	창 8:5
11월11~12일	40일 지나서	까마기보냄 그후 비둘기 내어보냄 (비둘기만 돌아옴)	창 8:7~9
11월19일	7일 지나서	비둘기 다시 보냄 (감람나무 새잎사귀 물고 옴)	창 8:10~11
11월26일	7일 지나서	비둘기 다시 보냄 (돌아오지 않음)	창 8:12
B.C 2457년 1월1일	35일 기다린 후	방주 뚜껑 제침	창 8:13
2월27일	57일 기다린 후 하나님 나오라 명함	방주에서 나옴	창 8:15~1

- 1년 12개월, 한 달 30일 기준, 월, 일은 성경 말씀 기준 계산.
- 방주크기 : 길이 약 135M, 높이 14M, 넓이 23M, 층수 3층
  재료 나무 : 잣나무 사용(창 6:14).
- 동원 인원 : 수 많은 사람들이 동원 되었을 것으로 추정.
- 홍수기간 약 1년 17일 소요 추정되며 태양력과 월력 등에 따라 달라질 수 있음(전년 2월 10일부터~다음해 2월 27일까지)

CHAPTER 84

성경의 중심나라 족장시대 명칭과 현국가와 도시

고조선 → 고려 → 조선 → 한국

족장시대 명칭	중간 역사 때 이름	현국가명
가나안	유다	이스라엘
미스라임	애굽	이집트
앗수르	갈대아, 바벨론	이라크
엘람	페르시아, 바사, 메 대	이란
아람	수리아	시리아
두로, 시돈		레바논
모압, 암몬		요르단
미디안		사우디아라비아
블레셋		팔레스타인(가자지구)
스바		에멘
붓	구레네	리비아
힌두스		인도
로스, 메섹, 두발		러시아
아르박삭, 룻, 고멜	아시아, 루디아 제국	터어키
구스		이디오피아
	마케도니아, 희랍, 헬라	그리이스
	로마	이탈리아

주요도시(성경)	현국가
갈대아 우르	이라크 남부
하란	터어키
니느웨이	이라크 (앗수르수도)
수산	이란 (바사제국 수도)
사마리아	이스라엘 (북이스라엘 수도)
아덴	그리이스
다멕섹	시리아

CHAPTER 85

각 나라 왕의 호칭

한국 : 대통령

나라(현 국가)	왕 호칭	비고
애굽(이집트)	바로	
	힉소스 바로	요셉 총리 때 왕(이스라엘 호위)
	아멘호텝 바로	모세 출애굽 때 왕(이스라엘고통)
블레셋(팔레스타인)	아비멜렉	
앗수르(이라크)	산헤립	북이스라엘 멸망 시킨 왕
바벨론(이라크)	르브갓네살	남유다 멸망
메대(이란)	고레스	바벨론 함락 후 유다 민족귀환 〈고레스 칙령〉
바사(이란)	다리오	
로마(이탈리아)	가이사 황제	
	가이사 아그도스	예수님 탄생시 황제
	가이사 디베로	예수님 공생애시 황제
	가이사 네로	바울 심문,크리스도교 핍박
이스라엘 통치한	헤롯왕	
	헤롯 안디비스	세례요한 죽인왕
	헤롯 아그립바1세	크리스도교 핍박,야고보 죽임 바울투옥

왕들의 여러가지 특성

이스라엘과 유다왕들 중 가장 정직한 왕 요시야(남 유다)

가장 악한 왕 므낫세(남 유다)

가장 어린 왕 요아스 7살(남 유다).요시야 8살(남 유다)

치리를 가장 짧게한 왕 시므리 7일 (북이스라엘), 살룸1개월(북이스라엘)

치리를 가장 길게한 왕 므낫세 55년(남 유다)

하나님께 버림 받은 왕 사울

하나님께서 선택한 왕 사울, 다윗, 예후(북이스라엘)

여자가 왕이됨 아달랴 (남 유다) 북이스라엘의 아합과 이세벨 딸

CHAPTER 86

하나님이 쓰는 사람의 훈련기간과 각 지파에 속한 이름

이름	기간	내용
노아	방주 만드는 긴 세월	방주건조(建造)에서부터 홍수 끝날 때 까지
아브라함	25년	본토 아버지 집을 떠나 이삭 낳기까지
야곱	20년	라반(외삼촌 집)
요셉	13년	애굽에서 총리 될 때까지
모세	40년	동족 살인 후 미디안 광야에서
여호수아	40년	출애굽 후 광야에서 모세죽기까지
예수님	30년	세상에서 일하며, 인간의 삶속에서
예수님제자들	3년	3년 동안 예수님 제자로서 훈련
이스라엘 민족	430년 / 40 / 70년	애굽 종살이 / 광야 / 바벨론 포로생활

Holy

하나님의 때는 다가오는데 아직도 세상에서 훈련 중인가? 이제는 빨리 조기 졸업하고 때를 얻든지 못 얻든지 전하라는 명령에 순종하여 우리의 이웃들에게 복음에 메시지를 전하자.

각 지파에 속한 이름

이름	지파	이름	지파
모세	레위지파	사무엘	에브라임 지파
아론	레위지파	갈렙	유다 지파
사울	베나민 지파	삼손	단 지파
다윗	유다 지파	기드온	므낫세 지파
여호수아	에브라임 지파	여로보암(북이스라엘 초대왕)	에브라임 지파

Holy

아직도 교단, 교파 때문에 고민하며 가까운 교회에 나가지도 못하고 한참 멀리까지 가서 시간 낭비하며 예배를 드리는지? 이 땅에는 딱 두 개의 파, 예수파와 사단파로 분명 나눠있다. 우리 모든 성도는 예수파이다. 그 교단이나 교파에서 자유하고 얽매이지 말고 오직 그 속에 예수의 생명이 살아 숨 쉬는지 영적인 분별을 하고 예수님의 말씀에 순종하며 기도하는 아름다운 제자가 되자.

CHAPTER 87

이름의 중요성과 이름 개명자

이기는 그에게는 내가 감추었던 만나를 주고 또 흰 돌을 줄 터인데 그 돌 위에 새 이름을 기록한 것이 있나니 받는 자 밖에는 그 이름을 알 사람이 없느니라(계 12:17).

옛 이름	개명 후	지은이
아브람	아브라함	하나님(창 17:5)
사래	사라	하나님(창 17:15)
이스마엘		하나님의 사자(창 16:11)
이삭		하나님(창 17:19)
야곱	이스라엘	하나님(창 32:28, 35:10))
호세아	여호수아	모세(민 13:16)
솔로몬		하나님께서 다윗에게(대상 22:9)
요시야		하나님께서 태어나기 전(왕상 (13:2)
고레스 왕		하나님께서 이사야 선지자를 통하여 이사야 사후(死後) 100년후 왕 태어남(사 45:1)
세례요한		주의 사자가 사가랴에게(눅 1:13)
예수		천사 가브리엘이 마리아에게(눅 1:31)
시몬	베드로	예수님(마 16:18)
사울	바울	히브리식 이름 → 로마식 이름 사용

자신의 인생의 변곡점에서 하나님, 예수님, 천사로부터 새로운 이름을 부여받아 주님일에 크게 쓰임 받음.

CHAPTER 88

중요한 성경 용어와 이름의 원뜻

용어	내용 뜻	성경
할렐루야	히 하나님을 찬양하라, 하나님을 찬양한다	시 113:1
아멘	히 믿습니다, 그렇게 되옵소서, 동의의 표시	계 22:21
메시야(히)	기름 부은 자(구약), 예수님	시편 예언
그리스도	헬 기름 부은 자(신약), 예수님	마 16:16
임마누엘	하나님이 우리와 함께 계시다	마 2:23
보혜사	도우시는 이, 위로 자, 상담자 , 성령을 가리킴	요 14:26
호산나	우리를 구원 하소서(예수님 예루살렘 마지막 입성할 때 환호)	마 21:9
로고스	헬 하나님 말씀	요 1:1~18
엘리에셀	하나님이 나를 도우시다 (모세)	출 18:4
에벤에셀	여호와께서 여기까지 도우셨다(사무엘)	삼상 7:12
브니엘	하나님의 얼굴(야곱)	창 32:30
헵시바	기쁨	사 62:4
에바다	열리다	막 7:34
살롬	평강	삿 6:24
셀라	들어올림(받듦), 공감합니다, 동의합니다, 이해합니다	시편(전체적)
알파와 오메가(A.Ω)	헬 처음과 마지막(하나님이 처음과 마지막)	계 21:16
여호와이레	여호와께서 준비하심(아브라함)	창 22:14
여호와닛시	여호와는 나의 깃발(모세)	출 17:15
여호와살롬	여호와는 평강(기드온)	삿 6:24
여호와삼마	여호와께서 여기계시다, 거기계시다(성읍의 이름)	겔 48:35
이스라엘	야곱의 새이름 (사람이 하나님과 겨루어 이김)	창 32:28
예루살렘	예루 : 터전, 살렘 : 평화 – 평화의 터전	예수님 입성
시온	다윗성, 예루살렘, 후대에는 이스라엘 전체를 뜻함	이사야서

이름의 원 뜻

이름	뜻	이름	뜻
가브리엘	하나님의 강한 자	모 세	물에서 건져냄
가인	소유물	므낫세	잊어 버림
게바	반석	미 가	여호아와 같은 이가 누구냐?
기드온	베이는 자	미가엘	누가 하나님과 같은가?
노아	위로	바나바	권위자
나단	양심	바 로	큰집(태양)
나사로	하나님의 도움	바사바	맹세의 아들
나아미	즐거움	바 알	주
나오미	우리의 즐거움	발 락	개통
느브갓네살	국경을 지키는 자	발 람	대식
느헤미야	여호와께 위로를 받음	밧세바	맹약의 여자
다니엘	하나님은 우리의 심판자	베냐민	오른손의 아들
너살안	구별되다	보디발	태양신이 주는 자
다윗	사랑받는 자	보아스	유력자
디모데	경신	바 울	작은 자
라 헬	암양	부림절	제비뽑기
레위	친함	사가랴	여호와의 기억하는 자
롯	거라웠다	사 단	대적
마리아	높다	사 라	왕비, 고상한 여인
마 태	하나님의 선물	사무엘	여호와께 구함
만 나	이곳이 무엇이냐	사 울	희망(구한다)
말라기	나의 사자	사 사	재판한다
맛디아	하나님이 주심	삭개오	의
메시아	기름 부음	삼 손	태양과 같음
멜기세덱	의의 왕	셈	높은 지위
셋	대신 둠	엘리사	하나님의 구원
솔로몬	평화	에스더	별

이름	뜻
스데반	면류관
스룹바벨	바벨론에서 낳음
시 몬	하나님께서 들으셨었다
시므리	어린양
실라	생각
십보라	한 작은 새
아각	난폭한자
아간	곤난
아닥사스다	대왕
아담	사람
아골	괴로움
아벨	생기
아브라함	열국의 아비
아브람	큰아버지
아비멜렉	부친과 왕
안나	은혜
알렉산더	원조자
한나	은혜
압살롬	내 부친은 화평이다
헤롯	영웅의 아들

이름	뜻
엘리아	나의 신은 여호와
여로보암	백성이 많음
에서	털이 많음(붉다)
야곱	발뒤꿈치 잡다
에녹	교수
여호수아	여호수아 구원
예레미야	여호와는 멀다
예 수	구세주
오 벳	예배자
요 나	비둘기
요 셉	저는 이김
요 한	여호와를 사랑하는 자
욥	원하다
유 다	찬송
이사야	여호와의 구원
이 새	주의 선물
호세아	구원
이스마엘	하나님이 들으심
히스기야	하나님이 힘을 주신다
학 개	쾌락

하나님께서는 사람을 쓰실 때 이름을 새로이 개명(改名) 해주시거니 미리 지어주셨다. 위의 표에 나오는 등장 인물들은 모두가 그 이름 뜻대로 인생이 흘러가고 만들어짐을 알수가 있다. 이름이 얼마나 중요한지를 성경은 우리에게 보여주고 있다.

그것은 우리 입에서 나오는 소리에는 권세가 있기 때문에 귀신도 도망가며 이름을 불러 줄때 그 이름의 뜻대로 이루어진다는 사실을 깨닫고 자식들이나 자손들의 이름을 지을 때는 꼭 기도하여 하나님께서 주시는 이름을 받길 바란다. 어린 아이들의 이름을 혹시라도 철학관이나 타종교에서 받았다면 개명해 주는것이 바람직하다고 생각한다. 영원한 하늘나라 이름으로, 영원히 천국에 기록되는, 아름답게 쓰임받는 이름을 부여 받길 바란다.

CHAPTER 89

유대(이스라엘) 시간

- 하루기준 : 저녁 일몰부터 다음날 저녁 일몰까지
- 낮 기준 : 일출부터 일몰까지
- 밤 기준 : 일몰부터 일출까지
- 닭 울기 전 : 밤 12부터 새벽 3시까지

유대시간	우리나라시간	사건
제0시	오전6시	
제3시	오전9시	예수님 십자가 못 박힘 (막 15:25)
제6시	낮(정오)12시	제 6시부터 온땅이 어두움 (막 15:33)
제9시	오후3시	제 9시까지 예수님 운명 (막 15:37)
제11시	오후5시	(마 20:6)
제12시	오후6시	

하나님께서는 아버지 뜻에 합당하다면 태양계도 움직여 도우신다.

여호수아가 하나님께 고하되 태양이 기브온 위에 멈추고 달이 아알곤 위에 멈췄다(수 10:12).

히스기야에게 하나님 징조를 보일 때 일영표(해시계) 위에 나아갔던 해 그림자로 십도를 뒤로 물러나게 하셨더라(왕하 20:11).

과학자들의 천문학 연구결과 24시간 하루가 모자란걸 발견, 그 해답을 여호수아 때 기브온(해) 아알곤(달) 때 23시간 20분 멈추고, 히스기야 왕때 일영표 40분 뒤로 물러남 발견, 두 사건 합한 시간 24시간 하루 정지됨을 알아 찾아냄.

하루의 의미

하나님이 우리에게 아침을 주신 것은 맑고 깨끗하게 살아가라는 것.하나님이 우리에게 한낮을 주신 것은 성숙한 삶으로 알차게 살아가라는 것. 하나님이 우리에게 저녁을 주신 것은 부끄럼 없이 그분 앞에 서도록 자신을 점검하라고 주신 것. "아침은 꽃처럼 아름답게 살고" "한낮은 열매같이 알차게 살고" "저녁은 노을처럼 찬란하게 살아가야지" "하루의 삶 속에는 항상 복음을 전하는 행복한 나날"

CHAPTER 90

화폐(단위비교)

사용나라	화폐이름	무게	비고	성경
유대	게라	0.57g	세겔의 20/1	출 30:13
	베가	5.7g	세겔의 2/1	출 38:26
	세겔	11.4g	노동자의 4일 품삯	삼하 24:24
	므니	569g	달란트 60/1	눅 19:13~25
	달란트	34kg	3,000세겔	대상 29:4
로마	고드란트		앗사리온의 4/1	마 5:26
	앗사리온		데나리온의 16/1	마 10:29
	데나리온		하루품삯	마 18:28
헬라 (그리이스)	드라크마		하루품삯(1데나리온)	눅 15:8
	렙돈		가장 적은 돈(고드란트의 2/1)	막 12:42

성경의 가장 큰 화폐는? 달란트(금, 은) 금달란트는 은의 15배

달란트사용 – 은 두 달란트로 사마리아 산을 사고 그 산위에 성을 건축하고 오므리 왕은 그곳을 수도로 삼았다(왕상 16:24).

각각 재능에 따라 금 다섯 달란트. 두 달란트. 한 달란트를 주고 떠났더니(마 26:15).

성경에서 가장 적은 화폐는? 렙돈, 한과부가 와서 두 렙돈 곧 한 고드란트 를 넣는지라 (막 12:42).

Holy

금 한 달란트의 현재의 가격은 얼마일까? 한 달란트 무게는 약 34kg(57근) 금 시세로 계산하면 2005년 국제기준 약 4억 7천만원, 2008년 기준 약 11억 200만원 2010년 현 시세는 더 많을 것이다. 우리 주님은 우리 각자에게 몇 달란트를 주셨을까? 깊이 기도해 보고 한 달란트를 받아 땅속에 숨겨둔 어리석은 자가 되지 말고 천국 생명보험에 투자하여 영원한 부자가 되고 예수님 주식회사의 가장 큰 주주가 되어 보자. 또한 천국 생명보험 투자 설명회 투자 방법을 가르쳐 드리겠다. 될 수 있는 한 한군데에 집중 투자보다는 골고루 여러 군데에 분산투자를 하고 가난한 나라 증권과 가난한 농어촌과 가난한 우리 이웃증권이 비싸지 않고 저렴하니까 이럴때 그곳에 집중 투자하는 것이 아주 바람직하겠으며 나중에 경기가 좋아지면 아주 대박날 것이다.

그리고 투자자는 증권투자에 있어서 철두철미하게 비밀을 유지하고 남모르게 조용히 투자를 해야 한다. 그것이 세상에 알려지면 집중 공격을 받아 그 증권이 휴지조각이 될 수 있으니 신중에 신중을 하자. 예수님의 증권은 차고 넘치게, 적게는 30배로 보상을 해주심을 믿고 집중 투자해서 부자되자.

CHAPTER 91

각 나라 우상 명칭

우상 이름	섬기는 나라
아스다롯	베니게와 가나안 사람들의 여신(왕상 11:5), (삿 10:6).
	(바알신의 아내) 아세라 : 풍요의 여인 야만적인 신 묘사
바알	베니게와 가나안 족속의 신 - 황소 (남자의 생식력 표현) 황소에 올라 탄 모습 표현(민 22:41), (삿 2:11).
	북이스라엘(아합 왕).
바알브올	모압 사람들의 신(민 25:1~3)
그모스	모압 사람들의 신(민 21:29).
다곤	블레셋 사람들(삿 16:23).
아데미	에베소 사람들(행 19:24).
몰렉	암몬 족속(왕상 11:5).
드라빔	작은 입상으로 집의 수호신 조상부터 건너 내려온 합법적인 상속권 의미도 가졌다(창 31:34).
니스록	앗수르 우상(독수리 형상), (왕하 19:27).
레판	바벨론인이 숭배하는 토성(행 7:43).
쓰스	그리이스 제우스 신(행 14:12).
헤메	제우스 대변자(그리스 12신 중의 하나), (행 14:12).
바알세블	귀신의 왕(마 12:24).

Holy

눈을 떠 보아도 족 함이 없고 귀를 열고 들어도 차지가 않으며 친구를 만나고 음악을 듣고 영화를 보아도 만족함이 없고, 골프를 치고 여행을 가도 술을 마시고 도박을 해보아도 참 만족이 없어서 찾아가는 곳이 무당집! 그곳도 돈 주고 사주 보고 이것 저것 다 해보아도 심령의 갈등만 더해지고 어~ 이러다 죽는것 아닌가? 불안이 엄습해오고 … 아마도 현대인이라면 한 두번은 겪였을 텅빈 마음을 채워보고자 이것저것 다 해보았지만 그 자리를 만족할 만큼 채워지지 않는다. 이것이 인간이요! 이것이 인생이다! 놀랍게도 하나님께서는 그 빈자리를 꽉 채우고도 남는 선물을 주셨다. 그것은 바로 예수님! 예수님을 내 마음의 중심에 모셔보라. 이세상의 그 누구도 부럽지 않으며 참 만족을 맛 보게 되며 영원히 붙잡고 놓치지 않을 것이며 그 어떠한 헛된 우상을 다시는 섬기며 찾아 가지도 않을 것이다.

CHAPTER 92

절기(여덟 가지)와 희생제사

명칭	목적
유월절	애굽에서 장자가 모두 죽을 때 이스라엘 민족의 장자는 그 집문에 피를 볼 때에 하나님께서 멸하지 않았다(예수님 피 예고). 이 날을 기념하여 영원한 규례로 대대로 지킬지니라(출 12:14).
오순절	첫 열매를 드리는 축제가 있는지 50일 후에 지켜졌다. 이 절기는 그리스도의 부활을 상싱(고전 15:20). 예수님 부활 후 성령께서 50일 만에 마가 다락방에 임하셨다(오순절).
나팔절	이 날은 이스라엘 백성의 새해에 해당하는 날이다.
장막절(초막)	그들이 광야에서 방황하는 동안 장막에서 거하였음을 기억하고 기념하는 절기.
속죄일	대제사장은 일년에 한번 속죄일에 만백성의 죄를 속하기 위해 제물을 드리고 지성소에 들어갈 수 있었다.
안식일	하나님의 창조의 일을 끝마치고 안식하시는 것을 기념하고 축하하는 휴식의 날(현 토요일).
안식년	매 7년마다 지키는 안식년의 일 년 동안은 아무 일도 않고 쉬며 매일 율법을 읽히고 주님께 대히여만 마음을 기울인다.
희년	50년마다 지키는 축제 안식년과 희년에는 땅을 경작하지 않고 히브리 혈통의 모든 노예는 나팔소리와 함께 자유를 얻었다. 남의 손에 넘어갔던 땅을 그 가족과 자손들에게 돌려주었다.
종류	구약의 희생 제사.
번제	헌신과 일반적인 죄 사함(레 1장).
소제	첫 열매에 대한 감사(레 2장).
화목제	축복에 대한 감사(레 3장).
속죄제	속죄(레 4장).
속건제	신성 모독 죄에 대한 속죄(레 5장).

- 우리의 절기의 명절은 크게 : 설날과 추석, 제사 날 : 조상들의 기일(忌日).
- 예수님을 믿지 않는 가정 : 제사나 차례를 지내고 지옥 가는 줄도 모르고 행복해함.
- 예수님 믿는 가정 : 온가족이 모여 예배드리고 기념하며 행복해함.
- 예수님을 일부는 믿고 일부는 안 믿는 가정 : 명절과 제삿날이 불행한 날 부모와 형제지간에 부딪치며 온갖 핍박을 받으며 불화가 끊이지 않음. 우리는 안 믿는 부모형제를 잘 설득하여 결단코 제사를 지내면 안된다. 하나님께서 가장 싫어하는 일이며 죽는 일이다. 끊임 없는 기도와 전도와 사랑과 효(孝)와 우애(友愛)를 가지고 우리의 부모님과 형제들을 귀신에게 제사하는 일에서 건져내고 구원해야 최고의 크리스천이요! 하나님의 참된 일꾼이다!

CHAPTER 93

성경의 산 이름

산 이름	내용
에덴동산	티그리스강 + 유프라데스강 : 현 이라크 추정(창 2:14).
아라랏산	해발 5185m 노아방주가 머물러 있는 곳: 현 위치 터어키(창 8:4).
벧엘산	아브라함이 제단 쌓은 곳(창 12:9), 야곱(창 28:10~18).
갈멜산	해발 540m 엘리야의 승리(바알, 아세라 선지자 850명 죽임)(왕상 18:19~45)
모리아산	아브라함의 이삭 번제 준비했던 산(창 22:1~13) 솔로몬 성전이 세워진 곳.
길보리산	사울과 아들 전쟁 패전한 곳. 죽은 곳
감람산	예수님의 설교(마 24:3) 예수님의 승천(행 1:9~12)
갈보리산	예수님 십자가 죽음.
시온산	예루살렘성 성벽과 성 전체.
그리림산	여호수아가 율법의 축복 낭독한 산
에발산	여호수아 율법의 저주 낭독함

- 그리심산 : 가나안 땅 정복 후 여호수아는 이곳에서 에발산 맞은편 위치(해발 881m).
  율법의 축복을 낭독 참여지파 : 스므온, 레위, 유다, 잇사갈, 요셉, 베냐민
  (아브라함과 야곱이 제단을 쌓은 곳)

- 에발산 : 해발 940m. 그리심 산 맞은편 위치.
  율법의 저주 낭독 참여지파 : 르우벤, 갓, 에셀, 스불론, 단, 납달리
  (참조: 수 8:30~35 신 11:29 27:11~13)

성도님과 가족은 지금 어느 산에 있는가?

에발 산으로 올라가지는 않았는지? 그쪽 산으로 혹시라도 가고 있는 중이라면 반대편으로 건너오라. 그리심 산에는 축복 받은 지파도 많고 축복의 말씀을 선포하신다. 혼자 오지말고 온 가족과 이웃의 모든 사람과 함께 올라오라. 축복받는 비결을 선포하실 것이다. 그곳이 어디냐면? 눈을 들어 보라. 십자가가 세워져 있는 교회 보인다. 그곳이 바로 그리심 산입이다. 늦기 전에 빨리 와서 축복의 낭독을 듣고 축복 받자. 내가 산을 향하여 눈을 들리라 나의 도움이 어디서 올까 나의 도움이 천지를 지으신 여호와에게서로다(시 121:1~2).

하나님의 말씀은 에덴동산(아담, 하와)로부터 시작하여 시내 산(모세)에서 계명과 율법이 이루어졌고 예수님 산상수훈과 예수님 승천까지 모든 복음이 하나님께서 창조하신 산과 들과 바다를 거쳐 오대양 육 대륙에 전파되어 퍼져나가고 있다.

우리나라의 명산과 좋은 위치에는 전국 어디나 대부분 절(불교)과 사찰이 자리 잡고 있다. 현재 전국에 등록된 사찰과 절이 약 10,000개 미등록사찰 합하면 약 14,000개쯤 된다고 한다. 한때는 북한의 금강산에도 108개의 절과 사찰이 있었으나 지금은 몇 개만 남았다고 한다. 이제는 하나님 우리 아버지께서 창조하신 우리나라 명산 백두산에서부터 한라산까지 모든 산에서 목탁과 염불 소리가 아닌 주님의 복음이 선포되고 찬양의 소리가 울려 퍼지며 그곳에서 이제는 주님의 산제사를 드리는 교회와 기도원이 세워지는 아름다운 장소가 되도록 우리 모두 한마음으로 기도하며 절과 사찰에서 일하는 모든 분들을 주님의 품으로 인도 할 수 있는 대한민국의 능력의 선교자가 되자.

CHAPTER 94

성경의 여러 나무들

종류	쓰임 받는 내용
백 향 목	성전건축재료(왕상 5장) 하나님의 축복 받은 사람 의미(호 14:5~6).
잣나무	성전건축(왕상 5:9) 노아의 방주재료(창 6:14).
살구나무	아론의 싹 난 지팡이(민 17:8).
상수리나무	(성경에서 가장 많이 표현).
	야곱 신상과 우상 귀고리 묻은 곳(창 35:4). 쉬는 곳(열왕 13:14) 아브라함 거처(창 15:13). 우상을 섬기는 장소. 제작(사 44:14~15).
무화과나무	예수님 열매 없음에 저주(마21:19).
로뎀 나무	엘리야 이세벨을 피해 나무 밑에서 죽기를 구함(왕상 19:4).
감람나무	성전건축(왕상 6:31) 순결한 기름(출 27:20). 객과 과부와 고아를 위한 열매(신 24:20). 참감람 나무(롬 11:17).
뽕나무	삭개오 예수님 보기 위하여 올라감(눅 19:4))(지상나무 중 가장 뿌리가 땅 속 깊이 파고 들어감).
포도나무	내가 참 포도 나무요(예수님 상징)(요 15:1).
종려나무	예수님 예루살렘 입성 큰 무리가 종려 나무 들고 찬송(요 12:13).

Holy

이 땅에는 수많은 나무가 있다. 그중에서도 귀히 쓰임 받는 나무가 있는가 하면 버림을 받는 나무도 있다. 우리 사람도 마찬가지인 것 같다. 백향목 나무와 잣나무처럼 성전의 기둥으로 쓰임 받고 포도나무처럼 많은 열매를 맺어 주님 오실 때에 종려나무 들고 호산나! 호산나! 외치며 주님을 맞이하자.

뽕나무와 삭개오

대부분이 사람들은 돈과 권력과 학문을 쌓는데 온 인생을 바친다. 삭개오 역시 그 중의 한 사람이다. 돈은 벌었지만 많은 사람들로부터 낙인이 찍혀 왕따 당하는 세리장(세무서장)이었다.

어느날 예수님이 지나가신다는 소리에 키가 작은 그는 예수님을 보기 위해 뽕나무로 올라갔다. 예수님께서 그의 모습을 보시고 "삭개오야 속히 내려오라" 내가 오늘 네 집에서 유(留) 하여야 하겠다. 주님의 음성을 들은 삭개오의 마음은 과연 어떠하였을까? 사람들로부터 죄인 취급당하며 살아왔던 그에게 부드러운 주님의 음성은 얼어붙었던 삭개오의 마음을 눈 녹듯 사랑으로 감싸주었다. 즉시 삭개오는 내려와서 회개와 함께 재산의 절반을 가난한 자들 위해 나눠주고 토색한 것은 네배로 갚겠다며 고백한다. 인간의 참 행복은 물질의 풍요함에 있는 것이 아니라 죄악의 성품을 버리고 예수 안에서 가난한 이웃에게 사랑을 베풀며 아름다운 삶으로 예수님의 본(本)을 따라 사는 것이다.

예수님은 지금도 고독한 자와 죄인들을 부르고 계신다. "OO야 속히 내려오라 내가 오늘 네 집에서 유하여야 하겠다."

CHAPTER 95

노아 방주와 성전건축에 쓰인 잣나무 특성

나무특성	우리에게 주는 교훈
곧게 자란다	우리는 하나님 말씀과 은혜로 양육되고 있다.
높이 자란다	머리가 되며 위에 있게 한다, 승리하는 삶.
나무가 강하다	좌로나 우로나 치우치지 않는 굳건한 믿음
옹이가 없다	세상의 어떠한 상처와 시험을 이겨낸다.
벌레가 없다	어떠한 탐욕과 정욕이 들어 올 수 없으며 병들지 않는다.
겨울에도 잘 자란다	어떠한 환경과 고난 속에서도 이겨낸다.
향기가 있다	예수님의 사랑의 향기를 풍겨라.
여러 나라에 분포됨	복음이 온 천하에 전파되어 온 나라에 교회가 세워짐.
큰 군락을 이룬다	한국처럼 믿음의 나라가 생긴다, 온 성도가 합심하여 선을 이룬다.
많은 열매를 맺음	땅 끝까지 복음전파 많은 성도구원.
수많은 나무중 귀히쓰임	세상의 많은 나라 중 한국을, 우리교회를, 우리가족을, 내가 쓰임받음.
재료 사용 때 자른다(죽음)	예수님의 죽음으로 우리를 살리듯, 방주, 성전에 쓰임받음. 한 알의 씨앗이 썩어야 열매를 맺듯이 우리를 희생하여 많은 영혼을 구원.

Holy

너는 잣나무로 너를 위하여 방주를 짓되 그 안에 간들을 막고 역청으로 그 안팍에 칠하라(창 6:14) 나무에 기름을 바르면 나무에 좀이나 벌레가 생기지 않으며 썩지 않는다. 우리도 속 사람과 겉 사람이 더러워 지지 않고 성령님이 빠져나가시지 못하게 역청을 칠하여 하나같이 마음에 주님을 모시고 성령의 기름부음 받은 성령의 사람이 되자.

이 세상에는 수 많은 나무들이 있다. 그 수많은 나무 중에서 선택된 잣나무가 노아의 방주와 성전을 건축을 할 때 가장 많이 쓰임을 받듯이, 이 세상의 수많은 사람들 중에서 나 역시 하나님의 일에 가장 많이 쓰임 받는 일꾼이될 수는 없을까? 그 해답은 잣나무의 특성과 교훈에서 찾아보라.

예수님과 제자 행적과 역사

9

CHAPTER 96

예수님 12제자 행적

이름	별칭	고향	행적	
베드로	게바	가버나움	유대인들에게 복음전파 로마에서 순교. 저서 : 베드로전, 후서	
야고보	우뢰의 아들	가버나움	예루살렘, 유대에 전도 헤롯왕에게 참살 당함 A.D. 44.	
요한	야고보형제	가버나움	소아시아 여러 교회와, 밧모 섬에 유배. 저서 : 요한복음, 요한 1, 2, 3서 요한계시록.	
안드레	베드로 형제	가버나움	스구디아, 그리이스, 소아시아에서 전도 (십자가에 순교 당함).	
빌립		벳새다	브루리아에서 전도하다 순교.	
바돌로매	나다나엘	갈릴리의가나	아르메니아에서 전도하다 순교.	
도마	디두모	갈릴리	이란, 바사, 인도에서 전도 인도에서 순교.	
마태	레위(세리)	가버나움	에티오피아에서 순교.	
소 야고보		갈릴리	블레셋과 애굽(이집트)에서 전도. 애굽에서 순교.	
유다	다대오	갈릴리	앗수르(이라크) 바사(이란)에서 전도. 이란에서 순교	
시몬	가나안인	갈릴리	십자가에 못 박혀 순교 당함.	
유다	가룟	가룟	은 30에 예수 팔고 자살.	
맛디아	사도로 선출됨	행적이 없음	전설에 의하면 에디오피아에서 순교.	사도
바울		길리기아의 다소	로마에서 목 베어 순교. 저서 : 13~14권 서신.	

CHAPTER 97

예수님 수난까지 일주일 행적

요일	행 적	성경
일요일	예수님 예루살렘 입성 (나귀새끼 타고)	마 21:1~11
월요일	성전에서 매매하는 자 내쫓음	마 21:12~13
화요일	무화과나무 말라 버림 이적	마 21:18
	달란트 비유와 수많은 설교	
	예수님 몸에 향유 부은 여자 기념하라	마 26:13
	가룟 유다 은 삼십에 판	마 26:~16
수요일	기록이 없다고 함	
목요일	유월절 준비	마 26:17~
	최후의 만찬	마 26:20
	제자들의 발 씻기심(섬김)	요 13:4~11
	성찬식	마 26:26~29
	겟세마네 동산의 기도	마 26:36~39
금요일	예수님 잡힘	마 26:47~56
	가야바의 집 끌고 감	마 26:57
	빌라도 앞에 선	마 27:2
	헤롯에게 보내짐	눅 23:7
	가룟 유다 자살	마 27:3~5
	다시 빌라도에게	눅 23:11
	오전 9시 사형선고 십자가에 못 박힘	눅 23:32~33
	정오(12~3시) 해가 빛을 잃고 온 땅이 어두움	눅 23:44
	오후 3시 예수님 운명	눅 23:46
토요일	무덤에 파수꾼 세움	마 27:65~66
일요일(주일)	부 활	마 28장

예수님의 사랑(예수님 인류를 위해 희생하는 사랑)

- 아가페(Agape) 사랑 : 하나님의 사랑, 희생적인 사랑(예수님)
- 스토르지(Storge)사랑 : 부모와 자식, 가족과 친인척 사랑
- 에로스(Eros)사랑 : 남녀사이의 이성적인 사랑
- 필레오(Phileo)사랑 : 친구간의 사랑, 우정적인 사랑

CHAPTER 98

모세와 예수님

환경과 사역	모세	예수
유아기의 피난	출 2:2~10	마 2:14~15
사단과 대적함	출 7:11	마 4:1
40일 간의 금식	출 34:28	마 4:2
바다를 다스림	출 14:21	마 8:26
무리를 먹임	출 16:15	마 14:20~21
얼굴이 빛남	출 34:19,35	마 17:2
원망을 들음	출 15:24	막 7:2
가정의 불신임	민 12:1	요 7:5
중보기도	출 32:32	요 17:9
말씀선포	신 18:18	4복음서
칠십 명의 일꾼	민 11:16~17	눅 10:1
기념의 제정	출 12:14	눅 22:19
죽은 후에 나타남	마 17:3	행 1:3

사람들은 모두 자기 뜻대로 일 하는 것을 좋아하고 그 뜻이 이루어지도록 하나님께서 내편에 서서 도와주시기를 기대하며 기도한다. 그러나 모세는 금송아지를 만든 이스라엘 민족을 진멸하고 모세를 세워 큰 나라를 세우시겠다는 하나님을 설득하며 하나님의 뜻을 돌이킨다. 만약에 우리에게 그런 기회가 왔다면 우리의 모습과 자세는 어떠하였을까? 예! 제발 그렇게 해주세요! 하나님 감사합니다! 하나님 뜻대로 하십시오! 그리고 모른 척하며 기다렸을까? 수많은 미국 대통령 중 가장 존경의 대상인 링컨은 남 북 전쟁에서 북군이 계속 패하고 있을 때 북군 지도자들이 모여서 "각하, 하나님이 우리 편이 되어서 북군이 승리하게 해달라고 모두들 간절히 기도하고 있습니다"라고 말하자 링컨은 "그렇게 기도하지 마세요." 그렇게 말을 하자 모인 사람들은 깜짝 놀란 모습으로 링컨을 쳐다 보고 있었다. 이제부터는 "하나님이 북군 편이 되어 달라고 기도하지 말고 우리가 항상 하나님 편에 서있게 해 달라고 기도하십시오" 그렇다! 예수님도 십자가 지시기 전에 기도를 보면 내 원대로 마옵시고 아버지 원대로 하옵소서!하고 기도하지 않았는가?

여기서 모세의 하나님 설득과 링컨의 하나님 편의 기도와 예수님의 아버지 원대로 기도를 보면서 이제는 우리의 기도가 나의 이득을 위한 기도 보다는, 오직 주님의 뜻과 주님나라의 의를 위하는 성숙된 기도를 하고 장성한 분량대로 큰 기도를 하자! 주님은 믿음이 큰 자를 세워서 크게 쓰신다.

CHAPTER 99

예수님 말씀 비유

비유의 명칭	마태복음	마가복음	누가복음
씨 뿌리는 자	13:3~8	4:3~8	8:5~8
가라지	13:24~30		
겨자씨	13:31~32	4:31~32	13:19
누룩	13:33		13:21
감추인 보화	13:44		
값진 진주	13:45~46		
바다의 그물	13:47~50		
무자비한 종	18:23~35		
포도원의 품꾼들	20:1~16		
두 아들	21:28~32		
사악한 농부들	21:33~46	12:1~12	20:9~19
혼인잔치	22:1~14		
열 처녀	25:1~13		
달란트	25:14~30		
자라는 씨		4:26~29	
두 채무자			7:41~43
선한 사마리아인			10:25~37
밤 중의 친구			11:5~8
어리석은 부자			12:16~21
열매없는 무화과 나무			13:6~9
대만찬			14:16~24
잃어버린 양	18:12~14		15:4~7
잃어버린 주화			15:8~10
탕자			15:11~32
불의한 청지기			16:1~9
무익한 종			17:7~10
불의한 재판관			19:12~14
열 므나			19:12~14

CHAPTER 100

예수님 이적과 중요 기간과 날수

사건의 내용	마태복음	마가복음	누가복음	요한복음
물로 포도주를 만드심				2:1~11
가나에서 신하의 아들을 고치심				4:46~54
베데스다 못에서 38년 된 병자고침				5:1~9
고기 잡는 이적을 보이심			5:1~11	
회당에서 귀신을 쫓아내심		1:23~28	4:31~36	
베드로의 장모를 고치심	8:14~15	1:29~31	4:38~39	
문둥병자를 깨끗게함	8:2~4	1:40~45	5:12~16	
중풍병자를 고치심	9:2~8	2:3~12	5:18~26	
손 마른 자를 고치심	12:9~13	3:1~5	6:6~10	
백부장의 종을 고치심	8:5~13		7:1~10	
나인성과부의아들살리심			7:11~15	
눈멀고 벙어리 된 귀신 들린 자 고치심	12:22		11:14	
바다를 잔잔케 하심	8:18; 23~27	4:35~41	8:22~25	
거라사인 지방의 귀신들 자 고치심	8:28~34	5:1~20	8:26~39	
혈루증 여인고침	9:20~22	5:25~34	8:43~48	
야이로의 딸 살리심	9:18~19	5:22~24	8:41~42	
두 소경을 고침	9:27~31			
벙어리 귀신을 쫓아내심	9:32~33			
오병이어의 기적 (오천 명 먹음)	14:41~21	6:34~44	9:12~17	6:5~13
물 위를 걸어가심	14:24~33	6:45~52		6:16~21
수로보니게의 소경을 고침	15:21~28	7:24~30		
귀먹고 어눌한 자를 고침		7:31~37		
칠병이어의 기적 (사천 명 먹음)	15:32~39	8:1~9		
베데스라의 소경고침		8:22~26		
사귀 들린 아이를 고침	17:14~18	9:14~29	9:38~42	
물고기 입에서 동전 취함	17:24~27			
나면서 소경 된 자 고침				9:1~7

사건의 내용	마태복음	마가복음	누가복음	요한복음
안식일에 귀신들린 여인을 고치심		13:10~17		
수종에 걸린 자를 고치심		14:1~6		
나사로를 살리심			11:17~44	
열문둥이를 고치심			17:11~19	
소경 바디매오를 고치심	20:29~34	10:46~52	18:35~43	
무화과나무를 저주하심	21:18~19	11:12~14		
말고의 귀를 회복시키심			22:49~51	18:10
두 번째 고기잡는 이적				21:1~11

Holy

사람이 만들어 놓은 부처는 허수아비에 불과하다.

성철 스님은 82년 초파일 법어에서 말하기를 "극락이 있다고 믿는 사람은 사람이 잠을 잘 때 꿈속에서 잠꼬대하는 소리와 같다. 불교를 노인들이 죽어서 극락이나 가려고 염불하는 종교로 잘못 알고 착각을 하는 사람들이 많은데 이러한 생각은 매우 잘못된 생각이다. 중이 목탁치고 염불하며 명주고 복 준다고 하는 것은 모두가 장삿속이며 거짓이다. 이렇게 중이 부처를 팔아서 살기 위한 수단과 방편으로 삼는다면 이러한 중은 가짜 중이고 도둑이다. 이러한 중들이 사는 절은 도둑의 소굴이다." 이렇게 절을 미신의 산실로 받아들이지 말라고 승려들과 불교인들에게 간곡히 부탁하면서 계속해서 말하기를…

사람이 만들어 놓은 부처는 허수아비에 불과하다. 사람이 마음을 떠나서는 일체가 존재할 수 없다. 그러므로, 사람들은 언제나 제대로 용서할 수 있는 마음의 넉넉함을 항상 지녀야 한다. 나는 일평생동안 부처 앞에 절을 하고 목탁치고 염불 한 적은 한 번도 없다.

이제부터는 산신각이나 칠성각은 전부 철거하고 점이나 부적이나 삼재풀이나 죄를 말하는 것 모두가 미신이니 이러한 기복 미신 신앙이나 기복 우상숭배와 기복 무당불교 신앙에서 벗어나서 깨닫는 승려, 깨닫는 불교인이 되라고 간곡히 호소했다.

성철 종정은 89년도 신년 법어를 발표하면서 "눈을 아무리 크게 뜨고 하늘을 우러러 보아도 천당과 극락은 하늘 위에 있지 않다. 우리가 걸어 다니는 발밑이 천당이요 극락이다"고 말했다.

작아서 못 보는 것은 현미경으로 본다.

멀어서 못 보는 것은 망원경으로 본다.

천국과 하나님은 믿음의 눈이 있어야 본다. 또한 양심의 소리로 듣는다.

중요기간과 날수

고난수 40일, 40년	성 경
노아홍수 비 내리는 날수 40일주야	창 7:17
야곱의 장례식 40일	창 50:3
모세의 시내산에서 40일동안 산에 있음, 시내산에서 40일 주야금식	출 24:18 출 34:28
12정탐꾼 가나안 탐지 40일	민 13:25
엘리야 로뎀나무 아래에서 호렙 산에 도착한 날수 40일주야	왕상 19:8
니느웨를 향한 40일후 무너짐 요나의 경고	욘 3:4
예수님의 금식 40일 밤낮	마 4:2
예수님 부활 후 지상생활 40일	행 1:3
이스라엘민족의 광야생활 40년	출 16:35 민 14:34
옷니엘, 드보라, 기드온(사사시대 이스라엘 평화기간 각각 40년 동안)	사사기
사울 왕, 다윗 왕, 솔로몬 이스라엘 통치기간 각각 40년	
완전수 7일, 7년, 70년	
하나님께서 천지창조 모든 일을 마치시고 일곱째 날 안식하심	창 2:3
노아와 가족이 방주에 들어간 7일후부터 비 내리기 시작	창 7:4
매 7년을 안식년으로 규정	레 25:1~7
가난한 이웃에게 채무를 면제하는 제7년을 면제년으로 규정	신 15장 전체
야곱 라헬을 위하여 7년을 봉사	창 29:20
애굽 땅에 입곱해 큰 풍년과 일곱해 흉년	창 41:29~30
이스라엘 바벨론에서 70년동안 포로생활	렘 25:11
숫자(7,70,7000)	
떡 입곱개로 사천명을 먹이고 남음	마 16:10
일곱교회	계 1:11
여리고성 일곱 번 돌면 무너져 내림	수 6:4~5
나만 장군 요단강에서 일곱 번 씻음	왕하 5:10
엘리야 입곱번째 이르러서 손만한 작은 구름이 일어나 큰비가 내림	왕상 18:41~46
다니엘의 셋 친구 풀무불 가운데에 던져 평소보다 칠배나 뜨겁게함	단 3:19
형제의 죄를 일흔 번씩 일곱 번이라도 용서하라	마 18:22
여호와께서 모세에게 장로 칠십인을 모이게함	민 11:16
예수께서 칠십인의 일꾼 파송	눅 10:1
바알에게 무릎을 꿇지 아니한 이스라엘의 7,000인	왕상 19:18

CHAPTER 101

개신교(크리스트교) 대표적 교단과 타종교

청교도

칼뱅 종교 개혁(스위스에서) 시작 영국, 네덜란드, 남프랑스까지 전파. 칼뱅파의 흐름을 이은 영국 청교도 발전.

16-17세기	청교도는 로마 카톨릭의 제도, 의식의 일체를 배척하며 칼뱅주의 개혁을 주장. 엄격한 도덕, 주일(일요일)의 신성화 엄수 향락의 제한을 주창
17세기(1642년)	청교도 혁명(영국의회 중심)으로 시민혁명 이 과정에서 장로파와 독립파로 분열
1620년	청교도 박해를 피해 신앙자유를 지키려고 102명이 메이플라워를 타고 북아메리카의 동부 연안 플라머스에 상륙 신대륙 개척.
18세기(무렵까지)	대서양 연안에 13개 주 식민지가 건설되었다. 북아메리카(미국)의 새로운 역사가 시작 된 것.
1783년	식민지 독립 승인
1860년	미국 33개 주 인구 3,100만 명의 나라 형성

장로교

• 창시자 : 프랑스 신학자 종교 개혁가인 칼뱅(존 칼빈)

16세기 중엽 확립, 1559년 프랑스에 2,000여 교회 설립, 영국과 미국으로 전파 중심지 역할. 한국에는 1885년 4월 5일 인천에 도착한 언더우드와 아펜젤러부부의 시작으로 전파됨. 그들 손에는 한국어로 번역된 성서가 있었다.

• 대표적 교리 : 칼빈예정론은 구원받는 사람은 하나님이 창세전에 이미 예정해 놓으셨다.

• 장로교 조직

= 성경에 나오는 장로(Presbyteios)라는 말을 따서 "장로교"라고 불림.

* 장로인 목사 = 그리스도의 대리자로 말씀을 가르침.

* 일반 교우의 대표자 = 교회를 치리 하는 치리 장로

* 제직회(목사, 장로, 집사, 권찰), 당회(목사, 장로), 노회(목사, 개 교회 파송 치리 장로),

총회(정책, 헌법)

• 장로교는 민주적인 정치제도를 중시한다. 그래서 장로나 안수집사, 권사 등의 교회 중직을 임명에 의해 세우지 않고 공동의회에서 세례교인들의 투표에 의해 선출한다. 선교사 정책을 보면? 한국인들 사상은 보수적이며 경건주의자였다.

종교는 샤머니즘 : 무지함에서 생김.

유교 : 형식주의, 허례허식

불교 : 미신적임

처음 한국 사회의 종교 사상을 본 선교사의 평가

우리 나라에는 1885년 4월 5일 미국 장로교 선교사 언더우드 인천 상륙.

1907년 대한 예수교 장로교 독노회

1912년 총회 창설

1959년 통합 측과 합동 측 분리됨. 현재 : 200여개 이상의 교단 형성 활동

감리교

• 창시자 : 요한 웨슬러 목사(1703.6.9~1791.5.2)

영국 목사인 아버지의 19명의 형제 중 15째 아들 엄격한 신앙교육과 옥스퍼드대학 25세에 졸업. 25세 목사안수 받음, 메도디스트(methodist) 별명얻었다. = 이것은 규칙 쟁이 엄격주의자란 뜻. 여기서 바로 감리교회의 이름이 유래 되었다.

• 대표적 교리 : 인간의 자유 의지 중시 누구든지 주예수를 믿으면 구원을 받는다.

1739년 5월 12일 최초 교회 세움 12인으로 속을 두고 대표자 선임

지구를 15회 이상 돌만큼의 거리인 160만 마일을 말 타고 전도

141편 설교집 (42,400회 설교) 440여 책 저술

그가 소천 받을 무렵 12만5천명의 감리교 교인과 1,500명의 감리교 설교자도 세웠다.

이 부흥은 영국사회를 변화시키고 미국 복음화에 크게 영향

1791년 3월 2일 요한 웨슬러 목사 53년간 전도 사역을 마치고 88세에 소천

1885년 4월 5일 한국에는 미국 감리교 선교사 아펜젤러부부 인천 입국

1895년 10월 9일 한국최초의 감리교회 (정동제일교회)예배

인천내리 감리교회를 설립 본격적으로 시작

감리교의 조직은 감독(監督)을 중심으로 한 중앙집권적인 조직이다.

감독이 다스리는 교회라고 해서 감리교(監理敎)라고 부르게 된 것이다.

감리교의 감독은 총회에서 투표로 선출된다는 점이다.

의결기구로는 총회와 연회가 중심을 이룬다.

총회는 감독회장이 대표로 되어 있으며 감독을 선출하고 감리사, 목사, 전도사 등을 임명하고 교회전반을 다스린다.

연회는 감독이 대표로 되어 있으며 일년에 한 번 모여 목사를 안수하며 산하조직의 선교정책을 결정한다. 감리교의 핵심적 조직은 연회이다.

• 교회조직 : 목사, 장로, 권사(남.여) 집사

침례교

• 창시자 : 영국의 청교도에서 분리 T. 스미스 영국에서 1612년 침례교회 창설.

영국에 이어 미국에서도 크게 전파되어 현재 미국 최대의 교파를 이루고 있음

1889년 2월 18년 한국에는 캐나다의 펜위크 선교사가 입국

함경남도 원산에서 선교사업 시작 한국 순회 선교회를 설립과 성경학원 설립

1951년 대한기독교 침례회 연맹으로 명칭

1976년 기독교 한국 침례회로 명칭변경

1999년 침례교회 110주년 행사가 잠실올림픽 경기장에서 개최되었다.

침례라는의미는 죄를 물속에 장례하고 다시 태어난다는 의미

즉 침례는 구원 받은 사람이 받는 것이다.

구원 못 받은 사람이 침례를 받을 수는 없다.

그러기에 침례교에서는 유아세례를 주지 않는다.

왜냐하면 침례의식은 개인의 신앙적 고백이 있어야 하는데 유아들은 개인적인 신앙을 고백할 수가 없기 때문이다. 침례교는 죄를 회개하고, 예수 그리스도를 믿으며, 침례를 통해 신앙을 고백하는 것을 강조한다. 다른 교파들은 주로 물을 뿌리는 방법에 의해 세례를 주고 있는 것에 비해 침례교는 온몸을 물 속에 담그는 방법을 통해 세례를 주고 있다.(예수님의 요단강에서 요한으로부터 물로 세례 받음)

침례교 조직

- 교회의 직원(목사, 집사, 이사, 회계)
- 상임위원회(직원 및 교회에서 선출된 수명의 위원)
- 이들은 교인들이 승인한 것을 실행하는 것 외에는 아무런 권한이 없음.
- 교역자는 자기가 입교한 교회에서 선교사로서의 면허를 받는다. 교역자로 임명받기 원하는 사람은 자신이 속해 있는 평의회에 출두하여 자신의 신앙경험, 소명감, 특수한 교리에 대하여 심사를 받는다.

  이 평의회는 자매 교회에서 선출된 위원으로 구성된다. 개 교회들은 연합회를 조직하지만 이 조직은 친교 외에 아무런 권한이 없다. 이 연합회도 전국 연합회에 소속된다.
- 회중제도는 보다 민주적인 조직 형태라고 할 수 있다.

  회중제도 아래에서는 교회의 모든 문제가 회중 자신에 의해 다수결의 원칙에 의해 결정된다.

성결교

감리교 창시자 요한 웨슬러 신학적 배경아래 19세기

미국 성결운동 웨슬리안의 영향을 받아 19세기 말 성결 교회를 형성

1901년 2월	동양선교회소속 선교사(C. E 카우만과 E. A 킬보론)에 의해 세워진 교파
1907년	염곡(무교동)에서 동양 선교회 복음 전도관이 한국성결교회의 효시이다.
1911년	아현동에 성서학원(현재 서울신학대학의 전신)을 열면서 본격적인 목회자 양성과 선교시작 기독교 대한 성결 교회와 예수교 대한 성결 교회 교단에서 활동

성결 교회 조직

직원에는 목사, 장로, 전도사, 전도인, 집사가 있으며, 개 교회에는 목사와 장로로 구성된 당회, 직원으로 구성된 직원회, 온 교회의 신자로 구성된 사무총회가 있어서 교회의 문제를 의결하는데, 사무총회는 장로, 집사, 등의 선출, 경비의 예산 및 결산에 관한 일을 처리한다. 또한 일정한 구역별로 지방회가 있어서 구역 안 교회들의 문제와 전도 방법을 협의하며 매년 총회가 있어서 교회 전반에 관한 문제를 의결한다

천주교 (카톨릭)

교황청중심으로 전 세계에 분포

1784.9월 이승훈 서울 이벽의 집에서 이벽에게 세례를 주고 여기서 한국 천주교 시작

1788년 약 1.000명의 신자 수

1839년 3명의 프랑스 선교사 처형 신자 유진길. 정하상 순교

1846년 김대건 신부 순교

1865년 약 23.000 명의 신자와 16명의 선교사 계속된 박해 속에서도 부흥

1866년 대원군 집권 후 3년 동안 박해가 가장 심한 프랑스 선교사 12명중 9명 순교

이 사건으로 인해 프랑스 해군 병인양요 도발

천주교 탄압은 더욱 혹독 많은 신자 생매장 학살

약 100년 동안 이어진 박해. 신미양요 발생

2008년 약 500만

2009년 약 512만 명으로 1년 사이에 약 12만 명이 늘어남

이슬람교(회교도)

• 회교 : 중국식 발음   믿는 신자 : 모슬렘   전통 의상 : 부르카

• 창시자 : A.D. 610년 창시자 마호메트는 사우디아라비아의 메카에서 태어나 유일신인 알라의 계시를 받고 신의 사도로서 알라의 가르침을 전하는 예언자의사명을 깨닫게 된다.

• A.D. 630 : 마호메트 죽음

아랍의 거의 모든 지역이 이 종교를 통하여 연합됨

이슬람이란? 알라에게 절대복종을 뜻하는 아리비아어이다.

알라 : 아랍어로 신이라는 뜻

• 코란 : 마호메트에게 내려진 신의 가르침을 기록한 이슬람교 경건

코란에는 교리와 예배와 순례에 관한 규칙과 음주와 도박금지

돼지고기 먹는 것 금지 그 밖의 신자의 일상생활에 두루 걸쳐 기록

알라. 천사. 계시. 예언자. 숙명 등을 믿으며 신앙 고백과 하루 다섯 번의 예배를 드리고 그리고 단식과 희사(기부나 시주)를 하고 메카를 순례하며 일생에 한번은 참가해야 할 의무 이것을 6신 5행이라고 한다.

유대교

히브리인 이스라엘민족은 바벨론 포로 후 이 민족은 압박과 지배를 받는 가운데서도 세계최초로 일신교를 만들었다. 오직 여호와를 섬기고 스스로를 택함을 받은 백성으로 여기며 지금도 메시야를 기다리며 예수님을 인정하지 않고 구약성서와 모세의 율법과 탈무드(교육)에 의존한 유대인(이스라엘 국민)전 세계에서 가장 두각을 나타낸 민족 토요일을 안식일로(구약)지키며 이날은 모든 일을 멈추고 안식을 하며 계란무게이상의 물건도 들어서도 안 되며 겨드랑이에 땀이 나서도 안 된다. 철저한 신앙생활.

불교

• 창시자 : 석가모니.네팔 샤카족의 왕자(B.C. 563~B.C. 483)

인간에게는 태어나고, 슬프고, 늙고, 병들고 죽는 4가지를 알고 29세 때 이 고통과 슬픔에서 구해내려고 장차 왕이 될 지위를 버리고 왕궁을 빠져나와 부다가야 숲속에서 6년 동안 괴로운 수행 불타(깨닫는 사람)가 되는 석가모니는 인도 각 지방을 두루 다니며 "어떤 신분이든 부처님 앞에서는 평등하다. 누구나 욕심을 버리고 바른길로 나가면 깨달음을 얻고 모든 고통에서 벗어날 수 있다" 마침내 불교의 기원이 되어 오늘날 동남아시아에 널리 펴져있다.

부처님이란? 우리말로 깨달은이 진리에 눈 뜬이 라는 의미를 지니고 있다. 불교승인 → 우리나라 : 서기 372년 고구려, 서기 382년 백제, 서기 527 신라

유교

• 창시자 : 중국 공자(B.C. 551~B.C. 479)

최고의 덕을 인(仁)이라 정의는 극기복례 곧 자기 자신을 이기고 예에 따르는 삶이 곧 인(仁)이라는 것이다. 그 수양을 위해 부모와 연장자를 공손하게 모시는 효제의 실천을 가르침(삼강오륜) 기본 덕목 :나라에 충성하고 부모에 효도 조선이 건국 되면서 유교를 국교로 정하고 성균관과 서원설치 고구려 A.D. 372년 소수림왕 2년에 태학이라는 유교 교육기관 세운 고려시대에는 유교를 더욱 중시 현재 우리나라에 가장뿌리 깊이 펴져있다.

힌두교

인도의 종교이며 네팔과 인도네시에도 널리 펴짐. 경저는 '베다' 이다. 불교처럼 윤회사상과 선한 업을 쌓으려 노력하며 자신을 수양하라고 한다. 겐지스 강에서 몸을 씻으면 나쁜 기

운과 죄등을 씻고 정화시켜 준다고 믿음. 소 특히 흰 소를 숭배하며 소고기를 먹지 않는다.

힌두교의 명상법이 요가이며 전세계 널리 전해져 있다. 영화와 인터넷에서 유명해진 아바타 용어도힌두교에서 나왔다. 인도의 인구 81% 약 11억 6천만명이 믿으며 기독교는 약 2% 정도이다.

기독교는 사랑이다

기독교인들의 종교관

기독교는 세상에서 말하는 종교가 아닌 하나님의 사랑이요 영원히 함께 하실 하나님 아버지의 구원의 역사에 성도가 자녀로서 죽도록 충성하며 구령(救靈)을 목적으로 하는 사명자들의 회중이라 생각한다. 이제 기독교인은 교단 교리보다 더 크신 생명의 말씀과 예수님을 앞에 세워서 종교인과 인본주의가 아닌 신본주의 신앙인이 되어 참된 기독교(그리스도교)의 사랑을 전해야 할 때이다. 한 사람이 깊은 물에 빠져 거의 죽게 되어 허우적거리고 있었다. 이때 한 사람이 지나다가 그 사람을 보고 하는 말 "어서 물에서 나오게! 그 물에서 나와야살 수 있네" 그리고 지나가 버렸다. 이때 또 한사람이 지나가다가 이 광경을 목격하고 하는 말, 이 사람아 내가 물에 들어가지 말라고 이르지 않았는가? 라고 말하고는 그냥 지나쳐 버렸다. 이때 또 한 사람이 지나다 물에 빠진 그 사람을 보고 급히 뛰어 물에 빠진 사람을 구해 냈다.

그분이 바로 예수님이시다. 위의 이야기는 불교, 유교, 기독교의 교리를 잘 나타내 주고 있는 비유의 말씀이다. 불교와 유교는 자력종교(自力宗教)이다. 스스로 신의경지에 이르기 위해 수도를 하게 된다. 그러나 그 자리는 죽음의 자리이다. 사람은 결단코 스스로 구원을 이룰 수는 없다. 때문에 의로 구원을 이루고저 했던 바울은 스스로 구원에 이를 수 없음을 깨닫고 오호라 나는 곤고한 사람이로다 이사망의 몸에서 누가 나를 건져내랴(롬 7:24)하며 탄식을 하였다. 그러나 기독교 진리는 인간이 구원받기위해 하나님을 찾아가는 것이 아니라 하나님이 인간을 구원하기 위해 친히 우리가운데 오셨다. "기독교는 사랑이다"

예수님께서는 선한 사마리아인을 비유하시며 예수님의 사랑을 우리에게 깨닫게 한다(눅 10:30~36) 하나님은 죽을 수 밖에 없는 우리 인간을 불쌍히 여기셔서 친히 인간의 몸을 입고 우리 가운데 오셔서 우리의 죄를 담당하시고 구원해주셨다.

이 크고도 귀한 사실을 모르고 살아가고 있는 믿지 않는 자들에게 이 사실을 전하여 그들을 그 죽음의 문턱에서 건져내야 할 우리의 사명이요. 예수님의 마지막 부탁이며 명령이다.

너희는 가서 모든 족속으로 제자를 삼아 아버지와 아들과 성령의 이름으로 세례를 주고 내가 너희에게 분부한 모든 것을 가르쳐 지키게 하라 볼지어다 내가 세상 끝날까지 너희와 항상 함께 있으리라 하시니라(마 28:20).

하나님이 세상을 이처럼 사랑하사 독생자를 주셨으니 이는 저를 믿는자 마다 멸망치 않고 영생을 얻게 하려 하심이라(요 3:16).

기독교는 제사를 지내는 종교가 아니다. 성경 말씀은 제사는 귀신한테 하는 것이라고 분명 밝혀 주셨다.

너희는 자기를 위하여 우상을 만들지 말지니 목상(木像)이나 주상(柱狀)을 세우지 말며 너희 땅에 조각한 석상(石像)을 세우고 그에게 경배하지 말라(렙 26:1).

대저 이방인의 제사하는 것은 귀신에게 하는 것이요 하나님께 하는 것이 아니니 나는 너희가 귀신과 교제하는 자 되기를 원치 아니하노라(고전 10:20).

현재 기독교(크리스트교)를 제외한 이 땅의 모든 종교는 분명 하나님의 뜻과 말씀에 어긋나 있으며 그들 속에는 우상이 자리 잡고 있다. 우리 크리스천들은 이처럼 세상의 어떠한 유혹에도 빠지지 말고 우리를 구원하시고 피흘려 우리의 죄를 대속하신 예수님 손을 꼭 잡고 힘차게 저 천국 바라보며 전진하는 십자가 군병이 되자.

CHAPTER 102 우리나라 역사표와 예수님 탄생 전 세계주요역사

우리나라 역사 표	예수님 탄생 전 세계주요역사
B.C. 2333 단군왕검 고조선 건국 이스라엘 아브라함 B.C. 2166 출생	B.C. 3000 이집트 피라미드 건설 되기시작
B.C. 400 철기사용	B.C. 776~ A.D. 393년 4년마다 고대 올림픽
	A.D. 1896 고대 올림픽 1500년 후 근대 올림픽 시작
B.C. 300 해모수 부여 건국	B.C. 563 ~B.C. 438 석가모니 불교 창시자
B.C. 108 고조선 멸망(한 무제에 의해)	B.C. 551 ~479 공자 유교 창시자
B.C. 57 신라 건국(박혁 거세) 〈수도 : 경주〉	B.C. 490 페르시아 전쟁에서 승리 한 그리스 병사 승전보 전함 마라돈 42,195km
B.C. 37 고구려 건국(주몽) 주몽은 예수님보다 55년 앞서 태어남	B.C. 469 소크라테스 탄생
	B.C. 384 ~322 아리스토텔레스 그리스철학자, 알렉산더 대왕 스승
B.C. 18 백제 건국(온조)	B.C. 3세기중엽 성경 70인 역 완성
	B.C. 215 중국 만리장성 4,000km
A.D. 30 신라 유리왕〈예수님 시대〉	
A.D. 372 고구려 불교 승인	
A.D. 384 백제 불교 승인	
A.D. 527 신라 불교 승인	
A.D. 660 백제 신라에 의해 멸망	
A.D. 666 고구려 신라에 의해 멸망	
A.D. 936 고려 건국	
A.D. 1395 조선 건국	
A.D. 1885 미국 선교사 언더우드, 아펜젤러 인천입국	
A.D. 1905 을사조약	
A.D. 1910 국권피탈	

Holy

예수님은 아주 가까운 시대의 우리의 구세주이시다.

주몽보다 약 55년을 늦게 오신 우리 주님을 아주 먼 옛날 신화적인 인물로 생각하지 말고 이 역사 표를 비교하고 주님을 가까이 섬기며 주님의 복음을 온 천하에 전하는 사역자가 되고 이 시대에 태어나 예수님을 영접하게 하시고 우리를 인도하신 하나님께 감사와 영광을 올려 드리자.

CHAPTER 103

한국 기독교 연도별 역사

년도	내용
1653	하멜 일본으로 가던 중 표류 제주 감염에 압송
1866.9.	토마스 선교사 대동강에서 성경 가지고 들어오다 순교
1885.4.5	미국 장로교선교사 언더우드와 감리교선교사 아펜젤러 부부 인천에 입국
1885	알렌 선교사에 의해 광혜원 설립(제중원) 국립병원 세브란스 병원
1885.10	알렌선교사 집에서 외국인 12명이 한국 최초 성찬식 거행
1886.5	이화학당 여학교 설립
1886.7	배재학당개교
1886.7	노 춘경 국내에서 한국인 최초세례 받음
1887.10	아펜젤러 한국 최초 감리교회(정동제일교회에서 예배〈당시 : 사랑 방〉
1885.7	한국최초의 교회 황해도 장면에 세움 소래교회 한국인이 설립
1901.5	한국 최초의 목사안수(김 창식, 김 기범)
1902.6	아펜젤러 목포회의 참석자 여행 중 선박 충돌사고로 순교
1903.10	기독교 청년회 창설
1906	현 기독교 한국 침례회 교단 창립총회 교단 명 대한 기독교로 정함
1907.1	최초 부흥회 평양 장 대현 교회집회 블레어선교사가(고전 12:27) 말씀을 읽고 길선주 장로의 간증을 통해 회개의 역사가 일어남
1907.9	대한예수교 장로회 독노회 창설 선교사 33명 모임 평양 신학교 배출(한국최초의 목사 길선주 외 6인을 장립)
1908.3.1	한국인 목사 길선주 주례로 세례식거행
1908.10	구세군 한국본부 창설
1919.3.1	삼일 독립운동 전국 확산
1923.8	한국 Y.W.C.A 연합회 결성
1931.6	한국에서 최초의 여자 목사 안수(기감 여선교사들)
1938.2	주기철 목사 평양감옥에 구금됨
1942.4	기독교신문 발행(장로교, 감리교, 성결교, 구세군 합동기관지)
1943.9	일제 치하 주일 밤 예배, 삼일기도회 금지령

1945.8.15	일제 치하 대한민국 독립
1948.5	대한민국 국회 첫 개회를 기도로 시작함
1952.12.15	세계적전도자 빌리그래함 목사. 부산, 서울 전도 집회
1953.4	기독교 대한 하나님의 성회(순복음교회) 창립예배
1954.12.15	기독교 방송(CBS) 한국최초 민관방송개시
1956.12.23	극동방송 개국
1957.11	한국대학생 선교회(C.C.C) 창립
1958.91	국방부 군종 발족
1959.9	제44회 장로회총회 통합측과 합동측 분리
1988.12.10	국민일보 창간

한국교회의 열매

1885년	4월 5일 2명의 선교사를 하나님께서 이 땅에 보내면서 복음의 씨앗이 열매를 맺기 시작하여
1895년	기독교인 약 530명
1896년	기독교인 약 3.276명
1900년	기독교인 약 7.690멍
1907년	평양 장대현 교회의 회개의 역사를 시작으로 복음불이 붙어
1910년	세례교인 약 4만 명
1920년	세례교인 약 9만 명
1930년	세례교인 약 12만 명
2010년	현재 1,200만 성도와 약 5만의 교회 약 10만 명의 목회자와 세계 두번째로 많은 선교사를 파송 열방을 향해 땅 끝까지 복음을 전하는 복된 나라가 되었다.

Holy

신앙인과 불신앙인의 후손

미국 프리스톤대학 설립자요 보수 신학자 에드워즈 요나단 목사와, 뉴욕에서 살롱 술집을 경영하여 거부가 된 비 신앙인 마크스 슐츠의 5대후손들을 교육자료로 쓰기 위해 뉴욕시 교육위원회가 컴퓨터로 조사한 결과 요나단 에드워즈 목사의 후손은 896명인데 그 중 선교사, 목사가 116명, 교수, 교사, 학장, 총장이 86명인데 그 중에는 총장이 3명, 학장이 66명으로 그 총장 중에는 찬송가 246장(내 주는 나라와)를 쓴 예일 대학의 총장 티모티 드와이트 박사도 끼어 있다. 이 밖에 문학가, 문필가가75명, 상하의원이 4명, 부통령이 1명, 실업가 73명, 발명가 21명, 장로, 집사가 286명이나 되었다.

그런데 마크스 슐츠의 5대 후손들은 1.062명 이었는데 평균 교도소 생활 5년 정도한 사람이 96명, 정신병자, 알콜중독자 58명, 창녀 65명, 정부보조 극빈자 286명, 불학 무식한 자 460명, 사고로 연방정부 돈을 낭비한 금액이 무려 1억 5천만불이나 되었다.

하나님을 섬기는 나라, 사회, 가정이 복을 받는 이유를 이 통계는 잘 설명해 주고 있다. 애국하기 위하여도 하나님을 섬겨야 하고 경제와 문화에 기여하기 위하여도 하나님을 섬겨야 한다. 하나님을 섬기지 아니하면 마크스 슐츠와 같은 사람들이 많아질 것이요, 그런 사람들이 많아 지면 나라가 어찌 되겠는가?

하나님을 사랑하는 마음 없이 첨단 과학자가 되었다 하자. 그는 인류에게 유익한 일을 하기보다도 죄짓는 일을 더 많이 할 것이다. 우리 하나님의 자녀들이 세계의 앞에 서서 대통령 ,정치인, 교수 등등 경제, 사회, 문화, 체육 모든 분야에서 선두에 굳건히 서서 복음으로 이끌어 나갈 때 분명 이 땅에 주님의 참 평화가 찾아오리라 믿는다.

부록

칠전팔기의 인생

무일푼으로 시작하라(교회건축)

칠전팔기(七顚八起)의 인생

“이미 늦었습니다. 왜 이제 왔습니까? 앞으로 길어야 2개월 밖에 못 살 것 같으니 집에 가서 준비를 하십시오.”

저는 전라남도의 작은 섬, 흑산도의 심 리 라는 한 어촌마을에서 가난한 집안의 5남 1녀 중 넷째 아들로 태어났습니다. 17살 때 흑산도에서 중학교를 졸업한 후, 섬에는 고등학교가 없었기 때문에 육지나 도시로 나와서 학교를 다녀야 했습니다. 학생들 대부분은 섬에서 비교적 가까운 목포에 위치한 고등학교를 다녔습니다. 하지만 저는 혼자의 힘으로 독학하여 고등학교과정을 검정고시로 마치고 서울의 유수한 대학에 가겠다는 다소 허무맹랑하지만, 야무진 꿈을 안고 무작정 상경하였습니다.

목포에서 난생 처음 기차를 타고 새벽에 도착하여 서울역을 막 빠져나와 앞을 본 순간, 깜짝 놀랐습니다. 큰 산 같은 것이 눈앞을 떡하니 막고 서 있었기 때문입니다. 나중에 알고 보니 그것이 그 당시에 유명했던 대우빌딩이었습니다. 시골하고도 작은 섬에서 움막집과 초가집만 보며 살아왔던 터라 가슴이 뛰고 감탄사가 나왔습니다. 그 벅찬 마음을 안고 “야~ 이것이 말로만 듣던 서울이구나. 그래! 이곳에서 내 꿈을 펼쳐 보는 거야.”하고 다짐을 하였습니다. 1년 안에 검정고시에 합격하고 고향의 친구들보다 2년 먼저 대학에 합격하리라는 큰 포부를 갖고 고향선배가 운영하는 청량리에 위치한 신문 지사를 찾아갔습니다. 그곳에서 낮에는 공부하고 새벽에는 신문배달을 하며 서울생활을 시작하려 한 것입니다.

그러나 처음의 기대와는 다르게 그곳에서는 열심히 공부 할 수 있는 여건이 마련되지 않아 어쩔 수 없이 다른 분의 소개로 서울 면목동의 카센터로 옮겨 다시 취직을 했습니다. 다행히 그곳에선 낮엔 일함과 동시에 기술을 배우고, 밤엔 공부를 할 수 있는 여건이 되었습니다. 그렇게 하루하루 열심히 일하고 틈나는 대로 검정고시 공부도 하며 지내던 중, 어느 날부터 몸에 이상한 증세가 생겼습니다. 괜히 몸이 나른해지고 소화가 안 되며 배가 부풀어 오르는 증세였는데 그런 증세는 처음이었습니다. 두려운 마음에 여러 약을 먹어보아도 소용이 없고, 결국 일주일 동안 대변을 보지 못하는 상황이 되어 병원에 찾아 갔더니 빨리 뱃속에서 가스를 빼내는 수술을 하지 않으면 생명이 위험하다며 부모님 동의서를 필요로 했습니다. 그러나 부모님은 머나먼 흑산도 섬에 계셨고, 게다가 당시 아버님이 병석에 계신 중이라 어머님께서 병 수발을 하며 어렵게 지내시는 중이었습니다. 그래서 부모님께 알리는 것은 걱정에 걱정을 더하는 큰 불효라 생각되어 염려를 끼치기 싫었습니다. 수술할만한 큰돈도 없었으므로 죽든지 살든지 여러모로 수술을 할 수 없는 형편이었기 때문에 어떻게든 배의 가스를 자연적으로 빼내기 위한 무리한 행동을 시도하기로 했습니다. 그 방법으로 인근 약국에서 소화제와 가스 제거에 관한 약을 산 후, 몇 번에 나눠 먹어야 하는 많은 양을 한꺼번에 먹고 약기운에 취해 잠이 들었습니다. 그런데 신기하게도 새벽 즈음에 가스가 빠져나오며 불렀던 배가 차츰 가라앉기 시작하더니 놀랍게도 하루쯤 지나 정상이 되었습니다. 다행히 급한 불은 껐지만 새로운 문제가 또 시작되었습니다. 그동안 가스가 차고 배가 불러와서 소화가 안 되었기 때문에 일주일 동안 전혀 음식을 먹지 못했던 것입니다. 약해지고 영양이 부족해 몸에 저항력이 떨어져서 입맛도 없고 일이나 공부를 할 수 없는 무기력한 상태가 지속되었습니다. 이럴 바엔 차라리 고향에 내려가 조금 쉬었다가 올라오는 것이 낫겠다는 생각에 다시 흑산도로 내려갔습니다.

흑산도로 내려간 후에 특별히 아픈 곳은 없는 것 같은데도 몸은 점점 쇠약해져갔고 그렇게 건강을 잃어가며 하루하루를 지내다 보니 6개월이 지났습니다. 여러 가지 몸의 이상 증세 중에서도 특히 이상한 것은 걸음만 걸어도 숨이 차고 높은 계단은 올라갈 수조차 없었던 것입니다. 그런 와중에 아버지께서 돌아가셨습니다. 아버지께서는 돌아가시기 며칠 전에 빨리 병원에 가보라고, 너만은 죽으면 안 되고 꼭 살아서 성공하라고 당부를 하셨습니다.

장례식이 끝나고 며칠 후, 아버지의 부재에 대한 슬픔을 안은 채 어머님과 목포에 있는 큰 병원을 찾아갔습니다. 그 때 진찰의 결과는 한 마디로 "당신은 곧 죽게 됩니다."는 것이었습니다. 의사 선생님은 "젊은 사람이 몸이 이런 상태가 될 때까지 어디서 무엇을 하다 이제야 병원을 찾아왔나요…"라고 안타까워하시며 저에게 사형 선고를 내렸습니다.

그 말을 듣자마다 땅바닥에 주저앉았습니다. 절망스러움에 눈물을 흘리는 저와 어머님에게 의사선생님은 집에 거울도 없느냐며 몸을 한 번 살펴보라고 하셨습니다. 그때 제 몸은 뼈와 가죽만 남아 있는 꼴이었기 때문입니다.

원래 60kg이었던 몸이 17kg이나 빠져 43kg이 되어 있었고, 병명은 폐결핵이었습니다. 의사선생님은 양쪽 폐에 이미 결핵균이 다 퍼졌고 왼쪽 폐는 크게 두 군데나 구멍이 뚫어져 있어서 회생 불가능이라며, 보통 이런 환자는 잘 살아야 2개월 정도 살 수 있으니까 집에 돌아가서 맛있는 음식이나 더 먹고 편하게 죽을 준비를 하는 수밖에 없다고 했습니다. 당신이 수 십 년 동안 많은 폐결핵 환자를 보아왔는데 이런 상태의 환자는 다른 방법이 없고 약물치료를 해도 이미 늦어 살기 어려운 상황이라며 약조차 주지 않았습니다. 믿기지 않는 이야기에 제발 살려 달라고 아무리 애원해 봐도 소용이 없었지만, 안타까이 여기시며 고민하시던 선생님은 조금이라도 가능성이 있는 사람들이 가는 산속 입원병원이 있다는 이야기를 해주셨습니다. 물론 그곳에 가 본들 헛수고일거라는 얘기까지 하셨지만 울면서 애원하는 모습에 함께 눈물을 보이시던 의사선생님은 소용이 없다 해도 그곳을 한 번 찾아가 보라며 차트와 주소를 적어 주었습니다.

이러한 우여곡절 끝에 입원병원을 찾아가면서도 병을 고쳐야겠다는 생각보다 죽음의 길을 걸어 죽을 장소를 찾아 들어가는 느낌이었습니다. 그 곳은 산속에 띄엄띄엄 집들이 자리하고 있는 곳이었는데 그 집들이 바로 병실이었습니다.

그러나 입원병원에서 입원 담당하시는 분이 차트기록을 보시고는 죽으러 왜 여기까지 왔냐며 그냥 집으로 가시라고 입원을 받아주지 않았습니다. 본인이 그곳에서 일하는 동안 이와 같은 상태의 환자들 중에 살아나간 사람은 아직 본 적이 없다며 죽어도 집에서 죽어야 편하지 않겠냐는 것이었습니다. 그 분은 또한 공동묘지를 가리키며 보시라고, 다 이곳에 와서 죽은 자들의 무덤이라고 말했습니다. 하지만 포기할 수 없어서 그래도 여기까지 왔으니 며칠만이라도 입원 치료를 받고 가게 해달라며 사정사정 한 끝에 다행히 겨우 독방에 입원 할 수 있었습니다. 어머니께서는 이 모든 어려운 과정 끝에 독방에 눕게 된 아들을 보시며, 죽음의 골짜기 같은 곳에 홀로 놓고 가시며, 얼마나 가슴이 아프셨을까요? 아버지로 인한 눈물이 채 마르기도 전에 아들까지 죽어가는 모습을 보아야 하니 아마도 하늘이 무너지는 마음이었을 것입니다. 그렇게 눈물로 어머니를 보내고 입원병원에서의 삶이 시작되었습니다. 워낙에 안 좋은 상태였기에 그 곳의 의료진들은 침대에서 절대 움직이지 말고 그저 편히 누워 절대 안정을 취하라는 조치를 내렸습니다.

혼자 누워 시시각각 엄습해오는 죽음을 온몸으로 느끼며 하염없는 눈물을 흘리고 있을 때 방 안에서 한 마리의 파리가 자유롭게 날아다니는 것을 보았습니다. 순간, 진심으로 그 파리가 부러워서 '저 파리는 자유롭게 날아다니니 얼마나 행복할까.' 하고 생각했습니다. 그 때의 저는 파리보다 못한 존재였고, 하찮은 파리 목숨보다 못한 신세였기 때문입니다. 그런데 그 파리가 제 주위를 계속 날아다니며 "아저씨, 아직 젊으신데 힘내셔야죠. 아저씬 살 수 있어요."라고 말하는 것 같았고 그 순간 파리와 무언의 대화를 나누며 설명할 수 없는 위로를 얻었습니다. 그래서인지 그 후부터 오늘날까지 모기는 잡았어도 고의로 파리를 잡아 죽여본 적은 없는 것 같습니다.

그렇게 파리로부터 얻은 위로에도 감격하고 있을 때, 천사가 나타났습니다. 한 눈에 천사로 보이던 그 분이 하얀 가운에 환하게 웃으며 병실로 들어오시는데, 아직까지도 그런 아름다운 미소를 사람들로부터 다시 찾아보지 못했습니다.

그 분은 "안녕하세요. 저는 이 경우 씨를 담당하는 간호사 겸 복음사역자 누구입니다. 이제는 마음을 최대한 편하게 하시고 살 수 있다는 용기를 가지고 웃으세요."라고 말씀하신 후에 "예수님을 믿으세요? 교회는 다녀보았는지요?"라고 물으시기에 "예. 중학교 때 몇 번 다니고 서울에 있을 때 2~3번 다녔었어요."고 했더니 고개를 끄덕이시며 먼저 하나님께 같이 기도부터 하자고 저의 손을 잡은 후, 눈물을 흘리며 하나님께 기도를 하셨습니다.

"하나님. 이 어린 아들에게 은혜와 긍휼을 베풀어 주세요."

기도의 첫 마디를 듣는 순간, '아! 나를 살려 주실 분은 예수님 밖에 없구나.' 라고 생각되어 저도 모르게 울면서 "하나님 살려 주세요!"라고 외치며 애원을 하였습니다. 눈물의 기도가 끝난 후, 간호사님께서 "이제부터는 하나님이 지켜주시고 고쳐주시니까 죽음을 생각하며 울지 말고 이곳의 치료를 잘 받으세요. 누워서도 기도를 하고 절대안정을 취하며 오직 살 수 있다는 생각만 하세요."라고 말씀하셨습니다.

저는 희망을 느끼며 간호사님께 질문했습니다.

"여기 들어온 사람들은 다 죽어서 나갑니까?"

"아니에요. 때론 죽는 사람도 있지만 많은 사람들이 고침을 받고 나가니까 걱정하지 마세요."

저에겐 이 한 마디가 기적과 같았습니다. 간호사님은 당분간 목사님을 모시고 이 방에서 매일 예배를 드리자고 하더군요. 물에 빠져 허우적대다가 죽음이 임박해 올 때 지푸라기라도 잡는 심정으로 감사하며 결단했습니다. 그곳에서 하루하루 얼마나 간절히 예배를 드렸는지 그 때의 하나님을 향한 그 경외함은 굉장했습니다.

"하나님! 조금만이라도 더 살게 해 주세요. 살려주시면 열심히 하나님 일 하겠습니다."

매일 밤이 두려웠습니다. 아침에 눈을 뜨면 스스로 내가 살았나, 죽었나부터 확인을 했고 며칠 후면 여기서 쫓겨나 집으로 가게 될 것이라는 생각과 함께 삶의 끝일 거라 예견된 날짜가 점점 다가오는 것을 정말 두려워했습니다. 그러나 나쁜 생각과 어둠이 밀려올 때면 꼭 그 천사 간호사님이 오셔서 예배와 찬송과 기도로 함께해 주셨습니다.

얼마 후, 죽음만 생각하던 부정적인 마음에서 긍정적인 생각으로 서서히 변해가고, 하나님께서 도와주실 것 같은 희망이 생기자 몸과 마음에 믿을 수 없는 변화가 일어났습니다. 애당초 약속한 일주일이 지났는데도 퇴원하라는 이야기가 없고, 매일 건강 체크를 할 때마다 조금씩 좋아지고 있다며 담당 간호사님과 치료하시는 의사 선생님이 희망의 눈길을 보내주기 시작한 것입니다. 더 내려갈 곳 없이 떨어져 있던 몸무게도 일주일 사이에 3kg이 늘어나서 병이 치유되고 있다는 증거가 되었습니다. 믿을 수 없는 이러한 변화에 기쁨이 샘솟듯 하였고, 더욱 간절히 주님께 기도하며 매달렸습니다.

그렇게 한 달이 지난 어느 날, 병원 측에서 살 수 있다는 확신을 했는지 거처를 2인용 병실로 옮겨 주었습니다. 산속에서 새들이 울면 그 새들을 부러워했고 저 멀리 보이는 도로에 차가 지나가는 것이 보이면 내가 살아서 저런 차를 다시 타 볼 수 있을까 생각했었던 사람이었는데! 받아주지 않으셨던 병원 사무장님도 저의 좋아지는 모습에 기뻐하며 용기를 주셨습니다. 알고 보니 그곳에서 근무하고 봉사하는 분들은 모두가 크리스천이었습니다.

이후, 저는 하루하루가 다르게 회복이 빨랐습니다. 2개월이 되어 죽어야 할 날짜가 다가왔는데 오히려 거의 옛 모습으로 건강해졌습니다. 몸무게도 43kg에서 60kg으로 다시 17kg이나 늘어났으며, 산길을 걸어 다녀도 괜찮을 정도로 체력이 회복되어 처음에 갔던 목포 병원으로 다시 검진하러 갔습니다. 목포 병원에 들어서자 원장님은 깜짝 놀라셨습니다. 뼈만 있었던 제가 정상인보다도 더 통통해져서 나타났으니, 그것도 이미 죽었어야 할 사람이 살아서 걸어 들어왔으니 말입니다. X-RAY를 찍어 결과를 보며 원장님도 놀라고 저도 놀랄 수밖에 없었습니다. 폐는 아주 깨끗하게 치유되어 구멍이 뚫렸던 두 곳도 흔적만 조금 남아 있었습니다. 원장님은 이건 기적이고 하나님께서 치유하신 거라면서, 평생 이런 빠른 치유는 처음 봤다고 아주 기뻐하셨습니다. 그때의 심정은 지옥 불에 떨어져 있다가 올라와 살아난 기분! 하나님께 깊은 감사를 드렸습니다.

그 자리에서 기쁨과 감격의 눈물을 흘리며 원장님께 "그럼, 저 다시 살 수 있게 된 거죠?"라고 물었더니 "그럼요. 살구 말구요. 앞으로 6개월만 꾸준히 약을 더 먹고 3개월 후엔 다시 한 번 검사받으러 오시면 됩니다. 그럼, 이제 집에 가서 편안히 쉬세요."라고 답해주셨습니다. 믿겨지지 않는 이 기쁜 소식을 듣고 병원 문을 나설 때, 이 세상의 그 어떤 것도 부럽지 않았습니다. 하나님께서는 19살 어린 저에게 살아 역사하셨고, 죽었던 나사로를 살리셨던 것처럼 저를 살리셨습니다. 이 사건이 파란만장한 제 삶에서 고비마다 만났던 7번의 죽음의 문턱 중, 첫 번째 일이었습니다.

죽음 앞에 가서야 파리보다 못해질 수 있는 자신의 존재를 발견할 수 있었고, 그런 저를 사랑해주신 하나님 아버지의 위대하신 사랑을 깨달았던 것입니다.

하나님이 꿈속에서 도우심

하나님으로 인해 새 삶을 얻은 후 형님, 동생과 함께 생활하던 부산 집에서 일어난 일입니다. 형님 집에서 잠시 쉬고자 한 달 정도 지내고 있던 어느 날 밤, 삼형제가 나란히 잠을 자고 있었는데 산 높은 곳에서 갑자기 큰 돌이 굴러와 아래쪽에 있는 저를 덮치려는 것이었습니다. 순간 깜짝 놀라 피하면서 눈을 뜨고 깨어나 보니 꿈이었습니다. 그런데 정신을 차려도 온 몸이 움직여지지 않고 말도 안 나오며 모든 것이 마비가 된 상태여서 이게 뭘까, 이러다가 죽는 건가, 하고 생각했습니다. 다급한 마음에 옆에 계시는 형님을 부르려 하는데 말소리는 계속 안 나오고 게다가 형님 역시 움직이지를 못 하는 것 같았습니다. 잠시 후 살펴보니 동생 역시 똑같은 증세를 보였습니다. 새벽 4시, 이런 현상이 연탄가스 중독인 줄은 전혀 모르고 무슨 죽을병에 다 같이 걸린 줄 알았습니다. 본능적으로 어떻게 하든지 방을 벗어나 문 바깥으로 나가야 살 것 같다는 생각은 드는데 도저히 움직일 수가 없었습니다. 옆에 있는 형님과 동생도 조금 움직이다 쓰러지고 저 역시 온힘을 다했지만 3m 앞에 있는 문 까지 나아갈 수가 없었습니다. 그때 갑자기 큰 소리로 회개 기도가 나오며 살려 달라고 애원을 했으나 그 소리는 몸 바깥으로 나오지 못하고 그저 내 안에서 메아리만 쳤습니다.

그때 당시 이것이 연탄가스 중독인줄 알았으면 불안감이 덜했을 텐데 처음 겪는 상황에 알 수 없는 병에 걸려 그런 줄 알고 더 무서웠고 오직 마음속으로 기도하고 또 하며 "하나님 살려 주세요."라고 외쳤습니다.

아침이 되었는지 창문이 밝아오고 옆집 사람들 말소리가 들리고 창문 너머 앞집 할머니가 눈에 보이는데도 우리의 상황을 아무도 모르고, 다급히 불러도 듣지 못하는 심각한 상황이었습니다. 약 3시간이 흐르는 동안 3m 앞에 있는 문까지를 누구도 나가지 못하고 있다가, 동생이 겨우겨우 몸을 던져 문 바깥으로 떨어졌습니다. 그것을 지나가는 사람이 보고 발견되어 그때서야 사람들이 오고 119에 신고 되어 구조대원들이 왔습니다. 정신이 희미한 와중에 '연탄가스 중독' 이라는 소리가 들렸는데 우리 삼형제는 그때 까지도 말을 전혀 할 수가 없었으며 약 하루가 지나 차츰 차츰 회복이 되어 다행히 모두 큰 후유증 없이 살아날 수가 있었습니다. 그때 놀라운 꿈으로 잠에서 깼던 새벽 4시가 아닌, 조금만 늦게 깨어났더라면 삼형제가 다 죽는 사건이 발생했을 것입니다. 꿈속에서까지 역사하시는 하나님께서 살리셨습니다. 80년대 초는 도시가스 시설보다 연탄에 의존하는 시대였기 때문에 연탄가스 중독사고로 많은 인명피해가 발생할 때였습니다.

높은 낭떠러지에서 떨어져 죽을 뻔한 사건

인생에서 죽음을 맛본 세 번째 사건은 0.1초만 정신을 잃었어도 죽음의 골짜기로 떨어졌을 사건입니다.

군복무 하던 시절의 그 날. 군부대 내에서 비상이 걸렸었습니다. 급파된 군 헬기가 광주 국군 통합병원으로 저를 싣고 가기 위해 대기중이였고 부대 내 병사들은 사태를 수습하기 위해 이리 뛰고 저리 뛰고 하였습니다.

사건은 부대 내의 길포장 공사 현장에서 벌어졌습니다. 특수 제작한 큰 리어카에 시멘드 8포대를 싣고 8명의 병사와 함께 가파른 비탈길을 내려오고 있었습니다. 저는 손잡이 안으로 들어가 앞에서 끌고 뒤에서는 7명의 병사가 앞으로 쏠리지 않게끔 잡고 버티며 천천히 내려오던 중, 무겁지 않다는 생각에 혼자 끌고 갈 테니까 놓아도 괜찮다고 말했습니다. 그 말을 들은 병사들이 리어카를 놓는 순간 무거운 하중으로 인해 리어카가 쏜살같이 비탈길을 내려가기 시작하였습니다. 그 길의 끝은 3층 아파트 뒤 절벽 낭떠러지였으므로 급커브 하여 리어카를 돌리지 못하면 절벽 밑으로 떨어져 죽게 될 상황이었습니다.

하나님! 하나님! 몇 초도 안 걸린 것 같은 짧은 시간동안 60m 길을 끌려 내려갔는데 눈앞은 양쪽 다 낭떠러지 경사길이였으며 어떻게 할 방법도 없었고 정신을 잃으면 바로 죽게 될 절박한 순간! 절벽 바로 앞에 까지 와서 하나님을 크게 외치며 온 힘을 다해 리어카를 눌러 커브를 돌렸습니다. 그러자 리어카에 깔린 채 약 20m 거리를 끌려 내려오게 되었고 리어카는 낭떠러지 1m 앞에서 멈춰 섰습니다. 땅에 끌린 온몸은 피로 범벅이 되었고 시멘트와 리어카를 들어낸 후 보니 군복과 군화가 갈기갈기 찢기어 걸레가 되어 있었습니다. 흙이 아닌 시멘트 바닥에 끌렸기 때문에 그 마찰로 인하여 양쪽 다리는 무릎 뼈가 보일 만큼 벗겨져 있었는데 오른쪽 다리는 허벅지부터 발목까지 살이 떨어져 나갔고 양쪽 손바닥 또한 완전히 겉가죽이 벗겨져서 고통은 이루 말할 수 없었습니다. 위생병이 급히 옷을 가위로 잘라내고 큰 통에 있는 소독약을 머리에다 부으니 온 몸이 지글지글 부글부글! '이것이 지옥이구나! 현실이 아니고 꿈이길! 하나님! 하나님! 제발 이것이 꿈이었으면..' 하며 엄청난 고통에 기절을 했습니다. 나중에 들어보니 부대 내에 있는 비상구급약 모르핀 주사가 전액 투여되고 의식 없이 쓰러져 있으면서도 계속 하나님만 외쳤다고 합니다. 비탈길에서 하나님을 찾지 않았다면 어떻게 되었을까요?

그때는 교회에 나가지도 않고 예배를 드린 지도 오래되었고 하나님을 잊고 살던 때였습니다. 폐결핵에서 치유 된 후 약 1년쯤 교회에 다녔었지만 그 후 사고가 났던 이 날까지 약 2년 동안을 안 다녔습니다. 하나님께서 19살 때 죽게 된 저를 살려 주셨음에도 시일이 지나 다시 얻은 새 삶에 적응되니 하나님 아버지의 은혜를 잊어버리고 세상에 젖어 살아갔던 것입니다. 그런 저를 또 기적적으로 살리시며 하나님의 살아계심을 보여주셨습니다. 그 상황은 과학적이나 수학적으로 계산해보면 낭떠러지로 떨어질 수밖에 없는 사고였는데 어떻게 무슨 힘으로 커브를 돌릴 수 있었을까? 부대 내에서도 너는 하나님께서 살리셨다고 누구나 말 할 정도로 기적적인 큰 사건이었습니다. 그 후 치료과정의 고통은 이루 말 할 수 없었습니다. 날마다 회개를 하였고 그 사고의 후유증은 지금까지 이어져 오고 있습니다.

우리 속담에 호랑이한테 물려가도 정신만 차리면 산다는 것처럼, 정신을 잃지 않고 하나님을 불렀을 때 죽음 문턱에서 구해 주신 하나님을 만난 것입니다.

험한 바다 파도 속에서

네 번째 사건은 흑산도에서 전복 사업을 할 때 일어난 일입니다.

바다에서 운항 중, 큰 파도 속으로 배가 끌려들어갔습니다. 그 파도는 산더미 같은 엄청난 파도였는데 배 운전에 경험이 없던 제가 운전을 하고 있어서 함께 있던 제주 해녀 두 사람은 다 같이 죽게 된 거라 생각하고 울고 있었습니다. 옛날부터 그 곳, 그 지점에서 많은 배가 침몰하여 많은 사람들이 죽었답니다. 그 파도는 갑자기 발생하기 때문에 경험이 있는 분들은 그 파도가 보이면 그 속으로 들어가지 않고 피해 뱃머리를 돌려 되돌아온답니다.

세상에 얼마나 큰 파도인지 배가 일자로 서게 되었습니다. 영화에서 그런 장면을 본 기억이 납니다. 바다에서 물과 수평이 되어야 하는 배가 파도를 타고 넘을 때 일자로 서는 광경을 상상해 보세요. 그런 파도를 정면으로 뚫으면 배를 덮쳐 침몰되기 때문에 비스듬히 배 앞을 돌려서 겨우겨우 파도를 타고 큰 바다로 나가는 사투를 약 30분 정도 벌였습니다. 엔진이 꺼진다든지 키가 부러지면 바로 파선되어 죽게 되는 아주 급박한 상황이었고, 평소에는 1분이면 건너올 곳을 계속 맴돌며 아마도 하나님을 수 백 번 외쳤을 것입니다.

그 험한 파도를 헤쳐 나와 마을 포구로 들어오니 마을 분들이 야단들이었습니다. 그런 상황에서는 배가 전복되어 살아나기 힘들다며 어떻게 살아왔냐고, 신기하다고! 해녀 두 사람은 반 기절을 할 정도였지만 저는 감사로 눈물이 흘렀습니다. 하나님 감사합니다. 쓰나미 보다 더 크게 보였던 파도 속에서 하나님은 저와 함께 하셨습니다. 이 모양 저 모양으로 계속 역사하심을 보여 주시는 주님. 송구스럽게도 그때 역시 교회와 하나님께 또 무관심 할 때였습니다.

바다에 큰 놀이 일어나 물결이 배에 덮이게 되었으되 예수는 주무시는지라 그 제자들이 나아와 깨우며 가로되 주여 구원 하소서 우리가 죽겠나이다(마 8:24~25)

하나님 또다시 꿈속에서 역사하심

다섯 번째 사건은 불에서 살려주신 사건입니다.

결혼한 아내와 우여곡절 끝에 서울에서 큰 아이를 낳고 부천으로 이사를 한 후 처음 맞은 추운 겨울이었습니다. 그 집은 비닐하우스에 덮개를 씌워 겨우 두 칸 방을 만들어 놓은 공간이었는데 병원 관리인이 쓰던 집이었습니다. 그것도 우리의 형편으로는 감사하였지만 너무 추워 한살도 안 된 아이의 얼굴은 항상 붉게 부어 있었고 나무로 만든 침대에서 잠을 자느라 한기를 이겨내지 못해서 침대 아랫부분에 전기난로를 켠 상태로 잠이 들었습니다. 그런데 10년 전 부산에서 봤던 똑같은 산에서 돌이 다시 굴러내려 오는 것이었습니다. 깜짝 놀라 눈을 뜨자 눈앞에 보이는 것은 이불에서 솟아나는 연기였습니다. 전기난로의 과열로 이불 겉홑창에 불이 붙어 타고 있었던 것입니다!!

몇 초만 늦었어도 두꺼운 캐시미어 이불이 다 타서 우리 가족은 화염 속에 죽었을 것입니다. 그 집 구조는 벽과 천장, 칸막이가 모두 나무와 스티로폼으로 만들어졌기 때문에 불이 나면 순식간에 타버리는 집이었습니다. 주님은 일촉즉발 상황에 다시 돌을 굴려 저를 잠에서 깨워 우리 가족을 살리셨습니다. 죽음이 임박한 상황 속에 눈동자 같이 지켜 주신 우리 하나님께 큰 감사를 드립니다.

여호와께서 그들 황무지에서 짐승의 부르짖는 광야에서 만나시고 호위(護衛)하시며 보호하시며 자기 눈동자 같이 지키셨도다(신 32:10).

목에 감긴 줄을 자르신 하나님

여섯 번째 사건은 힘든 나날 속에 자살을 시도하며 벌어진 사건입니다.

나날이 빚이 늘어만 가던 어느 날, 그날도 빚 독촉 때문에 괴로워하며 내 주(酒)를 가까이 하던 밤이었습니다. 그 땐 하루라도 술이 없으면 못 살 정도로 타락의 늪 속으로 빠져 들어가고 있었습니다. 교회에 나가 예배드리지 않은 채 수년이 흘렀고 삶의 많은 어려움을 혼자 해결하고자 했지, 여러 번 살려주고 이끌어 주셨던 주님을 까맣게 잊은 채 살아가고 있었습니다.

어김없이 술에 취해 집으로 오던 중 '나에게 무슨 소망이 있나. 이렇게 살아 갈 바에는 죽는 것이 낫지!' 하며 주변을 둘러보니 집 근처 아래 상가 처마에 두꺼운 줄이 걸려 있는 것이 보였습니다. 천천히 다가가 쓰레기통을 밟고 올라가서는 처마의 줄에 목을 걸고 쓰레기통을 발로 차는 순간! 몸이 대롱대롱 매달리며 목이 조여 오기 시작하였습니다.

'아! 이렇게 죽는구나!' 마지막 암모니아 가스가 코를 통해서 올라오고 거의 숨이 끊어질 때에 저 멀리서 아내가 달려오는 것이 보였습니다. 아내는 새벽 2시까지 기다려도 제가 집에 들어오지 않아 바깥에 나와 보니 그런 모습으로 처마 밑에서 죽어가고 있었던 것입니다. 아내가 급히 달려 왔지만 그 때는 어떻게 할 수가 없었고 이미 늦은 상황이었습니다, 저 스스로의 느낌에도 마지막 숨이 끊긴 것 같은 순간이었습니다. 그때 "툭" 소리와 함께 밧줄이 머리 위에서 끊어지면서 땅바닥으로 떨어졌습니다. 한참 뒤 정신을 차리고 눈앞에 어른거리는 아내에게 한 말이 "나 살아 있어…"였고, 아내는 "그래요, 살았어요."라고 대답한 후 우리 부부는 부둥켜안고 울고 또 울었습니다. '하나님이 나를 또 살리셨구나!'

다음 날 목 부위를 살펴보았으나 어디 한군데도 피멍 든 곳 없이 아주 깨끗하였으며 사건 장소에서 끊어진 줄을 다시 보았는데 그 줄은 칼이 아니면 사람의 힘으로 끊을 수 없는 단단한 줄이었습니다. 하나님께서 그 줄을 잘라 주셨던 것입니다. 이렇게 또 저를 살리셨지만 여전히 교회에 나갈 생각은 안하고 세상 속에서 헤매고 있었습니다. 아내는 그 당시 미용실을 운영하고 있었습니다.

영 분리 현상을 통해 교회를 찾게 하신 하나님

일곱 번째 사건은 과로로 쓰러져 영 분리 현상을 겪은 일입니다.

아내의 미용실 운영도 힘이 들어 더 이상 유지할 수 없어서 처분하고 부천 남부 역 쪽으로 이사를 하게 되었습니다. 그 후 새로운 사업계약 사안으로 인해 정서가 몹시 예민해져서 1주일 정도 식사도 제대로 못하고 애를 태우고 있을 때, 서울에 사는 동생 집에서 사업 이야기를 하던 도중! 손 쓸 틈 없이 푹 쓰러졌습니다. 순간 머리가 터질 것 같았고 눈앞이 캄캄해지면서 어둠속으로 빠져 들어 갔습니다. '아! 이렇게 죽는 구나!' 나중에 알고 보니 바로 이

것이 과로로 인해 과로사가 되는 과정이었습니다.

급히 동생은 119에 신고를 하고 응급조치를 취했는데 119대원들이 왔을 때 이미 저는 제 정신이 아닌 딴 사람이었으며 그들이 하는 말이 귀에 들리는데 이 사람은 미쳤다 정신 이상자가 된 것 같다며 무슨 질문을 하는 듯 했습니다.

내 입에선 똑같은 말만 계속해서 되풀이되는데도 자신이 제어가 안 되었는데 그때 입에서 나오던 말이 하나님! 하나님! 하나님! 이었습니다. 동생 말에 의하면 119대원들이 저를 개봉동에서 영등포 성심병원 응급실로 실고 가는 동안 응급차 안에서도 끝까지 살려 달라는 소리는 없이 하나님! 하나님! 만 불렀다고 합니다. 하나님 세 글자만 수 백 번을!!! 병원에 가서도 마찬가지로 하나님만 부르며 진정제 주사를 맞고 약물 치료를 받았는데 자신이 아닌 다른 사람이 몸 안에 있는 것 같았고 제 정신이 아니었습니다. 아침에 주치의에게서 들은 병명결과는 과로로 인해 정신적인 이상이 생겼다는 것이었습니다. 정신병원으로 가서 진찰을 받으라는 소견서를 받아 병원을 옮겨 정신과에서 진찰을 받고, 일단 1주일 동안 약을 먹으며 집에서 안정을 취해보기로 했습니다. 이후에도 이런 증세가 계속되면 정신병원에 입원을 하여야 한다는 것이었습니다.

그때부터 불면증과 함께 음식도 제대로 먹지 못하고 불안감에 휩싸였습니다. 특히 결혼식 날짜를 10일 남겨 놓은 상태여서 더욱 걱정이 컸습니다. 그때까지 결혼식을 못하였기 때문에 뒤 늦게나마 결혼식을 하고자 모든 준비를 하고 있는 상황에 쓰러진 것입니다.

하루하루 그렇게 어려운 상황인데도 기도 할 생각은 않고 하나님을 찾을 생각도 않던 그 때 나이가 36살… 교회에 가서 예배를 드리던 기억이 10년 전에 머물러 있었습니다.

러 상황 속에서 기적과 같이 생명을 건져주셨는데도 교회에 다닐 생각은 않고 오직 자신의 생각과 계획으로 삶의 문제를 해결하려 하다가 쓰러졌으면서도 여전히 하나님을 찾지 않고 불안과 불면증에 시달리며 한 주가 지나갔습니다. 병원에서 이야기한 재검진 날이 다가왔는데도 몸은 더 나빠졌지 호전이 전혀 없기에 정신병원에 입원을 하게 되는 것이 아닌가 싶어 마음이 심히 괴로웠습니다. 고뇌 속에서 새벽까지 삼을 못 사고 잎드려 두 손을 꽉 쥐고 있었는데 왠지 이상한 느낌과 함께 손이 얼음처럼 차디찬 죽은 자의 손처럼 되었습니다. 순간 아버지께서 돌아 가셨을 때 만졌던 손이 떠올라 죽는가보다 하며 몸을 쳐다보는데, 평생 잊지 못할 놀라운 일이 벌어졌습니다. 다리가 저 아래 있고 저는 쭉 빠져서 키가 1.5배 정도 커져있었습니다. 육체에서 영이 빠져 나오는 현상이라 생각되었는데 완전히 이탈된 것은 아니고 상체 부분만 빠져 나오고 있는 느낌! 그제야 하나님 생각이 났습니다. 하나님 이외엔 어떤 것도 소용없다 생각되어 집을 뛰쳐나와 교회를 향하여 달렸습니다. 그런데 이 몸이 영인지 육인지 무슨 의식이 있는 것이 아니었으며 쓰러진 후 일주일 동안 하루에 1시간 이상을 자지 못했기 때문에 붕 떠서 이동하는 것 같았습니다. 부천 제일 감리 교회로 달려가는 도중에 성경책을 들고 새벽 예배 가시는 할머니의 모습과 술에 취해 비틀거리는 남자들의 모습이 함께 보였습니다. 할머니 모습이 옳다는 것을 깨달았지만 비틀거리는 모습은 얼마 전 내 모습 그대로였습니다. 어떻게 찾아갔는지 교회에 도착하니 그 때 시각이 새벽 4시쯤이어서 새벽 예배를 위해 중예배실 문을 막 열고 있었습니다. 저는 예배실로 달려 들어가 부르짖고 외쳤습니다.

"하나님 잘못했습니다. 용서해주시고 한 번 만 살려주시면 이제 교회 청소라도 하며 하나님 일 하겠습니다. 조금이라도 한 다음에 데려가 주시면 안 될까요?"

얼마나 애원을 하였겠습니까? 그런데 그 때부터 사진이 한 컷 씩 눈앞에 보여 지는데 그동안 지은 죄들이었습니다. 아주 어렸을 때부터 지었던 죄가 선명히 보이며 지나가는데 약 수십 컷 이상이 되는 것 같았습니다. "하나님, 잘못했습니다..." 그 사진에 찍혀있는 모습들 중 모르는 죄가 하나도 없었고 다 기억나는 죄들이어서 계속 회개하였습니다. 시간이 얼마쯤 지났을까, 전과 같이 실존하는 자신의 존재가 느껴져서 살았나, 죽었나, 스스로 꼬집어보는데 감각이 살아있는 것 같았습니다. 그때 앞에서 고운 천사의 목소리가 들려와 귀를 기울이니 감사하게도 저를 위하여 기도하는 것 같았습니다. 정신을 차리고 눈을 떠 보니 앞에는 사람이 없었고 뒤에서 할머니 한분이 저를 위하여 기도하시고 계셨습니다. 저는 분명히 살아서 온몸이 땀으로 범벅이 되어 있고 콧물과 눈물로 온 옷이 젖어 있었습니다. 얍복강가에서 야곱이 목숨 걸고 하나님의 사자와 씨름했던 것과 같이 사투를 벌였던 것입니다.

"할머니! 할머니! 저 살아 있어요?"

"그래요, 젊은이. 도대체 무슨 일이 있었기에 그래요?"

제가 얼마나 부르짖는지 새벽 예배 말씀을 들을 수가 없을 정도였다고 했습니다. 저는 아무런 의식이 없는 상태에서 오직 하나님과의 씨름을 하며 죽느냐, 사느냐 하는 상황이었으니 주변을 의식할 정신이 없었겠지요. 할머니께서는 도저히 저를 혼자 두고 갈 수가 없으셔서 기도해주고 계셨다는데 그때 시각이 7시였습니다. 5분도 기도를 안 했던 제가, 11년 만에 교회를 와서 3시간 동안 회개기도를 하였던 것입니다.

교회 문을 열고 나와 세상을 보니 살아있다는 생각에 기쁨과 환희가 몰려왔습니다. 모든 것이 천국 같았고 빚이 많네, 병이 들었네, 이런 말들은 죽음 앞에서 행복한 푸념이란 것을 깨닫고는 살아있다는 것 자체가 감사했습니다. 아팠던 증세가 사라져 기쁘게 집에 돌아오는 길에 시장을 거쳐 지나오는데 먹고 살려고 장사하는 수많은 사람들이 안타까워 보이고 고기와 채소와 길에 있는 나무들 등 모든 것이 아름다워 보였습니다. 더욱 하나님께 감사드리고 잘 기억도 나지 않는 십계명을 외워가며 계속 회개하는 마음으로 걷는데 약 1km이상 떨어져 있던 집과 교회의 거리를 붕 떠서 몇 초안에 이동하는 느낌이었습니다. 이렇게 말로 다 설명 할 수 없는 경험 후에 정신병이 치료되었고 삶의 변화가 일어났습니다. 결혼식을 무사히 마친 뒤, 집사님 부부의 도움으로 1996년 6월에 부천에서 인천 연수구로 열두 번째 이사를 할 수 있었습니다. 그리고 하나님께서 인도하신 큰믿음교회로 예배를 드리기 위하여 들어가는데 완전히 탕자가 아버지 집에 들어가는 모습이었습니다.

> 이 내 아들은 죽었다가 다시 살아났으며 내가 잃었다가 다시 얻었노라 하니 저희가 즐거워 하더라(눅 15:24).

기쁨이 얼마나 크고 마음에 평안이 오는지! 모든 성도가 친 형제보다도 더 따뜻하게 맞아주는 감격 속에 이제야 세상에서 보낸 그 많은 시간을 뒤로하고 주님 품으로 돌아왔구나 싶었습니다. 그 동안 7번 이상을 살려주신 하나님의 은혜를 저버리고 살았던 저를 우리 하나님 아버지께서는 기억하시고 인도하시어 새로이 세우셨습니다. 새 마음으로 오직 주님만 의지하니 삶에 변화가 오고 예배시간이 기다려지며 은혜가 충만했습니다. 변화된 삶 속에서 과부 두 렙돈과 같은 헌금을 하나님께 드렸더니 드린 액수의 100배의 물질을 축복하사 셀 수 없이 많던 모든 빚을 한 번에 다 갚을 수 있게 하셨습니다.

하나님이 부어주신 기적과 같은 축복 스토리는 이것입니다. 당시 교회가 새로 신축하였기 때문에 여러 가지 성물이 필요할 때였습니다. 우리 부부는 당장 쌀 살 돈이 없는 상황인데도 오른손이 하는 것을 왼손이 모르게 은밀히 성물을 하였는데 그 돈은 몇 년 동안 아내가 남볼래 만들어 놓았던 청약통장이었습니다. 지금부터 13년 전이니까 청약통장이 귀한 때였고, 그때까지만 해도 사채와 빚이 수 천 만원이었습니다. 지금으로 계산하면 수 억 원이 되겠지요. 그 와중에 청약통장을 해약하여 드렸습니다. 그리고 새벽기도를 하루도 안 빠지고 6개월 동안 드렸습니다. 그랬더니 이삭이 농사의 수확으로 100배의 복을 받았듯이 하나님의 역사는 그 드린 액수의 100배로 드러났습니다. 당시 저는 아파트 실내 인테리어 사업을 할 때였는데 제 힘으로는 도저히 이룰 수 없는 일들을 이루게 하신 것입니다.

주 앞으로 돌아오게 하기 위하여 마지막 죽음의 모습, 영이 빠져나오는 모습까지 보게 하시며 회개시키고 일꾼으로 부르신 수님! 삼사합니나!

> 내가 너에게 복을 주기 위하여 너를 떠나지 아니하리라 하는 영영한 언약을 너에게 세우고 나를 경외함을 너의 마음에 두어 나를 떠나지 않게 하고 내가 기쁨으로 너에게 복을 주되 정녕히 나의 마음과 정신을 다하여 너를 이 땅에 심으리라(렘 32:40~41).

은혜를 경험한 후 세상 모든 것을 하나 둘씩 끊으며 열심히 신앙생활을 하던 중 교회를 옮겨야 할 일이 생겼습니다. 목사님의 온 가족이 하나님의 뜻에 따라 온 세계를 다니며 간증과 찬양으로 사역을 하게 되어 새로운 목자를 찾아 가야하는 상황이 된 것입니다. 그래서 집과 가까운 곳에 위치한 큰빛감리교회에 새로이 인도되어 예배를 드리게 되었고 수많은 역사

하심을 보여주신 하나님의 사랑 안에서 교회 건축위원장을 맡아 놀라운 은혜 가운데 건축 사업을 시작하였습니다. 시작부터 마무리까지 약 3년간 개인의 모든 사업을 다 포기하고 여행 한 번 안 가며 하루도 빠짐없이 새벽부터 밤늦게까지 건축을 관리감독 하였더니 주님의 인도하심대로 이루 말할 수 없는 수많은 은혜의 역사 안에서 연면적 약 1500평의 지하포함 6층 건물의 예배당을 준공하였습니다. 감사한 것은 공사금액도 약 15억 정도 절감 할 수 있었으며 건축하는 기간 중에도 부흥되는 역사가 있었습니다. 이와 같은 은혜와 사랑의 현장 속에 2008년 7월 16일에 입당 예배를 드릴수가 있었습니다.

이후 하나님의 인도하심과 성령님의 역사하심이 교회에 임하였습니다. 아마 우리나라에서 제일 먼저 시작하였을 365일 매일 밤 8시 기도회가 지금도 진행 중입니다. 성령의 뜨거운 역사와 은혜 안에서 세상의 많은 영혼들을 향하여 힘차게 나아가고 있는 교회입니다.

죄인을 써 주심에 하나님께 감사드리며 이 땅에서 호흡이 있고 생명이 있는 한 죽도록 충성하는, 쓰임 받는 일꾼이 되고자 늘 기도하며 나아가고 있습니다.

한 달 봉사로 영원한 생명을 얻었습니다. 할렐루야!!!

왜? 주님은 수많은 환란과 역경 속에서 저를 건져내시고 지켜주시고 목숨까지 살려 주셨을까? 그동안 하나님 아버지께 수많은 은혜와 사랑만 받아왔지 해드린 것이 없었는데!

그런데 딱 한 가지 기억나는 것이 있었습니다. 17살 봄, 서울에 올라오기 직전에 저를 전도했던 친구와 현재 의정부에서 목회하시는 이강유 목사님(당시는 집사님이셨습니다.), 이 세 사람이 고향 마을의 신축교회 기초공사를 위해 약 한 달 가까이 열심히 일하였었습니다.

그곳에 흑산도 심리교회가 세워져 88세이신 저의 어머님께서 지금도 기도하고 예배드리는 교회가 되었습니다. 그때의 저를 기억하시고 지금까지 함께 하시며 세상의 불구덩이에서 건져내어주시고 때에 따라 도우시고 인도해주신 하나님께 감사와 영광을 올려드립니다.

이처럼 한 달 봉사로 영원한 생명을 얻었습니다. 할렐루야!!!!

여호와여 주께서 나를 감찰하시고 아셨나이다
주께서 나의 앉고 일어섬을 아시며 멀리서도 나의 생각을 통촉 하시오며
나의 길과 눕는 것을 감찰하시며 나의 모든 행위를 익히 아시오니
여호와여 내 혀의 말을 알지 못하시는 것이 하나도 없으시니이다
주께서 나의 전후를 두르시며 내게 안수 하셨나이다
이 지식이 내게 너무 기이하니 높아서 내가 능히 미치지 못하나이다
내가 주의 신을 떠나 어디로 가며 주의 앞에서 어디로 피하리이까
내가 하늘에 올라 갈지라도 거기 계시며 음부에 내 자리를 펼지라도 거기 계시니이다
내가 새벽 날개를 치며 바다 끝에 가서 거할지라도 곧 거기서도 주의 손이 나를 인도하시며

주의 오른손이 나를 붙드시리이다(시 139:1~10).

체험간증

천사의 현현(顯現)

부동산(공인중개사)사업을 하고 있을 때의 일입니다. 사무실에 들어오시는 손님들에게는 복음을 전하며 성령 충만한 삶속에서 은혜가 넘치는 일상이었습니다.

길거리에 위치한 사무실이다 보니 하루 한 분 이상은 꼭 물건을 팔러 오시거나 도움을 요청하러 오시곤 했습니다. 그때마다 그들의 물건을 팔아주던지 적지만 돈을 조금 드리곤 했으며 복음을 전하는 일 또한 빠뜨리지 않았습니다. 그러던 어느 날 정오쯤으로 기억됩니다. 30대 중반쯤으로 보이며 다리가 약간 불편한 젊은 남자분이 무슨 물건을 등에 매고 들어오셔서 구매를 요청하시기에 물건을 사지는 않고 돈을 조금 드렸습니다. 그런데 왠지 들어 올 때부터 풍기는 느낌이 남달랐으며 얼굴에 일반인과 같은 어두움이 없고 무엇인가 환히 밝아 보였습니다. 항상 그랬듯 “예수님 믿으세요?” 하고 물었더니 “예, 믿습니다.”하며 돈을 받아 바로 나가시는 것이었습니다. 순간 그 분의 남다름이 너무 컸기에 곧바로 뒤따라 나갔습니다. 그러나 불과 5초 사이에 어디론가 사라진 것입니다. 사무실 옆으로 가게 두 곳이 붙어 있을 뿐, 주변이 한눈에 다 보이는 곳이었는데 말입니다. 순간 ‘아! 이 분은 천사시구나!’ 라는 느낌이 들었습니다. 옆 가게와 주변을 샅샅이 다 찾고 기다려도 그 분은 다시 보이지 않았습니다. 그 분이 천사라는 확신과 주님께 감사 기도를 하였습니다. 만약에 그 분을 냉대했거나 예수님을 믿느냐는 질문을 하지 않았으면 어떻게 되었을까?

손님 대접하기를 잊지 말라 이로써 부지중에 천사들을 대접한 이들이 있었느니라(히13:2).

하나님의 음성

성령 충만히 은혜 안에서 새벽기도 일천일을 작정하고 다닐 때의 일입니다.

시골의 친구 할머니께서 돌아가신 후, 시신이 안치된 방에서 시신을 앞에 놓고 기도하며 귀신을 쫓고 있었습니다. 두 손을 들고 “예수님의 이름으로 명하노니, 이 더러운 귀신아 물러가라!”하며 죽은 자를 앞에 놓고 영적인 싸움을 하였습니다. 그때 천둥소리 같은 우렁차고 큰 소리가 들렸습니다.

“사랑하는 아들아 내가 너를 사랑하노라”

순간 그 소리가 들려오는 하늘을 보기 위하여 밖으로 나와 하늘을 보며 무릎을 꿇고

“예 하나님 여기 있습니다.”하고 대답했습니다.

저 높은 하늘에서 천둥과 같은 소리로 저에 대해 말씀을 하시는데 옆에 있는 많은 사람들은 그 소리를 듣지 못하고 떠들며 방해를 하는 것이었습니다. 저는 더욱더 귀를 세워 들으려

고 애썼고 다행히 뚜렷하게 기억 할 수 있는 말씀을 들었습니다. 그 말씀에 감사하며 더욱 기도하다가 눈을 떠보니 꿈이었습니다. 꿈을 통하여 웅장한 음성을 들려주신 하나님께 감사와 영광을 올려드립니다.

여호와께서 너를 교훈하시려고 하늘에서부터 그 음성을 너로 듣게 하시며(신 4:36).

내양은 내 음성을 들으며 나는 저희를 알며 저희는 나를 따르느니라(요 10:27).

죽어있던 고목나무에 새움이 돋아남

베란다에 있던 나무가 겨울철 관리 부족으로 동사하여 봄이 되어도 새움도 안 나왔습니다. 그 나무는 원래 사철나무여서 일 년 내내 잎이 안 떨어지는 나무였습니다. 버리려고 하여도 무겁고 커서 혼자 하기 힘들어 한쪽에 밀어 놓고 몇 개월 동안 방치되어 있던 중, 어느 날 불현듯 이런 생각이 들었습니다.

'우리 입에서 나온 말에도 권세가 있다고 하셨어. 예수님도 살아있는 나무를 저주하니까 죽어버렸었잖아. 그럼 반대로 한 번 살려보자.'

그래서 믿음을 갖고 나무를 꽉 잡아 명하였습니다.

"다시 살아나서 잎사귀가 무성할 지어다!"

기도를 하고 며칠이 지나 베란다를 보다가 눈이 의심되는 일을 목격했습니다, 이미 죽었던 그 나무 곳곳에 새 잎이 파릇파릇 자라나고 있었습니다. 6개월가량 물 한 방울 안주었던 그 나무에서!!! 우리 하나님은 이런 표적을 보이시며 함께하심을 알려주셨습니다. 하나님께서 항상 우리 곁에 함께 하심에 깊은 감사를 드립니다. 주님은 우리에게 자연물도 다스릴 수 있는 권세를 주셨습니다.

길가에서 한 무화과나무를 보시고 그리로 가사 잎사귀 밖에 아무것도 얻지 못하시고 나무에게 이르시되 이제부터 영원토록 네게 열매가 맺기 못하리라 하시니 무화과나무가 곧 마른지라(마 21:19).

제주도 여행 중 호텔방에서의 귀신

오랜 시간 소망하며 노력했던 교회 건축과 봉헌 예배를 모두 끝내고 친구 부부와 함께 제주도 여행을 갔습니다. 서귀포의 한 호텔에 도착하여 예약했던 룸 배정을 받아 카드키를 가지고 현관 키 박스에 접촉을 시키는데 문이 열리지 않았습니다. 몇 차례를 시도해도 전혀 미동이 없어서 카운터로 다시 내려가려는 순간, 갑자기 문이 열렸습니다. 왠지 느낌이 좋지 않았습니다.

처음부터 느낌이 좋지 않던 첫 날 밤, 잠을 자는데 역시 방의 기운도 그렇고 잠자리가 몹시 불편함을 느꼈습니다. 둘째 날 밤에는 밤 1시경 잠이 들었는데 시간이 얼마가 지났는지 몰라도 아주 시끄럽고 많은 사람 소리가 들려왔습니다. 그 소리는 이상하게도 방의 천장에서 나는 소리 같았습니다. 그 호텔은 산속에 위치하고 낮에도 사람이 많지 않은 아주 조용한 호텔이었습니다. 순간 소름이 끼치며 이것은 귀신의 소리라는 생각이 들기에 마음속으로 계속 기도하며 예수님의 이름으로 귀신을 쫓으려고 애썼습니다. 하지만 그 숫자가 너무 많은 것 같아서 두려움에 눈을 뜰 수가 없었고 옆에서 자고 있는 아내가 놀랄까봐 깨울 수도 없었습니다. 계속 마음속으로 기도하며 선포했습니다.

'예수 이름으로 명하니 더럽고 추악한 귀신아, 떠나갈 지어다!'

1분 정도 지나니 큰소리가 서서히 작아지면서 사라지는 것이었습니다. 이후에 잠도 못자고 눈도 뜨지 못한 채 어느 정도 시간이 흘렀는데 또다시 똑같은 소리가 들리기 시작하였습니다. 온몸의 살이 닭살로 변한 것 같이 소름이 돋고 오싹해져서 다시 기도하며 귀신을 쫓으니까 그 소리가 또 눈 녹듯 사르르 사라졌습니다.

그때부터는 이것은 분명 귀신이라는 확신이 와서 빨리 날이 밝아오기만 기다리며 꼼짝 못하고 누워 있는데 이번에는 온 방에 "확" 소리와 함께 전기가 들어와 TV가 켜지고 불이 다 켜지는 것이었습니다! 정말이지 숨이 막히고 머리카락이 쭈뼛쭈뼛 섰습니다. 지금 귀신이 머리 위에서 보고 있다는 생각에 말 그대로 죽은 듯이 꼼짝 안하고 마음속으로만 귀신을 ◎았습니다.

3분 정도 시간이 흘렀을까. 다시 불이 꺼지고 TV도 꺼지기에 이게 꿈인지 생시인지 꼬집어보니까 절대 꿈은 아니었습니다. 두렵고 무서워서 눈은 계속 뜰 수가 없었고 한참 그대로 가만히 있다가 시간상 날이 밝아 올 때가 되었다 생각될 때쯤 자리를 박차고 눈을 뜨며 일어났습니다. 그때가 아침 6시쯤이었고 서서히 날이 밝아오고 있었습니다. 아내를 깨운 후, 방에서 그 이야기를 하면 놀랄까봐 짐을 챙겨 나와서 밤새 겪은 것을 생생히 전했습니다. 그리고 그 호텔에서 우리를 안내하며 운전해주신 분에게도 이 사실을 이야기했더니 놀랍게도 그 호텔에는 귀신이 자주 출몰한다는 것이었습니다. 카페와 지하 노래방 에서도 마찬가지로 많은 분들이 귀신을 보았었다며…

"몇 호실에서 묵으셨어요?"

"214호요." 했더니 고개를 끄덕이더군요. 아마도 그 룸은 귀신이 자주 출몰하는 곳이라는 의미인 것 같았습니다. 다음날 집에 도착해서 그 호텔 책임자에게 전화를 했습니다. 왜 귀신이 나오는 룸에서 잠을 자게 해서 귀신을 만나게 했냐고. 그 분 역시 몇 호실에서 지냈는지를 물었습니다. 214호였다고 했더니 잘못을 인정하는 목소리로 죄송하다고 하더군요. 그 방에서 무슨 일이 일어났었고 귀신이 자주 출몰하는 방이라는 사실이 확실해졌습니다. 저에게는 이처럼 귀신의 실존까지 명백히 보였던 역사도 있어서 소개를 한 것입니다. 그 호텔의 영업에 피해를 줄 것 같아서 호텔이름은 밝히지 않겠습니다.

집으로 돌아와서 후회가 된 것은 '그때 왜 용감히 일어나서 대적을 못했을까?' 였습니다. 그러나 다시 생각해도 그 숫자로 보았을 때 군대 귀신같았고 무척이나 두려웠던 것이 사실입니다. 그렇다 하더라도 마음속으로만 기도했지, 크게 소리 내어 기도도 못하고, 눈도 뜨지 못했던 자신 때문에 속이 많이 상하였습니다. 이후에 목사님과의 대화 속에서 그래도 기도로 물리치고 승리를 하였다는 것으로 위안을 삼으며 감정을 추스렸습니다. 저는 그렇게 귀신에게 잡히지 않고 무사히 여행을 마치고 돌아왔으며 지금도 우리 주변에 더러운 귀신들이 도사리고 있는 것을 항상 생각합니다. 언제나 권세의 능력되신 예수의 이름으로 사단을 물리치며 승리하는 성도님이 됩시다.

온 갈릴리에 다니시며 저희 여러 회당에서 전도하시고 또 귀신들을 내어 쫓으시더라(마 1:39).

어머님 구원과 처갓집 온 식구 예수님 영접

올해 88세 되시는 어머님께서는 지금부터 7년 전 예수님을 영접하셨습니다. 이후 유교사상의 산물인 제사도 일절 하지 않으시고 다리가 불편하고 연세가 많으셔도 열심히 예배를 드리러 다니십니다. 집에서는 날마다 기도를 드리고 찬송가를 부르시며 벌써 성경과 찬송가를 수차례 완독하셨답니다. 어머님께서 구원을 받으신 것이 우리 가족에겐 너무너무 큰 축복이며 기쁨입니다. 그러나 아직도 주님을 모르는 막내 동생은 명절이 되면 시골집에 내려가 지극정성으로 차례 상을 차리고 제사를 지냅니다.

작년 추석 때의 일입니다. 막내 동생을 생각하며 인천 우리 집에서 기도를 드렸습니다. 결단코 차례 상에 귀신이 역사하지 못하도록 말입니다. 그런데 놀라운 일이 벌어졌습니다. 동생이 바다고기를 차례 상에 올리기 위하여 준비하는 과정 중에 시골집 담장에 잠시 올려놓았는데 그곳에 구렁이 두 마리가 나타난 것입니다. 시골에서도 이미 뱀이나 구렁이가 자취를 감춘 지 오래되었다고 합니다. 놀란 형님께서 그 뱀을 잡아 죽였고 그 상황을 보신 어머님께서는 차례 상 근처에도 가지 않으셨습니다. 유교적 입장에서 보면 아주 부정적이고 안 좋은 상황이 벌어진 것이지요. 어머님 평생에 이런 일을 처음 보셨답니다.

차례 상과 우리 시골집에 귀신이 접근 못하도록 기도했더니 하나님께서는 뱀(부정한 짐승)을 보내서 귀신에게 하는 그 일에 참여치 못하시게 하신 것입니다. 하나님께서 멋있는 방법으로 역사하셔서 살아계심을 가족들께 보여주셨습니다.

나와 아내는 각각 집안에서 믿음의 1호로 예수님 영접한 아들과 딸이기에 온 가족이 주님을 알게 될 때까지 끊임없이 기도하며 노력하고 있습니다. 현재 어머님과 바로 위의 형님 부부께서는 예수님을 영접하셨고 지금은 나머지 형제들을 위해 열심히 기도와 전도를 합니다. 처갓집에서도 놀라운 하나님의 역사가 임하였습니다.

14년 전에 돌아가신 장인께서는 암으로 2개월을 선고받으시고 시골집에서부터 사위와 딸이 있는 인천으로 올라오셨습니다. 마지막으로 딸 얼굴을 보시러 오신 것인데 병으로 인한 통증이 얼마나 심했는지 말로 다 표현 할 수가 없었습니다. 아무래도 그날 밤 안에 돌아가실 것 같아서 급히 목사님께 연락을 드렸더니 오셔서 세례를 주시고 입으로 예수님을 시인하게 도와주셨습니다. 그렇게 갑자기 예수님을 영접하셨는데 그 다음 날 아침, 잠을 자고 일어나셔서 "꿈속에서 보니 가슴에서 무슨 덩어리가 떨어졌다."고 말씀하셨습니다. 그때부터 신기하게도 아무 통증 없이 지내시다가 끝까지 믿음생활 하시고 6개월 후 소천 하셨습니다. 평생 주를 모르고 사시던 장인께서 생애의 마지막 6개월 동안에 7남매 모두를 예수님 영접하게 하시고 유언으로도 "너희 모두는 예수님을 믿고 잘 살아라."하시며 아주 편안한 모습으로 하나님 품으로 가셨습니다.

예수님의 은혜와 사랑 안에서 장모님과 처가의 모든 형제들은 예수님을 영접하여 구원을 받았습니다. 모두 믿음의 자녀들과 결혼하여 지금은 인천 연수구내에서 7남매가 함께 살며 어린 아이들까지 25명이 한 달에 한 번씩 모여 예배를 드립니다. 각 가정에서 순번을 정하여 예배를 준비하고 함께 모여 음식도 나눠먹으며 즐겁게 신앙 생활하는 것이 얼마나 큰 감사요, 기쁨인지! 오늘도 온 가족이 섬기는 교회에서 충성하며 잘 지내고 있습니다.

딸 한명을 통하여 온 가족을 구원 하신 하나님께, 이 귀한 은혜를 허락해주심에 감사와 영광을 올려 드립니다.

> 우리가 형제를 사랑함으로 사망에서 옮겨 생명으로 들어간 줄을 알거니와 사랑치 아니하는 자는 사망에 거 하느니라 그 형제를 미워하는 자마다 살인하는 자니 살인하는 자마다 영생이 그 속에 거하지 아니 하는 것을 너희가 아는 바라 그가 우리를 위하여 목숨을 버렸으니 우리가 이로써 사랑을 알고 우리도 그 형제들을 위하여 목숨을 버리는 것이 마땅하니라. 누가 이 세상 제물을 가지고 형제의 궁핍(窮乏)함을 보고도 도와줄 마음을 막으면 하나님의 사랑이 어찌 그 속에 거할까보냐 자녀들아 우리가 말과 혀로만 사랑하지 말고 오직 행함과 진실함으로 하자(요일 3:14~18).

무일푼으로 시작하라(교회건축)

교회 건축(공사 계약금도 없이 수십억 공사 시작)

큰빛 교회는 1986년11월9일 인천광역시 연수구 청학동 549-1번지(20평반지하)창립예배. 1994년12월 청학동 542-5(현재의장소매입 봉헌예배)

2007년 3월새 예배당 기공예배 2008년 7월27일 새 예배당 봉헌예배
공사개요- 대지면적 :617평 *건축 면적: 282평 *연면적: 약1500평 지하1층~지상 5층

예배당 건축에 하나님의 역사하심과 앞으로 건축하고자 하시는 많은 교회에 조금 이라도 도움이 되시길 기도하며 이 간증을 올립니다. 당시 큰빛교회는 조립식 형태의 건축물이였습니다. 교회 주변은 아파트, 빌라, 주택과 바로 옆 건물에는 독서실이 있어서 소음 때문에 공부하는 학생들에게 많은 피해와 주변 주민들과의 자주 충돌이 발생하였으며 새벽 예배 때에는 시끄려서 잠을 못 잔다고 고함을 치고 금요 철야 예배 때와 부흥 집회 때는 소음이 너무 심하여 경찰이 출동하는 사례가 빈번하였습니다. 그리고 많은 성도가 부흥되면서 여러 가지 부속실도 부족하고 불편한 사항이 많이 발생하여고 그동안 지켜보시던 주님께서 명령이 하달되고 새로운 예배당을 건축하자는 의견이 일치하여 드디어 건축위원회가 구성이 되어 약1년간은 뚜렷한 진척없이 지나가고 당시 위원장은 건축을하시는 집사님께서 맡아 계셨습니다.

다음해 새로이 저에게 건축위원장의 임명장이 수여 되었습니다. 저에게는 그때까지 예배당 건축하는 교회와의 넷 번째 직간접으로 참여 하게 하셨습니다. 급히 서두리지 말고 충분히 준비를 하기위하여 수많은 교회를 방문하여 여러 가지 문제점과 배울점, 공사하다 중단된 교회의 문제점, 보통 건축위원장이 몇 차례 바뀌는 이유? 등을 직접 목사님과 건축위원장님을 만나서 하나하나 체크하며 준비를 하였습니다. 저는 건축 전문지식이 전무하고 할 수 있는 것은 인테리어 사업을 수 년 동안 했던 것이 저의이력의 전부였습니다. 조사한 결과는 첫 째는 공사대금이 준비가 되어야 되는데 가장문제는 대금이였습니다. 둘째는 좋은 건설사를 만나는 것 셋째는 건축을시작하면 성도가 교회를 떠나는데 많게는70%에서 50% 적어야 30%는 기본이라는 것이였습니다.

70%의 경우는 공사 중단 사태 발생과 부도

50%의 경우는 건축에 문제점과 비리발생 과도한 건축헌금 요구 등

30%는 기본적으로 마음에 부담감 때문에 이겨내지 못하고 떠나는 것이였습니다.

하나님께 기도를 했습니다. 건축하면서 주님의 양이 떠나는 가슴 아픈 일이 발생하지 않도록 지혜를 주시고 솔로몬이 성전 건축할 때처럼 모든 국민이 기쁨으로 참여했듯이 우리 큰 빛 교회는 건축시작과 함께 더욱 부흥되는 역사가 일어나게 해달라고 매일 기도를 했습니다. 또한 쉬지 않는 모든 성도의 기도는 매일 밤과 새벽 마다 뜨겁게 주님께 올려드렸습니다. 다행이도 목사님께서는 신학하시기 전에 건축공부를 하셔서 기본적인 지식과 도면정도는 보실 줄 아시는 실력을 갖추어서 건축에 상당한 기여와 세밀함으로 많은 도움을 주셨습니다.

먼저 설계부터시작(始作)을 했습니다. 설계(設計)가 그려져야 공사금액과 건축 허가 문제 등 부족한 부분을 검토 할 수 있었기에 권사님의 아드님 의 설계사무소에 설계를 의뢰하여 약6개월 동안 여러 가지 안(案)을 가지고 검토하며 우리 실정에 맞는 도면을 완성 할 수 있었습니다. 그다음은 공사대금인데 교회에는 당장 공사할 계약금도 없는데 공사금액은 수십억인데 그렇다고 옛 방법처럼 성도님들 아파트를 담보 잡아 그 돈으로 건축 하는 것은 저는 절대적인 반대였으며 그런 의견도 있었지만 우리하나님이 그것 만큼은 기뻐하지 않는 것 이였습니다. 하나님 지혜를 주시고 방법을 가르쳐 주세요! 쉬지 않는 매일기도를 하였으며 그 기도를 들으시고 은행 지점장님을 만나게 해주시면서 방법이 나오고 그때부터 물꼬가 터지는 것 이였습니다. 대금은 은행과 건실한 건설사와 교회가 삼위일체가 되어야 하는데 우선적으로 문제는 건설사였습니다. 건설사등급이 우수하여야하며 실적이 등급 안에 들어야 가능했습니다.

건축위원회를 소집하여 건설사 선정(選定)에 대한 조건을 선포하고 선정에 들어갔습니다. 서류 접수기간동안 약30개 업체가 의사표시를 하여 전화 심사로 10개 업체를 선정 하였

습니다. 1차 전화심사 때 그 회사의 은행등급, 실적, 조건, 우리는 계약금도 없는데 가능 하는가?

1차에 실적과 자금이부족한 회사는 먼저 분류가 되었으며 2차 나머지10개회사에 통보하여 의견서 제출과 면담에서 4개회사로 압축 3차 4개 회사에 도면을 주어 견적서와 시방서 등을 받음 3차 때 4개의 회사 공사현장 방문, 각 회사들의 능력검증, 은행과의 관계 등을 조사 4차 최종 선정(우리의 조건에 적극적인 회사, 믿음의 건설사)

• 주의사항 : 건설에 참여하겠다는 회사는 최종 선정 될 때까지 절대비밀 준수

참여한 회사들을 한 곳에 모여서 브리핑 하지 말 것(담합주의)

각 다른 시간을 정하여 만나는 것이 좋습니다. 이렇게 하여 건설사가 선정이 되었습니다.

약 2개월 후 공사가 시작이 되는데 임시예배처소가 준비가 안 되어 여려군데 멀리까지

찾아다녀보아도 몇 백 명이 들어가서 한 번에 예배를 드릴 수 있는 장소를 찾지 못하고 있는데 우리주님은 바로 옆 수영장 건물에 아주 정확하게 우리에게 딱 맞는 장소를 예비해 놓으셨습니다(여호와이레) 그 건물은 평소에 닫혀있었기에 다른 용도로 사용하는 줄 알고 생각지도 아니하였는데 그곳에 성가대실, 방송실, 유아실 각 실을 사용하는데 불편함이 없이 칸을 만들어 임시예배 처소로 사용 할 수 있었습니다. 감사 하는 것은 건설사에서 수 천 만원을 투입해서 무료로 임시예배처소를 음향과 전기 시설 등등을 예배드리는데 불편함이 없도록 공사를 해주셨습니다. 드디어 공사가 시작이 되고 우리성도님들은 기쁜 마음으로 날마다 밤으로 새벽으로 기도하고 학생들이(주일학교) 과일과 빵을 모아서 건설현장에서 일하신 분들에게 드시라고 가져오고 여 전도에서는 여려 차례 음식을 준비해 대접하고 어느 하나 잡음 없이 공사가 주님의 은혜 안에 약1년 6개월 동안에 완공 할 수 있었습니다. 모든 공사가 완료된 무렵에 각종 공사 자재 값이 천정부지로 오르기 시작하여 우리가 공사 시작할 때 철근 1톤에 46만원하던 금액이 100만원으로 금액이 올라 그 당시 공사를 늦게 시작한 현장에서는 수억, 수십억 원의 추가 공사비가 더 투입 되었으며 중단 된 현장도 발생 하였습니다. 보통 공사 후 잘못 시공된 곳을 다시 고치고 넓히고 좁히고 하는데 우리 교회는 어느 한 곳 다시 공사하는 곳 없이 아주 잘 건축하여주셨습니다. 현장 소장님은 회사에서 가장 베테랑 아주 경험과 실력이 뛰어나신 분을 하나님이 보내주셨고 감리는 우리교회 성도가 맡아서 아주 조그만 흠까지 지적하며 빈틈없이 잘 수행해 주셨습니다. 소장님은 이처럼 은혜가 넘치고 하나님이 역사하는 교회는 처음이라며 그동안 약30개 가까이 교회를 건축하셨는데 너무 감사하다며 지금은 우리교회에 출석하여 함께 예배를 드립니다.

목사님께서는 건축위원들과 하나님께 맡겨놓으시고 매주 부흥집회 다니시며 복음을 전하시고 올라오시면 현장점검하며 고칠 것은 고쳐가며 목회를 할 수 있었으며 더욱 놀라운 사실은 교회 건축하면 최하 30%가 떠난다고 하는데 반대로 건축 중에 부흥되는 역사가 임

하였습니다. 또한 건축 기간 중에 목사님과 건축위원회에서는 강단에 서서 건축헌금 강조하는 말씀은 조심하였습니다. 헌금은 오직 믿음 안에서 진정한마음으로 기쁨과 감사하는 마음으로 주님께 드려야지 강조하고 광고하며 드리는 것은 주님이 기뻐하지 않는다는 사실을 알기 때문에 음으로 양으로 적든 많든 어린 유치부부터 자발적으로 모든 성도님이 적극 참여하였습니다. 부흥회 기간 중에도 먼저 강사님 오시면 양해를구하고 집회 중에 건축헌금 말씀은 결단코 하시지마시라고 부탁을 하였습니다! 저는 이 공사금액은 하나님 아버지의 돈으로 계산하면 "커피 한잔 값도 안 되며" 이 예배당은 주님이 필요해서 주님이 건축하신다는 굳건한 믿음가지고 우리 모든 성도님들과 함께 기쁜 마음으로 승리 할 수 있었습니다.

건축은 마귀가 가장 싫어하는 일이기 때문에 엄청난 시련과 핍박과 온갖 잡다하는 것들은 모두 다 왔다 가는 것 같았습니다. 그러나 하나님께서 써 주심에 감사해서 이겨낼 수가 있었고 기도를 할 때는 지하에서부터 시작하여 5층까지 곳곳을 지나가며기도하면 주님께서는 문제가 있는 그곳을 꼭 보여주는 것입니다. 약 200곳의 도면을 고쳐가며 미리보고 점검하며 측정하여서 앞으로 사용 하는데 불편한 곳은 사전에 공사를 미리 하였습니다.

주님이 보여 준 것 중에 계단이 잘못 계산 된 것을 콘크리트 타설 전에 발견하여 고칠 수 있었으며 지붕철근 골조기초가 약25cm가 뒤틀린 것을 전문기술자 와 현장의 그 누구도 발견을 못했던 것을 나의 눈에 보여주어 미리 콘크리트 타설 전에 발견되어 고칠 수가 있었고 만약에 발견을 못하고 그대로 진행이 되었으면 지붕자체가 완전히 뒤틀리고 지붕의 철골역시 모두 다시 제작해야 하는 엄청난 일을 전문가도 아닌 나에게 보여 주신 주님! 새벽에 기도하면 고쳐야 할 부분과 수정할 곳을 보여주기 때문에 항상 볼펜과 메모지를 옆에 놓고 써가며 기도를 하였습니다. 입당 후 새로 건축 하실 많은 목사님과 교회 관계자분들께서 다녀가셨습니다.

공사 금액을 전체적으로 약15억 정도는 절감 할 수 있었으며. 오르간 1대 값 5천만원으로 시작하여 이 돈의 110배 이상의 금액이 투입되는 건축을 할 수 있었던 것은 오직 전 성도의 기도와 하나님의 직극 개입힘으로 지켜주시고 함께 하신이 표적으로 나타나는 산 증거가 되었습니다. 그리고 14명의 건축위원님들과 목사님과 전 성도님들의 저에 대한 신뢰하심에 감사드리고 저는 쓰러져죽어도 이 자리에서 순교한다는 심정으로 새벽부터 점검하며 감독의 책임을 소홀히 하지 않기 위하여 최선을 다 하였습니다. 때론 허리와 발목에 통증이 오면 그곳에 압박붕대를 감아 착용하였고 공사 기간 동안 단 하루도 현장을 떠나 본 적이 없이 하루에도 수 십 번씩 지하에서부터 꼭대기 층까지 올라 다니며 점검과 검토를 하였으며 지진이 와도 문제가 없을 정도로 아주 잘 세워졌으며 공사 중에는 주일과 날씨 관계 외에 단 하루도 다른 이유로 공사가 중단됨 없이 잘 진행이 되었으며 건축위원 중 총무님을 비롯 4명의 위원분들이 앞에서 이모저모로 잘 이끌어 주셨으며 그리고 많은 분들이 궁금해 하는 것 중 하나인 저를 비 롯 어느 위원도 수고비나 월급을 받지 않았으며 주님이 써 주심에 감사함으로 일을 했으며 또한 건설회사로부터 밥 한 그릇도 그냥 먹은 적 없었으며 오히려 우리가 그분들을 대접하며 진행을 하였습니다. 주님보시기에 세상에서 가장 모범적인 예배당 건축이 되었으리라 믿습니다. 음향, 인테리어, 각종 집기와 수십 개의 분야, 분야에서 주님께서 업체들을 보내주셨고 (예) 인테리어 경우 견적이 보통5억~7억원에 비해 주님이 보내주신 회사는 그 가격의 반 가격에 금액에 공사를 할 수 있도록 인도하여 주셨고 다른 분야 모든 업체들도 우리 실정에 맞게 인도하여주셨습니다. 그 동안의 많은 마귀의 방해를 이겨내고 주님의 은혜와 사랑과 우리 이웃들의 도움으로 승리 할 수 있었습니다. 이 모든 영광을 주님께 올려드립니다.

건축을 하고자 준비하신 교회들을 위한 기본적인 사항

교회의 준비와 결속

예배당 건축을 할 때는 가장 중요 하는 것은 그 뜻과 계획이 사람이 아닌 주님의뜻이 확실할 때 시작을 하십시오. 주님은 가장 먼저 목회자와 성도들의 마음과 신앙의 자세를 점검합니다. 사람의뜻인 경우 100% 사단이 침투 분란과 공사 중단과 최악의 경우 재생 불능 상태까지(부도) 유발 합니다. 시작 전 목회자+건축위원회+성도=삼위일체 가 일치단결이 되었는가? (건축은 보이지 않는 악한 영과의 전투입니다)

건축 준비

교회부지와 공사대금 준비

확실한 자금에 대한 준비 없이 “믿습니다”하며 시작은 위험 합니다. 그것은 주님을 시험하는 큰 죄를 범하는 것입니다. 주님도 무엇을 하든지 준비성 없는 일은 받지도 않으며 응답도 하지 않습니다. 건설사와의 계약 시 꼭 전문가의 자문 을 받으시고 “단서 란”에 (교회의 입장을 많이 기입)차후에 무슨 일이 발생시 유리함. 보통 감리까지 건설사에 위탁을 하시는데 감리를 분리하여 교회의주도하에 믿을 수 있는 분 자격을 갖추신 분을 감리로 세울 것(아주 중요함)

건설사 최종 선정하기 전에 꼭 회사와 그 건설사가 공사한 현장 2군데 이상을 방문하여 그 회사의 모든 정보를 수집하시고 건축할 때 와 건축후의 문제점 등을 분석 하시는 것이 좋습니다. 사전에 선정된 건설사와는 하나도 숨김없이 교회의모든 사정을 사전에 말씀 하셔야 건설사도 그에 맞추어 대책을 세워 공사를 할 수 있습니다. (특히 공사 대금 문제)공사는 전체100% 건설사에 위임하는 것이 좋습니다.

• 위원장은 건축지식은 부족해도 주님께서 확실한 이 신뢰 할 수 있는 분(오직 주님만을

의지하는 믿음이 좋으신 분)

- 위원장은 리더십과 통솔력 있는 분(목회자님과 위원분들과 모든 성도님들에게 확실함을 줄 수 있는 분)
- 위원님들은 긍정적인 믿음의분들로 구성(부정적인 한명 때문에 엄청난 시련이 올 수 있슴)
- 위원장을 비롯 위원들은 헌신하며 봉사하는 자세와 책임감이 필수)
- 위원장은 회사 선정부터 각종공사 업체책임자를 만날 때에는 총무님을 포함 위원4명 이상과 함께 만나 논의 할 것(로비와 단돈 몇 푼에 헌금 수억이 날라 갑니다)
- 위원장은 특별한일이 아닌 이상 현장에 상주하며 도면을 보며 그 교회의 특성을 보완해가며 고칠 것은 고쳐가며 건설사와 매일 논의하며 신행함이 유익함 나중에 콘크리드 타설해 버리고나면 고치고 싶어도 할 수가 없음(저희 교회는 약200군데 이상을 사전에 고쳐가며 공사)
- 건설사 입장도 배려하며 건설사와 한 가족이 되어야 합니다. (무조건 교회입장만 생각하지 마시고 때론 배려가 필요 할 때가 있습니다)
- 위원장은 건축비를 포함 금전(金錢)적인 것의 모든 것은 총무님과 교회 재정부서에 위임할것)
- 위원장과 위원들은 수많은 공격과 상처를 받을 수 있으며 때론 오해도 발생 할 수 있기 때문에 담대함과 오직 내 모든 양심을 주님께 맡기고 오직 주님 바라보며 승리하시길 바랍니다.

여기에 조금이나마 저의 의가 들어있으면 주님 용서하여 주십시오.

이글을 보시고 저희 교회에 오시면 건축에 대한 많은 도움을 드리겠습니다.

준비부족으로 건축 중에 너무나 많은 교회들이 가슴 아픈 일들이 발생 하는 것을 보고 들이왔기 때문에 부족하나마 글 올렸습니다. 조금이라도 도움이 되시면 그것이 은혜라 생각하시고 기도하며 세상에 죽어가는 영혼들을 살리는데 우리 모두 온 힘 다 바쳐 힘차게 전진합시다.

성전건축에 최선을 다한 아름다운 최우수상

예루살렘 성전은 약 46년 만에 준공이 되었다고 합니다. 준공 이후 표창식을 하는데 최우수상을 받은 이는 가난하고 무식하고, 배경도 친지도 모르고 살아온 마부였습니다. 그 마부는 어떤 사람이었을까요? 그가 표창을 받을 만한 실력은 무엇일까요. 마부는 가난합니다. 좋은 생각도 못하는 바보 같은 사람입니다. 그러나 그는 죽도록 마차를 몰고 성전 건축을 위해 봉사를 하였습니다. 성전 건축을 위해 많은 짐승과 사람들이 성전에 왕래 합니다. 그는 사람이 많이 왕래하는 큰길 앞에 자리를 잡고 건축을 위해 일 하는 사람들을 위해 냉수를 길어다 놓고 그 통에다 빈 그릇 하나를 밤낮으로 놓아두었다는 것입니다. 일하는 사람들이나 말들 에게 이 냉수를 무료로 드렸다는 것입니다. 이 마부의 밑천은 이것 뿐입니다. 이 밑천을 성전이 준공되는 날까지 있는 만큼 가진 만큼 다 충성했다는 것입니다. 그래서 준공식 때 표창을 주는데 이 노인이 제일 귀한 표창장을 받았다는 것입니다. 이세상은 어디까지나 하나님의 세상 입니다.그러므로 하나님 마음에 드는 생활을 해야 합니다. 그것이 하나님께 칭찬 듣고 상급 받는 지혜 있는 크리스찬 입니다. 우리는 사람의 방법과 사람의 생각 에서 벗어나 하나님의 방법과 하나님의 생각으로 모든 것을 계획하시고 봉사와 헌신으로 죽도록 충성하는 열매의 결실을 맺으십시오.